SUPERMEMORIA

autoayuda y superación

**SHEILA OSTRANDER
y LYNN SCHROEDER**

SUPERMEMORIA

Cómo desarrollar la memoria
y prevenir su envejecimiento

Traducción de Carme Camps

grijalbo

Título original
SUPER-MEMORY
Traducido de la edición de Carroll & Graf Publishers, Inc.,
   Nueva York, 1991
Cubierta: Blanca Marqués
© 1991, SHEILA OSTRANDER and LYNN SCHROEDER
© 1992, EDICIONES GRIJALBO, S. A.
         Aragó, 385, Barcelona
Primera edición
Reservados todos los derechos
ISBN: 84-253-2413-0
Depósito legal: 19.351-1992
Impreso en Libergraf, S. A., Constitució, 19, Barcelona

A todos los pioneros de la nueva era dedicados a campos que van desde el superaprendizaje a la medicina de la energía, de la música al NDE,* cuyos descubrimientos inspiraron esta crónica de los avances de la memoria.

Damos las gracias en especial a Christina Vandenboorn Gould, Donna y Robin MacNeil y Trish Pfeiffer por su amistad y ayuda, que sin lugar a dudas nos facilitaron las cosas.

---

* NDE: Near-death experience (Experiencia de tránsito a la muerte).

Índice

PRIMERA PARTE

1. **La revolución de la memoria** 17
   Nuevos usos transformativos de la memoria. El significado de la supermemoria. Puntos de apoyo para la memoria y la supermemoria. Reordenación. «En busca del tiempo perdido.» El sendero de la memoria como autopista.

2. **El método de la memoria maestra** 28
   El superaprendizaje. Sacar la memoria del retiro. Los comunistas y la supermemoria.

3. **«Aprender de dos a cinco veces más de prisa»: una conexión mundial** 39
   Una aceleración global. La memoria en el trabajo. Educación de la reordenación.

4. **Estados de la memoria y el factor chocolate** . . 51
   Lo moderno. El horror al zumo de naranja. Cómo utilizar la alegría de aprender.

5. **Recuerdos del yo subliminal** 62
   La madre de los mensajes subliminales. Lo que no se sabe puede perjudicar o ayudar. Recuerdos quirúrgicos. Mensajes subliminales extrasensoriales. El «exhibicionista» del impermeable. ¿Los mensajes subliminales bien intencionados hacen algún bien? Se pueden oír con la piel los mensajes subliminales. Advertencias y memoria fabricada

6. **Cómo armonizar la memoria con todo el cerebro**   83
   Nacido para ser retado. Pregúntele a su nariz. Dormir para recordar. Es mejor tres cabezas que una.

7. **Intentarlo no es suficiente**   95
   Relajación dinámica: el secreto de su dominio. Unir el estrés y la memoria. Su propia casa segura.

8. **Cómo olvidar para recordar mejor** 106
   Bloques de memoria. No sea motivo de opinión. Sugestiones malsanas. Olvidarse de sufrir. Recordar la bendición original. «La terapia más breve.» *Jujitsu* sugestivo. «Mensajes subliminales» caseros.

Segunda parte

9. **Su recuerdo más antiguo** 123
   Recuerdos de antes de nacer. Estilos de vida de los no nacidos. Recuperar los recuerdos de antes de nacer y del nacimiento puede ayudar. Los cumpleaños no son sólo una vez al año. Cómo traer los recuerdos a la memoria. Condiciones ideales de la llegada planetaria. Recuerdos del nacimiento antigravedad. Evolución intensiva y memoria.

10. **Música para la materia gris** 149
    Los monjes de alta tecnología de Muenster. Música que es ambrosía para el cerebro. Sonidos de alta frecuencia que estimulan la mente y la memoria.

11. **La «fuerza del oído»: el poder de la memoria pasado por alto** 159
    Ocho mil hertzios: clave para la energía mental. Sonidos que agotan el cerebro. La fuerza del oído y la acupuntura. Música de «grillo gigantesco»: el violinista en el césped. Longevidad y supersueño. Terapia del sonido: consejos. Música que le hace a uno más listo: la música del *superlearning* (R). Impulsor de la memoria musical en sofrología. Pulsaciones para combatir el aburrimiento.

12. **Cómo imaginar recuerdos mejores** 181
    La corriente de imágenes. La memoria en la yema de los dedos. Crear futuros recuerdos.

13. **El recorrido mágico de la memoria** 193
    Invasores del arte perdido. «Casa hermosa» de la memoria. Los socios de Aristóteles. El yoga de la memoria de Platón. Cicerón y las tres caras de la prudencia. Recuerdos del infierno. El teatro de la memoria en Venecia. Modelos de la memoria mágica.

14. **El séptimo sello de la memoria** 207
    Un mártir de la memoria. El regreso de Mnemosina.

15. **Multiplicar la memoria** 215
    Reencarnación artificial. Qué significan para usted las veinticuatro memorias de Billy. Cambiar los recuerdos; cambiar los cuerpos.

TERCERA PARTE

16. **Toda enfermedad es memoria** 233
    Conectado con el hueso del cerebro. El eslabón perdido de la memoria. Para obtener la mitad del alivio. Su imagen interior. Cómo imaginar recuerdos saludables. Cómo la sofrología utiliza la memoria para curar. Maravillarse para renovarse.

17. **¿Campos curativos de la memoria?** 252
    El médico y los cuerpos sutiles. ¿Dónde vive la memoria? Recuerdos del cuerpo emocional. Grite: ¡Aleluya!

18. **Comer para recordar** 266
    Colina y lecitina: contra la pérdida de memoria por la edad. *Ginkgo*: el árbol del milagro de la memoria. L-Glutamina: combustible excepcional para la mente y la memoria. L-Fenilalanina: para aprender, para la memoria, y para las adicciones. Milagroso avance en el control del dolor. Endorfinas al máximo. El poder de la endorfina contra las adicciones. L-Tyrosina para la agudeza mental, el control del estrés y el op-

timismo. Vasopresina para contrarrestar los «fallos de poder del cerebro» El ARN y el ADN: esenciales para la memoria y la mente. «Horribles manchas marrones de la edad» en el cerebro. Octacosanol para contrarrestar el daño en los nervios cerebrales. El germanio genera poder mental. Germanio: sistema de defensa de la memoria. Germanio: el semiconductor y el cuerpo eléctrico. Hyperoxigenación: seguro para la memoria. Estimule el metabolismo de su memoria. Solución a la contaminación de la memoria. *Candida* epidémica, la memoria y el oxígeno. Hacer que el agua sea más amistosa con el usuario. Nuevas terapias con oxígeno. El ABC de la memoria. Inversión de la pérdida de memoria.

19. **Máquinas para el buen estado de la mente y la memoria** 306
La conexión china. ¿Cómo cura la adicción la acupuntura? El potencializador Graham. Baterías para la memoria y rejuvenecimiento. Aliviar la pérdida de memoria. La solución del rejuvenecimiento. ¿Una batería que genera buena suerte? Regenerar los regeneradores. Alta tecnología para la mente y la memoria. La electricidad de la memoria. ¿Su banco de memoria está en números rojos? Protecciones para la electrocontaminación y la niebla de la memoria. Miniguía para la tecnología de la mente y la memoria.

20. **Armas de la memoria: descubrimientos secretos** 345
¿Superespías soviéticos con personalidad múltiple? La electrocorriente de la conciencia. Armas de la memoria y control mental. El Sol, la mente y la memoria. Tormentas magnéticas artificiales y la memoria.

CUARTA PARTE

21. **La experiencia de tránsito a la muerte: ¿una ventana en la memoria?** 363
Caleidoscopio de la memoria. Memoria y mente: ¿fuera del cuerpo? Memoria multidimensional y un cuerpo de energía. Memoria: ¿dónde está y qué es?

Nuestros campos bioenergéticos y la memoria. Memoria divina. Tiempo y memoria. ¿Pueden los instrumentos interceptar la memoria cósmica? Instrumentos que rastrean la memoria a través del tiempo y el espacio. Cronovisor.

22. **Recuerdos lejanos: ¿pueden cambiar esta vida?** 394
Recuerdos lejanos que liberan. Recordar vidas pasadas mediante la acupuntura.

23. **Memoria después de la muerte** 402
Gedenke, Ich Bin. «Sólo piense: soy.» Tecnología para la impresión de la voz y memoria después de la muerte. Vídeos de «los del más allá». Programa de televisión multidimensional con participación del público por teléfono.

24. **Recordar quiénes somos** 415
Recuerdos de cosas pasadas y del futuro. Regreso al futuro.

25. **Apertura del palacio de la memoria universal** . . 425
La memoria: compañera en los tiempos difíciles. La memoria en el centro de un nuevo paradigma.

Apéndice A – **Tres pasos hacia el superaprendizaje** . . 431

Apéndice B – **Trucos para la memoria** 433

Recursos y bibliografía 437

Índice 481

PRIMERA PARTE

PRIMERA PARTE

1
La revolución de la memoria

Desperezándose bajo los primeros rayos de una mañana del Renacimiento, Giulio Camillo contempló los vestíbulos salpicados de luz, los salones amueblados fastuosamente de uno de los palacios más suntuosos de Venecia. La satisfacción le inundó de calor cuando sintió despertar el cada vez más rápido crujido y murmullo de su amplio hogar. Aquí había reunido toda la sabiduría e ingenio necesarios para ser consejero de reyes, filósofo y dramaturgo de fama internacional. Aquí regresaba siempre para aguzar sus facultades.

El palacio, ricamente poblado que Camillo contemplaba, era invisible. Era un palacio de la memoria, uno de los hogares invisibles, palacios, incluso ciudades que las personas educadas de la época construían cuidadosamente en su imaginación, construcciones que les permitían recordarlo casi todo, palacios invisibles que generaban una energía creativa real.

Conocían el secreto. La memoria no es tan sólo una cosa con la que se nace. La memoria es algo que se puede formar, se puede ampliar y mantener viva durante toda una vida. Hoy en día existen multitud de nuevas técnicas para proporcionar la habilidad necesaria, técnicas del siglo veintiuno que ni siquiera el maestro de la imaginación, Camillo, habría podido imaginar. En las dos últimas décadas, neurocientíficos y músicos, educadores, especialistas en electrónica, atletas, biólogos e investigadores de todo tipo se han aventurado en el terreno de la memoria para investigar las moléculas de los genes y llegar a la «memoria» del cosmos. Estos exploradores han efectuado grandes progresos: nuevas maneras de mejorar la memoria, nuevas maneras de mantener la memoria viva en la ancianidad, y poderes de la memoria recién descubiertos. Incluso hay nuevas maneras de recordar el pasado que pueden cambiar el futuro de uno.

Desde la carrera profesional hasta la vida social, desde la escuela hasta la recapacitación en el trabajo, desde los deportes a los juegos, de las apuestas al éxito financiero, una memoria superior es una gran ventaja. Si los investigadores están en lo cierto, la posibilidad de revitalizar la memoria global y de utilizar sus recursos pueden estar cada vez más cerca y ser más fácil de lo que se cree. Tal vez sea tan sencillo como apretar un botón, tragar una cápsula de alimento o escuchar pautas únicas de música de alta frecuencia. Además de los constructores de memoria global, existen nuevos sistemas de memoria –no métodos de apoyo de la memoria– para ayudar a recordar hechos específicos, cifras e idiomas. Aún mejor, estos métodos del siglo veintiuno son intensivos, no producen tensión, son euforizantes, globales y holistas. Pueden dinamizar la personalidad entera para producir una mayor expresión creativa.

¿Conoce usted a alguien que sufra de disminución o pérdida de memoria? La asociación estadounidense de personas retiradas informa que el veinticinco por ciento de sus miembros *senior* sufren de algún problema mental. Mientras escribimos este libro, una de nuestras prioridades de investigación personales era encontrar ayuda para parientes ancianos con una alarmante pérdida de memoria. Descubrimos que muchos problemas de memoria comunes en las personas de edad pueden invertirse; encontramos adelantos que pueden ayudar a los mayores a conservarse en la era de la información.

«¿Somos una nación de imbéciles?», se lamentaba el *Usa Today* en uno de tantos informes sobre el pobre rendimiento de los estudiantes estadounidenses en comparación con los de otros países. El veinticinco por ciento de nuestros alumnos adultos ni siquiera podían recordar la fecha de la llegada de Colón a América. Este ramo paga una factura anual de veinticinco mil millones de dólares para esta amnesia educacional. ¿La falta de memoria nos derribará como nación? No tiene que ser así. Los negocios y escuelas que miran hacia el futuro ya están utilizando nuevas maneras eficaces de aprender, retener y recordar, y también la gente que ha decidido que el único recurso es el «hágalo usted mismo».

Nuevos usos transformativos de la memoria

Los nuevos métodos para estimular la memoria han producido una explosión de recuerdos mundiales, un tipo de recuerdo diferente cuya importancia es tan evolutiva como revolucionario es su impacto. ¿Existe la memoria antes de nacer? ¿Puede existir después de la muerte? ¿Cuál es su recuerdo más antiguo y cómo puede ayudarle hoy el evocarlo? La exploración de estas preguntas ha proporcionado convincentes descubrimientos acerca de la memoria, tan convincentes, que también han proporcionado maneras mejores y más alegres de que los humanos lleguen al planeta y salgan de él. A través de estas exploraciones, todo el espectro de la memoria misma –desde el nacimiento hasta la muerte– se ha expandido de pronto y con ello ha aparecido una nueva imagen de quién y qué somos. Esta aparición del recuerdo «es un fenómeno único del siglo veinte», dice el doctor David Chamberlain, autor de *Babies Remember Birth*. También nos sugiere cosas del siglo veintiuno.

Los «humanos cósmicos» se encuentran entre nosotros; no son personajes salidos de la dimensión desconocida, sino gente que ha tenido experiencias insólitas en extremos opuestos del espectro de la memoria. Algunos han llegado a través del nacimiento «sin gravedad», los superbebés de Rusia, Nueva Zelanda y los Estados Unidos. Otros, los que han sentido la proximidad de la muerte, han experimentado un «renacimiento» gracias a la tecnología médica. Todos ellos han dado muestras de una mayor memoria y mayores capacidades. Los que han pasado por un estado de «casi muerte» informaron al regresar que sus memorias funcionaban aunque sus funciones vitales estaban inactivas. «Era como si lo supiera todo –dijo un virginiano–. Todo lo que sabía desde el comienzo de mi vida... incluso las cosas más insignificantes.» No sólo funcionó su memoria en este sentido, algunos también regresaron con la capacidad de recordar cosas que no eran conscientes de saber: sofisticada información científica y filosófica. Prácticamente todos ellos afirmaron que tenían una profunda comprensión de los usos de la memoria, en el presente y en el futuro. Insisten en que la memoria es algo que uno se puede llevar consigo.

También ha empezado a resurgir un viejo secreto. La memoria es mucho más que un almacén de datos. Es un poder primitivo, creativo, cósmico. Desde las escuelas griegas de Pitágoras, pasando por las enseñanzas de santo Tomás de Aquino, hasta los magos de la memoria del Renacimiento como Giulio Camillo, la memoria ha sido conocida como vehículo de autotransformación, algo que podría utilizarse para crearse uno mismo de nuevo. ¿Pueden las energías ocultas de la memoria reordenar el futuro? Esta vez, la escuela del misterio está abierta a todos.

El significado de la supermemoria

No sobreviviríamos al momento sin memoria. La memoria es la sustancia de la que depende nuestra vida. Forma las notas que se combinan y vuelven a combinar para tejer la disonancia y las armonías de una vida individual. La memoria hace de cada uno un alguien único. No es de extrañar que Mnemosina, hija del cielo y de la tierra, diosa de la memoria, haya existido desde el principio de los tiempos. Lo sorprendente es cuán viva está ahora esta antigua madre de todos nosotros, como si ella también estuviera atrapada en el febril cambio que nos lleva al siglo veintiuno.

Cuando decidimos explorar la supermemoria, Mnemosina no nos habló; nos tomó por el cuello y nos arrastró por direcciones inesperadas. De pronto contemplábamos la memoria como socio activo del sistema inmune, la memoria alerta en el seno materno, la memoria alimentando la mente de modo subliminal para influir en nuestra manera de actuar, pensar, sentir. Empezaron a aparecer soluciones a problemas aparentemente muy lejanos a ella como, por ejemplo, ayuda para la drogadicción. También se empezaron a vislumbrar los manipuladores de la memoria, gente que utiliza los nuevos progresos para sus propios fines. Por ejemplo, corrían rumores, rumores diabólicos, acerca del uso de la memoria como arma de guerra, acerca de experimentos con la memoria que congelarían las células cerebrales. Mientras investigábamos, salió a la luz la noticia de que la CIA compensaría a nueve canadienses amnésicos, personas cuya memoria fue borrada cuando se convirtieron en conejillos de indias inconscientes en unas exploraciones secretas de la memoria.

Oportunamente, la nueva teoría científica más rabiosa de la década provocó una gran controversia. Cosa nada extraña, se trata de una teoría de la memoria. «El pasado no ha desaparecido, ni siquiera ha pasado», dice un personaje de Faulkner. Con su reciente *Theory of Formative Causation*, Ruper Sheldrake lo expuso así: «El pasado es flexible como una concertina». El pasado no se extiende detrás de uno como una película, está todo aquí, ahora. Toda la naturaleza, dice Sheldrake, está cubierta de memoria. Es una idea antigua, una «memoria del mundo», con la que uno podría armonizar. El avance decisivo es que la idea de Sheldrake puede probarse científicamente. Hasta ahora, los resultados le están dando la razón.

Una memoria extraordinaria siempre ha fascinado y ocupado un lugar en las páginas de la historia. Heinrich Heinekin pronunció sus primeras frases muy pronto. A la edad en que la mayoría de los humanos saben decir «mamá», Heinrich, con diez meses, podía recordar y recitar largos textos en verso y en prosa. A los quince meses, empezó a aprender historia, y a los dos años, latín y francés. Por entonces ya sabía escribir. Aunque vivía en Lübeck, Alemania, Heinrich sentía fascinación por Dinamarca y podía decir de carrerilla su geografía e historia. En 1725, el rey de Dinamarca invitó al niño de cuatro años a visitarle. Los cortesanos quizá se sintieron un poco incapaces cuando el pequeño Heinrich respondió a preguntas en tres idiomas, y recitó más de mil cuatrocientos pasajes de textos de famosos autores latinos y la genealogía entera de todas las familias reales de Europa. Pero, después de un comienzo tan brillante y acelerado, el chiquillo se quemó. Sólo tomaba leche de una nodriza, su salud se quebrantó y el pequeño falleció a los cuatro años y cuatro meses.

Algunas personas pensaron que le estaba bien empleado. No obstante, si existe una constante en las personas brillantes –las personas que destacan en su campo–, es que casi todas poseen, al menos, una excelente memoria. Algunas son legendarias. El dramaturgo francés Jean Racine, por ejemplo, podía recitar obras enteras, palabra por palabra, después de leerlas una vez. Otros, como Arturo Toscanini, tienen una supermemoria para la música. Una noche, poco antes de un concierto sinfónico, un fagotista dijo alarmado al director Toscanini que se había roto la llave más baja de su instrumento y que no lo podía tocar. En sólo un momento, Toscanini respondió: «Esta nota no aparece en las partituras del fagot en ninguna de las sinfonías de esta noche».

Estos destellos de la memoria que no cuestan ningún esfuerzo parecen estar muy lejos de la mayoría de las personas con las que nos hemos tropezado últimamente. «¿Estáis escribiendo un libro sobre la memoria? –preguntan a coro–. ¡Hurra!» Todo el mundo parece tener quejas de la memoria. Al parecer, existe una tendencia hacia la «sub» y no la supermemoria. Como explicó un niño sensato: «Mi memoria es la cosa con la que olvido». Incluso los que toman medidas para recordar pueden tener problemas, como descubrió la madre de un diplomático canadiense cuando visitó a su hijo en Tokio. Sus conocidos japoneses se excedieron en su usual hospitalidad y la trataron como a una reina. Estaba previsto ofrecerle un banquete de despedida y la señora decidió decir al menos una cosa importante en japonés: *arigato*, gracias. Para estar segura de que se acordaría, recurrió a una técnica memorística y asoció *arigato* con *alligator*.* Aquella noche, la agradecida mujer miró con afecto a las educadas caras allí congregadas. «Sólo tengo una cosa que decirles a todos ustedes –dijo con una cálida sonrisa–: ¡Cocodrilo!»

¿Anda suelto algún contaminante de la memoria? ¿Se está extendiendo como un virus de los ordenadores por toda la Tierra, haciendo que la memoria de la gente sea más espesa que antes? ¿O es tan sólo que, en nuestra época acelerada, la memoria cotidiana está siendo inundada por mareas de información y cambio, con un número cada vez mayor de cosas que hacer y menos tiempo para hacerlas? Sí, probablemente es ésta la respuesta a ambas preguntas. El psicólogo Fritz Perls describió la conciencia normal como «emergencia crónica de baja calidad». Pero nos está viniendo una gran cantidad de ayuda.

Los contaminantes de la memoria auténticos como el estrés, los productos químicos y el mundo electromagnético están siendo reconocidos y mitigados. ¿Se puede comer para recordar? Al parecer, sí. Ese almuerzo poderoso puede convertirse en un buen estimulante de la memoria una vez conocido el menú. Existe un impulsor de la memoria que incluso podría ser considerado un regalo del Paraíso. Procede de las hojas del árbol *Gingko*, que, con sus doscientos millones de años, es un vencedor del récord de longevidad de la especie. Se han descubierto otras sustancias que aceleran la brillantez mental y la creatividad sin crear adicción; una entrada sin una salida.

También obtenemos ayuda de algunas de las cosas más nuevas que nos rodean, máquinas que pueden estimular y restaurar la mente humana de maneras jamás conocidas. Los estimulantes del cerebro permiten a gente corriente acceder a poderes mentales aumentados. Una máquina poco conocida podría ayudar a la gente a restaurar la memoria; y a recordar

---

* Cocodrilo, en inglés. (*N. de la T.*)

cómo ser jóvenes. Los usuarios afirman que ayuda a rejuvenecer el cuerpo. ¿Existe una ruta de alta tecnología para la evolución? Algunos expertos creen que sí. Sostienen que en una década las máquinas de la memoria podrían aportar la memoria y la agilidad mental en otro tiempo reservadas a los «genios». Las máquinas impulsoras del coeficiente intelectual harán a la memoria y la mente lo que las máquinas para hacer ejercicio hacen al cuerpo.

Apretando un botón, podrían borrarse los seculares prejuicios acerca de la inteligencia, lo que es y quién la posee. «Lo que consideramos inteligencia probablemente es una pálida sombra de los poderes y facultades reales del cerebro», dice Michael Hutchison, autor de *Megabrain*. Robert Anton Wilson cree que la nueva tecnología de vanguardia HEAD (ingeniería hedónica y desarrollo) «significará el hito más importante en la evolución de este planeta».

Mnemosina, diosa de la memoria, también es madre de las ciencias y las artes. Quizá por eso los investigadores han descubierto que los sonidos de una específica alta frecuencia en la música pueden nutrir la memoria. Se han determinado frecuencias que pueden recargar la corteza cerebral, liberar nueva vitalidad y reforzar la mente. En otros terrenos, los investigadores están utilizando la música para enmascarar «frecuencias de compás», pulsaciones que producen imperceptibles ritmos en el cerebro que han demostrado aumentar la concentración, la memoria y la habilidad.

Puntos de apoyo para la memoria y la supermemoria

En la biblioteca de su casa de Nueva Jersey, una profesora hojeó rápidamente las páginas del último número de *Life*. Después, su familia le hizo una prueba. Aparentemente sin esfuerzo, recitó correctamente el contenido de todas y cada una de las páginas, hacia delante y hacia atrás. Esta «maestra de la memoria», madre de una de las autoras, se había sumergido con entusiasmo en un curso de memoria realizado por Bruno Furst, experto en memoria que cautivaba a las multitudes como Harry Lorrayne lo hace en la actualidad. «Página 19: anuncio de Ford en la parte inferior derecha; artículo sobre Eisenhower...» Pronto la familia entera se introdujo en el tema. Los puntos de apoyo para la memoria funcionan. Dos o tres de ellos pueden durar toda la vida. Pero, a menos que se practique con la disciplina de un actor, el sistema se desvanece al cabo de uno o dos meses. La memoria en su conjunto no se refuerza. Aún puede uno con demasiada facilidad dejarse las llaves olvidadas en la puerta o perder el coche en el aparcamiento. Los nuevos sistemas para la memoria, al parecer, nutren la memoria.

Ahora mismo, ¿puede usted aprender dos o incluso cinco veces más de prisa y recordar lo que aprende? ¿Puede empezar a desplegar la extensión global de la memoria requerida por Toscanini? Cientos de miles de personas de cinco continentes dicen que se puede y pueden demostrarlo. Están anunciando que dominan casi cualquier tema con un aprendizaje intensivo. Superaprendizaje es el nombre que dimos a este método que nos sedujo para penetrar en los campos de la memoria hace más de veinte años. «Seducir» es la palabra clave. Lo que nos atrajo tan poderosamente se halla en el corazón mismo del aprendizaje intensivo y le dio vida. Es ese viejo deseo humano de lo que los científicos llaman *hypermnesia*: supermemoria.

Dos décadas más tarde, todavía nos preguntábamos por la supermemoria. ¿Es «sólo» la habilidad de recitar hechos con facilidad? Ésa puede ser la parte menor. A medida que íbamos mirando, nuestra idea de la memoria seguía sonando una y otra vez. Dio un salto cuántico cuando un amigo, el doctor Raymond Abrezol, hizo un comentario informal. Abrezol, un suizo alto y de aspecto atlético, es experto en crear ganadores olímpicos y hábiles autosanadores.

«Toda enfermedad es memoria», nos dijo el buen doctor. Cuando lo dijo, sólo unos años atrás, resultó un comentario muy extraño. Pero no dejó de reverberar. Actualmente, la corriente principal de la ciencia, la ciencia dura, está empezando a revelar que la memoria, como una enzima esencial e invisible, tiene un papel dinámico para que uno esté enfermo o esté bien. Los investigadores han estudiado las maneras en que nuestra memoria siempre cambiante afecta incluso a las secreciones y la sustancia de nuestras células. Esto sacó a la luz la cara secundaria de la memoria: olvidar. Si no queremos acarrear demasiado equipaje viejo cuando cambiemos de siglo, tenemos que aprender a olvidar, a percibir y soltar los modelos limitadores de la memoria que llevamos dentro. Los maestros de la memoria de la antigüedad hicieron grandes esfuerzos conscientes para construir palacios de la memoria. Aunque no nos damos cuenta de ello, todos nosotros construimos estructuras invisibles de la memoria y, en nuestra inconsciencia, con demasiada frecuencia alojamos en la memoria tugurios y mazmorras o fábricas de preocupación. Ahora existen numerosas maneras de ayudar a remodelar, a utilizar la memoria para uno mismo, no contra uno mismo.

Mire el mundo con los ojos de la memoria y verá nuevos matices de significado en todas partes. También empezará a ver que, desde la física hasta la geopolítica y la ecología, y hasta la comprensión de uno mismo, algo básico está ocurriendo. Un proceso de reordenación.

Reordenación

Por fin se nos ocurrió por qué Mnemosina parece estar agitándose en todas partes. La mente materialista que ha dominado los últimos trescientos años vio el mundo como una máquina gigantesca y el entusiasmo lo disgregó, desmembró la vida para estudiar la vida. Era un entusiasmo que produjo grandes regalos y, en el siglo veinte en particular, grandes males. Años atrás, William Blake, sentado en el jardín bajo el manzano, lo vio venir: la fragmentación, la alienación, la desconexión de la naturaleza que «tejería la mortaja de la vieja Inglaterra». En la actualidad, el científico-filósofo Arthur Young, que ha pasado la mitad de su larga vida reexaminando la evolución, ve venir algo más: el mandato de reagrupar y crecer... o convertirse en «especie extinguida».

La idea de totalidad nace en la mente colectiva, extendiendo su influencia no a través del viejo globo impersonal de los materialistas, sino en torno a Gaya, la tierra viva. Está surgiendo una nueva perspectiva que hace hincapié en la asociación, la conexión, la interdependencia, la resonancia... todo, la dinámica de la memoria, la sangre vital de Mnemosina. Existe un movimiento para recoger los fragmentos y unirlos.

Los científicos solían ver a las personas como una colección de partes. Ahora hablan de un proceso, «mente y cuerpo». Los profesores, que dicen que la educación sólo ha enseñado a una sexta parte del cerebro, ahora hablan del cerebro entero. Las emociones vuelven a ser bien recibidas en las actividades intelectuales. Se ha hecho patente que los sentimientos juegan un papel vital en la capacidad de recordar y aprender. Para conocernos bien, se recuperan estados de conciencia ignorados durante mucho tiempo. En general, las partes dispares de la experiencia humana están volviendo a casa. Casi todas tienen alguna relación con la memoria.

Como dos espejos despidiendo luz de uno a otro, existe

una realimentación dinámica entre la memoria y la reordenación, se abren la una a la otra, iluminan nuevos rincones. Resulta imposible seguir la trayectoria de una sin la otra.

«En busca del tiempo perdido»

En los albores del siglo veinte, el gran escritor francés Marcel Proust irrumpió con su prestigiosa exploración de la memoria. Siete complicadas novelas, más de un millón de palabras, salieron de él; todo debido a una galleta, todo debido a los recuerdos desencadenados por aquel famoso sabor a lima de una madalena mojada en el té. En *À la recherche du temps perdu (En busca del tiempo perdido)*, Proust da vida –carne y sangre– a las teorías del tiempo del filósofo Henri Bergson. El tiempo, cercano mientras nuestros corazones marcan con sus latidos el paso de nuestra vida, es no obstante esquivo. El tiempo sólo puede ser comprendido mediante la intuición y la memoria. Proust se da cuenta de que el pasado y el presente tienen una realidad igual en la memoria, y su larga investigación culmina en *El tiempo recobrado*. La memoria estimula la vida más allá del paso del tiempo.

Repasar nuestros recuerdos, «recordar con tranquilidad», es quizá lo más cercano a una sensación de eterno presente, el eterno ahora, que la mayoría de nosotros experimentamos. En este ahora, parece haber una nueva resonancia que acelera la completa octava de la historia humana. Más allá de lo personal, la niebla que envuelve la memoria universal ha empezado a disiparse. Estimulados por el más implacable de todos los recuerdos, el recuerdo cultural ubicuo de un paraíso perdido, estudiosos y arqueólogos han desvelado nuevas claves para ayudarnos a recordar quiénes somos. ¿Estamos reordenando un legado más brillante? ¿Está nuestra imagen de nosotros mismos a punto de saltar a una pantalla más grande? El estudioso de la cultura maya, el doctor José Argüelles, tiene una visión granangular de la historia. Su conclusión es que algo se está exponiendo en este punto del tiempo, un impulso vaticinado mucho tiempo atrás que abrirá la memoria evolutiva.

«Abriremos la puerta a niveles de la memoria aún más profundos –dice Argüelles–. Como pautas primarias de resonancia, la memoria será conocida como el modelo radial que unifica todos los niveles del ser y la conciencia.» Esto es la memoria cósmica o, en otras palabras, un campo unificador.

Es un gran concepto, un concepto que los magos de la memoria del Renacimiento también vislumbraron, un concepto que se hace más claro cuando uno se aventura por los dominios de Mnemosina. Aun así, por muy lejos que queramos viajar, tenemos que empezar con nuestra propia, caprichosa y vieja memoria.

El sendero de la memoria como autopista

El «sendero de la memoria» se ha convertido en una autopista. La multitud de investigadores que han entrado en la autopista de la memoria la han abierto para el resto de nosotros y han hecho fácilmente accesible la memoria aumentada. «Recientemente, se ha aprendido más acerca del funcionamiento del cerebro, que en toda la historia anterior», dice George Adelman, editor de la *Encyclopedia of Neuroscience*. La vida en la carretera que conduce a la memoria aumentada puede ser estimulante y despertar una sensación de confianza en uno mismo y seguridad. Hay que dar algunos pasos, por supuesto; no es algo mágico. Pero la buena noticia, algo que a casi todo el mundo le costará creer, es que usted ya tiene una memoria extraordinaria. Es el equipo estándar. El truco consiste en saber cómo acceder a la memoria de uno, cómo tratarla adecuadamente y utilizarla de modo creativo. Los avances de la memoria del siglo veintiuno que aparecen en los siguientes capítulos le permitirán hacerlo.

2
El método de la memoria maestra

Profunda y tranquila como la nieve que cae con suavidad, la encantadora melodía del «invierno» de *Las cuatro estaciones* de Vivaldi se derramaba en la espaciosa sala. Cuatrocientos estudiantes japoneses cerraron los ojos y se acomodaron, listos para aprender la teoría electromagnética.

En Ohio, la misma dulce melodía sonaba en una sala llena de trabajadores de la AT & T que exhalaron un suspiro de relajación y se liberaron de la preocupación de cómo aprender a recordar las complicaciones de un nuevo equipo de seguridad. En Toronto, un grupo de chicos recién aseados no parecían estar escuchando en absoluto la melodía de Vivaldi. Estaban tumbados en el suelo, formando un círculo con las cabezas, respirando con el ritmo lento del sueño. Pero los escolares estaban escuchando; ésta era una de sus clases favoritas.

Imágenes serenas, no las que suelen acudir a la mente cuando uno piensa en cómo seguir el ritmo de la actual presión por cambiar, aprender y recordar cada vez más de prisa. Son las imágenes de un nuevo método. En lugar de dar impulso para realizar más de prisa el trabajo, proporciona técnicas para estimular la capacidad innata, y para desplazarse del propio centro en esta era de aceleración. Los ingenieros japoneses, los técnicos de la AT & T y los niños canadienses aprendieron todos más de prisa con este método. Aprendieron más de prisa porque recordaban mejor.

Quizá la manera más práctica de empezar a potenciar la memoria resida en el desarrollo de métodos de aprendizaje intensivo y superaprendizaje (*Superlearning* [R]). Cualquier persona puede utilizar estos métodos maestros, desde los niños de seis años hasta los adultos de ochenta y seis, los que son brillantes y los que no lo son tanto, los que asisten a clases o los que estudian solos en casa. No cuestan casi nada y tienen muchísimas aplicaciones. Son métodos maestros porque sus técnicas pueden utilizarse para aumentar las muchas «memorias» que uno tiene: la memoria automática que va con los deportes y la realización artística, la memoria que proporciona combustible a la resolución de problemas, la memoria implicada en la curación. Son métodos maestros porque, cuando uno se centra en un tema concreto, la nueva facilidad empieza a extenderse como la luz en la tierra para reforzar toda la mente y toda la memoria. Algunas personas dicen que aportan cierta claridad de ser. Ejecutivos, lingüistas y militares utilizan el superaprendizaje para realizar sus funciones con más gracia y empuje. Incluso es más fácil para un niño de ocho años.

El superaprendizaje

Los niños de tercer grado de Rosella Wallace hacían muecas en la cola de la cafetería. No sólo ponían caras raras, también movían con lentitud todo su cuerpo, tensos como puños, y después, de pronto, soltaban una lluvia de suspiros. La clase de Rosella Wallace de Anchor Point, Alaska, tenía una misión: estaban a punto de embarcarse en algo especial que los sacaría de la lentitud de la ortografía. «Vamos a hacer superaprendizaje», les dijo con los dedos cruzados. Se trataba de su estreno, y hasta entonces, al menos, a los niños les gustó el nombre. La rubia Rosella Wallace es una mujer agradable, de aspecto respetable, con un brillo en sus ojos azules, el brillo de una innovadora, una rebelde dentro del sistema que podría echarlo todo a perder en su intento de encontrar mejores maneras de enseñar. Antes de la lección, Wallace pidió a sus niños que se pusieran de pie, se desperezaran, movieran lentamente el cuerpo y se relajaran. Sentados de nuevo, cerraron los ojos; era hora de imaginar que se hallaban en un lugar maravilloso: estaban al aire libre en un glorioso día de verano, corriendo en libertad bajo un infinito cielo azul. El sol les daba en los brazos desnudos cuando se percataron de una nube blanca que avanzaba en lo alto. Era una nube mágica, una nube en la que montarse, y todos lo hicieron, todos subieron a la plumosa nube y flotaron sanos y salvos por el firmamento. Iban a descubrir que la ortografía fluiría de un modo tan agradable y tan fácil como el ir montados en una nube.

De nuevo en la tierra, los niños leyeron en silencio mientras la señora Wallace pronunciaba y deletreaba cada nueva palabra. Hablaba siguiendo un ritmo. Hablaba durante cuatro segundos, estaba callada otros cuatro segundos, hablaba durante cuatro segundos, estaba callada otros cuatro. Su tono de voz subía y bajaba siguiendo también un ciclo repetitivo: normal... susurrante y confidencial... y después ¡autoritario! Cuando terminó la lección, Wallace dijo a sus alumnos que se recostaran y cerraran los ojos mientras empezaba a sonar una música, no del tipo al que ellos estaban acostumbrados, sino música para el superaprendizaje, el clavicordio y los instrumentos de cuerda de las lentas obras maestras clásicas del barroco. «No intentéis concentraros –les dijo Wallace–. Limitaos a que vuestra mente vague entre la música y las palabras.» Después, con el mismo ritmo, volvió a leer la lección.

Éste es el núcleo del sistema del superaprendizaje que permite aprender de dos a cinco veces más de prisa sin tensiones. Se aprende más de prisa porque se recuerda mejor. En lugar de repasar una nueva estadística o un verbo ruso quince o veinte veces, pueden ser suficientes tres o cuatro repeticiones para que quede grabado en la memoria. El método empieza a desarrollar esa gran memoria natural que en teoría todos poseemos pero que hasta ahora pocos han puesto en práctica. Esto es educación en el sentido clásico, una palabra que en su raíz significa «sacar de» y no, como se podría pensar, «embutir» como una salchicha. Los años de investigación del cerebro, como la del famoso neurocirujano Wilder Penfield, sugieren que todo lo que alguna vez le ha sucedido a uno permanece... en algún lugar. No se pierde, «sólo» se olvida.

¿Cómo se puede recuperar lo que se percibe, cuando se quiere? Un secreto estriba en la manera en que llega la información. Otro es el estado de la mente y el cuerpo en que uno se encuentra cuando intenta aprender y recordar. Los sistemas intensivos le introducen a uno en un «estado óptimo» para el aprendizaje. Para reforzar la memoria, se suministran datos siguiendo una pauta rítmica respaldada por música barroca lenta en un compás determinado. Esta música especial puede estimular la memoria por sí sola. Investigadores del estado de Iowa la hicieron sonar durante la clase y los exámenes y descubrieron que la memoria mejoró en un veintiséis por ciento. Pruebas de laboratorio realizadas en la URSS y la Europa Oriental revelaron que esta música barroca produce cambios sumamente beneficiosos y armonizantes en el cuerpo y el cerebro. Para los que tienen un «oído abierto» existe otra razón por la que los instrumentos de cuerda de la música del superaprendizaje pueden evocar la memoria. Los sonidos de alta frecuencia que dan energía al cerebro también se encuentran en los armónicos de esta música barroca especial (ver capítulo 10).

Además de la música, se entremezclan una batería de otras técnicas con los sistemas acelerados aparentemente simples, técnicas que entran en la central eléctrica de la inteligencia de la mente subliminal; técnicas para disolver los bloques de memoria y hacer desaparecer el estrés. Como se detalla en los próximos capítulos, se pueden utilizar estos muchos elementos por separado –desde las imágenes hasta las pautas de respiración– para liberar y reforzar la memoria. También se pueden unir todos y disfrutar de un método maestro poderoso, a veces electrizante, que ha colocado a muchas personas en el camino que conduce a la supermemoria. Los tests muestran que recordaron durante todo el camino.

Rosella Wallace es una de esas profesoras natas que la mayoría de nosotros sólo conocemos en los cuentos. Fue pionera en el desarrollo del superaprendizaje como método de enseñanza completo que abarca muchísimo más que la memoria. El apoyo de la clase sirve de ayuda. Sin embargo, en lo que se refiere a lo básico del refuerzo de la memoria, uno puede hacerlo solo. Muchísima gente lo ha hecho, lo que les ha permitido recordar reglas para oposiciones, conocimientos de otros idiomas para los negocios o los estatutos del béisbol para cosechar triunfos triviales.

«La mente me mantiene joven», dice Ben Eizig, un abogado de ochenta y siete años de San Francisco que aprende idiomas con éxito con el método del superaprendizaje. Igual que otros muchos ancianos, Eizig ha descubierto un placer con un efecto antienvejecimiento. Ha recobrado la alegría de aprender.

La periodista ganadora del Premio Pulitzer, Charlayne Hunter-Gault, bromea formulando una pregunta en una entrevista y haciendo una pausa –uno, dos, tres, cuatro– después de realizar por su cuenta el superaprendizaje del español. «Una vez que dominé los ejercicios –cuenta–, descubrí que mejoraban mis entrevistas, mi redacción, mis discursos y todo lo que tenía que ver con la memoria.»

En una de nuestras conferencias, un hombre musculoso se levantó –resultó ser un enfermero, con sentido del dramatismo– y dijo: «Mis colaboradores creían que yo estaba loco, pero utilicé el superaprendizaje, la música barroca y todo eso, estudiando para el examen para capataz... ¡y suspendí! –luego sonrió–. No fue culpa del superaprendizaje. Todavía recuerdo todo lo que aprendí hace un año. Sólo que me equivoqué de material».

Cuando uno elige el material adecuado, el sistema funciona, tanto si se desea intentar recoger datos sobre tonterías como si se trata de detalles científicos. Brian Hamilton, asistente social y terapeuta con experiencia, decidió volver a la escuela y seguir un curso preparatorio para los estudios de Medicina. «Mis calificaciones eran de notable –dijo Hamilton cuando pasó por nuestra oficina–. Así que adapté mis cursos al formato del superaprendizaje, y mis notas pasaron a sobresaliente.» Hamilton, decididamente miembro de las profesiones que sirven para ayudar a los demás, pronto empezó a enseñar el método a otras personas. Entrenó a profesores en una escuela excepcional, la New Vista Academy de Brooklyn, escuela modelo que a diario demuestra que los aventajados y los desaventajados pueden obtener resultados excelentes. El superaprendizaje no era totalmente desconocido en New Vista antes de que apareciera Hamilton; la directora ponía música del superaprendizaje por los altavoces. Un día se olvidó; oyó que daban un fuerte golpe en su puerta. Por favor, ¿podría poner la música?, le pidieron los estudiantes; la echaban en falta.

¿Qué sucedió en la frontera de Alaska? «Vi una tremenda mejora en mi clase en cuanto al desarrollo del pensamiento, la concentración y la memoria desde que empecé el superaprendizaje», dijo Wallace. Al terminar el año, sus niños obtuvieron un resultado de noventa y cuatro por ciento en el examen corriente de ortografía, el resultado más elevado del colegio. Cuando Wallace obtuvo los mismos buenos resultados en otras materias, el Departamento de Educación escogió su programa como uno de sólo quince que se examinarían en el National Curriculum Study. Wallace obtuvo un doctorado en filosofía con sus innovaciones; actualmente es asesora, y su trabajo se dirige hacia la puesta en marcha de una escuela que utilizará los nuevos métodos en todo. También forma a otros profesores en este «sistema mejor», para ayudar a más niños, más ciudadanos del siglo veintiuno, a aprender a aprender... y a amarlo.

Las técnicas de la supermemoria suponen una diversión inesperada. La Canadian Pacific Corporation llevó a cabo experimentos con ejecutivos, muchos de ellos ejecutivos disgustados porque les exigían que aprendieran francés. No sólo aprendieron de dos a cuatro veces más de prisa que antes, sino que les gustó. El absentismo cayó en picado, un auténtico regalo para los profesores, a quienes les resultaba difícil amonestar a los ejecutivos que no asistían a clase. Si lo que se aprende gusta, se aprende mejor, pues la base es que se recuerda lo que se tiene ganas de aprender. Pero hay otra cosa que hace que el superaprendizaje y el aprendizaje intensivo sean particularmente poderosos en la formación comercial. Más que añadir tensión, el método elimina el estrés de modo automático, no sólo el estrés de aprender, sino el del trabajo, del reciclaje, de la vida en general, el estrés que reduce la memoria y que, a la larga, incluso puede gastar zonas del cerebro muy importantes para la memoria.

El efecto de reducción del estrés se demostró en los niños de Anchor Point. «Es mi nube lo que hace que me guste –dijo una niña en una entrevista grabada–. Me encanta ir montada en mi nube.»

–¿Crees que tu profesora está loca por hacer estas cosas?
–No –intervino un niño–. No está loca. Antes, yo sólo sacaba suspensos, y ahora saco sobresalientes.

Los niños se sentían a gusto consigo mismos y se portaban mejor; tanto, que los padres empezaron a pedir a Wallace que también les enseñara a montar en una nube.

Sacar la memoria del retiro

La memoria de un niño de ocho años es un campo abierto en comparación con la memoria laberíntica de un adulto. Ésa es una razón por la que teníamos ganas de conocer al comandante Charles Croucher, un hombre delgado y moreno con una barbilla a los James Mason, orgulloso de haber luchado con la Armada Británica en la Segunda Guerra Mundial y de haber servido como decano del Canadian Naval College. Croucher y su esposa, Hope, adoran el lenguaje, y ambos poseen un título de lingüística. Se retiraron y realizaron su sueño de ir a España, vivir al sol y practicar idiomas. Eso hicieron, hasta que, un día que Croucher iba montado en bicicleta, le atropelló un camión. En el hospital, sufrió un ataque de apoplejía. Regresó a casa y se enfrentó al desastre. De repente, no le acudían a la cabeza ni el español ni el francés ni el alemán. Y, lo que es peor aún, las palabras en inglés se hallaban en la frontera de lo inalcanzable. Su memoria en general era más débil; los médicos no creían que hubiera posibilidades de recuperación. «Ya no podía ejercer de traductor ni de profesor –escribió Croucher al editor de *The Incorporated Linguist*–, aunque mucho peor era la idea de enfrentarme a este retiro forzoso privado de la investigación y la escritura tanto tiempo deseadas. Como era de esperar, apareció la depresión.»

La esposa de Croucher le convenció para que visitara a Ray Alba, su hermano que vivía en Nueva York, director de la Philosonic Society e innovador del aprendizaje. Alba propuso lo que parecía un extraño experimento. Enseñarían a Croucher japonés, un idioma que él nunca había estudiado; si funcionaba, sabría que aún tenía suficiente memoria para aprender. Con perspicacia, Alba primero dio al viejo Croucher el más reciente curso de la universidad de Tokio para estudiar en casa. Cada día, Croucher comenzaba, aprendía un poquito y olvidaba mucho. Era desesperante. Entonces Alba empezó el superaprendizaje.

Antes de las clases, el comandante, a flote en una cama de agua, dejaba relajar sus músculos y calmaba su mente con un viaje imaginario: paseando por un fragante jardín de España, caminando por una playa salpicada de sal. Después, un estudiante graduado de Tokio leía japonés en fragmentos de cuatro segundos con entonaciones cíclicas. Respirando de una manera sencilla y rítmica, el comandante leía en silencio. Al terminar, volvía a tumbarse mientras los instrumentos de cuerda de la música barroca comenzaban a oírse en el tono y tiempos especiales del superaprendizaje, y se repetía la lección.

El receloso Croucher pasó del asombro a la euforia. Al cabo de siete días, se le hizo una prueba y recordaba el noventa y seis por ciento de lo que había aprendido. El grupo, formado por profesores, tomó apuntes precisos. Hope Croucher también superaprendió japonés, como control. Después de catorce sesiones, que abarcaban ciento cincuenta frases en japonés, el comandante retenía el noventa y cuatro por ciento de lo que había estudiado y su esposa el noventa y cinco por ciento. Dieron a conocer su «éxito incondicional» en *The Incorporated Linguist*.

«Éramos capaces de absorber un mínimo de veinte a veinticinco frases japonesas sencillas al día sin tensión. Esto significa que, estudiando media hora cada día de la semana, podían conocerse los rudimentos del japonés o de cualquier lengua en dos meses... A diferencia de otros métodos famosos de aprendizaje rápido y olvido igualmente rápido, las pruebas demostraron un elevado nivel de retención de lo que aprendíamos.» Croucher añade: «El resultado más inmediato para mí fue una renovada sensación de esperanza y confianza de que no todo estaba perdido».

El superaprendizaje se lleva el mérito de haber ayudado a los Croucher a aprender japonés básico en dos meses. Pero ¿y el hombre incapacitado de repente para aprender y recordar, que encontró que el resto de su memoria empezaba a trabajar de nuevo? Las personas que han sufrido una apoplejía sólo se recuperan en contadas ocasiones. Por otra parte, los profesores de los minusválidos del aprendizaje nos dicen que el método sirve de ayuda, la relajación, el ritmo medido y, en particular, la música especial. El doctor Ally Prichard, pionero del aprendizaje intensivo, se enfrentó con lo que suele llamarse «un reto», es decir, una perspectiva sombría. Estaba intentando rescatar a niños que se habían quedado muy rezagados en la lectura, niños que iban camino de ser rechazados por la sociedad. Muchos de los adolescentes con los que se enfrentó padecían incapacidades para aprender, y un par de ellos eran levemente retrasados.

Con Jean Taylor, su colaboradora en la enseñanza en la Huntley Hilly School del condado de De Kalb, Georgia, Prichard empezó el aprendizaje intensivo con los lectores reacios. Los asombrados niños recuperaron el trabajo de un año en doce semanas. No fue cuestión de suerte. Bajo la dirección de Taylor, estos resultados excepcionales prosiguieron durante una década. En todo el país, en el gueto, en las praderas, el sistema ha demostrado ser un éxito seguro para los que tienen que ponerse al día, para aquellos a los que la experiencia ha enseñado a decir: «No puedo».

Antes de tumbar al comandante Croucher en su cama de agua, Ray Alba quiso hacernos algunas preguntas. Afortunadamente, no nos pusimos en contacto hasta más tarde; afortunadamente, porque es probable que Alba hubiera oído decir: «Un ataque de apoplejía... no estamos seguros...». Pero hemos pasado muchos años dudando del aprendizaje acelerado. Desde el principio, hace más de veinte años, parecía demasiado bueno para ser cierto.

Los comunistas y la supermemoria

«Los búlgaros están aprendiendo cincuenta veces más de prisa. ¡Se están aproximando a la supermemoria!», anunciaba el *Sophia Evening News* en uno de muchos informes sobre «sugestiología» que atiborraban nuestro equipaje mientras caminábamos por la estación de tren de la capital búlgara. Sofía es una vieja ciudad frondosa y adormilada en una tierra llena de girasoles y rosas, una tierra donde Ovidio vivió en el exilio, donde se decía que Orfeo en otro tiempo vagó para encantar incluso a los animales del bosque con su música.

¿Qué clase de encantamiento había entonces?, nos preguntamos. En el mundo comunista, la pequeña Bulgaria de pronto destacaba como tigre educacional. Los soviéticos, con su gran interés por la educación, ya habían adoptado la sugestiología. «Se puede aprender un idioma en un mes», anunciaba el *Pravda*. Y de nuevo: «Los trabajadores que asisten a la escuela nocturna encuentran que aprender es más refrescante que una siesta». ¿Era todo propaganda?

En Moscú, conocimos al hombre que generaba semejante excitación, el doctor Georgi Lozanov, fundador del Instituto de Sugestiología de Sofía, mantenido por el estado, y en aquel tiempo el único psiquiatra de Bulgaria; una historia en sí mismo, otra historia. Era un hombre que podía reír de un modo maravilloso, con afables ojos castaños y el pelo desarreglado a lo Einstein. Era de la escuela de pensamiento que condujo a los científicos soviéticos a decirnos, interminablemente a nuestro modo de ver, que: «Las reservas del hombre son el mayor recurso de un país. Sólo utilizamos una fracción, quizá el diez por ciento de nuestra capacidad». Hace cien años, William James calculaba que las personas utilizábamos sólo el cinco por ciento de nuestra capacidad. «Sólo el uno por ciento», insistía recientemente el suizo doctor Abrezol.

La sugestiología hizo vibrar de entusiasmo a los soviéticos, que hacía tiempo habían ahondado en la hipermnesia o supermemoria. Probablemente, la memoria más gigantesca jamás probada científicamente pertenecía al gran Venianim, «el hombre que lo recuerda todo» A. A. Luria, el académico soviético conocido en el mundo entero, dedicó décadas a estudiar a Venianim y declaró su memoria «sin límites». Al parecer, Venianim realmente nunca olvidaba nada de lo que experimentaba, hasta el arreglo de platos y flores en una mesa durante un té cotidiano celebrado veinte años atrás.

Lozanov conocía el voluminoso trabajo de Luria y había examinado a yoguis indios y búlgaros que poseían una memoria fotográfica e infalible. Pero la memoria no era la meta cuando, con un largo alcance ecléctico, juntó su nueva «ología». El doctor esperaba curar a los enfermos. Para hacerlo, rescató lo viejo y unió las disciplinas de lo nuevo. Mezcló el Raja yoga o yoga mental y la tradición hermética occidental con los últimos descubrimientos psico-físicos, en especial la investigación soviética de la sugestión, en la que se había invertido mucho dinero.

«¡Casi milagroso!», fue una de las afirmaciones cuando mostramos a las monjas del Rosary Hill College de Nueva York una película médica de Lozanov, prueba gráfica del efecto curativo de la sugestiología en los muy enfermos. Lozanov se anticipó treinta años al actual y floreciente uso de la capacidad de la mente para curar el cuerpo, lo cual a veces parece milagroso. La sugestiología aliviaba las enfermedades, pero con frecuencia hacía otra cosa también. Los pacientes parecían vigorizarse, mejorando sus poderes intelectuales y su memoria. El psiquiatra Lozanov, que a la sazón trataba a un grupo de estudiantes universitarios superexcitados, pronto se hizo la pregunta de qué debía hacerse.

«Si podemos hacer que nazcan niños sin dolor, ¿por qué no podemos hacer que nazca el conocimiento sin dolor?» El aprendizaje acelerado y la sugestiología, rama de la supermemoria, habían nacido. Hoy en día, no es tan extraño que técnicas que alivian la diabetes o curan la arritmia cardíaca puedan también aumentar la memoria. De una manera que Lozanov no podía prever, se está haciendo evidente que, de la mente a la molécula, la memoria y la salud se entrecruzan. En la actualidad, los investigadores están dando vueltas a la espiral desde el otro lado del círculo. Estan empleando métodos que provocan la memoria y el aprendizaje para estimular la autocuración (ver capítulos 16 y 17).

Aunque parezca increíble, la sugestiología era intrigante y, en 1970, empleamos unas cuantas páginas de nuestro libro *Psychic Discoveries Behind The Iron Curtain* para introducir el sistema en Occidente. Al parecer, mucha gente estaba esperando. Oleadas de turistas en busca del genio y profesores que buscaban alivio acudieron a Sofía. Nos llegaban toneladas de cartas. Lozanov empezó a dar conferencias en Occidente y se vio envuelto en intrigas balcánicas, hasta que al final le fue retirado el pasaporte. «Me arrancaron despiadadamente del instituto de sugestiología, que yo había fundado veinticinco años atrás, por insubordinación al sistema totalitario», escribió en primavera de 1990, cuando por fin recobró su libertad para ir a donde quisiera. Su invento hacía tiempo que había traspasado la frontera y había sido adoptado y después adaptado por un animado grupo de estadounidenses y canadienses que ayudaron a hacerlo crecer en un mundo nuevo.

Finalmente, nos convencieron de que, lo que funcionaba

en el Este totalitario, también funcionaba en Des Moines y Toronto. Nosotras también nos volvimos eclécticas, y en nuestro libro *Superlearning** reunimos un programa de «hágalo usted mismo» para ayudar a que todos participaran del descubrimiento. El sistema *Superlearning*** (superaprendizaje) se inspira en el trabajo de Lozanov y también en sus fuentes; afortunadamente, estábamos familiarizadas con algunas de ellas o tal vez no nos habríamos dado cuenta de que había algo especial en aquel pequeño y lejano instituto. También utilizamos algo de otras técnicas de refuerzo de la mente, en particular la sofrología, la ciencia de la conciencia armoniosa, otra nueva «ología» desarrollada en España por otro médico, el doctor Alfonso Caycedo. También es un sistema notable –tres universidades extranjeras tienen cátedras de sofrología–, aunque aquí es casi desconocida.

¿El superaprendizaje suena como a objetivo fijo? No lo es. Todos los sistemas acelerados están evolucionando. Sin embargo, por lo que hemos visto en los últimos diez años, la parte que mejora la memoria se mantiene; se ha demostrado una y otra vez. (Si quiere usted superaprender un tema, vea las instrucciones en el apéndice A o lea el libro.) El superaprendizaje puede situarle en ese camino hacia la supermemoria. Por cierto, quizá quiera usted utilizarlo para aprender algún idioma, porque se han unido al viaje gentes de todo el mundo.

---

* Hay traducción castellana, *Superaprendizaje*. Ediciones Grijalbo, Barcelona, 1979
** *Superlearning* es la marca registrada de Superlearning Inc., N.Y. N.Y.

3
«Aprender de dos a cinco veces más de prisa»: una conexión mundial

El colorido sello floral de la carta decía *Vanuatu*, un lugar que conocíamos sólo de un programa especial de televisión que trataba de la «zambullida al polvo». Con una liana atada a un tobillo, los nativos se arrojan de cabeza desde lo alto de las palmeras al suelo, no al agua. Vanuatu es un puntito en la cadena de las islas Fidji. «¿Puede ayudarme con la música del superaprendizaje?», preguntaba el remitente. ¿Cómo se había enterado? ¿Qué iba a hacer con ello?

Con el aprendizaje intensivo se consigue algo más que una simple sorpresa. Está envuelto en el deseo de encontrar maneras de vivir más satisfactorias, de alargar los brazos y recuperar las partes de nuestra vida y planeta que han sido pasadas por alto, reprimidas, apisonadas, desperdiciadas. Durante un tiempo no nos dimos cuenta de ello, pero también implica un misterio que está empezando a emerger: las energías transformadoras de la memoria a gran escala. Una manera de seguir la pista a este avivamiento es la respuesta práctica a los sistemas intensivos. ¿Tiene usted la sensación de que el aprendizaje fragmentando no va a servir en la era cósmica? Sí, entonces usted forma parte de ello. Lo que es sorprendente es lo extendida que está esa sensación. Es como si alguien estuviera lanzando mensajes a la deriva en botellas.

De todas partes llegan peticiones de datos y relatos en primera persona después de haber utilizado el superaprendizaje con éxito: desde un profesor bantú de Suráfrica, escuelas comerciales de Singapur, el jefe de una colonia Innuit del territorio noroccidental de Canadá, grupos de dentistas de los Emi-

39

ratos Árabes. Llegan noticias de monjas misioneras en una aldea filipina, convictos que cumplen condena en la penitenciaría de Folsom, el gobierno de Finlandia, que incorporó el superaprendizaje en sus clases de inglés, el director de una gran clínica para drogadictos de Ciudad de México...

«Nos hallamos en un lugar único, en un momento único de la historia de este planeta», afirma Bruce Tickell Taylor, importante defensor de la Sociedad para el Aprendizaje Acelerado y la Enseñanza (*Society for Accelerative Learning and Teaching*, SALT, en inglés). Si queremos un futuro, dice Taylor, vamos a tener que trabajar para ello juntos. «No es necesario cambiar la naturaleza humana, sino las creencias inconscientes producto de los condicionantes de la infancia. Aunque semejante tarea es considerable, no es imposible... La capacidad de cambiar el inconsciente a través de la afirmación y la imaginación es un punto muy importante del que muchos de los miembros de SALT somos conscientes, aunque gran parte de la población todavía no lo es. Nos encontramos en una posición única para ayudar.» Como el método aumenta la memoria, Taylor también ve que aporta poderosas técnicas para ayudar a reordenar la familia mundial.

Nacido en Corea después de la Segunda Guerra Mundial, hijo de un ingeniero de minas estadounidense y una actriz inglesa, Taylor se dedicó durante tres décadas a enseñar en la Windsor School District de California. Él es otra de las personas notables que conocimos a través del superaprendizaje. Taylor leyó el libro, se levantó e hizo que ocurriera algo nuevo.

De cuatro clases de quinto grado de su escuela, eligió la que tenía el peor rendimiento. En seis meses, su clase «lenta» se había convertido en una clase de superalumnos. Su nivel de ortografía era el de un curso superior al de la mejor de las otras clases. Trabajando desde el jardín de infancia hasta la formación de profesores, Taylor refinó sus técnicas. «¿Tiene trucos para la memoria?», le preguntamos.

«No los típicos, pero encuentro que es útil pensar en un triángulo rectángulo, un minidispositivo del superaprendizaje. El primer ángulo es para efectuar respiraciones profundas, para hacer una pausa y centrarse antes de aprender algo nuevo. Yo lo utilicé para aprender bailes de salón con buenos resultados.

»El siguiente ángulo consiste en hacer una relajación rutinaria e imaginación guiada. Después, poner la música especial mientras se lee el material, preferiblemente en una cinta.

»Por fin, el ángulo recto. Hacer lo citado, pero también escuchar la voz y la cinta de música justo antes de dormirse y al despertarse. Lo hice en una clase de francés en la que el profesor prohibió las grabadoras. Utilizando el ángulo recto, yo respondía constantemente a las preguntas de otras personas y el profesor tenía que hacerme callar.

Taylor se retiró para trabajar en su Accelerative Tutoring and Transformations Institute. Corriendo él con los gastos, ha colocado lecciones grabadas con profesores en once países, con la esperanza de despertar a los estudiosos internacionales. «Emplead una décima parte de vuestro tiempo en ayudar a las minorías», exhorta a los profesores de SALT.

Ayudar es el santo y seña para los muchos que han adoptado el método para demostrar de maneras maravillosas que una persona puede importar. Contar lo que tantos han conseguido y descubierto en todo el mundo sería escribir otro *Superaprendizaje*. En cambio, para mostrar cuán convertible es el sistema, cuántos tipos diferentes de memoria evoca, he aquí unos pocos ejemplos de lo que les sucedió a personas entusiasmadas por la noticia de aquel oscuro instituto búlgaro.

Una aceleración global

Je ne parle pas Français es a menudo la frase repetida en París. Quizás hemos estudiado el idioma en el colegio, pero tenemos grandes lagunas cuando nos encontramos en el país. Eso es lo que dio a la sugestiología búlgara su marca de distinción inicial. Se pueden aprender y recordar idiomas rápida y fácilmente. En uno de los primeros experimentos realizados en los Estados Unidos, en la Iowa State University de Ames, el doctor Donald Schuster consiguió una triple aceleración para aprender español. Psicólogo con una agradable mezcla de visión y sentido común, Schuster se convirtió en la persona fundamental en el desarrollo del aprendizaje intensivo en Estados Unidos. Fundó la sociedad profesional SALT, que edita una publicación trimestral, y con Charles Gritton, otro incansable profesor, escribió un texto definitivo. Schuster ha probado los métodos con temas de la A a la Z. No hace mucho, dirigió todos sus esfuerzos a un lenguaje con el que cada vez un mayor número de personas tiene que trabajar: el lenguaje informático.

Si estuviera usted aprendiendo Pascal en Iowa, asistiría a tres conferencias de cincuenta minutos cada semana y obtendría experiencia práctica en el laboratorio. Los estudiantes del curso intensivo de Schuster empleaban la misma cantidad de tiempo en el laboratorio pero no en el aula. Él enseñaba cincuenta minutos el martes, veinticinco el miércoles y –feliz sorpresa– ni un minuto el viernes.

Llegaron los exámenes finales. Los alumnos de Schuster obtuvieron unos resultados algo mejores que las tres clases que recibieron enseñanza del modo usual, pero hubo otra cosa que llamó la atención. Los hombres y mujeres de Schuster aprendieron Pascal igual de bien, o en realidad un poco mejor que los otros, con la mitad de tiempo de clase. La mejor memoria se llevó la palma. Además de demostrar ese punto, Schuster quiso trabajar con una clase de más de cien, siendo el grupo ideal de SALT de doce o trece. Él siguió el liderato del doctor Hideo Seki.

Un entusiasmo infrecuentemente jovial por mejorar la vida, el universo, o cualquiera que sea el tema con que se enfrente ahora, hace de Hideo Seki, actualmente octogenario, un gran modelo para todo el que tenga la suerte de hacerse viejo. Sabemos que tiene buen humor. Como anfitrión nuestro, el doctor Seki se las arregló para arrastrarnos a nosotras y a nuestro montón de equipaje, el doble de voluminoso que el suyo, en un viaje de catorce días, en el que nunca se daba por vencido, a través de Japón, de punta a punta. Seki es ingeniero «retirado» y profesor de ciencias de la informática, y sus colegas, a quienes conocimos, se encuentran entre los miembros más ancianos de la comunidad científica e intelectual japonesa. Enseguida captó el potencial del superaprendizaje y en los años ochenta lo desarrolló para las clases muy concurridas de las universidades japonesas.

Hacia mediados de la década, ya utilizaba su técnica con una clase de más de cuatrocientos estudiantes de ingeniería de la universidad de Tokai, en un curso que se centraba en una nueva edición de su propio libro de texto, *Electricity and Magnetism*. Para el curso intensivo, Seki conducía a sus estudiantes a través de tres fases en sus clases de una hora de duración. Primero, iniciaba la clase con entonaciones rítmicas. Mientras escuchaban, los jóvenes ingenieros respiraban rítmicamente al unísono. La inhalación y la exhalación de su aliento seguían una señal insertada hábilmente en el sonido grabado del fluir de un arroyo. Seki utilizaba el sonido de un arroyo que fluye porque, según dice, descubrió que su gama de frecuencia es la misma que la de la música barroca. Respirar siguiendo una pauta es un regulador clásico de la conciencia y la memoria. Hace siglos, los yoguis contenían el aliento un mínimo de siete segundos para centrar o fijar algo en la memoria. Más recientemente, el inventor del disco blando reveló que él también lo contiene, de una manera más bien salvaje, para percibir sus descubrimientos (ver capítulo 9). Los superalumnos estadounidenses prueban una maniobra sencilla: contener el aliento mientras se dice algo en las lecciones y respirar en las pausas.

Seki daba después una «no lección». Los estudiantes visionaban dibujos y diagramas especiales de colores. Sonaba música meditativa, no se decía ni una palabra. La clase quedaba envuelta en la música barroca usual de la sesión de refuerzo de la memoria. Al final del semestre, las estadísticas mostraban que «el número de estudiantes que alcanzaban calificaciones altas aumentó notablemente, mientras que el número de calificaciones bajas descendió». Seki demostró que los métodos de expansión de la memoria pueden ayudar a grupos numerosos a aprender material sumamente sofisticado.

Muy lejos de allí, en la pequeña isla de St. Lawrence, en el mar de Bering, el profesor George Guthridge hacía todo lo que podía con un tipo distinto de sofisticación; podría llamarse habilidad en la calle, pero los estudiantes de Guthridge, cuando miraban por la ventana, veían una tundra de nieve y hielo. «Existe la manera Ben Franklin de aprender», dice Guthridge. Los niños exploran utilizando el ensayo y error, después se les dan datos específicos. «Es bueno para los niños de ciudad.» En el Ártico, el ensayo y error puede llevar rápidamente a la muerte. Así que Guthridge propuso «el aprendizaje a lo Daniel Boone, la manera natural para los niños de los despoblados». Un niño que aprende a cazar «empieza observando al padre, memorizando lo que hace –explica Guthridge–. Después, se familiariza con la herramienta. Después lo conceptualiza. Cuando tiene cierta experiencia, es cuando el hijo puede empezar a ser innovador».

Guthridge utiliza el mismo método con temas como la historia del Oriente Medio. Primero los estudiantes memorizan hechos, nombres, fechas; después vienen las clases y los proyectos creativos que se construyen con los hechos memorizados. Todo el mundo aprendía así. Hoy en día se emplea la «instrucción a la inversa» en comparación con la enseñanza usual que empieza con lo general y llega finalmente a lo concreto.

La enseñanza tenía motivos para «invertirse». ¿Quién se pone en marcha con un montón de datos? Guthridge elimina el aburrimiento de esta memorización dando a los niños los datos rítmicamente, respaldado por música barroca, mientras ellos se relajan en una habitación poco iluminada. Por su éxito con la «instrucción invertida» del superaprendizaje, Guthridge fue el ganador de Alaska, en 1987, de los veinticinco mil dólares de la beca Christa McAuliffe del departamento de educación.

Mientras pasean por los céspedes bien cuidados de una de las escuelas preparatorias más prestigiosas de Canadá, los chicos del Upper Canada College de Toronto están tan lejos de los niños de ciudad como se pueda estar. Ellos también se han beneficiado de la música barroca y el ritmo medido. «Aire acondicionado: Carrier», dice su profesor Lorne Cook con su voz medida y melodiosa. Los diez chicos que están tumbados en la alfombra no dan señales de reconocimiento. «El señor Carrier inventó el aire acondicionado.» Durante diez años, el profesor de ciencia Cook ha utilizado el superaprendizaje para enseñar un espectro de la ciencia, para ayudar a superar los exámenes a los que tenían problemas con ellos, para ayudar a relajarse a los que tenían fobia a las matemáticas, y a los nadadores a aumentar sus marcas en el equipo de la escuela. Una y otra vez, en el transcurso de los años, ha enseñado ciencia a superalumnos y a alumnos de control. Una y otra vez, los resultados son los mismos. Sometidos a prueba más adelante, los controles dan un promedio de setenta a setenta y cinco por ciento. Los superalumnos tienen un promedio del noventa y cinco por ciento o más.

«Existe un abismo entre lo que sabemos del cerebro y la manera en que enseñamos –dice Cook, y señala un problema común a los profesores del superaprendizaje–. Hay una especie de conspiración contra el éxito en todos nuestros sistemas escolares. La gente se muestra recelosa si utilizas técnicas que sitúan el promedio de la clase en los noventa.»

Si sus colegas no estaban interesados, el periódico más importante de Canadá, el *The Toronto Star* lo estaba, y entrevistó a Kristian Bruun, de nueve años de edad. Antes las matemáticas no se le daban muy bien a Kristian. «El superaprendizaje me ayudó a aprender mejor. Mis notas mejoraron.» Por iniciativa propia, se acostumbró a utilizar las técnicas para que le ayudaran a relajarse y recordar cada mañana antes de los exámenes. «No estaba nervioso... El superaprendizaje realmente es divertido, y me ayudó a conseguir muchas cosas.»

Pero Kristian tenía otro problema. Según su madre, los recitales de violín le ponían tan nervioso, que habría arrojado el violín. Cook utilizó el superaprendizaje para relajar al muchacho; después repasaba y fijaba toda la actuación en su imaginación. «Tocó aquella pieza como jamás le había oído tocarla –dijo su madre–. Fue extraordinario.» Cook está empezando a formar a personas interesadas fuera del recinto escolar.

En lugar de muchachos de una cultura específica, el doctor John Wade se enfrentaba a una potencial torre de Babel cuando probó el aprendizaje intensivo de inglés en un proyecto financiado por el Departamento Australiano de Inmigración. En clases realizadas en el Woden TAFE College, Wade se encontró con estudiantes de distintas edades, educación y procedencia: Japón, Argentina, Tailandia, Checoslovaquia... en total, diez países diferentes. Los separó para formar un grupo de control y un grupo para el curso intensivo. Los controles tenían libros de texto y deberes para hacer en casa. Los del intensivo sólo asistían a clase.

Después de cuarenta horas de aprender, hizo una prueba de su memoria de expresiones idiomáticas; los controles pasaron de un promedio pre-clase de dos a tres. Los del intensivo aumentaron de tres a dieciocho. ¿Podían retener los inmigrantes sus nuevas frases en inglés? Un test de memoria a largo plazo arrojó un promedio de cuatro en el caso de los controles, y diez en los del intensivo. Un profesor externo juzgó que los del intensivo hablaban mejor, mientras que los resultados no estaban claros en los otros.

«Me gusta la música porque fija mejor las nuevas palabras en la cabeza y ayuda a concentrarse», dijo un inmigrante a Wade. «Tiene éxito», «es confortable», fueron respuestas que obtuvo al preguntar cómo se sentían al final de la clase. Los estudiantes advirtieron una cosa. Menos mal que todos teníamos el mismo nivel de dominio del idioma, dijeron, o no habría funcionado. Sin embargo, antes de las clases, su inglés era tan distinto, que a Wade le avisaron de que su grupo era «demasiado dispar» y no podría funcionar.

La memoria en el trabajo

Más que las diferencias culturales, a Matthew Rew le preocupaban las diferencias físicas. Joven programador de ordenadores ciego de nacimiento, Rew conoció el superaprendizaje y se dio cuenta de que este método, sobre todo auditivo, podría ser una manera ideal de reforzar la memoria tan necesaria para un estudiante ciego. Aprendió las técnicas en el Lozanov Learning Center of Silver Spring, Maryland. El trabajo con ordenadores de Rew experimentó un gran progreso, lo suficiente para que sus supervisores le pidieran que detectara y corrigiera los defectos de programación. Él se relajó, puso música barroca, estimuló su inconsciente y encontró que podía imaginar y recordar los programas con facilidad. «Puedo encontrar mentalmente los fallos porque puedo ver lo que está sucediendo con el programa.» Más rápido y mejor, dice, que pasar ansiosamente los dedos por encima de un montón de hojas en Braille.

Con una beca del Departamento de Salud y Servicios Humanos de los EE.UU., Lozanov Learning (R) inició un curso con el American Technical Institute para Rew y un asesor vidente para enseñar a los programadores ciegos. El hombre que se hallaba tras el éxito de Rew era el doctor Carl Schleicher, la única persona con los conocimientos y la paciencia necesarios para hacer un trato con el gobierno búlgaro a nivel diplomático para obtener los derechos de Lozanov Learning.

Director de Mankind Research Unlimited, Schleicher bromea (eso esperamos) diciendo que el material de nuestros libros ha arruinado su vida. Es cierto que no ha seguido el camino de sus compañeros de clase de Annapolis o ni siquiera ha realizado una carrera regular en investigación y desarrollo. Su investigación se centra en lugares alejados, en particular lo que antes llamábamos el bloque soviético. La insólita comprensión que posee Schleicher de la ciencia comunista, a menudo muy diferente de la ciencia occidental, le permite identificar cosas prometedoras que a otros les pasan por alto. Hasta que los acuerdos diplomáticos caducaron, dirigió el Lozanov Learning a nivel nacional para el público y ayudó a incorporar las técnicas en las escuelas de comercio de allí y en Alemania.

El tiempo es dinero, el estrés perjudica a los empleados, cambio y reciclaje son las palabras clave del día; el aprendizaje intensivo es un paquete que satisface muchas necesidades. Don Schuster demostró que SALT puede ser utilizado en la industria cuando dio un curso de diez horas sobre las características del papel a los que tenían algo que ver con su compra y uso. Los que recibieron las enseñanzas de Schuster con métodos intensivos aprendieron el ochenta por ciento más que las personas que asistieron a las clases convencionales. Otto Altorfer, otro miembro antiguo de SALT y especialista en formación en las líneas aéreas japonesas, ha dedicado diez años a someter a prueba los diversos elementos de SALT en la industria. Uno de los muchos beneficios que descubrió fue el funcionamiento, así como el aprendizaje, intensivo.

Más adelante, la música barroca se ha interpretado en lugares insólitos como el National Product Training Center de la AT&T de Ohio. En primavera de 1990, C. L. Hallmark, del centro, añadió información de las cintas del superaprendizaje y *Superaprendizaje* a su propia experiencia. Necesitaba enseñar a los trabajadores, muchos de los cuales eran de edad y tenían que reciclarse, para manipular complejos tableros de control llenos de alarmas luminosas. Se trata de sistemas a prueba de fallos para las compañías telefónicas y «la información debe quedar grabada en la mente de los trabajadores para permitir una rápida respuesta a una situación problemática». Hallmark encontró que el superaprendizaje estaba «bien adaptado» a esta clase de entrenamiento. Su equipo cree que el sistema puede tener muchas aplicaciones para la captación en este «mundo de apretar botones» en el que hay que enseñar hasta setecientos cuarenta y siete controles de cabina. Los instructores de la AT&T observaron otra cosa positiva: la reducción del estrés. «Una de las personas a las que más ayudó –dice Hallmark– fue un viejo tipo malhumorado al que no creía que le gustara siquiera el curso. Pero le gustó.»

Al cabo de unos años de investigación, empezamos a trabajar con Karen Sands, educadora, *marketer*, y su ex vicepresidente de una importante compañía financiera, que utilizaba técnicas intensivas para enseñar los puntos delicados de productos sumamente sofisticados. La duración del entrenamiento pasó de semanas a tres días. Sands es discípula del doctor W. Edwards Deming, famoso como importante fuerza revitalizadora de la industria japonesa después de la Segunda Guerra Mundial con su filosofía de la «mejora continua», que conduce a aumentar siempre la calidad de los productos y servicios. Ella está elaborando su propia combinación única de «mejora continua» y superaprendizaje para ayudar, como dice, «a curar al estudiante herido, a crear la calidad en la bondad y a descubrir maneras de hacer que el camino a la excelencia sea accesible a todo el mundo».

Educación de la reordenación

La memoria es la capacidad de: *a*) enseñar, *b*) decidir, *c*) olvidar, *d*) recordar. Hacia finales de los ochenta, el setenta por ciento de los mayores de diez años de la nación no podían recordar para qué servía su memoria, y mucho menos cómo utilizarla mejor. Esto no es más que una lamentable estadística, del tipo que al profesor de escuela secundaria Albert Boothby, de Sacramento, le gusta cambiar por completo. Boothby utilizó el superaprendizaje con niños que habían suspendido la historia y no se habían podido graduar. «La memoria y la comprensión han mejorado tanto, que las calificaciones ahora son: sobresaliente, notable y bien... o se vuelven a escuchar las cintas y se intenta de nuevo», nos escribió. Boothby fue presa de algo que a menudo les sucede a los profesores que ven el poder transformador del aprendizaje intensivo. No se queman, se disparan. Boothby también se retiró para trabajar más duro. Asesor de los Sacramento Unified School Districts, se hizo cargo de las clases con problemas; una de las primeras incluía «algunos de los casos más tristes, alumnos mayores que carecían de motivación, debido a la pobreza y a hogares con problemas, niños que habrían abandonado». Boothby les prometió: «Podéis aprender, y fácilmente». Para demostrarlo, pronto les enseñó a esta clase de incrédulos diez palabras en portugués. Los profesores que los observaban también estaban sorprendidos. Su clase con problemas estaba atenta, cooperaba. «Lo que yo quería que los profesores aprendieran es que el superaprendizaje es divertido y permite aprender a todo el mundo.» Boothby trabajó bajo el lema de «todos pueden hacerlo» incluso con personas dotadas. «¡Qué poder cerebral liberamos!», dice.

La enseñanza liberada y el aprendizaje liberador están desarrollándose. Y, sin embargo, incluso en esta época de prisas, el aprendizaje intensivo sólo ha ganado un pequeño punto de apoyo. «Qué gran ayuda para Head Start, los niños de los guetos, los países del Tercer Mundo, la gente del Tercer Mundo que viene aquí...» Escribimos eso hace veinte años, cuando introdujimos la sugestiología. En la actualidad hay todavía más gente que tiene que ponerse al nivel de los demás y niños que abandonan la escuela recordando sólo lo más básico. Todavía estamos esperando el goteo.

Incluso cuando los programas florecen, como el notable curso corrector de la lectura del doctor Allyn Prichard y Jean Taylor, de Georgia, éstos pueden ser interrumpidos. Taylor ayudó a lectores que fracasaban durante diez años, hasta que una nueva administración, que actuaba según las normas, anuló la clase. Prichard, que ha probado el sistema desde la escuela elemental hasta la escuela superior con varios temas, también sirvió como representante demócrata del condado cherokee en la legislatura de Georgia. «La gente debe recordar que la junta directiva de las escuelas se elige. Prestan atención al correo –dice–. Si se quiere cambiar, hay que decirlo a los directivos, hay que apoyar a los profesores que trabajan en nuevas áreas.» Otros profesores de SALT han creado cursos de todo tipo con éxito. El sistema no es una panacea, pero está demostrando que es parte de una solución.

Los gobiernos se resisten a las novedades, es un axioma. El cambio empieza con los individuos, especialmente con los que, como la naturaleza, dejan algunos espacios abiertos para nuevos crecimientos. Según Don Schuster y su esposa Margaret, artista, la buena noticia es que algo está sucediendo en el interior de la gente postindustrial que aportará un inevitable cambio en nuestro modo de aprender. Muchos han estudiado los ciclos de la civilización, el paso de la fase de construcción física a la fase mental y la culminación espiritual o artística. A diferencia de otros, los Schuster rebuscaron en tres milenios para encontrar las diferentes formas de aprendizaje que van con cada fase.

Utilizando datos recogidos de todas partes –la Grecia antigua, culturas aborígenes, la curva de puntuaciones SALT–, crearon un modelo que revela buenas razones por las que existe semejante discordancia en la educación. Nuestro estilo de aprendizaje no encaja en el carácter de las personas en la actualidad. Nuestra educación, llena de puntos y cruces en una era mental, se vuelve cada vez menos sincronizada a medida que evolucionamos hacia la fase artística o espiritual de nuestra cultura.

Nadie quiere abandonar los grandes avances tecnológicos de la era mental, en eso coinciden los Schuster. Sin embargo, a medida que las generaciones avanzan hacia otra manera de ver el mundo, es posible que no sean competentes en estos campos. «Trabajos más listos y trabajadores más tontos», como dice *The Wall Street Journal*. «Nuestro reto –advierten los Schuster– puede ser endulzar el sistema educacional con técnicas y valores espirituales.» Es un reto reordenar la educación incluyendo cosas como la imaginación, la música, el sentimiento, la espontaneidad y un interés por el yo interior que incluye el yo subliminal, la carne del aprendizaje intensivo, de los métodos de la memoria maestra. Lo que es tan práctico es que estos métodos funcionan en personas que se hallan en diferentes estadios culturales. También son ideales para los recién alfabetizados de nuestras ciudades de inmigrantes que necesitan imbuirse de lo básico.

Desde un ángulo distinto del de los Schuster, el doctor Robert Reich, de Harvard, en un informe para la National Education Association, observa: «La gente ya no puede ser educada como piezas de un engranaje». Reich cree que «la próxima economía se basará en una fuerza laboral capaz de aprender rápido», trabajadores que tendrán la capacidad de recordar rápida y fácilmente.

Aquellos grandes titulares que vimos hace años en Bulgaria y Moscú contenían algo nuevo, después de todo. Si usted quiere, puede realizar un «aprendizaje rápido». Puede aumentar su memoria, puede aprender más de prisa. Este método maestro en desarrollo también incluye, en su empleo corriente, técnicas que pueden reforzar otras dimensiones de la memoria, y técnicas que pueden ayudar a eliminar los recuerdos que hay que olvidar.

4
Estados de la memoria y el factor chocolate

Un rico y dulce olor a chocolate invadió la habitación y penetró en las papilas gustativas de los alumnos que se inclinaban sobre un examen. El voluptuoso olor no se había escapado de la cafetería, formaba parte de un experimento acerca de la memoria. Si funcionaba, el investigador Frank Schab tendría en sus manos una sencilla y sorprendentemente práctica poción para la memoria, una poción que podría provocar las reacciones correctas en una emergencia aérea o hacer flotar a un estudiante graduado en un examen final de estadística. Nuestras sensaciones son enlaces de la memoria. Igual que nuestras emociones. Para comprender cómo el chocolate, una vaharada inesperada de un perfume, o un fragmento de una vieja balada pueden penetrar en el tiempo y hacer revivir sonrisas olvidadas y caras de mucho tiempo atrás, es necesario conocer cómo se forma una memoria completa. Esto está relacionado con la ecología interna, nuestro clima interior siempre cambiante, nuestros múltiples estados de ánimo.

Los estados alterados de la conciencia no son simplemente los pastos del místico o el viajero. Son cosas que se dan a diario y en todo momento en todas las personas. «¿Alteradas de qué?» es la pregunta malévola que la pionera del *biofeedback*, la doctora Barbara Brown, gusta de preguntar. Ella tiene un argumento. Hasta hace poco, los estados de conciencia en Occidente formaban una clara serie de cuatro: despierto, dormido, coma, muerte. Se hablaba de la conciencia como un estado constante, como una bombilla de sesenta vatios. Sin embargo, todos sabemos que nuestro clima interno cambia constantemente. Igual que la luz y la sombra de una foto, estos cambios están grabados en la memoria individual.

¿Recuerda mejor las cosas cuando se siente bien? ¿O cuando está abatido? Formular esta pregunta es empezar la casa por el tejado. Lo que cuenta es cómo se siente uno cuando se experimenta algo por primera vez. ¿Cómo se sentía usted cuando leyó aquel libro, chismorreó con la vecina, escuchó aquella conferencia? El doctor Gordon Bower, de la universidad de Stanford, descubrió que, si se aprende algo cuando se es feliz, se recuerda mejor cuando se vuelve a estar de buen humor. Los que se sienten tristes durante una nueva experiencia la recuerdan mejor cuando se sienten deprimidos. La memoria y la emoción parecen estar unidas tan sólidamente como los átomos en una molécula básica. Incluso un acto superficial como poner aquella cara feliz puede influir en el recuerdo.

En la Clark University, el psicólogo James Laird hacía leer a los alumnos libros de Woddy Allen o editoriales escandalosos. La parte divertida la recordaban mejor cuando a la gente se le decía que sonriera, y la escandalosa cuando estaban ceñudos. Aparentemente, si la cara es adecuada, póngala. Los mayores vacíos en el recuerdo se producían cuando la gente sonreía mientras intentaba recordar lo que decía el editorial escandaloso o fruncía el ceño cuando intentaba recordar los chistes de Woody Allen. El estado emocional evoca el estado emocional en la memoria.

Si se siente melancólico mientras deja correr la memoria, experimenta más recuerdos tristes que de costumbre. También los recordará más rápidamente que los alegres. Si se siente fantásticamente bien, es probable que recuerde los buenos ratos. En los días bajos, piense al menos que su vida no ha sido tan infeliz como parece, sino que su humor lo único que hace es despertar los fantasmas llorones de otras épocas. El estado actual de uno vibra en consonancia con los estados similares que están en la memoria, del mismo modo que la cuerda de una guitarra vibra cuando se pulsa la misma cuerda en otra guitarra que se halle cerca.

«Lágrimas, ociosas lágrimas –escribió Tennyson–, no sé de dónde brotan.» Las octavas físicas de la memoria también vibran, las hormonas se precipitan, los músculos se tensan o el placer pone carne de gallina. Llevado al extremo, en los años sesenta éste fue el coco de la escena del LSD. Ni una molécula de LSD se vislumbraba en el cerebro, sin embargo, como el estruendo de los platillos, una asociación relámpago borraba toda una repetición de la mente y el cuerpo.

Cuando no recordamos, somos como el plato de papel en el horno de microondas, no le ocurre nada porque resuena en una frecuencia diferente que las ondas de calor. Si tiene usted problemas para recordar algo, intente reproducir el estado en que se encontraba cuando lo aprendió por primera vez. Intente sentir igual. Si entra en la cocina y no puede recordar para qué ha ido allí, vuelva a donde estaba y siéntese, o adopte la postura en la que estaba cuando sintió la necesidad de ir a la cocina. A menudo, el recuerdo acudirá. De la misma manera, estudiar en la habitación donde se realizará un examen, o ensayar en el lugar donde va a efectuar una presentación, pueden mejorar la memoria.

Lo moderno

Al igual que una vidente que descifra las entrañas, usted podría leer un recuerdo para saber lo que ocurriría dentro y fuera de una persona cuando se formó si tuviera la percepción necesaria para hacerlo. Los científicos llaman a esto «aprendizaje y recuerdo dependiente del estado». Estos estados son como «bibliotecas diferentes en las que una persona coloca registro de memoria –dice Bower–. Un determinado registro de memoria sólo se puede recuperar regresando a aquella biblioteca...». Es más fácil regresar a algunas bibliotecas que a otras.

Existe la suave influencia del humor cotidiano en la memoria, que se convierte en la influencia más penetrante de la fuerte emoción y la enfermedad, o de achisparse, como descubrieron cuarenta y ocho «mártires» de la ciencia. Éstos accedieron a emborracharse y después aprendieron sílabas disparatadas. Lo lograron. Pero cuando volvieron a estar sobrios, igual que el juerguista que a la mañana siguiente no puede recordar dónde está su coche, tuvieron problemas para recordar lo que habían aprendido. Un poco de alcohol para la resaca... y, cuando el líquido les volvió a llegar a su cerebro, también lo hicieron las sílabas olvidadas. Las personas que toman anfetaminas y otras drogas tienen el mismo problema de memoria al pasar de un estado a otro. En cierto sentido, no son la «misma» persona, no están en el mismo «lugar» donde estaban cuando se formó el recuerdo. Ésta puede ser una explicación de lo que les ocurre a los que se enamoran locamente y después dejan de estar enamorados y dicen: «¡No sé qué vi en ella!». Tendrían que estar en la «biblioteca del amor» para saberlo.

Todo el mundo ha sufrido este problema de cambio de estado cuando se sueña en los límites del sueño. Cuando estamos medio depiertos, allí están, vivos y fuertes. Cuando penetramos en la conciencia cotidiana, como amigos abandonados en el andén de la estación, se desvanecen y desaparecen. Los sueños a menudo desfilan vestidos de modo estrafalario. Están disfrazados, decidió Freud, porque tenemos recuerdos reprimidos y no podemos afrontarlos directamente. Cambiar las imágenes para hacerlas atrevidas, extrañas, absurdas y aterradoras es un truco que los expertos en memoria han utilizado desde tiempo inmemorial para fijar cosas en la memoria. ¿Podría ser que, más que jugar al escondite, algunos sueños descabellados intentan con ello ser recordados? Si quiere conservar un sueño, intente aferrarse a su rasgo más estrafalario.

A veces, el estado mental cotidiano no favorece la memoria. Ese estado parece un tamiz o un gran pedazo de queso suizo con un número inusual de agujeros, según la matemática Elizabeth Reudy. Así es como sus clientes dibujan su memoria. Reudy inmediatamente les pide que «olviden algo enseguida», para que ella pueda ver en acción el terrible estado de su memoria. Por supuesto, no pueden hacerlo. Reudy, que de algún modo puede parecer estudiosa y elegante a la vez, en la actualidad es una suiza en Nueva York. En el sistema escolar, enseñando en la New School for Social Research de la universidad de Nueva York o alentando a clientes privados, la mayoría de los cuales padecen fobia a las matemáticas y se enfrentan a exámenes de graduación «imposibles», pronto descubrió que la gente pedía ayuda para algo más que los números. «¡Socorro! –exclamaban–. ¡Tengo una memoria terrible!»

Con seriedad, Reudy les pide una descripción sumamente detallada de una ocasión en que la memoria les hubiera fallado. Al cabo de un rato, cuando los clientes cuentan la historia de su terrible memoria, recordando todos los detalles, empiezan a parecer confusos o se echan a reír. A veces, esto es lo único que se necesita, dice Reudy; una pequeña sacudida para aclarar una autoimagen defectuosa, para zarandear el estado mental llamado «memoria fatal». Para cuando se necesita ayuda real, Reudy ha creado una técnica inusual que refuerza la memoria, no a través de la mente, sino liberando los músculos y las tensiones del cuerpo.

El neurocientífico doctor John Lilly probablemente ha pasado más tiempo que nadie flotando en la oscuridad de unos tanques de aislamiento; él afirma haber experimentado cientos de estados alterados. Pero con demasiada frecuencia era como un zoólogo cuyos ejemplares raros se le escaparon de la jaula en el viaje a casa. De nuevo en la «realidad de consenso», no podía recordar sus experiencias. Así que Lilly salió con un «marcador» de la memoria. Cuando algo interesante se agita durante un estado alterado, él se sitúa a propósito en una emoción fuerte, el marcador. Más tarde, se introduce en esa excitación emocional y puede recordar.

Una vez se sabe cómo funciona la memoria que depende del estado, como Lilly, se puede ejercer cierta influencia. No sólo Proust fue catapultado por sus sentidos al mundo vivo de la memoria. Todos conocemos esa experiencia. Ahora, gracias a Frank Schab, la ciencia también lo sabe, por lo que podría llamarse el experimento del recuerdo de la comida que gusta. Schab dio una lista de cuarenta adjetivos a diversos grupos de estudiantes de Yale. «Escriban el antónimo de cada uno.» No les dijo que al día siguiente les haría una prueba para ver lo que recordaban de lo que habían escrito. Dijo algo extraño: «Intenten imaginarse el olor del chocolate mientras trabajan.»

Schab trató a un grupo con este rico aroma mientras escribían y también mientras les hizo la prueba. Los aficionados al chocolate se tranquilizarán al saber que este grupo recordó muchos más conceptos que los que estaban completa o parcialmente desprovistos de la fijación sensorial. Para funcionar, el recuerdo original tenía que percibir el olor a chocolate y más adelante sólo era necesario oler un poco para recuperarlo.

Si sigue usted una dieta, no se preocupe. Cualquier olor puede ser un enlace memorístico, señala Schab, y sugiere que se utilicen diferentes olores para los diferentes temas que se aprenden en la escuela. ¿Por qué no en el trabajo? Alcanfor para las notas de reuniones, olor a salchichas para las estadísticas. Una advertencia: hay que oler lo auténtico para que la memoria vibre. Imaginar no sirve de nada, al menos en los experimentos de Schab, aunque sospechamos que, con la práctica, se podría lograr. Quizá los olores son tan evocadores porque, a diferencia del sentido de la vista o el oído, van directamente a la zona límbica del cerebro, donde se producen la memoria y la sensación. Este efecto relámpago podría salvar la vida en caso de emergencia, especula Schab. ¿Por qué no utilizar un olor cuando se entrena a los pilotos para las emergencias?; después, se podría liberar el olor si se produjera esa emergencia. Podría «hacer recordar mucha información sobre cómo hacer las cosas, qué hacer a continuación». Los cinco sentidos imprimen un recuerdo. Se puede probar a propósito uno o todos para estimular la memoria. Visualice antiguos entornos, escuche los mismos sonidos de fondo o la misma música, huela y colóquese en ese estado donde vive la memoria. (Para conocer otros trucos para la memoria, ver apéndice B.)

El horror al zumo de naranja

Vinculados por asociación, todos los recuerdos están separados hasta cierto punto. Pero a veces existen límites que se alzan como el antiguo muro de Berlín, ahogando la asociación. El recuerdo que depende del estado se convierte en un recuerdo limitado por el estado. El recuerdo se encuentra lejos, total o parcialmente inaccesible a la conciencia cotidiana. Estos recuerdos reprimidos pueden arrojar una larga sombra y ocultar otros recuerdos, otras asociaciones y enlaces que podrían conducir a ellos. ¿Qué bloquea a la memoria? Una brutal paliza, un accidente de tres coches, todos los grandes dramas. Pero también pueden hacerlo los contratiempos de cada día. Lo que está limitado por el estado favorece la rigidez. Igual que las pautas electromagnéticas de una cinta, el recuerdo asentado por debajo de la conciencia afecta a la conducta. A menudo se trata del viejo equipaje, los recuerdos obsoletos que limitan la vida. Un maestro en eliminarlos era el hipnoterapeuta Milton Erickson, cada vez más reconocido como genio seminal de nuestro tiempo.

La extraordinaria habilidad que poseía Erickson de fijar la atención de sus pacientes creativamente y curar sus enfermedades, hizo imposible que incluso los ortodoxos no hicieran caso de la hipnosis médica. Erickson se dio cuenta de que a menudo la gente experimentaba una respuesta física, un recuerdo corporal que permanecía después de que la experiencia que lo había causado hubiera desaparecido hacía mucho tiempo. Un dolor de espalda persistente, los dientes apretados, una conducta inestable pueden ser un recuerdo limitado por el estado y la conducta que existe sola. Separada del recuerdo, la «cola» menea al perro. Un caso con el que se encontró Erickson hallará eco en cualquiera que haya vomitado tras haber tomado cierta comida y después no haya podido volver a mirar un mejillón al vapor o amasar pasta.

«¿Me podría ayudar?», le preguntó una mujer joven a

Erickson. Su aversión al zumo de naranja casi la incapacitaba. El zumo de naranja había sido su bebida favorita, su copa, su champán. Hasta que un día, preocupada por un problema pasajero, tuvo fuertes dolores intestinales. Quizá estaba a punto de coger la gripe. Como precaución, decidió tomar un poco de aceite de ricino mezclado con zumo de naranja; más tarde, pasó interminables horas vomitando. Al recuperarse, había hecho algo más que perder su sed de zumo de naranja. Ni siquiera podía pensar en él; su familia tuvo que eliminarlo del frigorífico. En los supermercados, tenía que apartar los ojos de las pirámides de naranjas o empezaba a revolvérsele el estómago.

En una reunión nocturna, Erickson, cuya afición a lo no convencional era legendaria, pidió a la mujer que se sometiera a una demostración de regresión hipnótica. La hizo regresar a dos años antes del terrible incidente del zumo de naranja. Durante veinte felices minutos, la dejó vivir en aquella edad y en ningún momento mencionó las naranjas ni la enfermedad. Después, el grupo decidió tomar un refresco: zumo de naranja. Ella se unió al grupo; al fin y al cabo, cuando tenía aquella edad era su bebida favorita. «No recuerde nada», dijo Erickson, y la despertó. El resto de la velada, la joven mujer «no dejó de pasarse la lengua por la boca y los labios como si intentara percibir algún gusto que se le escapaba». Días más tarde, le dijo a Erickson que de alguna manera espontánea se había curado. Volvía a gustarle el zumo de naranja.

Erickson llevó a la mujer a una época en que su mente y su cuerpo experimentaban el zumo de naranja como algo bueno. Después, dejó que la naturaleza siguiera su curso, eliminando el recuerdo adverso. Si, al igual que Erickson, es usted lo bastante listo para despertarla, muy en lo hondo la naturaleza tiende hacia la salud. El doctor Ernest Rossi, principal colaborador de Erickson, afirma que él nunca ordenaba que desaparecieran los síntomas. Confiaba en la habilidad innata de la mente para curar «sin la intrusión de la sugestión directa que sólo podía expresar la visión limitada del terapeuta de cómo debería tener lugar la curación». Erickson preferiría dar un rodeo por lo que él llamaba «limitaciones aprendidas» y lo que Rossi llama «memoria, aprendizaje, conducta limitada por el estado».

El horror al zumo de naranja es un singular ejemplo de recuerdo limitado por el estado que permanece e influye en el cuerpo. Puede llegar a ser más exótico. Los recuerdos pueden quedar limitados a estados tan discretos, tan complejos, que empiecen a crecer y a bailar por sí mismos. Aquí entran las tres caras de Eva, o las noventa y dos caras de Truddi Chase, todos los *alter ego* de una personalidad múltiple, cada una de ellas con su propia memoria. Quizá lo que es más extraño es que una gran parte de la memoria, demasiada, conserva su vínculo con lo físico. ¿Esto significa que cada grupo limitado de recuerdos, en otras palabras, cada personalidad, posee un efecto diferente en un único cuerpo?

¿Con cuánta frecuencia se oye a la gente hablar de utilizar la hipnosis para programarse a sí mismos o para programar a alguien? Una idea sumamente desinformada, dijo Erickson, que definía el trance como «reorganización creativa». Según Rossi, el objetivo no es manipular, sino ayudar a una persona a acceder a la memoria limitada por el estado para que pueda utilizarla para resolver problemas y autoactualizarse. La reorganización creativa parece mejor que pensar en la propia mente como si fuera un ordenador, lo cual es bastante análogo a pensar que el tubo digestivo es un sistema de recogida de basura. No estamos atornillados como una máquina en un cuadrado de espacio-tiempo. Un recuerdo no es un *byte* muerto. La memoria es algo vivo. Los recuerdos emocionales confraternizan. Recordar es un acto creativo; en el argot actual, cada recuerdo es una reimagen. Esto significa que, cuando los recuerdos vuelven a ser evocados, cambian sutilmente, lo cual puede ayudar a evadirse de los negativos. Cada vez que se registra un recuerdo, se realiza un cambio pequeño pero real en la materia viva, el cerebro y el cuerpo, y un cambio en la mente. Eso es lo que hace única a cada persona. También puede realizarse un cambio diminuto en algo mucho mayor que uno mismo, en lo que Rupert Sheldrake llama «formas mórficas».

Sheldrake tiene una idea audaz, una idea hereje para la mente materialista ordinaria. «¡Un candidato para ser quemado!», atronó *Nature;* la supuestamente prestigiosa revista científica, cuando revisó la teoría de Sheldrake. Otra publicación británica, *New Scientist*, se pasó al lado positivo, y calificó el trabajo de Sheldrake de posible «prueba científica de que la ciencia se equivoca». ¿En qué se equivoca? En cómo funciona el mundo. No es una ley inmutable, espléndidamente aislada más allá del tiempo y el espacio, lo que hace girar el mundo, dice Sheldrake. Es la memoria, la memoria de la naturaleza y el aquí y el ahora lo que mantiene al mundo en marcha y creciendo. La memoria de la naturaleza existe como «formas mórficas», sin energía, que se enlazan con el mundo a través de la resonancia. Usted tiene su propia forma mórfica única. Usted también resuena en otros modelos de memoria, más grandes, que están en la memoria del mundo.

El especialista en genética celular y miembro de la Royal Society in Britain, el Sheldrake educado en Harvard-Cambridge contemplaba una pregunta sin respuesta de la biología. ¿Qué hace que un abedul sea un abedul, una jirafa una jirafa, qué hace que un poco de protoplasma fetal, sacado de un muñón de pierna y colocado donde debería estar un brazo, se convierta en un brazo y no una pierna? La química, el ADN (Ácido desoxirribonucleico), es una respuesta parcial. Además, los científicos hablan vagamente de campos organizadores. Las formas mórficas nos moldean, según Sheldrake. Un modelo memorístico o forma mórfica surge con la primera jirafa. Cada jirafa sucesiva vibra como la forma y se modela con ella. Al mismo tiempo, cada jirafa individual añade a su vez su propio pequeño pedazo de idiosincrasia a la forma genérica, permitiendo el cambio y el crecimiento. La memoria de la naturaleza actúa como la memoria de la costumbre. El átomo de hidrógeno ha vibrado a su manera habitual durante tantos eones, que este modelo se ha convertido de hecho en una ley inmutable. El resto tenemos más libertad de acción.

Si es usted una mujer negra de Santa Fe, vibra con más fuerza ante su propia forma mórfica única que se ha ido construyendo durante toda su vida. También vibra a las formas mórficas de estadounidense negra, hembra y humana, para mencionar sólo algunas. ¿Se puede armonizar con formas mórficas específicas para mejorar el aprendizaje o multiplicar la memoria? Los tests actuales parecen demostrar esta posibilidad (ver capítulo 15). Ciertas personas, como los magos de la memoria del Renacimiento, quizá hayan sabido siempre cómo armonizar con la memoria de la naturaleza. Sheldrake habla de una forma mórfica para «el habla francesa». ¿Y el «cuerpo humano sano»? Como se observará en los siguientes capítulos, la posibilidad de vibrar con los modelos de la memoria de la naturaleza podría liberar nuestras filosofías y nuestras habilidades.

Las teorías sobre la memoria abundan. Surgen de experimentos sobre los cambios químicos en las colas de las babosas, derivan de las proyecciones de formas de onda holográficas en el cerebro, etc. Cada fragmento ayuda a centrar el rompecabezas. De todas ellas, dos parecen llenas de promesas para nuestro tiempo. Sólo la teoría de Sheldrake, que abarca el universo, parece lo suficientemente grande para empezar a contener la Memoria con mayúscula. El otro concepto, el que nos podría ayudar a que nosotros mismos abarcáramos el universo, es la memoria dependiente del estado.

Algunos investigadores dicen que podemos considerar que la memoria misma está formada por infinitas memorias dependientes del estado conectadas libremente por asociación y resonancia. Comprender esto como formas y maneras de la memoria, se convierte entonces en la ruta para saber cómo aprender, funcionar y crear mejor. También ofrece un soporte al comentario del doctor Abrezol de que «toda enfermedad es memoria». ¿Por qué perdemos tanto de lo que hemos experimentado? ¿Cómo accedemos a lo que sabemos, pero no sabemos más? ¿Por qué sólo utilizamos un poquito de lo que se considera habilidad humana innata? Quizá no disfrutamos del excepcional funcionamiento de la estrella de la supermemoria, del saltador olímpico, el brillante estratega comercial, incluso el milagroso autosanador, porque no sabemos cómo situarnos en el estado donde viven estas habilidades. Si llegamos allí por casualidad, no sabemos cómo recordar de nuevo esos estados cuando los necesitamos. Comprender la memoria dependiente del estado se convierte en un amplio camino abierto a la ejecución de nuestras posibilidades.

Cómo utilizar la alegría de aprender

Una de las técnicas más sencillas del superaprendizaje resultó ser una de las más efectivas para que la gente se situara en un estado propicio para aprender, recordar y rendir al máximo. Es el ejercicio de la «alegría de aprender». La primera vez que lo mencionamos en una conferencia, se oyeron algunos bufidos, y después todo el público prorrumpió en risas. El chiste era contracultural. En Japón, casar la alegría con el aprendizaje producía leves risitas en los auditorios. Las risitas, respuesta japonesa ubicua, parece producirse cuando algo es divertido o pone nervioso. Esto parecía que provocaba las dos cosas. Las únicas personas que no se reían eran demasiado jóvenes para hablar. Si quiere usted ver personalmente la alegría de aprender, observe a un bebé tocando, oliendo y tropezando en pleno placer de descubrir. Todos hemos experimentado ese impulso, ese ímpetu, cuando hemos descubierto o realizado algo. La idea es hacer resonar el recuerdo de ese estado de la mente y el cuerpo antes de sumergirse en nuevos retos.

Evoque un recuerdo de hacer algo realmente bueno, en un

momento en que se sentía realmente bien consigo mismo. Cualquier cosa: efectuar una buena presentación en el trabajo, regresar a casa. Cuanto más joven, mejor: cuando obtuvo el permiso de conducir, ganó un premio o montó en bicicleta por primera vez; cualquier momento de triunfo. Relájese mediante su método favorito. Después, «esté allí». Haga resonar ese recuerdo con todas las fibras de su cuerpo, cada emoción, evocando toda la conciencia que pueda. Vea, escuche, toque, pruebe, huela la escena.

Tómese tiempo. Y experimente lentamente cómo sintió su cuerpo entero, empezando por las piernas. ¿Se siente ligero, pesado? ¿Cómo es su respiración? ¿Está sonriendo? ¿Por fuera, por dentro? Saboree esa grata sensación de logro. Dé gracias por ello. Apriete el dedo pulgar y el dedo corazón como marcador. Dése cuenta de que puede apretar estos dedos en cualquier momento y penetrar en este recuerdo resonado de placer. Antes de salir decidido a aprender y recordar, antes de un discurso o la práctica de algún deporte, espere un momento y evoque un recuerdo de mente y cuerpo de máximo rendimiento, un estado de éxito.

Quizá en la última década del siglo veinte sea hora de olvidar, de deshacerse de la rigidez, de los recuerdos limitados por el estado que ya no nos sirven. Existe bastante infortunio en nuestra época; quizá lo que se necesita es hacer resonar lo alegre, armonizar con ello, añadir nuestro granito de arena a esa línea divisoria de la alegría que sustenta el fluir de la vida. Puede ayudarle a recordar y, quizá, a re-ordenar.

5
Recuerdos del yo subliminal

«Tener éxito está bien.» Los alumnos que no desarrollaban su potencial en la escuela secundaria descubrieron que esta pequeña sugerencia subliminal puede mejorar la memoria y reforzar el aprendizaje. Pero esto no es más que una parte de la historia. La visión de un enterado de cómo pueden formarse los recuerdos subliminales, cómo pueden cambiarse estos recuerdos, es necesaria no simplemente para la automejora, sino también para la autoprotección.

Si usted hubiera estudiado derecho mercantil en el Queens College de Nueva York hace unos años, podría haber visto un inusual enunciado en su anuario: «Toma un crédito más durante un curso regular. Únete a un estudio ideado para ver si los mensajes subliminales pueden mejorar el rendimiento académico.» Si hubiera sido usted una de las sesenta personas que optaron por hacerlo, habría oído al doctor Kenneth Parker explicar que los mensajes subliminales implican información que evita la conciencia pero que es recogida por la mente subconsciente.

Parker tenía intención de hacer destellar mensajes subliminales visuales en un taquistoscopio, un dispositivo de luz. Tres veces por semana, se miraba a través del ocular del taquistoscopio. De pronto se veía un rápido y brillante destello de luz. Nada más. Incluida en aquella luz había una sola frase. El destello de cuatro milisegundos era demasiado rápido para que se percibiera la frase, pero, según el profesor (psicólogo y abogado), el inconsciente captaba el mensaje.

Parker dividió la clase en tres grupos. Cada uno recibía un mensaje diferente, dos que podrían aumentar el rendimiento académico y uno de control. ¿Cuáles eran los mensajes? «Lo recuerdo todo fácilmente.» «Estudia más.» Éste fue el único punto del que el aparentemente comunicativo Parker se negó a hablar.

La primera vez que los estudiantes se sentaron ante el taquistoscopio, Parker incitó a cada uno a imaginar una situación académica que le pusiera tenso: exámenes, responder en clase, escribir ensayos. Después, cada uno vio el destello. Una vez y después otra. «Cada vez que se pongan tensos en la escuela –aconsejó Parker–, recuerden el destello de luz.»

Los efectos subliminales aumentan con el tiempo, así que Parker anunció que dos terceras partes del curso seguirían hasta el final. Para entonces, todos habían recibido una dosis completa de cuarenta y ocho destellos de un mensaje desconocido. Un mes más tarde, los estudiantes seguían preguntándose cuál era el mensaje secreto cuando se reunieron para poner a prueba su recuerdo de lo que habían aprendido. Después de eso, Parker lo reveló todo.

Como grupo, los que recibieron el mensaje subliminal de control tuvieron puntuaciones de cerca del notable bajo. Entre los que habían recibido la sugestión para aumentar el aprendizaje número uno, la media fue de notable alto. Los que recibieron la sugestión número dos encontraron que en conjunto se les había recompensado con un sobresaliente bajo. El cuidadoso análisis estadístico confirmó que lo único que podía explicar la marcada diferencia era la sugestión subliminal. La memoria reforzada subliminalmente persistió. Al cabo de cuatro semanas, los estudiantes que habían recibido las sugestiones subliminales recordaban más de lo que habían estudiado que los controles. (Los experimentos citados en este capítulo están bien reseñados. Para tener más información, ver referencias.)

¿Cuáles son los mensajes «mágicos» que con tan poco esfuerzo mejoran la capacidad de aprender y recordar? Si hubiera usted recibido un notable alto, tal vez le habría sorprendiendo saber que el mensaje que su inconsciente recibió fue: «El profesor y yo somos uno». Si hubiera recibido un sobresaliente, quizá se habría quedado pasmado ante lo que su inconsciente retuvo: «Mamá y yo somos uno».

Es difícil creer que la sugerencia «Mamá y yo somos uno» pudiera mejorar la memoria y el aprendizaje, en particular en una clase de derecho. Para comprender el potente efecto liberador de esta sugerencia aparentemente infantil, hay que seguir el camino abierto por el difunto doctor Lloyd Silverman de la universidad de Nueva York, notable investigador académico de los mensajes subliminales durante más de veinte años. El descubrimiento de Silverman de algo que estimula la memoria fue casual. Él estudiaba el psicoanálisis. Parecía ayudar, aunque su superestructura, la teoría psicoanalítica, seguía siendo eso, teoría, porque había pocas maneras de explorar el subconsciente de modo objetivo. Silverman tuvo un destello propio. Si Freud introdujo los sueños en el inconsciente, quizá él podría introducir la sugestión subliminal en la mente oculta para iluminar su dinámica.

Supo que había descubierto algo cuando hizo destellar mensajes subliminales psicoactivadores a esquizofrénicos para agitar zonas sospechosas de conflicto. Los síntomas se agravaron y empeoraron en un setenta por ciento. A la inversa, cuando Silverman hizo destellar mensajes subliminales diferentes, relacionados con el deseo, podía aliviar los síntomas del paciente casi un grado. ¿Qué clase de magia había en aquel milisegundo que hacía mejorar tanto a los esquizofrénicos, a depresivos e incluso a tartamudos mucho peores?

Inspirado, Silverman empezó a contribuir a un conjunto de investigación que se ha acelerado poderosamente en los últimos años. Es un gran conjunto de investigación, pero al igual que el elefante color púrpura de tres metros sesenta que está en el rincón, la mayoría de la gente actúa como si no existiera. El elefante es la elaboración inconsciente. La pregunta que anuncia es: ¿Quién se hace cargo? Nos gusta pensar que somos los capitanes de nuestras almas, o al menos que elegimos vivir como lo hacemos. Sin embargo, la investigación revela que una gran cantidad de información penetra en nuestra mente sin que nos demos cuenta. Igual que agentes secretos, los recuerdos subliminales se infiltran, confraternizan con otros recuerdos y añaden su influencia a nuestro comportamiento, sentimientos, relaciones y creencias. Al mismo tiempo, los procesos subliminales están modelando nuestra experiencia del mundo.

El doctor John Ross, que estudia la vista, reveló, en los hábiles experimentos que llevó a cabo en la University of Western Australia, lo básico que puede llegar a ser este moldeo. Uno sale a la calle, mira a su alrededor y ve lo que está pasando. Quizá Ross descubrió que se tiene una especie de banco de memoria visual en el inconsciente. Lo que se percibe penetra en el cerebro y es comparado con este banco antes de ser enviado al consciente como «lo que estoy viendo». No se trata de un simple proceso de aparejamiento, sino que funciona más de la manera en que un artista termina un cuadro:

incluye esto, a veces descarta aquello. Ross lo llama «una facultad crítica capaz de tomar decisiones y de rechazar información, aparentemente por motivos estéticos».

Hay una vieja historia, probablemente apócrifa, pero que ilustra el punto de vista de Ross. Según la historia, cuando Henry Hudson guió su alta nave *Half Moon* con todas sus velas hinchadas al viento para entrar en el río Hudson, sucedió algo extraño. Muchos de los nativos no podían ver la nave. Los hechiceros sí, algunos de los mayores y niños también, pero muchos no podían. Lo que realmente no encaja en un punto de vista subliminal preconcebido no se introduce en la conciencia. Medio despiertos, en realidad estamos en la zona crepuscular. ¿Quién o qué hay «realmente» allí? Como señala el innovador neurólogo Oliver Sacks: «El mundo no tiene una estructura predeterminada, la estructuración del mundo es la nuestra propia; nuestros cerebros crean estructuras a la luz de nuestras experiencias». Pero no todas estas experiencias se producen a la luz de la conciencia.

A menudo creamos razones para actuar tal como lo hacemos y disculpamos el hecho de que el «yo» consciente no dirige la función porque es una idea que asusta... al principio. El subconsciente, a través de los ojos de Freud, era un reino oscuro y repugnante, reprimido con razón. Ahora estamos poniéndonos al corriente de lo que vieron algunos de sus contemporáneos. «¡Una mina de oro!», exclamó el clasicista e investigador de la conciencia F. W. H. Myers, en los primeros tiempos. Se dio cuenta de que la mente subliminal nos conecta con los reinos transpersonales. «El espectro de la conciencia, si puedo llamarla así, está en el yo subliminal extendido indefinidamente hacia los dos extremos.» El matemático Henri Poincaré vio el genio de la mente oculta. «El yo subliminal no es en modo alguno inferior al yo consciente; no es puramente automático; es capaz de discernir; tiene tacto, delicadeza, sabe cómo elegir, adivinar.»

Conectar con ese yo subliminal con talento puede mejorar la memoria. Aprender a hablar a la mente subliminal puede ayudar a transformar las memorias limitadas por el estado que residen allí y nos hacen tropezar. Puede ayudarnos a olvidar lo que ya no es útil; ser conscientes de cómo el yo subliminal tira de las cuerdas de uno y se puede empezar a convertir esta mente en algo ventajoso. Pinocho, al fin y al cabo, rompió sus cuerdas y se convirtió en un cuerpo real.

¿Los mensajes subliminales podrían ayudar a todo el mundo? Silverman decidió probar la idea de que una fantasía simbiótica puede ayudar a la gente a funcionar de manera más positiva, o, para expresarlo más técnicamente, puede mejorar la conducta de adaptación. Para poner en marcha esta fantasía, propuso la frase: «Mamá y yo somos uno». Demostró ser una frase excepcional. «Mamá...» empezó a recorrer las publicaciones de investigación después de debutar en una clase de reducción de peso. La mitad de la clase recibió esta sugerencia. Los otros fueron tratados con un rápido destello de un mensaje subliminal neutro: «Hay gente caminando». Siempre que se sientan tentados, se dijo a los que seguían la dieta, piensen en el destello. Todos siguieron el curso normal con los consejos dietéticos y las limitaciones de calorías. Las personas que recibieron el mensaje de «Mamá...» perdieron más peso que los de los controles.

Aún más, tres meses más tarde, el grupo de «Mamá...» había logrado mantener los quilos perdidos y siguió perdiéndolos más eficazmente que los otros.

El mensaje «Mamá...» ha servido para hacer una gran limpieza subterránea. Ha ayudado a alcohólicos a recuperarse y a fumadores a dejar el hábito. Ha ayudado a personas a disolver las fobias y a otros a quitarse de encima la ansiedad crónica. Ha hecho aumentar las calificaciones de matemáticas a muchachos de instituto. Hasta qué punto el mensaje subliminal puede ser potente para aprender, se hizo evidente cuando Silverman y la doctora Rose Bryant-Tuckett abordaron un grupo difícil en Peekskill, una escuela de Nueva York para adolescentes con problemas emocionales. ¿Podría «Mamá...» ayudarlos en la lectura? Sesenta y cuatro chicos y chicas de entre diez y diecinueve años miraron por el taquistoscopio. También había un grupo de control; una vez más, nadie sabía qué se escondía en los destellos.

Llegó el día del Test de Lectura de California. El grupo de «Mamá...» recibió una sorpresa agradable. Realmente podían leer mejor, y sus calificaciones fueron significativamente más altas que las de los controles. Quizá no quedaran del todo sorprendidos, porque las cosas mejoraron en general. De modo inexplicable, sus notas de matemáticas también habían subido. (Parker encontró la misma incidencia con sus estudiantes de derecho.) Los profesores observaron que el grupo realizaba más tareas en casa que antes y se portaba mejor. La autoimagen de cada uno mejoró. Evidentemente, algo había cambiado, algo ayudó a estos muchachos a vencer la limitación autoimpuesta y los bloqueos. El único «algo» era el mensaje subliminal «Mamá...», que al parecer ayudaba a los chicos a librarse de un montón de problemas.

La noticia de que un mensaje subliminal, en particular uno tan «indigno», podía producir un cambio real en las personas produjo dos reacciones en los círculos científicos. Levantó una gran oposición e inspiró a otros a hacer lo mismo. Se probaron toda clase de variaciones de la frase: «Mamá está siempre conmigo»; «Mamá y yo somos dos»; «Mamá y yo somos iguales»; «Madre y yo somos uno»; «Papá y yo somos uno». En lo que respecta al inconsciente, mamá es ello. Y no sólo ayuda a los estadounidenses. El doctor Sima Ariam probó mensajes subliminales en Tel Aviv y descubrió que, allí, mamá también influye. Mamá debe ir acompañada por la «unidad». Ser iguales, estar con o ser lo mismo no mueve al inconsciente.

Muchos psicólogos todavía no aceptan los mensajes subliminales. Sin embargo, en agosto de 1990, en la convención de la American Psychology Association, el doctor Joel Weinberger de la Adelphi University presentó un análisis estadístico combinado, hecho con los resultados referentes a 2.562 personas en setenta y dos experimentos con el mensaje subliminal de «Mamá...». «Definitivamente, tiene efecto», concluyó.

¿Por qué? Es evidente que se remonta a un recuerdo muy básico. Silverman habla de lo simbiótico fundiéndose con «la buena madre de la infancia» que, paradójicamente, le permite a uno convertirse en un individuo independiente. Si mencionamos a mamá en una conferencia, automáticamente dos o tres individuos con aspecto preocupado se nos acercan para decirnos: «¡Pero si a mí no me gustaba mi madre!». Igual que la música barroca, tanto si es el estilo de uno como si no, aumenta la memoria; el gustar o no, al parecer, no tiene nada que ver. Puede ser particularmente útil para aquellos cuya madre no era «buena» o buena para ellos.

Los mensajes subliminales regulares –«Recuerdo con facilidad»– pueden convertirse en sugestión consciente, frases que uno repite para hacer aflorar el yo subliminal. Supuestamente, mamá pierde poder a la luz de la conciencia. Parece ser de un orden diferente, como los sonidos de simiente elementales que crean los mantras hindúes básicos. Existen numerosos sonidos simiente. ¿Ha encontrado alguien otro mensaje subliminal básico? Eldon Taylor, que posee una larga experiencia clínica con mensajes subliminales, indica que cualquiera que sea el trabajo que haga un cliente, encuentra necesario incluir mensajes subliminales de perdón: perdonarse a sí mismo, perdonar a los demás, sentirse perdonado. El perdón podría ser un mensaje subliminal simiente. O quizá la mamá que todo lo abarca también podría solucionar ese problema.

Parker ha realizado experimentos que demuestran que la meditación aumenta la memoria y el aprendizaje. Quizá esto es así porque desencadena la fantasía simbiótica. Es una manera de expresarlo. Los meditadores están de acuerdo en que esa práctica puede elevar a la persona a un sentido indescriptible de unidad, de conexión con el origen de uno. El núcleo de todas las religiones importantes reside en una insistencia en reordenar, en reclamar la conexión perdida de uno mismo. Los maestros de la antigüedad como Pitágoras y Platón creían que este regreso a la totalidad era una función de la memoria, de ser consciente de recuerdos olvidados, la memoria subliminal. ¿Serían útiles los mensajes subliminales basados en la visión espiritual? ¿O el inconsciente seguiría optando por mamá? En este caso, no hay motivo para preocuparse. Utilizado con «gente relativamente normal», como dice Parker, el mensaje subliminal de «Mamá...» no parece tener ningún efecto secundario perjudicial.

LO QUE NO SE SABE PUEDE PERJUDICAR O AYUDAR

Con todos los mensajes subliminales que llevan los anuncios comerciales, es tranquilizador echar un vistazo a lo que los estudios científicos controlados revelan de la memoria subliminal. En los años ochenta, el pionero británico doctor Norman F. Dixon pudo reunir más de setecientas investigaciones subliminales comprobadas en su libro *Preconscious Processing*, y llegó a una conclusión inevitable. Sólo una cantidad relativamente pequeña de la información que llega a la mente y la memoria de uno es consciente.

La información subliminal puede llegar canalizada a través del sentido de la vista, el oído, el olfato e incluso el tacto en experimentos que implican un choque eléctrico subliminal. La gente no sabía que recibía un zumbido, pero ello les influyó. Desde los años treinta, los soviéticos han trabajado para desarrollar subliminalmente la memoria básica de los reflejos condicionados. Pueden. Las sugerencias subliminales pueden influir en los latidos del corazón, las ondas cerebrales, el umbral de la percepción. Pueden influir en los impulsos básicos como el hambre y la sed, y funcionan mejor cuando van unidos a impulsos emocionales. La mente subliminal es un zumbido que resuelve rompecabezas. Las sugerencias pueden distorsionarse; las imágenes se pueden solapar con otras, los sonidos pueden ir a velocidades aceleradas. Aun así, se capta el mensaje.

¿Es su yo consciente al que le gusta el Cadillac blanco, el sofá estilo *déco*? Podría preguntárselo si hubiera participado en un experimento de psicología de la universidad de Michigan. En él se mostraron de forma subliminal dibujos geométricos. Uno cree que el experimento implica simplemente mirar unas formas presentadas por el doctor Robert Zajonc y decirle cuál gusta más. Zajonc está intrigado. Eligiendo libremente, o eso cree usted, las formas que usted dice que le gustan más son las que están incluidas en el destello. Nos gusta lo que nos resulta familiar. Esto es familiaridad, recuerdo creado sin conciencia. ¿Con cuánta frecuencia ocurre? ¿No a través de unos destellos secretos, sino a través de las sugerencias que penetran en la memoria procedentes del entorno?

Las sugerencias de las que uno no es consciente pueden influir en los sentimientos acerca de las personas y los acontecimientos. Los sujetos que recibieron subliminalmente las palabras «alegre» o «triste» describieron una cara neutra en la dirección esperada. Hombres universitarios a los que se les mostró un simple dibujo de un hombre y un chico precedido por uno o dos mensajes subliminales, o bien: «Estoy alegre» o «Estoy avergonzado», dieron evaluaciones marcadamente diferentes de a qué se refería la imagen.

Quizá al fanatismo se lo denomina prejuicio «ciego» porque procede de la memoria subliminal, dejándonos a nosotros crear razones que encajen con nuestras respuestas. En Suráfrica, el doctor T. F. Pettigrew y sus colegas efectuaron un experimento de implicaciones resonantes. Estaban realizando investigación dicóptica, lo cual significa presentar estímulos diferentes a cada ojo. El dibujo de una cara blanca era enviado a un ojo, y el de una cara negra al otro ojo, al mismo tiempo. Los surafricanos que hablaban inglés eran capaces de fundir las imágenes y ver una cara. Las personas de color también podían ver la cara. Pero los afrikaners nativos no podían fundirlas. No podían ver una cara. Esto ilustra cómo las estructuras inconscientes, las visiones subliminales del mundo, influyen en nuestra capacidad de percepción. No todos vivimos en el mismo mundo. Hacer esto en Suráfrica o en cualquier otra parte requerirá, al parecer, algo más que autorizaciones externas.

Los sentimientos son impredecibles; ¿qué hay de la actividad intelectual? Entre otros, el doctor Anthony Marcel, de la universidad de Cambridge, ha demostrado que el significado no tiene que entrar en la memoria a través de la conciencia. Él introducía palabras con destellos sobre una pantalla a demasiada velocidad para ser leídas, y después preguntaba: «¿Qué son?». Algunos estudiantes se marcharon, disgustados. El resto accedió a adivinarlo y acertaron el noventa por ciento de las veces. En ocasiones, las suposiciones se relacionaban claramente con el significado. Si la palabra era «azul», la gente adivinaba otro color, como el amarillo. Si podemos leer, concluye Marcel, «los significados de las palabras, de alguna manera pueden registrarse sin conciencia». Reflexionando sobre estos estudios, dice: «Estoy de acuerdo con los filósofos que creen que la conciencia es hasta cierto punto una construcción social». La conciencia es aprendida hasta un grado que implica –observa Marcel– que personas en culturas radicalmente diferentes podrían, en sentido literal, percibir y así experimentar el mundo de manera muy diferente.

Recuerdos quirúrgicos

La mayoría de datos que recogemos de manera subliminal no proceden de un científico subrepticio. Fluyen en nuestra memoria procedentes del entorno. Pueden acecharnos cuando estamos tendidos en la mesa de operaciones. En los años cincuenta, el doctor David Cheek, obstétrico e hipnotizador ericksoniano, descubrió lo inesperado. Aunque uno esté profundamente anestesiado, el inconsciente puede seguir recogiendo datos... de la conversación del equipo quirúrgico. «¡Qué lío!» o «Está muerta» con toda seguridad producirían el efecto de una sugerencia autoritaria. También parece que interviene lo que podría denominarse desinformación quirúrgica. Un médico podría llamar «pequeño bastardo» al tipo que le ha dado un golpe en el coche u observar que otro paciente «no llegará a curarse». La persona inconsciente que está sobre la mesa de operaciones puede archivar ese comentario en la memoria, etiquetándolo por error como referido a su cuerpo. Las observaciones de Cheek parecían demasiado raras a la sazón para reescribir los chismes del quirófano. En los últimos años, otros investigadores, en particular psicólogos, de la universidad de California en Davis, han obtenido pruebas que lo confirman.

Allí, el equipo del doctor Henry Bennett puso unas sugerencias grabadas a personas completamente anestesiadas sometidas a una operación. La cinta les decía que se tiraran de las orejas durante las entrevistas posteriores a la operación para indicar que habían oído el mensaje. Cuando, más tarde, Bennett los entrevistó, el ochenta y dos por ciento se tiró de las orejas. Ninguno de ellos recordaba conscientemente la cinta ni se había dado cuenta de que se había tirado de las orejas. Se llevó a cabo otro experimento con personas a las que se había practicado alguna operación de la espalda, lo que por regla general crea considerables problemas para orinar y obliga a la implantación de un catéter. «Puede relajar sus músculos pélvicos y orinar con facilidad», decía la cinta repetitiva a los pacientes anestesiados. Todos los que recibieron esta sugerencia pudieron orinar sin catéter.

Bennett cita el caso de una mujer bastante rolliza que ilustra este punto. La mujer tardaba en recuperarse después de ser operada, y estaba irritable, pues sufría problemas intestinales. De pronto, una semana después de la operación, la señora se puso furiosa. Su cirujano la había insultado, insistía, y muy enfadada le dijo a la enfermera lo que fulanito de tal había dicho. La enfermera lo verificó con una amiga del equipo quirúrgico. Lo que había ocurrido era que, cuando el médico se acercó a su paciente ya anestesiada, exclamó: «Dios mío, han arrastrado a otra ballena varada hasta mi mesa de operaciones». Cuando el recuerdo afloró a la conciencia, las enfermedades de la mujer desaparecieron y en un día estuvo en su casa. Esto es un ejemplo del efecto Poetzel descubierto a principios de los años noventa, según el cual la información sembrada subliminalmente en la memoria tiende a penetrar poco a poco en la conciencia, a menudo en los sueños, a veces apareciendo aparentemente de la nada.

Algunas personas sometidas a una operación quirúrgica o en estado de coma, o incluso en estado catatónico, registran lo que se dice. ¿Por que no aprovecharlo? Unos anestesistas del St. Thomas Hospital de Londres lo hicieron. Sugirieron la curación rápida: ninguna complicación en general. Escribiendo para el equipo de la revista médica británica *Lancet*, el doctor Calton Evans informó: «Está claro a partir de nuestro hallazgo que estas sugerencias penetraron de alguna manera y mejoraron la recuperación de la intervención quirúrgica».

Cualquiera que esté familiarizado con la investigación científica de psi –el estudio de los fenómenos psíquicos– que ahora cumple más de cien años, tendría una impresión de familiaridad al investigar los mensajes subliminales. Ambos fenómenos esquivos parecen circular en las mismas áreas sombreadas de la mente, una conexión que los científicos soviéticos empezaron a explotar poco después de su revolución. En un elegante hotel costero del mar Negro, una mujer joven giraba por la pista de baile en brazos de su pareja. De pronto, se detuvo en mitad de un paso y cayó en trance. No fue Svengali* quien la paralizó, sino el doctor K. I. Platonov, que lanzó una señal telepática desde una antesala, un efecto telepático que demostró en el Congreso de Psiconeurólogos Rusos de 1924.

La hazaña de Platonov condujo a experimentos de laboratorio muy documentados durante más de sesenta años en la URSS, que demuestran que una señal telepática puede ser registrada por el inconsciente de un sujeto e influir en sus acciones aunque no sea consciente de que recibe un mensaje. En los años sesenta, los científicos americanos del New Jersey Institute of Technology, la cuarta escuela de ingeniería más grande de la nación, utilizaron máquinas de comprobación psicológica imparciales para revelar que psi puede ser captado subliminalmente y puede influir en el cuerpo de un sujeto. Esa historia es otro asunto. Pero merece la pena mencionar que durante décadas se ha llevado a cabo un riguroso trabajo de laboratorio que revela una influencia subliminal muy diferente de la que presentamos aquí.

En los años treinta, el ingeniero eléctrico B. B. Kazhinsky, científico soviético que se hizo tan famoso que se convirtió en un héroe de la nación, empezó a explorar la sugestión subliminal regular –mensajes insertados en películas– y el psi subliminal. Sus descubrimientos le llevaron a predecir que algún día la sugestión telepática subliminal se utilizaría para aumentar el aprendizaje a través de una especie de implante de memoria. «El habla, las imágenes, los libros pueden complementarse mediante una transferencia mental directa [por el profesor] de los adecuados conceptos de la imagen, sensaciones y sentimientos», escribió. Cuando conocimos a Georgi

---

* Protagonista de la novela homónima de George Du Maurier: un personaje misterioso y dotado de hipnótica fascinación; en bastante medida, demoníaco. (*N. del E.*)

Lozanov, él era el más importante parapsicólogo de Bulgaria y también comprendía el elemento telepático subliminal en la enseñanza. Creía que era una manera de implantar sugerencias positivas para ayudar a abrir una supermemoria. Kazhinsky se indispuso con los estalinistas, y hasta 1962 la Academia Ucraniana de Ciencia no publicó la obra de su vida, *Biological Radio Communication*. Pronto fue traducida para el Centro de Documentación de Defensa de Estados Unidos.

El «exhibicionista» del impermeable

A falta de la KGB, la CIA y sin duda cualquier otra pandilla clandestina del mundo, los anunciantes han explorado los mensajes subliminales más de cerca que nadie. En todas partes hay huellas de los persuasores ocultos, afirman algunos, probablemente en la revista de la mesita de café. Vance Packard comunicó la historia hace años. El doctor Wilson Key le siguió con volúmenes de datos en libros como *Subliminal Seduction* y *The Clam Plate Orgy*. Este último trata de los posavasos Howard Johnson que presentan un montón de almejas fritas, pequeños animalitos que se retuercen. Cuando los alumnos de Key ampliaron el dibujo, vieron una horda de lascivas almejas inmersas en travesuras orgiásticas. ¿Increíble? Claro. Por eso es tan difícil exponer los intentos de manipular la memoria, de implantar un recuerdo vinculado a un impulso emocional. Key probó a más de mil sujetos, enseñó a cientos de estudiantes a detectar mensajes subliminales en los anuncios de cine y de prensa: sus alumnos graduados trabajaron con ahínco. El *Library Journal* llamó a Key «observador meticuloso» y calificó su trabajo de «esencial para el bien público». Aun así, sus adversarios en general han dicho de él que es «el hombre que ve imágenes sucias en todas partes».

Imágenes sucias porque, en comparación con el científico que pasa en el destello su cuidadoso mensaje, el anunciante aparece como el exhibicionista del impermeable. Él trabaja con el sexo y la violencia, Eros y Tanatos. La muerte va en cabeza para vender vodka, las palabras obscenas para promover los juguetes: no tiene sentido y no se supone que deba tenerlo. El mensaje no va dirigido a la mente sensible, espera atraer a la mente subliminal. Estudios que van más allá de lo subliminal muestran que el sexo y la violencia levantan rápidas banderas rojas en el inconsciente. El viejo reptil siempre está alerta a los soplos de peligro y sexo. Una vez ganada la atención,

¿Puede hallar el mensaje oculto en esta etiqueta de Pepsi? Descubra cómo puede trabajar su memoria subliminal para impedir la manipulación de la mente y la memoria.

los anunciantes esperan que el inconsciente de usted recuerde el producto que lo acompaña y envíe un pequeño globo de familiaridad cuando usted alargue el brazo hacia el estante de una tienda. Recuerdo fabricado, porque nos gusta lo que nos resulta familiar. Los pocos sondeos que se han hecho entre el público indican que los mensajes subliminales pueden guiarle hacia una marca, pero no le impulsarán a comprar un producto que no le guste.

Esperemos que no. En febrero de 1990, Paul Tharp, del

New York Post, informó de que una nueva cadena de televisión pronto emitiría en pantallas grandes colocadas en los pasillos de los supermercados de la nación. Pantallas sin sonido «mostrarán imágenes informáticas de quince segundos en toda la tienda para difundir información sobre los productos y sugerencias subliminales a los compradores».

Sea frío, sea *sexy*, compre una Pepsi de diseño. Para celebrar el verano de 1990, Pepsi sacó millones de latas de cola decoradas con brillantes zigzags y remolinos; dibujos de diseñador, quizá con más de un diseño en mente. Si se pone una lata encima de la otra, como se hace en tantos estantes de supermercado, y uno se para a mirar, se lee la palabra SEX en sentido vertical. *Time* (3 de septiembre, 1990), publicó una fotografía a todo color de las tentadoras latas y observaba que Pepsi insiste en que todo fue un accidente del diseño por ordenador.

Como decía Freud, fálico o no, a veces un buen cigarro no es más que un buen cigarro. Key y sus estudiantes a veces pueden «leer entre líneas». Pero si desvía un poco los ojos y empieza a mirar, recordando que las imágenes pueden estar distorsionadas y las palabras escritas al revés sin estorbar a la comunicación, usted mismo podría ver algunos anuncios subliminales. Son como las formas ocultas en los rompecabezas infantiles que se han hecho mal. Una vez captado un mensaje sexual subliminal, es casi imposible no verlo; esto puede hacer que sus amigos le consideren raro.

La experiencia de una amiga nuestra nos hizo examinar el informe de Key. Ejecutiva de libros de texto, estaba de vacaciones cuando la hicieron regresar a casa. ¡Desastre! Una escuela de uno de los sistemas más extendidos por el país había visto una antigua palabrota salpicada en un libro de historia. ¡Incrustada en el rayado de márgenes e ilustraciones, una incluso en la barba de Lincoln! Los niños no lo habrían soportado. El editor, obligado a retirar el libro en toda la nación, no sonreía. El trabajo de un ilustrador, se dijo, que había perdido las fuerzas... ¿en sus técnicas de incrustación?

Irónicamente, si un editor de textos inserta mensajes subliminales para aumentar las ventas, puede, sin saberlo, aumentar la memoria. En la East Texas State University, el psicólogo educacional doctor Bruce R. Ledford decidió proyectar imágenes eróticas y violentas en una pantalla grande durante la clase. La inocencia de los estudiantes quedaría preservada, al menos conscientemente. Las diapositivas, presentadas mediante un proyector trasero a sólo una bujía por encima de la luz de la habitación, eran imperceptibles. De pie ante la pantalla aparentemente en blanco, Ledford conferenció sobre temas que no tenían nada que ver con la violencia o el sexo. Llegaron los exámenes y se hizo evidente que algo había llamado la atención de los estudiantes. Los que habían recibido las imágenes de las diapositivas invisibles sobre el sexo recordaban sus lecciones considerablemente mejor que los estudiantes que en verdad habían estado mirando una pantalla en blanco detrás del profesor.

«Si intentara usted derrocar a América a través de masivos mensajes subliminales en los medios de comunicación, ¿qué utilizaría?», preguntó a Key un productor de cine en busca de algo emocionante. «Lo que están haciendo: sexo y violencia», respondió Key. «No, en serio...» «¡En serio!» Los anuncios subliminales no son la respuesta completa ni mucho menos a toda la violencia que existe. Sin embargo, ¿qué provoca una dosis constante de violencia sexual inyectada en una memoria inconsciente en el clima interior? Sabemos que el humor cambia a través de la memoria y la conducta.

«Es un juego extraño y engañoso montar la dulce figura seductora sobre un terreno podrido.» Un aviso del mejor experto en medios de comunicación de nuestro siglo, Marshall McLuhan, un ávido seguidor de Key, que se pregunta: «¿Los dibujos escondidos bajo el exuberante atractivo facilitan las ventas o simplemente estorban al consciente de madurez de los compradores?».

¿LOS MENSAJES SUBLIMINALES BIEN INTENCIONADOS HACEN ALGÚN BIEN?

Otros mensajes subliminales quieren influir en el público. «No robarás.» «La honradez es la mejor política.» Mezclados con la música que suena en las tiendas, estos mensajes no pueden detectarse. Los efectos, sí.

A principios de los años ochenta, un supermercado de Nueva Orleans instaló un sistema subliminal inventado por el doctor Hal Becker, antiguamente miembro de la Tulane Medical School. Fue una inversión de ensueño. Los hurtos descendieron de unos cincuenta mil dólares cada seis meses a la «asombrosa cifra de menos de trece mil dólares», una disminución sin precedentes. El director informó que lo que faltaba en las cajas descendió de ciento veinticinco dólares a la semana a menos de diez. La mercancía dañada, normalmente varios camiones al año, bajó a una fracción de un camión mientras que en otros dos mercados provistos de mensajes subliminales el movimiento de personal bajó a la mitad.

En Toronto, Canadian Tire, una cadena de tiendas de ferretería, instaló un dispositivo subliminal desarrollado por el doctor Louis Romberg, fundador de Audio Cybernetic Learning Systems de Burlington, Ontario. Los robos por parte de los empleados se redujeron «considerablemente» mientras que la productividad subió. Varias empresas inmobiliarias de Toronto adoptaron los mensajes subliminales motivadores de Romberg. Las ventas aumentaron el trescientos por ciento, afirmó uno. «Eso es porque el inconsciente es el mayor centro de poder que tenemos», dice Romberg. Éste experimentó en un almacén que tenía una gran reserva inmovilizada de rompecabezas. «Compre un rompecabezas» era la frase que se decía junto con la música. Los rompecabezas se agotaron. «Sólo fue una prueba –dice Romberg–, no lo haría normalmente.»

La noticia de las maravillas de los mensajes subliminales saltó del laboratorio al mercado. Tan fácil, tan sin esfuerzo, una solución tan rápida, que los mensajes subliminales de autoayuda alcanzaron un atractivo irresistible para los clientes y gente que quería hacer dinero con rapidez. ¿Una versión electrónica de la nueva ropa de Emperor? Después de cierta reestructuración, las empresas del ramo hoy en día suelen ser de toda confianza. ¿Sus productos funcionan? ¿Ayudan realmente a la gente a reescribir viejos guiones de la memoria? Se han realizado pocas pruebas científicas con resultados ambiguos y no se puede saber lo que la gente hace por sí misma.

Un hombre que al menos tenía el punto de vista desde las trincheras es el doctor Eldon Taylor. Si usted se hubiera involucrado con la ley en Salt Lake City, este hombre alto y de pelo oscuro con una barba cuidada tal vez le habría sometido a un detector de mentiras. O quizá se habría visto usted arrastrado a un estado mental diferente mientras él practicaba su especialidad: la hipnosis forense. Criminólogo profesional, conocedor del funcionamiento del inconsciente, Taylor tenía curiosidad por el potencial de la sugestión subliminal para desviar esta central de poder en una dirección positiva. Fundó la Progressive Awareness Research Inc., y dirigió los primeros experimentos subliminales en prisiones del país para el Utah State Prison System. Los resultados fueron sorprendentemente buenos incluso con problemas duros como la pedofilia, y condujeron a un programa de voluntarios. La empresa de Taylor persigue algo más igualmente improbable. Si un médico no da indicaciones en contra, la firma, sin ningún coste, acepta individuos que necesitan regeneración nerviosa y ósea. ¿Podría esto salir bien realmente? Advirtiendo que la muestra es muy pequeña, los datos de Taylor sugieren que estos mensajes subliminales son ligeramente más del cincuenta por ciento efectivos.

Taylor ha recopilado cientos de informes de personas sometidas a mensajes subliminales que piden ayuda para todo, desde enuresis nocturna hasta mantener una temporada de fútbol sin derrotas. «Los mensajes subliminales no son una panacea», advierte. Pero Taylor cree que pronto serán un «método para producir cambios beneficiosos», una manera de escapar por fin a lo que él llama «el estado/la respuesta que lleva a una persona a sentirse víctima», y lo que llamaríamos recuerdos limitados por el estado resonante.

¿Se pueden oír con la piel los mensajes subliminales?

¿Ha pensado alguna vez en escuchar una fuga de Bach con la piel? ¿Se puede oír sin oídos? Sí, con un Neurophone (R). No todos los genios adolescentes aparecen en *Life*, en particular en los tiempos en que se hallaba bajo la influencia de la red de noticias de TV, pero el inventor del Neurophone, Pat Flanagan, sí. Flanagan, un genio adolescente, se ha elevado por encima de los torrentes seguros de las ideas establecidas y ha desarrollado la ciencia del futuro. Ha trabajado en los métodos muy sutiles de afectar subliminalmente a los estados mentales, algunos no públicos, pero el Neurophone sí lo es, y puede demostrar ser un método particularmente poderoso para comunicar la sugestión subliminal transformativa al cuerpo y la mente.

Las personas acostumbradas a escuchar pueden colocarse uno de los transductores del Neurophone en el estómago, otro en los muslos, y con los oídos tapados escuchar las cintas que pasan a través del dispositivo. Descubrimos que es una sensación extraña. El oír, al principio con la aspereza de un viejo disco, sólo se produce en la cabeza. También al principio hay «agujeros» en los que se oye; parece que el cerebro tarda un poco en captar este canal insólito.

¿Por qué a alguien se le ocurriría siquiera oír con la piel? En primer lugar, hay que saber que la piel es embriónicamente la fuente de todos los órganos. En el seno materno, la oreja evoluciona a partir de las circunvoluciones de la piel del embrión. Pensando en los sordos, a Flanagan se le ocurrió que la piel, madre de los órganos sensitivos, del oído, tal vez fuera capaz de oír. Y así es.

En los años sesenta, en la Tufts University, Flanagan, con el especialista en oído doctor Dwight Wayne Batteau, descubrió los cómos y porqués del Neurophone. Muy sencillo: descubrieron que las frecuencias de nuestras voces –susurrar, gritar, cantar– tienen poco que ver con la capacidad del cerebro de reconocer el habla inteligente. Lo que sí lo tiene es la «naturaleza tiempo-velocidad de cambio del sonido causada por los retrasos del tiempo impuestos por la boca y conductos nasales». Ésta es la información auditiva básica que nuestro cerebro entiende. El Neurophone capitaliza esta función básica. Filtra las frecuencias del material auditivo que entra, dejando sólo la información de tiempo-velocidad de cambio. «La circuitería electrónica ofrece información auditiva a la piel a la manera en que fue creada originalmente para recibir y descodificar esta información eones atrás», dice Flanagan.

Numerosos dispositivos permiten oír a través de la conducción ósea. El Neurophone no es uno de ellos. El doctor Batteau, en pruebas definitivas llevadas a cabo en Tufts, demostró que el aparato no funciona mediante conducción ósea. Esto significa que se tiene otro canal perceptivo, una especie de sentido madre-raíz que puede transmitir datos al cerebro. Un pequeño grupo de personas interesadas en el trabajo de Flanagan pusieron cintas de autoayuda a través de este sentido básico. Afirman que ganaron en memoria, aprendizaje y salud.

Eldon Taylor comparó el Neurophone con otras maneras de comunicar sugestiones terapéuticas. Envió mensajes a través del aparato, mensajes que los clientes podían oír. Luego, bajó el Neurophone por debajo del nivel umbral y envió mensajes subliminales que los clientes no podían captar conscientemente. «En todos los casos en que utilizamos el Neurophone a niveles de subumbral, se actuó de acuerdo con el mensaje de un modo más consistente que cuando se empleó cualquier otro tipo de comunicación audible, incluida la hipnosis.» Más efectivo que la hipnosis, una afirmación muy importante procedente de un hombre de la experiencia de Taylor.

Flanagan cita informes de personas que ponen cintas *Om* resonantes en el Neurophone. Considerado por miles de millones de personas el sonido creador del universo, *Om* supuestamente equilibra las cosas vivas. La gente de Flanagan decía que en verdad se sentían más centrados que cuando se sometían al *Om* de una manera diferente. Y lo que es más importante, observaron una inesperada mejoría en su salud. En el capítulo 16 ofrecemos los datos de la curación mental y en el capítulo 17 hablamos de la teoría del doctor Deepak Chopra de la salud y la memoria celular. El Neurophone trabaja en lo que podríamos llamar un canal de percepción de cuerpo entero. ¿Podría demostrar que es una manera óptima de transmitir mensajes terapéuticos no sólo a la memoria subliminal de la mente, sino también a la memoria de la célula?

ADVERTENCIAS Y MEMORIA FABRICADA

«Nunca olviden el SIN de sincero, y el CON de confianza», decía McLuhan, al contemplar los mensajes subliminales. «Como dijo Zeus a Narciso, cuídate.» Encontramos algunas advertencias cuando por fin realizamos los mensajes subliminales del superaprendizaje. Éste se unió a lo subliminal desde su nacimiento; el aspecto más sorprendente de la sugestiología del doctor Lozanov fue el constante énfasis en el uso de la sugestión «en el plano doble», es decir, acoplar siempre la mente subliminal y la consciente. Al comprobar el mercado, encontramos unas cuantas cintas con mensajes negativos: «Fumar estropea mis pulmones», «La grasa es repugnante». Los fumadores a menudo vuelven a adoptar el vicio, y los que siguen una dieta vuelven a ganar peso. ¿Quiere de veras sembrar ideas de enfermedad o una autoimagen desagradable en usted mismo? Quién sabe, el tiempo no existe en la mente profunda, las sugerencias podrían incluso reaccionar de manera retroactiva. Los mensajes subliminales bien hechos son frases positivas. Si una empresa no proporciona una serie de sugerencias, alegando que reducen su magia, vaya a otra parte. (Otra opción es hacerse usted mismo su propio mensaje subliminal; ver más adelante.)

Y no olvide, como hizo una mujer, que los mensajes subliminales no son mágicos. «No lo entiendo –se quejó al teléfono–, no he perdido nada de peso. Sin embargo, escucho mi mensaje subliminal después de cada buena comida.»

Hay «cien mil mensajes en una sola cinta». ¡Vaya! Es una idea atractiva para los consumidores y redactores de anuncios, y no obstante muchos mensajes grabados producen un largo y agudo chillido. El inconsciente puede captar el chillido, pero, como pregunta Eldon Taylor: «¿Es significativo?». El inconsciente constantemente recoge «ruido» sólo para descartarlo. Lo que crea recuerdos limitadores o liberadores es ese cuál es significativo. El descubrimiento de Flanagan de que el elemento tiempo es básico para el habla inteligible, también podría tenerse en cuenta. Los estudiantes de Parker recibieron sólo cuarenta y ocho sugerencias en más de seis semanas, pero funcionaron. Muchos usuarios de cintas con cien mil mensajes afirman haber obtenido buenos resultados. Quizá hay que demostrar algo, y ciertamente todos los mensajes comerciales subliminales reciben un fuerte empujón por parte del efecto placebo que bien puede valer el precio de la cinta. También existe la posibilidad revolucionaria de que algunos chillidos accidentalmente lleguen a esos sonidos de alta frecuencia que poseen un efecto positivo en la capacidad humana (ver capítulo 10).

Los mensajes subliminales pueden liberarle a uno de las viejas pautas. ¿Podrían también implantar en la memoria pautas que uno no quiere? El doctor Dixon observó que puede ser imposible resistirse a las instrucciones que no se experimentan de modo consciente, aunque hablaba de experimentos sumamente centrados y no de sugerencias en general. Otros sostienen que los mensajes subliminales no pueden impulsar a hacer cosas que uno no haría normalmente. ¿Todo el mundo en el supermercado es normal? ¿O qué haría uno «normalmente» con un hábil empujón?

Los mensajes subliminales del superaprendizaje provocaron llamadas telefónicas. «Ahora nunca olvido dónde he dejado las llaves.» «¡Me he vuelto muy creativo!» Estupendo. Desconcertantes fueron muchas más llamadas así: «Mi esposa está demasiado gorda, creía que sólo se trataba de música...». «Me gustaría darles a mis vendedores un empujoncito...». Felizmente, un aspecto clave para el éxito subliminal de la autoayuda es el deseo de cambiar. Más cuestionables fueron las llamadas de dos grupos religiosos muy fundamentales y muy distintos. «¿Les ayudaríamos a crear mensajes subliminales para implantar el dogma en los niños?» ¡Podría salvar al mundo! ¿El mundo de quién?

En mayo de 1988, François Mitterrand participó en unas reñidas elecciones para dirigir Francia. Unos días antes de la votación, la prensa francesa expuso una nueva táctica de campaña. La TV controlada por el gobierno pasaba el mensaje subliminal «Vote a Mitterrand». Los ciudadanos tomaron nota consciente. No pusieron objeciones. Mitterrand ganó. Y la primera oleada de mensajes subliminales de autoayuda empezó a ser comprada en Francia.

Hay preguntas evidentes acerca del derecho a la intimidad, el derecho a decidir por sí mismo para bien o para mal sin la ayuda de un mensaje subliminal. En algunos casos, al menos, los mensajes subliminales dejan su influencia en la mente y la memoria. Si no son elegidos, se trata de manipulación. Si son elegidos, la sugestión subliminal parece ser una manera más de elevarse por encima de la ley de los promedios, de despertar y remodelar ese submundo vivo de la memoria que nos hace saber quiénes somos, de hacerlo trabajar para nosotros y no contra nosotros.

6
Cómo armonizar la memoria con todo el cerebro

«Una galaxia de estrellas, una amplia galaxia parpadeando continuamente, encendiéndose nuevas estrellas. Piense en su cerebro como una galaxia. Véalo lleno de luz», estimula el sofrólogo Raymond Abrezol a sus clientes. Es una galaxia que nos pide que la exploremos. Porque «mientras el cerebro sea un misterio, el universo, el reflejo del cerebro, también será un misterio», dice el neurocientífico S. Ramón y Cajal.

En las últimas dos décadas, la gente ha abordado este misterio como nunca había hecho. Quince neurocientíficos han ganado el Premio Nobel en los últimos veinticinco años. Los años noventa tienen que ser la «década del cerebro». El congreso lo hizo oficial. Con el torrente de datos de que se dispone, el misterio está adoptando una nueva forma. Usted estará más cerca de la verdad, observa el ganador del Premio Nobel Gerald Edelman, si, en lugar de considerar su cerebro como una cosa, lo considera un proceso. Ese proceso también abarca noticias de otros tiempos que viven en la memoria del cerebro del pasado todavía viva en nosotros en la actualidad. Estará más cerca de la verdad también si, en lugar de pensar en un proceso atrapado en su cabeza, lo percibe llenando todo el microcosmos de su ser, en diálogo con todo desde sus genes hasta el recuerdo de las alegrías y tristezas de ayer.

Los avances en las ciencias del cerebro y la mente han dado paso a nuevas maneras de reforzar la memoria cotidiana; se está abriendo puertas a la capacidad creativa de la memoria. La alta tecnología ha aportado brebajes únicos de campos electromagnéticos que actúan como «ambrosía» para el cerebro y otros que «bombean hierro» a las ondas cerebrales. Existe literalmente una reordenación cuando empezamos a reclamar las partes del cerebro que han sido apartadas en educados círculos.

Muchos de los avances apoyan una premisa básica para controlar los sistemas de la memoria: usted es una multiplicidad. Es una combinación única de cerebro derecho, cerebro izquierdo, cerebro emocional, mente consciente y mente subliminal, cuerpo físico y espíritu no físico. Estos sistemas le ven a usted desde el punto de vista holista y descubren que, cuando utilice todo su yo, realizará mejor cualquier tarea, desde recordar un libro nuevo hasta aprovechar la memoria para representar una función o para resolver problemas.

El cerebro izquierdo/cerebro derecho se convirtió en una línea publicitaria de los años ochenta, tan moderna, que parecía como si Lizzie Bordon nos hubiera dado a cada uno de nosotros un gran golpe en medio de la cabeza. Lógico, con el pensamiento analítico, los números, la escritura y el habla, así es el cerebro izquierdo. Su compañero, el derecho, es el metafórico, el imaginador, musical, sintetizador, intuitivo y quizá el cerebro sanador. Más o menos así, pero no exactamente. Los hemisferios no están compartimentados como al principio se creía (una idea muy del cerebro izquierdo).

La naturaleza es más libre. Aun así, la idea general de dos «modos» diferentes de procesar la información se mantiene. Además, existe la idea de que hay una variedad, un olor personal de la organización del cerebro de cualquier individuo. Esto no es sorprendente en una organización de miles de millones; miles de millones de células con un número de conexiones potenciales entre ellas tan grande, que excede el número de átomos del universo conocido, miles de millones de neuronas tan pequeñas, que veinte mil podrían, si no danzar, al menos reunirse en la cabeza de un alfiler.

Estas galaxias de células parpadean, enviando grandes olas a través del cerebro, como una multitud de vastas sinfonías que se interpretaran simultáneamente. Cuanto más los exploradores del cerebro siguen esta «música de las esferas», más razón para exclamar con Shakespeare: «Qué obra de arte...». Y esta obra de arte no quiere limitarse a estar ahí.

Nacido para ser retado

«El cerebro está construido para ser retado», afirma el doctor Jerre Levy, de la universidad de Chicago, especialista en desentrañar los secretos de los hemisferios. Si se realizan tareas sencillas que sólo implican un hemisferio, el alcance de la atención es bajo. Prestar atención, como todos sabemos, sirve para formar una buena memoria. Cuando sucede algo suficiente para que funcionen los dos hemisferios, la atención se pone en marcha. La complejidad y el reto promueven el funcionamiento óptimo, dice Levy. Se atiende a la experiencia de uno, se recuerda ésta. Por eso en los métodos para dominar la memoria intervienen la música, la imaginación, el placer, la sensación práctica, la novedad y las expectativas, junto con el intelecto, para movilizar muchas partes del cerebro. Para aumentar la memoria, trate siempre de utilizar el cerebro derecho y el izquierdo. El aburrimiento cierra la memoria. No sólo los hemisferios, sino el cerebro en general se despierta ante la novedad, ante lo que intriga. La investigación coloca un gran signo de interrogación en la práctica de suavizar los clásicos infantiles a palabras ya comprendidas, o simplificar los textos de los colegios. No hay nada que exija atención, nada que despierte al cerebro lo suficiente para recordar, mientras nos convertimos cada vez más profundamente en soñolientos intelectuales.

Las personas de edad no recuerdan lo que aprenden tan bien como la gente más joven. Eso se creía. Por fin, a los investigadores se les ocurrió comparar a los ancianos no con estudiantes universitarios, acostumbrados a estudiar, sino con gente joven que había dejado la escuela hacía tiempo. Resultó que no había mucha diferencia. O la utilizas o se pierde, es algo tan cierto en el caso de la memoria como lo es en el de los músculos. El desafío y la práctica, mucho más que la edad, determinan la fuerza de la memoria. Incluso los pacientes de la enfermedad de Alzheimer, al parecer, responden al reto. En el Memory Disorder Clinic de la universidad de California, en Irving, el doctor Curt Sandman pidió a los consortes de las víctimas que rompieran la rutina y llevaran a los pacientes a hacer algo realmente diferente; que los llevaran al parque, a comprar ropa nueva, etc. Al cabo de una semana se les hizo una prueba; los enfermos de Alzheimer no recordaban los días de rutina que rodeaban a ese acontecimiento especial, pero podían recordar lo que habían hecho ese día diferente. Incluso recordaban lo que vestían.

Nuevas aventuras, aprendizaje de toda la vida, son tónicos para la memoria. Lo importante es lo de toda la vida. Unos científicos proporcionaron a unas ratas bebés más atención en sus primeras tres semanas, las tocaban y las estimulaban.

Después, vivieron como los demás roedores. Cuando llegaron a la vejez, unos ochenta años humanos, las ratas estimuladas recordaban cómo salir de sus laberintos mucho mejor que las otras. Las autopsias revelaron que apenas existía la usual pérdida de célula en el hipocampo, área situada en el cerebro central, vital para la memoria. ¿Sería igual en los humanos? Sin duda alguna, el reto que dura toda la vida mantiene la memoria alerta, y crecen la asociación y las conexiones neuronales reales. También podría ayudarle a usted a hacer mucho más. Levy cree que nuestro cerebro puede estar diseñado para hacer dos cosas a la vez aún mejor que una.

Julio César llegó, vio y venció quizá porque era un gran administrador del tiempo. Plinio cuenta que podía dictar cuatro cartas sobre asuntos importantes a la vez. Si ninguna otra cosa requería su atención simultánea, César podía dictar siete a la vez. También podía escuchar simultáneamente cuatro o cinco informes de su vasto imperio. En la universidad de Colorado, los estudiantes intentaron trabajar el doble de tiempo en una exploración de la expansión de la memoria. ¿Puede usted leer mientras escribe, sin confundirse, sobre un tema diferente? Los estudiantes del doctor Lyle Bournes podían hacerlo. También podían leer mientras escribían a máquina otra cosa. Algunos podían escribir al dictado y leer un libro al mismo tiempo. Recordaban el contenido de ambas cosas. Parece una hazaña de Ripley; sin embargo, el cerebro y la memoria están creados para el reto y quizá los logros de los estudiantes sólo parecen extraños porque, igual que el caminar sobre el fuego, simplemente nunca se nos había ocurrido hacerlo.

Jack Schwarz pasó años demostrando a los médicos de la Menninger Foundation y el Langley-Porter Neuropsychiatric Institute que la mente puede controlar el cuerpo de maneras que jamás se habían creído posibles. Aumente la atención, dice a menudo. Director de la Aletheia Psyco-Physical Foundation, Schwarz observa que de niños se nos dice que sólo podemos hacer una cosa a la vez. El mensaje queda grabado en el subconsciente y vivimos según esta norma «hasta que descubrimos que podemos hacer muchas cosas a la vez. En lugar de pensar en los acontecimientos como interrupciones, podemos pensar en términos de añadir algo a nuestra conciencia, como la visión periférica».

Las personas que tienen éxito siempre han sido «personas con cerebro entero». Para progresar, el mayor rendimiento al parecer combina los hechos con la intuición, un talento supuestamente del cerebro derecho. Esto se demostró en un amplio estudio de la intuición realizado en el New Jersey Institute of Technology del que informamos en el libro *Executive ESP*. Con su misteriosa conexión con la memoria inconsciente, como Kirk dijo a Spock: «La intuición, por muy ilógica que sea, es una prerrogativa del mando».*

Lo de diferentes estilos para diferentes personas es aplicable a los hemisferios. Hable el lenguaje de los dos, haga que los dos se involucren en la memoria. Cuanto más numerosas y variadas sean sus asociaciones –conceptuales, pictóricas, emocionales, sensuales–, mayor será la probabilidad de que lo recuerde; emplear ambos hemisferios conduce a una útil redundancia, un sistema de refuerzo de la memoria. Sin embargo, a algunas personas podría interesarles tener un hemisferio para recordar y el otro para olvidar. Un escritor inteligente tomó nota del hecho de que los hemisferios controlan los lados opuestos del cuerpo, el cerebro derecho levanta la mano izquierda, y el cerebro izquierdo la mano derecha. Susurrar algo al oído izquierdo de alguien envía el mensaje al cerebro derecho, el que no analiza. Eso es lo que ocurre cuando usted está en el asiento del pasajero de un coche: lo que le dicen va principalmente al cerebro derecho. El escritor juró que cuando su esposa conducía aceptaba más fácilmente sus sugerencias –«Compremos un coche nuevo»– que cuando era él quien iba en el asiento del conductor y las ideas de ella iban principalmente al cerebro izquierdo de él.

El método automotor para la manipulación de los hemisferios todavía no ha sido demostrado, pero los investigadores encuentran que pueden fijar sugerencias en la memoria más fácilmente si hablan a través de auriculares al cerebro derecho. Al mismo tiempo, hablan a través del otro oído al cerebro izquierdo y lo ocupan con trabajo laborioso: repetir series de números. Es demasiado laborioso analizar las sugerencias. Con este método casi subliminal, las ideas plantadas en la memoria se retienen y empiezan a influir en la conducta. Fuera del laboratorio, esta manipulación de la memoria es el campo de juego de la publicidad y el contraespionaje (ver capítulo 20).

PREGÚNTELE A SU NARIZ

Hace siglos, los yoguis observaron que nos movemos respirando primero por una ventana de la nariz, y después de

* En la conocida serie televisiva *Start Trek*. (*N. de la T.*)

una hora y media aproximadamente, por la otra. Reconocieron que se trataba de un ciclo natural. Una disciplina completa, Svar Yoga, se creó en torno a la idea de que, para vivir bien, algunas cosas se hacían mejor respirando por una ventana de la nariz o la otra. Una prescripción sin duda tiene su encanto: cuando se despierte, observe por qué lado está respirando, bese la palma de esa mano, dé gracias por el día y salga de la cama con el pie de ese lado favorecido con la respiración.

En la última década, el valor de la respiración por la nariz fue otro conocimiento antiguo convertido en avance científico en la Dalhousie University, el Salk Institute of Biological Sciences y la universidad de California en San Diego. Sí, descubrieron que cambiamos de respiración con un ciclo medio que va de noventa minutos a dos horas. Pero otra cosa les llamó la atención. Cuando se respira a través de la ventana izquierda de la nariz, domina el cerebro derecho, y cuando se respira a través de la derecha, domina el hemisferio izquierdo.

Como comprendieron los yoguis hace mucho tiempo, algunas cosas se hacen mejor respirando a través de una ventana de la nariz determinada. Los investigadores de Dalhousie indican que la capacidad verbal y espacial de las personas «variaba notablemente» con la subida y bajada del dominio cerebral. La capacidad verbal aumentaba cuando dominaba el cerebro izquierdo. La capacidad espacial mejoraba cuando le tocaba al derecho. Como lo expresó un científico, la nariz se convierte entonces en instrumento para afinar el cerebro, quizá el cuerpo entero. En otras palabras, para alterar su estado de ánimo, ¡apriétese la nariz!

Para anular en un momento dado el predominio del hemisferio dominante, tápese una ventana de la nariz y respire con fuerza por la otra. Por ejemplo, para despertar el cerebro izquierdo, apriete el dedo contra la ventana izquierda de la nariz, como hacía Santa Claus justo antes de subir por la chimenea. Cambiar todo un ciclo de dominio cuesta un poco más, pero no mucho. Apriete el puño bajo la axila unos minutos para activar el lado opuesto, o simplemente tiéndase. Estar tendido sobre el lado izquierdo unos minutos hará que predomine el cerebro derecho. Cada cerebro tiene un olor personal, decimos, y un test reciente sugiere que, cuando algunas personas cierran una ventana de su nariz, activan el hemisferio del mismo lado. Descubra lo que le ocurre a usted. El doctor David Shannahoff-Khalsa del Salk Institute señala que pasar al cerebro izquierdo podría facilitar las cosas al hacer lenguaje, matemáticas o razonamiento, y al derecho cuando se necesita creatividad. O quizá para calmar las emociones.

La gente buscaba a la actriz/autora Doe Lang para desarrollar el arte de hablar en público de forma carismática. La tarea de Lang no es fácil en esta tierra donde Gallup descubrió que hablar en público se encuentra entre «los mayores miedos», y donde más de la mitad de las personas afirman que temen más dar un discurso que a la muerte. El nerviosismo emocional puede provocar el mayor horror del orador: la memoria en blanco. Lang, estudiante de yoga, enseña a sus clientes a efectuar veinte respiraciones profundas por la ventana izquierda de la nariz para calmar estas emociones. Imagine que el aire asciende, cruza el *corpus callosum* (el grupo de nervios que conecta los hemisferios), y que penetra en el cerebro derecho, «recogiéndolo como si no hubiera en él más que una distancia ilimitada, pura y radiante energía». Cuando exhale, deje que todas las emociones negativas salgan. Un cliente de Lang hizo una prueba cerrando la ventana derecha de su nariz cuando hablaba con su difícil padre. Por fin, dijo, podía hablar sin pelearse; el peleón cerebro izquierdo no dominaba.

Las ventanas de la nariz cambian la respiración, los hemisferios cambian la dominación. Igual que tantas otras cosas en la naturaleza, éstos ahora se reconocen como ciclos dentro de ciclos. Reflejan un ritmo más grande que sigue un ciclo a través del yo completo, cuerpo y mente. Hemos sido creados para oscilar entre la acción y el descanso, y el énfasis va hacia delante y hacia atrás entre los sistemas nerviosos simpático y parasimpático. Estamos hechos para centrarnos en el mundo, y después en nosotros mismos. Es un ritmo vital, un ritmo que a menudo anulamos. Ser consciente de este ritmo básico puede mejorar la memoria, la relajación, y, como dice Ernest Rossi, puede ayudar a liberar los recuerdos negativos para curarnos a nosotros mismos (ver capítulo 16).

DORMIR PARA RECORDAR

Hace medio siglo, el medium más famoso de América, Edgar Cayce, parecía conocer este ciclo corporal básico. Conocido internacionalmente como el Profeta Dormido, Cayce dictó, en trance, abundante material, gran parte del cual se pudo corroborar más tarde. En sus *Readings*, a menudo ordenaba a la gente que no estudiara o reflexionara demasiado rato seguido. El superaprendizaje también encuentra que las sesiones relativamente cortas se fijan mejor en la memoria. Las *Readings* de Cayce aconsejan también que inmediatamente después de aprender, se descanse profundamente o se duerma para solidificar el recuerdo. Investigaciones recientes sugieren que una siesta después de estudiar aumenta el recuerdo. Otros experimentos llevados a cabo en la Trent University de Petersborough, Ontario, han desvelado el profundo y más bien desastroso efecto que puede tener en la memoria interrumpir el ciclo del sueño. ¿Se quema usted las cejas hasta las dos de la madrugada preparándose para un examen o para una importante presentación comercial? Según el psicólogo Carlyle Smith y sus colegas, sus esfuerzos pueden reducir su capacidad de recordar material complejo en un treinta por ciento.

Después de unas sesiones de aprendizaje, Smith mantenía despiertos a los voluntarios, algunos hasta las cuatro de la madrugada y otros toda la noche. Al día siguiente, los dos grupos recordaban material sencillo como asociación de palabras igual que los grupos de control. Sin embargo, cuando los que habían estado despiertos toda la noche se enfrentaban con reglas recién aprendidas de lógica, descubrieron que su retención era débil y recordaban el treinta por ciento menos que los controles. También fue así en el caso de los que habían pasado media noche despiertos, incluso a pesar de que habían dormido hasta más tarde para recuperar el sueño perdido. El sueño crítico para la memoria es el sueño REM, el tiempo en que se sueña. Los estudiantes despertados continuamente durante los períodos REM encontraron que la memoria caía en picado, y los que eran despertados durante el sueño no-REM, no. Algo curioso apareció en el laboratorio del sueño de Smith: una «ventana de vulnerabilidad» en la consolidación de la memoria. Las personas a las que no se dejó dormir durante la noche en que aprendieron o durante las cuarenta y ocho horas posteriores experimentaron un descenso del treinta por ciento; las personas que se mantuvieron despiertas veinticuatro o setenta y dos horas después de aprender recordaban igual que los controles. Al parecer, se necesita «un mecanismo de elaboración prolongado» para fijar datos completos en la memoria, dice Smith. La abuela tenía razón cuando nos aconsejaba que mantuviéramos un horario regular. O, si debe usted velar, por el bien de su memoria hágalo en noches alternas.

Esta especie de hallazgo caprichoso no es inusual en investigación. «La realidad del cerebro humano es conflictiva, equívoca, compleja y coqueta –dice el doctor Levy–. La naturaleza esconde y deja pistas falsas, y yo busco. Quiere una competición, un juego.» Es un juego que todos pueden jugar. Como el doctor Abrezol pregunta a sus clientes al introducirlos por primera vez en lo que tienen sobre el cuello: «¿Qué le diría a su cerebro?». Tal vez quiera usted tener tres respuestas preparadas.

Es mejor tres cabezas que una

Su hijo baja de la acera. Un coche da vuelta a la esquina. Antes de darse cuenta, usted ha saltado, ha agarrado al niño y está gritando al conductor que se aleja. No ha sido el cerebro hemisférico del que estamos tan orgullosos lo que le ha salvado. Éste sólo ha reñido al idiota después del hecho. El cerebro central, el maternal, el alimentador, le ha echado una mano, pero en el fondo le salvó otra vez el «viejo reptil», el cerebro básico, antiguo como Mnemosina. Tenemos un cerebro trino, en realidad tres cerebros diferentes, y los dos más viejos tienen una relación más estrecha con la memoria que el «gorro pensante» del que hemos estado hablando.

La historia está viva en nuestras cabezas. Cada cerebro recapitula su evolución en el seno materno. Ahora que estamos fuera de éste, es buena idea recapitular conscientemente, dice la doctora Jean Houston. «Para avanzar, hay que recuperar el pasado.» Si se hallara usted en uno de sus famosos talleres, podría encontrarse tumbado boca abajo, los brazos a los lados, un pez balanceándose suavemente en un mar primitivo. Usted actuaría, sería todas las formas de vida hasta el ser humano, y después se imaginaría el ser humano del futuro. Muchas de las más de diez mil personas que han seguido el juego evolutivo de Houston dicen que la recompensa es una nueva sensación de conexión, espiritual y física; la sensación de formar parte de algo que está creciendo y emergiendo. También es la primera vez que muchos han encontrado sus tres cerebros, cada uno de ellos con una personalidad, estructura y química diferentes. El «cerebro trino», como el doctor Paul MacLean lo apodó cuando describió elocuentemente por primera vez los tres en su trabajo como jefe del Laboratory of Brain Evolution and Behaviour en el National Institute of Mental Health.

Se tiene un cerebro de reptil (original), un cerebro emocional (de mamífero) y un cerebro pensante (neomamífero).

Las dos mentalidades más antiguas no pueden verbalizar. «Pero decir que carecen del poder del habla no minimiza su inteligencia ni las relega al reino de lo inconsciente», aclara MacLean.

En la parte superior de la médula espinal, como un grueso puño, se encuentra el cerebro de reptil que ha hecho arrastrar, volar y galopar a la vida desde el principio. El cerebro de reptil es el cerebro raíz de la supervivencia, implicado en el acotamiento y la defensa del territorio, la caza, el acicalamiento, la danza de apareamiento, las jerarquías sociales y los rituales. MacLean lo ve como la química básica bajo la «voluntad de poder» nietzscheana, bajo las necesidades depredatorias y el engaño que puede surgir en nuestro mundo como delincuencia de cuello blanco. Esta antigüedad tiene una memoria muy larga y fuerte. Es la memoria del ritual, de la conducta repetitiva. Es la memoria de la costumbre. Este cerebro nos hace sentir seguros en la rutina. Aprende despacio y no le gusta cambiar. No le gusta gran cosa, pues las emociones florecieron con el siguiente cerebro, el cual creció como un grueso gorro sobre el puño de reptil. Aquí se hallan todas las pasiones y sentimientos de la vida, el deseo de amar y alimentar a los hijos, de formar parte del grupo.

También aquí está el corazón de la memoria, pues el cerebro medio contiene el sistema hipotalámico-límbico, la estación de distribución de energía de la memoria. La memoria y la emoción se unen, se mezclan y se aparean aquí. Los antiguos taoístas llamaban a este cerebro, que alberga las glándulas pituitaria y pineal, «la habitación dorada». El dolor y el placer se iluminan en la habitación dorada. Igual que el carácter juguetón y el sexo. La información desde el exterior y el interior, desde el mundo y el cuerpo, fluye a través de esta habitación dorada antes de ir al cerebro pensante, antes de penetrar en la memoria a largo plazo. La memoria dependiente del estado se teje aquí.

El descubrimiento de la importancia del cerebro emocional para la memoria y el pensamiento está aportando cambios. «Como mínimo, ya no podremos vivir con nuestras distinciones de emociones y razón», dice la profesora doctora Elaine de Beauport. Lo dice con auténtico sentimiento en las conferencias educacionales; suficiente sentimiento para que alguien del público se rebulla. Parece fuera de lugar y de eso se trata. «Usted se está mostrando emocional» es una frase despectiva dentro y fuera del aula, un prejuicio que tropieza con el aprendizaje y la memoria y la mayoría de otras glorias a las que aspiramos. Es un prejuicio del cerebro derecho, aparente en los «intelectuales» como Adlai Stevenson, quien observó: «Encuentro que St. Paul es atractivo y Norman Vincent Peale espantoso». Sin embargo, incluso el periódico más intelectual, *The New York Times*, tituló hace poco: «La investigación afirma el poder del pensamiento positivo». Se han realizado estudios con personas que, en lugar de hacer frente a los hechos y ser «razonables», como a menudo piden los que tienen predominio del cerebro izquierdo, desbordaron los hechos con sentimientos. Los optimistas emocionales tuvieron más éxito en sus carreras que los que hacían frente a los hechos. A la larga, también su salud fue notablemente mejor.

La doctora de Beauport, cofundadora en 1969 de la prestigiosa Mead School, en la actualidad ayuda a adultos a ponerse en contacto con la inteligencia múltiple de sus tres cerebros, en particular el cerebro límbico emocional. Recordamos lo que tiene importancia para nosotros, nos recuerda. Aprendemos lo que tenemos ganas de aprender. Si se pone una barrera a los sentimientos, parte de nosotros también queda desconectada, y crecemos con una memoria efímera. Le ayudará a aprobar exámenes, a menudo de manera brillante, pero no le proporcionará una educación. Le faltan los poderes transformadores de la memoria. «Los sentimientos adquieren un significado muy pragmático cuando nos damos cuenta de que la memoria a largo plazo se basa en el sentimiento», dice de Beauport. Alguna investigación básica sugiere que los recuerdos están «etiquetados» por casi infinitos matices de emoción para facilitar la recuperación. Yendo más allá, las exploraciones de la memoria dependiente del estado muestran que la emoción es simplemente una parte inextricable de un recuerdo. Ha llegado el momento de sacar el máximo provecho de los sentimientos inherentes a la memoria, es hora de dejar de insistir, como el pedante Gradgrind de Dickens, en «¡los hechos, nada más que los hechos!».

Alrededor del cerebro medio crece, como una voluminosa gorra de muchas capas, la neocorteza, «la madre de la invención y el padre del pensamiento abstracto», según Paul MacLean. Existe un gran mundo pasado, el nido de la habitación dorada. El nuevo cerebro desarrollado para explorar y aventurarse en él. Este cerebro entra en la memoria y tiene ideas. Es un cliente frío, desprovisto de emoción, como Vulcano. Al menos lo era hasta el espectacular crecimiento de los lóbulos prefrontales, la gloria del cerebro humano. Esta parte frontal del cerebro superior tiene al menos algunas conexiones con el cerebro emocional, la habitación dorada. Nacen las emociones más elevadas: la empatía, el altruismo. Los lóbulos prefrontales –algunos los llaman el cuarto cerebro en desarrollo– permiten la planificación futura. Pueden acceder a la memoria del pasado y a la experiencia actual y proyectarlas hacia el futuro.

«El cerebro ha adquirido tres conductores –observa MacLean–, todos ellos sentados delante y todos ellos de mentes diferentes.» Y todos ellos con memorias diferentes. Como los jugadores de Houston, algunas personas están penetrando en los tres con técnicas de la mente y el cuerpo. Otros utilizan instrumentos como el potenciador Graham, una curiosa «cama» giratoria que ayuda a armonizar los cerebros (ver capítulo 19). Este esfuerzo por ocuparse de las necesidades de todos nuestros conductores y ponerlos en comunicación es uno de los más brillantes fragmentos de revinculación, de reordenación que suceden. Tiene valor de supervivencia actual y de promesa futura. Ignorados, como advierte de Beauport, «nuestros cerebros emocional y de reptil nos sabotean constantemente, socavan nuestras opciones... nos trastornan en el camino hacia tantas acciones racionales, intuitivas y artísticas». Cuando empecemos a recordar la variedad, la experiencia y la profundidad de nuestro cerebro, es posible que encontremos nuestra galaxia interior que se ilumina y se extiende como el universo siempre en expansión que la refleja.

7
Intentarlo no es suficiente

«Es inútil, es inútil, intentarlo no es suficiente...», dice un estribillo de Kurt Weill en *La ópera de tres peniques*. Si su mente es de las que empiezan a cantar este tipo de cosas, quizá debería usted apartar los pensamientos «negativos» y escuchar. Intentarlo simplemente puede causar algunas cosas divertidas en la memoria. La princesa Diana seguro que se preparó con ahínco para estar a punto, para recordar todos los detalles de protocolo para su «boda del siglo». Todo fue de maravilla. Por fin, llegó el punto culminante de la ceremonia; la multitud que se agolpaba en la abadía de Westminster calló cuando Diana se volvió hacia el príncipe Carlos. Y dio su sí a «Phillip».

Una famosa decoradora de Nueva York hizo grandes esfuerzos para recordar docenas de detalles para una visita relámpago a un célebre cliente nuevo de San Francisco. Al llegar a la mansión de su cliente, abrió la cremallera de su voluminosa bolsa mientras la criada la observaba... y de la bolsa salió un revoltijo de sábanas sucias. Había olvidado en qué bolsa había puesto su ropa y en cuál la de la lavandería.

El normalmente intachable entrevistador Robert MacNeil repasó sus notas para una de sus primeras entrevistas importantes en la CBC, la cadena nacional canadiense. Era una gran oportunidad. En el aire, MacNeil repasó los éxitos del célebre hombre. Al final se detuvo, miró a su invitado y dijo: «Lo siento muchísimo, pero no puedo recordar su nombre».

La tensión es nefasta para la memoria. Intentarlo obstinadamente no es el tipo de concentración que ayuda a la memoria. Si tiene un nombre olvidado en la punta de la lengua, déjelo estar. Pronto aparecerá en su mente, como dice Emerson, sin que haya sido invitado. ¿Puede usted relajar su cuerpo a voluntad? ¿Puede calmar su mente a voluntad? Se nos exhorta a practicar el control del estrés, pero «no tenemos tiempo». Una manera de tener más tiempo es dominar el arte de la relajación de la mente y el cuerpo. «La paradoja es: se va más de prisa apartando el pie del acelerador», dice el experto en relajación doctor Ken Dychtwald. Saber relajarse puede ayudar a aprender más de prisa, a consolidar la memoria más de prisa. Se trata de actuar de la mejor manera, desde pronunciar un discurso hasta tener un bebé. Podría salvarle la vida; y sin duda le proporcionará una vida mejor.

El estrés puede disminuir el coeficiente intelectual, como descubrió el doctor Bernard Brown de la universidad de Georgetown cuando examinó a más de cuatro mil niños. Sólo tenían siete años, y su vida no presentaba ningún problema, pero, por término medio, una combinación de factores cambiantes, llenos de tensión nerviosa, los ponía lo suficientemente tensos como para robarles catorce puntos de coeficiente intelectual. Brown sugiere que la presión crónica disminuye la capacidad de pensar.

Una columnista de Nueva York dijo recientemente que, cualquiera que fuese el tema sobre el que escribiera, la Gran Manzana es un lugar donde siempre hay alguien que pone alguna objeción. «Excepto en una ocasión. Escribí que el Consejo de la Ciudad tenía el coeficiente intelectual de un pepino y nadie se quejó.» El Addiction Research Center de Toronto quizá ha desvelado una razón por la que la capacidad de pensar de los burócratas pueda llegar al nivel de la del pepino. Realizaron unas pruebas a oficinistas municipales para comprobar su estrés. Y lo encontraron... a niveles que normalmente sólo se registran en pacientes mentales seriamente perturbados. Llamaron a Ely Bay, fundador de la Relaxation Response Ltd. y uno de los primeros colaboradores del superaprendizaje. Como había hecho anteriormente con funcionarios de todos los niveles del gobierno canadiense, Bay enseñó a los agotados burócratas el arte de la relajación. Los datos de las pruebas y las partes del cuerpo se suavizaron y volvieron a la normalidad.

Bay trabajó con la doctora Jane Bancroft, quien, con títulos de la Sorbona y Harvard, era quizá la mejor académica con credenciales para dedicarse al aprendizaje intensivo. Pronto viajó a Bulgaria y varias veces a la Unión Soviética y la Europa del Este, y descubrió importantes técnicas omitidas en las presentaciones búlgaras oficiales. Desde entonces, ha viajado por todo el mundo consultando y observando el variado crecimiento de los sistemas intensivos. Bancroft inició el superaprendizaje en la universidad de Toronto. Al final del semestre, los estudiantes le dieron las gracias entusiasmados. «He vencido mi insomnio», «mis dolores de cabeza nerviosos», «mi alergia». O «no me peleo tanto con mis padres». «Realmente mejoró mi relación con mi novio.» Bancroft estaba aturdida. Ella no enseñaba psicología, ella enseñaba francés.

Los estudiantes recordaban el francés mejor que antes, pero todavía les gustaba más lo que les afectaba, las técnicas que hacen desaparecer el estrés en lugar de añadirlo durante el aprendizaje. Bancroft confirmó lo que los profesores de Moscú le habían dicho. El manejo del estrés incorporado al sistema puede proporcionar sorprendentes beneficios a la salud. Por eso, después de un largo día de trabajo, los soviéticos podían asistir a la escuela nocturna y salir descansados. En nuestra cultura, actualmente, Bancroft cree que el adiestramiento de la relajación puede ser una necesidad para aprender y recordar. La vorágine social, la comida basura, la música de *rock*, la contaminación, cientos de cosas que se cobran su precio en los niños, acostumbrados por la televisión a mantener cortos lapsos de atención. Para agravar la situación, dice Bancroft, «están las aulas atestadas, ruidosas y mal ventiladas, sillas que parecen diseñadas para fomentar las malas posturas y métodos de aprendizaje propios de la Edad Media». El resto vivimos con el mismo torbellino de presión y más. Por esto, probablemente, los que realizan el superaprendizaje por sí mismos nos dicen: «A la larga, quizá lo mejor que he aprendido con el sistema es a estar bien conmigo mismo». La buena memoria, al parecer, surge de manera natural.

Relajación dinámica: el secreto de su dominio

La memoria y el aprendizaje dependen del estado; el estado en que uno se encuentra se parece a una biblioteca que uno visita de vez en cuando para recoger la memoria. Encontrarse en el estado óptimo para aprender y recordar es básico en todos los sistemas intensivos. El cuerpo relajado, la mente calmada y alerta. Aldous Huxley llamaba a esto «relajación dinámica», el secreto de los maestros en todo, desde el golf a la plegaria. «No hagas un esfuerzo excesivo y, sin embargo, haz todo lo que puedas –aconsejaba–. Deja de intentarlo con demasiado ahínco y deja que la inteligencia profunda de tu cuerpo y la mente subconsciente hagan el trabajo como debe hacerse.»

Para lograr la relajación dinámica, los sistemas intensivos utilizan ejercicios. Algunos, como los Prichard y Taylor, empiezan con rutinas físicas: «Estoy flojo y fláccido, siento mis brazos como si fueran espaguetis». El comentarista radiofónico de Vancouver Pat Burns adoptó un método mental cuando intentó el superaprendizaje para ayudar a un estudiante indeciso. Antes de la lección marcada, el adolescente subía a un ascensor imaginario que lentamente le llevaba por el espectro de colores del rojo al violeta, centrando, calmando su mente. Como la mente y el cuerpo son un solo sistema, la relajación de uno de ellos se refleja en el otro. Burns expuso: «Convertí un estudiante que fracasaba en un estudiante que se graduaba».

El doctor Uschi Felix de la Flinders University de Australia del Sur entrevistó a más de cien alumnos de instituto que aprendían idiomas con los métodos SALT. ¿Calmar la mente ayudaba a la memoria?

«Va bien... las palabras entran rápidamente en mi cerebro», dijo una alumna de alemán.

Un compañero de clase opinó: «Creo que funciona con el trabajo que tienes que recordar, te ayuda a recordar».

Un muchacho de los cursos superiores consideraba que calmar la mente iba bien porque: «El primer trimestre de alemán saqué un bien, y el segundo, cuando realmente hicimos eso, saqué sobresaliente».

Cuando estábamos hablando del superaprendizaje en la radio, una señora de Tampa llamó para discutir lo de intentarlo con demasiado ahínco. En el instituto la habían considerado lenta, realmente lenta, no apta para la escuela superior o la universidad. «Pero yo siempre quise ir.» Por fin, una escuela superior de la comunidad la aceptó a prueba.

«Era mi gran oportunidad. Decidí no hacer nada más que estudiar. Sabía que podía hacerlo.» Ella sabía que podía y trabajó y trabajó y por fin, al finalizar el semestre, sacó cuatro suficientes y un suspenso. «Afortunadamente, justo antes, en una reunión evangelista, me había salvado. Cuando vi aquellas notas terribles, pensé en lo que el predicador había dicho: *¡Que sea lo que Dios quiera!* Eso pensé. Dejé de luchar y lo dejé todo en manos de Jesús. Desde entonces todo me ha ido bien. Obtuve un título de educación especial y llevo tres años enseñando a niños minusválidos.»

Como determinó el destino, de nuevo en Nueva York nos encontramos enseguida con alguien que había seguido un método igualmente inusual. Esta joven mujer japonesa se halla entre los muy dotados, tanto que su familia de la vieja guardia tomó la insólita decisión de enviarla sola a estudiar en la Julliard School of Music. Realizó los estudios y después su licenciatura en un período de tiempo excepcionalmente corto con las calificaciones más altas. «Conozco el superaprendizaje –dijo–. Lo utilicé para aprobar en Julliard. Tenía un poco de miedo... de hablar inglés, Nueva York, la escuela. Fue mi mantra lo que más me ayudó.» A diferencia de otras personas, ella quiso decirnos su mantra. ¿Quién podría resistirse a un mantra mágico que abre de par en par las puertas del supertalento? Se lo preguntamos.

«Bueno –exclamó esta pequeña, maravillosamente educada, exquisita criatura–, dos veces al día, durante veinte minutos, cerraba los ojos y decía: ¡Me importa un bledo! ¡Me importa un bledo! ¡Me importa un bledo!»

Ambas mujeres demostraron una fórmula repetida por Tim Gallwey. «El rendimiento es igual al potencial menos la autointerferencia.» La tensión comprime y disminuye el rendimiento tanto si está en una clase de física como si se está esquiando. Autor de los libros del «juego interior», Gallwey dice que el único secreto para dominar algo es «la concentración, la concentración relajada». La gente percibe esto en los deportes. La concentración plena se ha vinculado al corredor de primera, a la realización eufórica de un juego perfecto. Es un estado alterado que la mayoría de las personas experimentan alguna vez, en ocasiones cuando uno está tan totalmente absorto, que se sale de uno mismo. Las cosas empiezan a suceder sin esfuerzo. La mente y los sentidos están aguzados, el tiempo se desvanece, se produce una corriente de alegría, una sensación más llena de vida.

Eso es un «estado de flujo», según dice el doctor Mike Csikszentmihalyi, de la universidad de Chicago, quien hace una década empezó a estudiar a aquellos que sobresalían, desde cirujanos hasta escaladores, de compositores a jugadores de baloncesto. La concentración máxima, al parecer, se produce cuando las personas son desafiadas un poquito. «Se produce el flujo en esa zona delicada entre el aburrimiento y la ansiedad», dice Csikszentmihalyi. Fluir es lo contrario de esforzarse, incluso en las pautas del cerebro. Los investigadores que han verificado lo que sucede en el cerebro cuando las personas se concentran, a menudo tropiezan con resultados conflictivos. Algunos han encontrado la corteza sumamente avivada. Otros han descubierto un descenso de la actividad. ¿Qué estado mejora el rendimiento? Los científicos del National Institute of Mental Health pueden tener la respuesta.

El deseable estado de flujo de concentración muestra una disminución en la actividad cortical. La concentración forzada, obligarse uno mismo a prestar atención, es lo que produce estallidos de actividad en el cerebro «casi como si estuviera en la marcha incorrecta para el trabajo exigido», dice el escritor científico doctor Daniel Goleman. Éste señala el parecido entre la concentración a alto nivel y la meditación que también implica una sensación de vigilancia relajada.

Oliver Sacks, el magistral médico de *Awakenings*,* descubrió algo más acerca de la concentración armoniosa. Ocupando a sus pacientes paralizados en las artes –en especial la música– y en la interpretación, podía darles vida por un rato, concentrarlos en sí mismos. «La concentración –dice– actúa como cura, aunque temporal, para los enfermos de Tourette [y]... de Parkinson también.» Sacks nos habla de Jimmie, quien sufría la extrema pérdida de la memoria del síndrome de Korsakoff provocado por el alcoholismo. Jimmie se hallaba en un mar de confusión, excepto en misa, cuando «su coherencia orgánica y su continuidad le permitían... recuperar, aunque temporalmente, su propia continuidad. En este momento no patológico, se convertía en un hombre completo que escuchaba con atención». El flujo natural de concentración, al parecer, puede tener sus poderes misteriosos, mientras la concentración tensa se derrota a sí misma e impide el recuerdo. A su vez, la memoria puede generar tensión que nos estorba.

Unir el estrés y la memoria

Al igual que la mayoría de sus compañeros, un estudiante canadiense de medicina llegó al límite. Con ojos legañosos, doliéndose de sus propios síntomas, a diferencia de sus colegas, Hans Selye empezó a preguntarse por el estrés como problema médico. Sus dolores le situaron en una carrera de investigación clásica que definía el estrés en términos modernos y más que nada establecía la medicina psicosomática como campo real y acreditado. Selye descubrió que, sea cual sea el motivo del estrés, el cuerpo reacciona de la misma manera. Cuando se cambia de empleo, se agarra la gripe, se pier-

* Hay traducción al castellano: *Despertares*, Muchnik, 1988.

de al cónyuge, se enfrenta a un examen importante, se respira un aire insoportable... se dispara el mismo sistema de alarma y reparación. Selye llamó a esto el Síndrome de Adaptación General (General Adaptation Syndrome), conocido también por GAS.

El cuerpo siempre lucha por mantener su equilibrio interno. Se choca con el estrés. Las hormonas salen en tropel como un grupo de asalto. Movilizado, el cuerpo pasa por tres fases: alarma, resistencia, agotamiento. Músculos apretados, estómago revuelto, insomnio. Muchas de las reacciones causadas por la alarma y la resistencia a menudo permanecen cuando el estrés ya ha pasado, observó Selye. La sirena ya no suena pero la melodía persiste y el cuerpo sigue tocándola como una aguja clavada en un surco, gastándose. El cuerpo olvida olvidar. Es fácil ver que el estrés puede favorecer la mayoría de achaques leves y ser un factor en todas las enfermedades, desde la artritis hasta el cáncer.

El doctor Paul MacLean habla del componente intestino de la memoria. Se condiciona a un perro a levantar la pata mientras suena una campanilla. Cuando el experimento termina, la respuesta se extingue. Sin embargo, años más tarde, al oír la campanilla, los investigadores pueden encontrar una respuesta del intestino, un corazón que late con fuerza. Como dijo alguien, el perro olvida levantar la pata, pero recuerda con el corazón. Esto puede generalizarse: el corazón late con fuerza al oír otros ruidos. MacLean cree que se trata de los recuerdos de dos cerebros diferentes. La neocorteza aprende a levantar la pata. Pero la campanilla condicionante también provoca reacciones prolongadas en el cerebro límbico, donde se cruzan la memoria y la emoción, donde existe una íntima comunicación con las vísceras. Éste es el recuerdo que permanece.

Como médico, la prescripción de Hans Selye para el recuerdo corporal del estrés era atajarlo con píldoras, inyecciones e incluso la cirugía. Él creía que el tratamiento de choque, popular en su época, funcionaba no porque hiciera nada específico, sino porque hacía explotar pautas generales de la mente y el cuerpo. Cuando las piezas se asentaban, podían no volver a caer en la vieja pauta, en el recuerdo maquinal de un síntoma.

Selye no tenía el concepto de aprendizaje y recuerdo dependiente del estado, pero ello encaja con sus observaciones. Las hormonas y productos químicos que encontró asociados con el estrés también intervienen en el recuerdo dependiente del estado (ver capítulo 16). Si usted no tiene una mentalidad científica, considere que hay una especie de poesía en el acoplamiento del estrés y la memoria. Igual que los armónicos del significado y el sonido resuenan arriba y abajo del centro consciente del gran poema, el estrés actual hace vibrar un universo de experiencias pasadas llenas de tensión. Si sus reacciones pasadas fueron de mala adaptación, mala salud, reforzarán la cuerda del dolor actual. Igual que el poeta, usted puede reescribir el poema. Hoy en día, muchos terapeutas, en particular los ericksonianos, en lugar de ver los síntomas como algo a suprimir, los ven como banderas para la acción creativa. Entre en su universo, suelte o transforme el recuerdo dependiente del estado, el aprendizaje, la conducta. La matemática Elizabeth Reudy libera un espasmo muscular, estira una espalda para ayudar a los clientes a recordar la geometría. Todo empezó con Vicky, una mujer bien educada que, para asombro de Reudy, carecía incluso de los rudimentos de las matemáticas. «Ayúdeme a aprobar el examen de graduación.» Enseñar matemáticas a Vicky era tenso. Reudy empezó conscientemente a regular su propia respiración para permanecer calmada y positiva. Pronto observó que Vicky, de modo inconsciente, respiraba siguiendo su ritmo. Esto inspiró a Reudy la enseñanza innovadora cuando tropezaban con algún escollo.

Probó a realizar una hora de trabajo corporal seguida de una hora de matemáticas. «Ahí empezaron las sorpresas», dice Reudy, explicando que centraron el trabajo corporal en los lugares que Vicky sentía débiles, principalmente su abdomen. Mientras Reudy la pinchaba, Vicky empezaba a revivir lo que le hacía sentir débil hasta que era hora de las matemáticas.

«Los cambios eran asombrosos», afirma Reudy. La voz de Vicky se hizo más autoritaria, se volvió enérgica en cuanto a pedir explicaciones. «De pronto la geometría le resultó mucho más fácil, podía comprender las cifras como un todo y entender el contexto. Trabajaba más de prisa, con más exactitud, en aritmética.» Por fin, en las manos doblemente capaces de Reudy, Vicky aprobó su examen con calificaciones altas.

A diferencia de la mente, el cuerpo no miente, señala Reudy, y él puede ser el atajo en el que nunca pensamos para llegar a un aprendizaje efectivo. Admite que los problemas de memoria pueden ser pequeños y localizados, pero insiste en que ayuda a situarlos en el entorno más grande de la autoimagen y la movilidad del cuerpo. Interésese por el estado de sus habilidades, aconseja. «Es mucho más fácil cambiar algo que podemos aceptar que algo que estamos intentando ocultar.»

Para efectuar el cambio, Reudy desarrolló una serie de técnicas de la mente y el cuerpo para ayudar a las personas a recordar lo nuevo y recuperar lo viejo incluyéndolas en su *Where Do I Put the Decimal Point?* Una muy sencilla puede ayudarle cuando no consiga recordar ese nombre. Relájese y empiece a buscar alguna pista diminuta: suena como... tiene dos sílabas... empieza por... «Cualquier conjetura que haga se verá recompensada con una respiración profunda espontánea», dice Reudy, y observa que es importante mantener el sentido del humor porque las primeras conjeturas pueden estar muy lejos de la verdad pero contener pistas. Rosella Wallace también ha indagado en la conexión del cuerpo y pone la memoria a bailar por todo el cuerpo con sus *Memory Raps*, batir palmas, chasquear los dedos, seguir un ritmo con el cuerpo... «Nueve, dieciocho, veintisiete, treinta y seis; los nueves son mágicos, conocemos los trucos...», publicados ahora en su *Active Learning: Rappin' and Rhymin'*. (Para más trucos de la memoria, ver apéndice B.)

SU PROPIA CASA SEGURA

No podemos evitar el estrés y seríamos aburridos como amebas si pudiéramos. Sin embargo, podemos aprender a deshacernos del estrés creando en el presente recuerdos que permitan la adaptación en el futuro. Para ayudar a mantener el equilibrio puede decir: «El brazo derecho me pesa, me pesa y está caliente». Así empieza la famosa fórmula del doctor Johannes Shultz para relajar el cuerpo y la mente a voluntad; autogenia, literalmente «autonacimiento». La autogenia es ampliamente prescrita por la profesión médica y entrenadores atléticos de Europa y la URSS. (Si le interesa un ciclo de autogenia que los soviéticos desarrollaron para los cosmonautas y estrellas del deporte, vea *Superaprendizaje*.) Igual que los sofrólogos, en interés de la conciencia armoniosa, Raymond Abrezol utiliza una forma de autogenia modificada. Con ella, él y la Swiss Sophrology Association captaron la atención de sus frugales campesinos. Durante tres años, formaron a unas quinientas personas en sofrología y midieron el efecto con peticiones de seguros. Los gastos médicos disminuyeron, según la ciudad, del veintisiete por ciento al cuarenta por ciento. (Alguien debería decírselo a la Cruz Azul.)

La relajación progresiva es otra rutina clásica creada por un médico, Edmund Jacobson. Se trata de un ejercicio de masticar que los niños de Rosella Wallace utilizaron. Además de estos dos clásicos médicos, las técnicas de relajación son ubicuas, desde el yoga hasta el «foco abierto» del doctor Lester Fehmi pasando por la meditación trascendental de los Maharishi. En agosto de 1988, *Fortune* comunicó a ejecutivos preocupados por los costes de la salud, que las personas de más de cuarenta años que empleaban veinte minutos dos veces al día para entonar los mantras de la meditación trascendental tienen el setenta y cuatro por ciento menos de visitas al médico y el sesenta y nueve por ciento menos de hospitalizaciones que otros. Y *Newsweek* publica un estudio hecho con residentes en asilos. Se pidió a algunos que efectuaran meditación trascendental, otros hicieron prácticas de relajación, y otros no hicieron nada. Los que hicieron meditación trascendental demostraron el mayor aumento de memoria y de supervivencia. Tres años más tarde, todos se encontraban aún allí, mientras que el 12,5 por ciento de los que se habían relajado y el 37,5 por ciento de los que no habían hecho nada habían fallecido.

Elija entre todas las técnicas las que mejor se adapten a usted. Y practíquelas. Lisa Curtis da conferencias a profesionales muy ocupados de los Estados Unidos y Suramérica sobre cómo convertir el estrés en energía. Creó un ciclo de siete minutos de ejercicios muy sencillos para eliminar el estrés. Para las personas que tienen prisa, incluso este corto ejercicio «puede salvar la vida», dice el ejecutivo de la radiodifusión Nell Basset.

Si siete minutos es demasiado tiempo, pruebe un ejercicio que un psicólogo de Yale, Tyler Lorig, afirma que es tan relajante como algunos de los utilizados en terapia. Cierre los ojos e imagine su desierto favorito. Véalo, huélalo, saboréelo. Eso es todo, aunque hay que añadir que unos científicos soviéticos descubrieron que las personas expertas en autogenia podían aumentar el azúcar en su sangre sólo imaginando... su desierto favorito.

La mente y el cuerpo son una calle de dos sentidos, por eso tal vez usted prefiera relajarse a través de métodos mentales. Dejarse llevar por una nube, sentir la multitud de narcisos dorados en las piernas, toda clase de viajes imaginarios pueden relajarle y centrarle. Las prácticas establecidas funcionan, pero puede que sea más satisfactorio para usted crear las suyas propias. Encuentre un lugar sano y nutritivo donde pueda dejarse ir, soltar la carga, ser usted mismo y, si lo desea, empaparse de los jugos curativos de la naturaleza.

Durante siglos, los esotéricos europeos enseñaron a los iniciados a construir casas seguras imaginarias: una vivienda en el bosque, una torre, incluso un pequeño castillo que a veces requería meses construir, ladrillo a ladrillo, en la imaginación. Se trata de una extensión aparente de los grandes palacios invisibles de la memoria que todas las personas instruidas llevaron en su imaginación durante milenios (ver capítulo 13). Una nota a pie de página de la historia que vincula la relajación y la memoria. Nadie emprenderá la construcción de castillos, pero la capacidad de escapar al lugar especial de uno mismo durante unos minutos ayuda a un creciente número de personas a reunir su propio yo y su memoria.

La práctica de la relajación es una estrategia, y buena. Pero sobre todo parece ser la actitud básica de uno hacia esas hondas y flechas de la vida, lo que determina si el estrés mutila o no. «Contente ligeramente, suelta fuertemente», aconseja un viejo dicho taoísta. Porque nos parece que, como dijo una famosa actriz francesa del siglo pasado: «La vida puede ser desesperada, ¡pero no es seria!».

8
Cómo olvidar para recordar mejor

Muchas noches atrás, durante la larga guerra fría, un dormitorio lleno de jóvenes comunistas se metió ansioso en la cama para hacer algo peculiar para el bloque oriental: aprender mediante el sueño. Durmiendo en la «escuela nocturna», los estudiantes encontraron que podían comprender y recordar el material en mucho menos tiempo que el empleado estando despiertos. Una noche, el psiquiatra que se encargaba de ellos desconectó. Sin que los chicos lo supieran, no se desarrolló ninguna lección mientras dormían. Sin embargo, en clase, se mantuvo el efecto intensivo. Al parecer, la creencia de que recibían un estímulo extra para aprender les «permitía» utilizar su habilidad innata para recordar mucho más de lo normal. El experimentador, Georgi Lozanov, también aprendió una lección. El aprendizaje durante el sueño podría no ser necesario si se orquesta hábilmente la sugestión.

La sugestiología, la ciencia de la sugestión, es el nombre que Lozanov dio a su sistema de curación y de expansión de la memoria. Normalmente, la sugestión no es tan eficaz en sí misma. Normalmente, nunca notamos cómo la sugestión nos entreteje con el tejido de la sociedad. Desde el momento en que nacemos, quizá antes, estamos inmersos en las sugestiones, que influyen en todo lo que nos afecta, cómo actuamos, vestimos, comemos, hablamos, cómo nos sentimos respecto a nosotros mismos y a los demás. Más básica que el bien o el mal, la sugestión simplemente es, con algunas cosas que nos afectan positivamente y otras negativamente, a menos que decidamos dejar de vivir según la ley de los promedios y tomemos el control.

Lozanov fue uno de los primeros de nuestra época en eliminar a propósito la aleatoriedad, en organizar cuidadosamente todos los niveles de la sugestión, en la clínica para curar, en la clase para estimular la supermemoria. Ha llegado el momento; independientemente, en España, Alfonso Caycedo, otro doctor en medicina, también estaba elaborando un entorno de sugestión para curar y educar. El «significado» de un poema, escribió T. S. Elliot, es como el bistec que el ladrón arroja al perro guardián de la mente para que el poema pueda realizar su trabajo. Como los artistas, Caycedo y Lozanov forjaron sus mensajes para incluir todos los matices de la conciencia. Trabajaron para evitar mensajes mezclados, lenguaje corporal incompatible y decorado erróneo, tono de voz y ritmo inadecuados. Caycedo sacó el nombre de su nueva «ología» del griego. La propia Atenea era la diosa de Sofrosina, que armonizaba todos los aspectos del ser a través del fino arte de la persuasión. Igual que Sofrosina, Atenea se consideraba mayor que Apolo, pues fundía lo masculino y lo femenino, la razón y la emoción en una nueva armonía. Para tejer su capullo de sugestión armoniosa, Caycedo utiliza un arte mencionado por Platón, *terpnos logos*, un tono de voz melodioso y monótono específico, que calma y es sumamente sugestivo. Ha de ser sugestivo; los sofrólogos de Caycedo incluso amansan a los desesperados niños de las calles de Bogotá que tienen una vida tan tortuosa, que se tumban en la cuneta para respirar los gases de los coches.

Como sabe Caycedo, la influencia de mensajes mezclados a menudo se introduce en la memoria procedente del fondo de la vida, de cosas que no son subliminales pero simplemente no se les ha prestado atención, sugestiones que, como las exposiciones al radio, producen una influencia perniciosa que no es percibida. Preste atención y le será fácil ver los diferentes mensajes enviados por una habitación estéril de hospital de alta tecnología y una sala de partos amueblada con muebles de casa. La enfermedad y la alarma concomitante contra un cálido acontecimiento familiar. El poder de las cosas que parpadean en la periferia se demostró cuando el equipo de Lozanov descubrió que una parte de nosotros recordamos incluso cosas académicas de la periferia, como idiomas extranjeros.

Estudiantes búlgaros se sometieron a tests de recuerdo de palabras extranjeras. Los profesores proyectaron una curva. Les preguntaron sobre algo que nadie había intentado memorizar, las palabras extranjeras en letra menuda de las instrucciones: «¿Hará el favor de memorizar esta lista?». Sólo el 2,5 por ciento recordaban las palabras de las instrucciones del primer test, aunque les fue bien con el vocabulario. Los tests de los siguientes días seguían la conocida y usual «curva del olvido», una rápida caída en el recuerdo de lo que habían memorizado, y luego una nivelación. Pero, y es un pero importante, en los días sucesivos el recuerdo de las palabras periféricas empezó a aumentar. Hasta que el décimo día era cinco veces mejor que el primer día.

Esta «curva del recuerdo» es un reflejo de la «curva del olvido». El recuerdo de lo que uno experimenta como conciencia plena empieza a desaparecer parcialmente. Al mismo tiempo, la información que se ha recogido semiinconscientemente o subliminalmente empieza a penetrar en la memoria consciente. Si se sabe que la mente recuerda con diferentes niveles, se puede nivelar esa habilidad; como insta a hacer Lozanov, se puede trabajar en el «doble plano» y enviar a propósito mensajes a ambos niveles de la mente. La memoria que surge del nivel más profundo de la mente explica el efecto de bola de nieve del superaprendizaje. Se aprende más el tercer día que el primero, la cuarta semana que la segunda. Es una señal de que la memoria completa trabaja.

BLOQUES DE MEMORIA

La sugestiología observó tres obstáculos clásicos en el camino hacia la supermemoria y el rendimiento: los obstáculos lógicos, emocionales y éticos que con frecuencia no se perciben porque aparecen de manera automática. El recuerdo automático es bueno cuando hace aparecer las llaves del coche o encuentra el interruptor de la luz del dormitorio. Pero tiene una cara secundaria que puede hacernos seguir los mismos círculos.

Algunos obstáculos o barreras son naturales a la mente. Si la mente no tuviera defensas contra la sugestión, el Brooklyn Bridge habría sido aceptado la primera vez. La sugestión hábil tiene que esquivar o satisfacer las barreras mentales naturales, para que pueda realizar su tarea de «des-sugestionar» las barreras no naturales que llevamos con nosotros. En otras palabras, para que podamos emplear el fino arte de olvidar.

El obstáculo de la lógica es el más sencillo de satisfacer porque escuchará a la razón. Uno podría quejarse si un profesor le pidiera que aprendiera dos capítulos para el día siguiente. Si dijera doce, la mayoría de la gente ni siquiera lo intentaría. En sí misma, la estructura de un libro de texto envía una potente sugestión de cuánto es posible recordar. Lo creemos, nunca pensamos en ello.

Si usted quiere aumentar la memoria y el aprendizaje, debería serle fácil convencer a su yo razonador de que puede hacerlo. Cientos de miles de personas han tenido éxito sólo con el aprendizaje intensivo. Si su razón es un incrédulo Tomás, mire nuestros informes. O mire los resultados publicados de las nuevas máquinas de nutrición o de la mente. O asista a los seminarios de gente como Tony Buzon, quien reta a cualquiera de su público a demostrarle que es una persona estúpida. «Si puede demostrarlo, le llevaré por todo el mundo y nos haremos millonarios», dice Buzon. Igual que otros muchos, Buzon insiste en que no se trata de ser estúpido en el viejo sentido de la palabra, sino personas con «obstáculos» que reducen la capacidad innata de la mente.

La memoria defensiva de la mente razonadora puede amortiguar la fuerza muscular igual que el cerebro. Un hombre enormemente musculoso, el levantador de pesos soviético Vasily Alexayev, podía levantar 499,9 libras. Pero no 500, claro; ésa era una barrera que se creía que ningún humano podía superar. Un día, los entrenadores de Alexayev le pidieron que levantara el máximo que él podía levantar, 499,9. Después, pesaron la barra y le dejaron leer la balanza: 501,5 libras. En los Juegos Olímpicos de 1976, Vasily Alexayev se inclinó, se puso tenso y levantó el peso que le valió la medalla de oro: ¡564 libras! Después de que Roger Bannister rompiera la barrera imposible de la milla en cuatro minutos, al cabo de un año, cincuenta y dos hombres también lo hicieron. La razón puede decirse que era una sugestión que hace retroceder. La hábil des-sugestión puede liberarla. Recuerde, a la razón no le gusta ser irrazonable. Sea lo que sea lo que intente realizar, para estar respaldado por todo su yo, asegúrese de pensar que es posible.

No sea motivo de opinión

La diversión empieza con los obstáculos emocionales. De aquí es de donde proceden los trucos de la memoria que son como la piel de plátano, que nos hace resbalar. Se forman con sugerencias como: «Está bien que seas guapa, porque seguro que no eres lista». «Nadie en tu familia jamás ha sido bueno en matemáticas... deportes... arte». «Limítate a mover la boca, no sabes cantar». O peor: «No seas demasiado listo, no le gustarás a nadie». «Eres tan torpe... tan estúpido.» «Tienes una mente como un tamiz.»

Todo el mundo tiene su propio lote de viejos y obsoletos embustes que le zumba en el eterno ahora del subconsciente. Normalmente son sembrados cuando uno es joven con la plena autoridad sugestiva de los padres, profesores o la sociedad. Son viejos embustes tan familiares, que los anunciamos con orgullo. «No lo creerás, pero tengo una mente como un tamiz.» «¡No podría aprender matemáticas ni en un millón de años!» Ya que cada día queda demostrado el poder de la autosugestión, podría merecer la pena reflexionar sobre la definición que la psicoanalista Karen Horney dio del masoquismo: «El no-podismo».

Un simple cambio de mentalidad puede empezar a reclamar todas las partes que uno ha eliminado de sí mismo. Es un acto de reordenación. Intente hacer una lista de todas las cosas que piensa que no puede hacer, cosas que no hace bien. Después de hacerla, escriba en la parte de arriba: opiniones. Ha escrito opiniones sobre usted mismo, no hechos. Usted no tiene que ser una cuestión de opinión. La conciencia aporta elección. Digamos, por ejemplo, que un apartado es «No puedo aprender idiomas». Quizá cuando intentó aprender francés no le interesaba realmente, quizá temía que se rieran de usted en clase por su mala pronunciación, quizá no le gustaba el profesor o a él no le gustaba usted, quizá sus amigos creían que los extranjeros y los idiomas eran estúpidos. O quizá, como muchos de nosotros, sufría sin saberlo una enfermedad que Lozanov descubrió. Un grave problema de salud, insistía él, al que llamó «síndrome didactogénico», enfermedad causada por los malos métodos de enseñanza. Existen docenas de quizás; si uno de sus imposibles implica actuación, como bailar o hablar en público, quizá no estaba física o incluso emocionalmente preparado.

Como Heráclito dijo, no es posible penetrar dos veces en las mismas aguas de un río. Los tiempos cambian, las técnicas mejoran, usted no es la misma persona que era cuando no tuvo éxito; a menos que deje que su memoria dependiente del estado le haga retroceder a la ineptitud. Algunas sugestiones marcan una profunda huella y se convierten en recuerdos limitados por el estado. A menudo éstos se forman durante las experiencias más tempranas y más básicas, como un parto difícil, y se convierten en recuerdos profundos de mente y cuerpo que arrastramos durante toda la vida (ver capítulo 9). ¿La alarmante resonancia de un parto difícil podría ser la razón de un miedo al cambio? O ¿podría conducirnos a utilizar el miedo y la ansiedad como acicates para la acción?

Sea consciente de las opiniones sobre usted mismo, esos recuerdos sugestivos que empiezan a resonar cuando usted intenta recordar un discurso o defenderse en el trabajo. Entonces puede empezar a olvidar los que estén anticuados.

Sugestiones malsanas

Existe otro tipo de recuerdo profundamente arraigado que raras veces ponemos en duda. «El ganador nunca abandona –solía decir su padre–. Y el que abandona nunca gana.» Sabias palabras; usted también se las ha dicho a sus hijos cuando han necesitado que los animaran. Podría animarse usted mismo. El médico dice que su corazón no va demasiado bien.

Leo Rotan descubrió que el ochenta por ciento de los hombres con problemas de corazón que él examinó, suscribían proverbios como los de «El ganador nunca abandona» y «Sé perfecto». Asistente social psiquiátrico que estudia a hombres con y sin problemas coronarios, Rotan dice que pocos de los que estaban en buena forma se habían aprendido proverbios de este estilo. Preferirían máximas como «David vence a Goliat», o «La vida es como un cesto de cerezas». Fíjese en lo que planta en la memoria con el pleno acuerdo emocional.

Los aniversarios significan recordar. Aun cuando la conciencia se olvide de uno, parece que el resto del yo puede recordar de formas desastrosas. Elvis Presley y Mark Twain celebraban los aniversarios muriendo, otros se ponen enfermos, se van de juerga o despilfarran dinero, según el psicólogo clínico Barney Dlin. Elvis murió el día del aniversario de la muerte de su queridísima madre. Twain, nacido cuando el cometa Halley surcó el firmamento en 1835, murió cuando éste regresó en 1910.

En sus pacientes archivos, Dlin anotó que veintiocho de ochenta y ocho clientes mostraron síntomas del aniversario. Casi todos desconocían la conexión. Las reacciones del aniversario pueden ser únicas o anuales. Una anciana de setenta y nueve años que llevaba treinta y cinco años sufriendo colitis y depresiones, temía el fin de febrero. Sus enfermedades siempre empeoraban, dejándola deprimida hasta mediados de marzo. Por fin, con la terapia comprendió la conexión: su único hijo había muerto en Corea un doce de marzo.

Un médico de cuarenta y cinco años sufrió una conmoción cuando descubrió que su presión arterial había entrado de pronto en la zona de alarma. Empezó a descender después de que un viejo amigo le recordara que, cuando era adolescente, creía que no viviría más de cuarenta y cinco años; entonces también le vino a la cabeza que su tío más querido había muerto a los cuarenta y cinco. Estas reacciones a los aniversarios son más corrientes de lo que la mayoría de terapeutas imaginan, dice Dlin. Con frecuencia la gente señala el momento de la muerte de un progenitor o de manera inconsciente desarrolla síntomas del aniversario cuando sus propios hijos alcanzan la edad que ellos tenían cuando falleció uno de los padres. «Una reacción de mala adaptación del estrés», lo llama Dlin. Dicho a nuestra manera, es un recuerdo dependiente del estado, provocado por el estrés, unido al tiempo, que brota como la primavera cuando llega la fecha.

Después está esa barrera de sugestiones bienintencionadas que, paradójicamente, pueden fomentar la enfermedad. Piensen en un anuncio de radio oído en los espacios nocturnos. Como fondo a las palabras se oyen unos fuertes latidos de corazón, que se sabe aumentan la sugestión. «¿Tiene la presión arterial alta? –pregunta una voz persuasiva–. Millones de personas la tienen. –Bum–. La presión arterial alta puede matarle. –Bum, bum–. Aunque no tenga ningún síntoma, puede matarle. –Bum, bum, bum–. En cualquier momento... Quizá usted tiene la presión arterial alta...» Apostaríamos cualquier cosa a que este anuncio hace subir la presión arterial a muchas personas que lo escuchan solas por la noche. «Millones de americanos mueren de... no hay cura... uno de cada cuatro, uno de cada tres... seguro que usted o uno de sus seres queridos tendrá... en los próximos treinta y seis segundos alguien morirá de... todo el mundo tarde o temprano... lo que come puede matarle...» Un reciente anuncio en el *The New York Times* presentaba una preciosa salida del sol con un titular que decía: «La principal causa de cáncer ha salido hoy a las seis y quince». ¿Realmente es la mejor manera de mejorar el bienestar?

Considerando lo que se sabe acerca del poder real de la sugestión y su absorción por todos los niveles de la mente, se puede poner en duda el «servicio público» de este tipo de anuncios. ¿Anunciamos la enfermedad como si fuera sopa? ¿Estamos creando un poderoso mito, sembrando el recuerdo activo de la inevitabilidad y la necesidad de la enfermedad? ¿No podríamos beneficiarnos todos si los buenos de corazón fueran más conscientes de la sugestión y probaran mensajes aleccionadores positivos?

Se puede desconectar si aparece un anuncio de enfermedad. Puede ser un poco más difícil liberarse de otros recuerdos sugeridos. Antes de explorar la liberación, hay que mencionar otro obstáculo, quizá el más fuerte porque es el más sutil: el obstáculo ético. Es la idea de que, por alguna razón, no está bien aprender y recordar con demasiada facilidad, ser demasiado hábil. ¿De dónde procede esto?

Olvidarse de sufrir

«La mente humana es un recurso natural –dijo Lozanov–. Es ético utilizar los recursos de la manera más eficaz.» Bien. Pero cuando viajamos y hablamos con mucha gente, empezó a ocurrírsenos que el obstáculo ético/moral podría ser el abuelito de los obstáculos. Para empezar con lo fácil, la idea soviética de mente y memoria como recurso: desde la bioquímica hasta el superaprendizaje, la investigación mencionada en este libro está en contra de que la lucha y la tristeza sean métodos necesarios y a la vez eficaces para aprender y recordar. Su punto de vista es que aprender sea fácil y divertido. Penetramos en este mundo ideado para aprender. Como la ecología exterior, recuperar lo que hemos cimentado dentro, es ahora una necesidad. Multitud de jóvenes rechazan el antiguo juego de amputar y volver a encajar en la caja educacional. Ha llegado la era del aprendizaje para toda la vida. La idea de que después de los días escolares no se tendrá que aprender más parece tan tonta como la idea de que los árboles dejarán de brotar cuando lleguen a los veinte años, o a los cuarenta o a los ochenta. Aprender es crecer y crecer es vida. Es natural, y los procesos naturales no están creados para ser dolorosos. Si uno tiene dolor de vientre después de cenar, se piensa que pasa algo malo. Si aprender produce dolor, también pasa algo malo. Esto es lo que disminuye la memoria.

Con un poco de información, a la mayoría de las personas no les resulta difícil dejar la idea de que deberían azotarse para aprender y recordar. No es ahí donde el obstáculo ético realiza la mayor parte de su trabajo. A la antropóloga Ruth Benedict le gustaba hablar de la lente cultural a través de la cual todos vemos, invisible para nosotros y que nos enfoca. El obstáculo ético forma parte de la curva de esta lente. La mayoría de personas no creen que las afecte. No cuente con ello.

Tiene usted que echar una buena mirada, pues la sugestión cultural se forma en el tejido de nuestras vidas de manera tan silenciosa como las moléculas de nuestras cenas se convierten en carne.

Sin dolor, ningún beneficio reverbera más allá del centro de salud. Si se está divirtiendo demasiado, debe de estar haciendo algo malo. Al fin y al cabo, la vida es dura, la vida es seria, llena del noventa y nueve por ciento de transpiración y uno por ciento de inspiración, porque nada de lo que vale la pena se consigue fácilmente. Esto es bueno; sufrir forma el carácter. La idea de que sufrir está bien, de ser una víctima, se difunde con las principales ideas de la tradición judeo-cristiana. Se tiene una vaga sensación de que no merecemos estar bien; como dice el viejo himno: «No somos más que gusanos...». Y se recela de la felicidad. Probablemente ha oído usted hablar de la iglesia llamada «Nuestra Señora de la Pena Perpetua». ¿Ha visto alguna vez otra nombrada «Nuestra Señora de la Alegría Perpetua»? La mayoría de americanos la considerarían un burdel. Existen muchas historias aleccionadoras que se refieren a volar demasiado alto, tentar a los dioses, hacer que los deseos de uno se hagan realidad de modo desastroso, historias de la infancia que gruñen y se remueven como perros dormidos en la memoria cuando las cosas van bien; cuando van demasiado bien, ¡seguro que algo malo ocurrirá! Nosotras llamamos a estas ambiguas prohibiciones el abuelito de los obstáculos. Un nombre mejor quizá sería «Nobadaddy», el patriarca Nobadaddy de William Blake, personificación de la ciencia, el estado y la iglesia en sus peores aspectos.

Recordar la bendición original

Con frecuencia, nuestras «manillas forjadas en la mente», como Blake las llama, han quedado bloqueadas años atrás por la sugestión de viejos dogmas religiosos. Éstas son las más perniciosas, dice la doctora Joan Borysenko, pues desconectan del origen. La cofundadora de la clínica Mente/Cuerpo en el Beth Israel Hospital de Boston, Borysenko, ha identificado una multitud de viejos modelos de la memoria que impiden a los pacientes vivir la vida plenamente. No obstante, encuentra que es la moral y los negativos espirituales lo que amortigua más, porque le impiden a uno la totalidad. El pecado original o la bendición original, ¿cuál elegiría usted para generar una vida saludable, feliz y creativa? ¿Cuál conduciría a la represión, la culpabilidad, la violencia, la pornografía? Si con la observación de cerca uno descubre manillas dogmáticas, podría eliminarlas mirando la bendición original.

Ha nacido una nueva mañana, nuevas voces dentro de las amplias tradiciones espirituales nos vuelven a llamar a la aún burbujeante alegría de la creación. Una de las más persuasivas es la del teólogo dominico Matthew Fox, quien ha prestado su erudición para volver a limpiar la brillante cara de la bendición original, la bendición del comienzo, de la palabra creativa que da vida a la creación. «Y fíjense, era muy buena.» Fox llama a esto Teología de la Creación y muestra que es una corriente espiritual mucho más antigua que la teología usurpadora de la caída/redención con su perversa carga de pecado que no se ha pedido. No se trata de debatir el dogma. Se trata de que mirar con los ojos que dan la vida de la bendición original encaja con el asunto de olvidar y reordenar.

El movimiento que reclama la bendición está animado por el mismo impulso creativo que ha provocado el alza de lo femenino, dice Fox. Forma parte de una nueva energía dirigida hacia la curación de nosotros mismos y nuestra tierra, energía innegable que ha impulsado a los oprimidos de todo el mundo a reclamar su libertad, y está dando en todo el mundo una hormigueante sensación de conexión cósmica cuando penetramos en el espacio. Esto es parte de un abrazo cada vez más amplio cuando luchamos por recoger piezas olvidadas de nosotros mismos.

Una definición de lo espiritual es la totalidad, que es de lo que trata la reordenación. Para los que están implicados en la gran tarea de reordenar, la bendición original contiene una gran energía. Puede sacar el estrangulador dogma del pasado. Persuade hacia la libertad reclamando la creatividad individual. La memoria también lo hace. El fanático, el ideólogo no necesita mucha memoria. Funciona con la memoria automática, como una reacción instintiva. Una memoria completa, una memoria que realiza conexiones y sintetiza, que desvía el todo hacia un espejo cada vez más amplio del universo, es el *modus operandi* invisible de los que caminan hacia la libertad.

Los llamados intelectuales, a menudo atacan a los innovadores que van diciendo: «Soy un co-creador». Algunos sin duda se deslizan por la superficie. Pero la idea ha existido desde el principio. ¿Alguien dice que el gran religioso alemán Meister Eckhart está de moda? «Somos herederos del temible poder creativo de Dios», escribió Eckhart. Nos recuerda que la creatividad es un poder elemental en nosotros, y, como dice Fox:

«Como somos imágenes de Dios, el convertirnos en esta imagen, el "hacernos cada vez más brillantes a su imagen y semejanza", como lo expresa Pablo, consiste en convertirnos cada vez más en brillantes creadores... aceptando la verdad de nosotros mismos como co-creadores junto con Dios».

Tanto desde la postura espiritual como desde la científica, poseemos una creatividad innata. Los tiempos nos están requiriendo que desatasquemos la cañería para poder empezar a desatascar el resto de residuos que condenan a la creación. Es hora de olvidar los modelos de la memoria que expresan muerte, y es hora de recordar quiénes somos.

¿Hay un gran salto de los alumnos de Lozanov que aprendían dormidos a la bendición original? Quizá no tanto como parece. El empeño de Lozanov era ayudar a la gente a recordarse a sí mismos y lo que ellos podían ser. Si se sustituye la palabra religión por partido comunista, he ahí algunas de las cosas que él quería decir pero no pudo. Él era claramente consciente de que, cuando las personas conocieran las maneras en que la sugestión limita y modela, empezarían a cuestionarlo y a ver al malo de Nobadaddy en el estado comunista. Esto era parte de su motivación.

«La terapia más breve»

¿Cómo se deshace uno de los viejos perros, los recuerdos que pueden hacerle a uno dar vueltas sobre lo mismo? Para empezar, puede enseñarles nuevos trucos. Intente resucitar un viejo recuerdo doloroso, como que se burlaran de usted en clase. Reviva la escena completa, pero añádale música de circo o jazz Dixieland, y tendrá un recuerdo diferente o remodelado. «La terapia más breve», denominada por Richard Bandler, un rápido truco del Neurolinguistic Programming (NLP), se desarrolló a partir del arte de Erickson. El NLP es un sistema de cambio de curación que Bandler ayudó a crear. Otra técnica muy rápida es tomar un recuerdo desagradable y repasarlo tal cual. Después, «rebobinarlo» hacia atrás, de prisa. Si usted busca métodos rápidos de localizar, ofrecer amistad y ayudar a que viejos modelos de recuerdos pasen a ser más felices, podría gustarle el NLP. Los métodos se basan en la vasta habilidad del cerebro de aprender rápidamente y apuntar en nuevas direcciones. De prisa, pero sin ser una inyección rápida, el NLP va contra la semilla de la sugestión omnipresente de que cambiar es algo difícil que requiere tiempo. «Si cambiar de trabajo es difícil –dice Bandler– o supone mucha práctica, es que va usted en una dirección equivocada y necesita cambiar lo que está haciendo.»

JUJITSU SUGESTIVO

Una de las maneras más antiguas de vencer los obstáculos es convertir la sugestión en una ventaja; todo el mundo conoce la autosugestión o la autocharla, hablar con uno mismo. La conocemos, y quizá la utilizamos en alguna ocasión, pero normalmente pasamos por alto la conversación con nosotros mismos que en verdad afecta a nuestras vidas, la charla interminable en el fondo del pozo mientras transcurre el día. «Nunca tendré suficiente tiempo.» «Nunca lo recordaré...» «Tonto, estúpido.» Escuche su interior. La preponderancia de la autocharla es negativa. A menudo se dice que nunca hablamos con tan mala educación con los extraños como lo hacemos con los más próximos o los más queridos. Lo que a menudo no se sabe es que el próximo y el querido que más recibe esta música celestial somos nosotros mismos. Es sorprendente lo vigorizante que puede ser tomarse un respiro de estas frases aleatorias con un poco de autosugestión dirigida. Sustitúyalas por una frase positiva mientras se ducha, camina, se halla en un atasco, se despierta, se acuesta. Hágase una lista de sugerencias para hablar o cantarse a sí mismo. Procure que sean frases cortas, expresivas, positivas y en presente. «Recuerdo mi discurso perfectamente», no «Recordaré mi discurso», una frase en futuro que nunca llega. La idea es actuar «como si», como si ya fuera usted lo que desea ser.

¿Ha probado ésta alguna vez? «Soy muy rico.» «No, no lo eres», dice una vocecita en su interior. En lugar de ceder, resístase a las sugestiones como se utilizan los equipos de salud de autorrevisión para detectar problemas ocultos. Anote sus sugestiones, después escuche la vocecita. Por ejemplo: «Mi memoria es fuerte y poderosa.» «No, no lo es.» ¿Por qué no lo es? «Sería demasiado difícil.» ¿Por qué? Porque tendría que prestar atención. ¿Qué hay de malo en prestar atención? «Tendría que involucrarme.» ¿Y? «Tengo miedo de estar realmente involucrado. No me gusta lo que está pasando.» Tirar del hilo hacia atrás puede desvelar recuerdos básicos que tienen que ser «des-sugestionados» y olvidados antes de que se puedan sugerir eficazmente metas más conscientes. Con frecuencia, éstas fueron en otro tiempo modelos eficaces, incluso necesarios, que ya no son adecuados. Aunque sepamos mucho de psicología pop, pueden sorprender. Una mujer que quería conscientemente dejar de fumar descubrió que en el fondo lo relacionaba con la respiración, algo que ella quería seguir haciendo. Otra persona a la que conocemos descubrió que empezó a fumar no para formar parte de la pandilla, sino para distanciarse de los otros.

Con los medios que sean, sacar a la luz viejos negativos puede requerir valor, pues una vez más empiezan a hacer sonar octavas emocionales y físicas. Puede ser útil para recordar que no se está peleando con demonios, sino que más bien se trata de información almacenada, datos que tienen que eliminarse de la mente y el cuerpo, información que puede ser cambiada.

Susurrar sugestiones a alguien cuando se está quedando dormido para implantar mejores modelos de memoria es una vieja técnica practicada en la antigüedad, tanto en los templos de Grecia como en los altos monasterios del Tibet. En este siglo, el más famoso escritor de autoayuda, Napoleon Hill, revivió el susurrar para ayudar a un hijo minusválido.* Funcionó. Aproximadamente en la misma época, Edgar Cayce, en sus *Readings*, empezó a hablar de la eficacia de la «sugestión anterior al sueño», una idea que continúa en su Association for Research and Enlightenment (ARE). La mayoría de personas no creen que la sugestión pueda ayudar a curar a un niño minusválido, gravemente enfermo, pero Cynthia Ouellette, miembro de la ARE, sí lo creyó. Con amor, durante incontables noches, hizo sugerencias a su hija enferma, Jennifer, a la hora de acostarse. Los resultados fueron tan buenos, que Ouellette utilizó la técnica con sus otros hijos. Dejo de mojar la cama, disminuyeron los ataques de asma, y la autoimagen y la salud mejoraron tanto, que Ouellette escribió *Miracle of Suggestion, The Story of Jennifer* para compartir la buena noticia. (Imaginar con todos los sentidos es otra poderosa manera de eliminar los perros viejos de la memoria; ver capítulos 12 y 13.)

«MENSAJES SUBLIMINALES» CASEROS

Con el cabello negro y un andar de energía atlética, la doctora Teri Mahaney es igualmente experta en enseñar *rafting*

---

* De este autor, Grijalbo ha publicado sus obras más relevantes en esta misma colección. (*N. del E.*)

en aguas bravas como en dirigir seminarios para impulsar el cerebro. También es otra madre que empezó una seria investigación de las técnicas transformadoras para ayudar a un niño, su hija disléxica Jacki. Mahaney estudió psicología, yoga, imaginería, formas mórficas, las *Readings* de Cayce, para sacar un poco de aquí, un poco de allí. Al final, conoció el superaprendizaje y el *Superlearning Subliminal Report*.

Mientras era Associate Professor of Business en la universidad de Alaska, Mahaney creó una intrigante forma híbrida de autosugestión llamada «Cambie su Mente». Este método (CYM en inglés) pretende acelerar el cambio y ayudar a desprenderse de prisa de viejos modelos de memoria. Los usuarios, que incluyen hombres de negocios, han descargado mucho: el miedo al éxito, o los nervios incapacitantes previos a un examen. Un cliente anteriormente frustrado pudo aprobar por fin el examen de controlador aéreo con una buena calificación. «Subliminal» es como califica Mahaney su método. Es subliminal en el sentido de que uno oye casi todas las sugestiones grabadas del «Hágalo usted mismo» sin ser consciente de ello, porque se está dormido. Los mensajes «subliminales» de Mahaney siguen el formato del superaprendizaje. Primero se graba una rutina de relajación. Después, las sugestiones hechas a medida se sitúan dentro de bloques de ocho segundos y se repiten tres veces, con un fondo de música del superaprendizaje. También en este caso los ritmos parecen transmitir mensajes a los niveles profundos de la mente.

Mahaney elaboró para ella misma una cinta para vencer un obstáculo: su formación académica hacía que considerara equivocado adelantarse mucho cuando ella no comprendía en detalle cómo funcionaba la técnica. Disuelta esa barrera, utilizó la experiencia, la suya propia y la de cientos de otras personas, para desarrollar su método de «vaciar la taza, llenar la taza». Todo el mundo empieza vaciando la taza de los viejos modelos de la memoria con una cinta construida con el mensaje subliminal de mamá.

Lo básico es: «Mamá y yo somos uno. Ahora libero y perdono a mamá por... Ahora libero y me perdono a mí mismo por... Ahora libero y me perdono a mí mismo por no... Supero... (lo que sea necesario perdonar)».

Puede haber muchas frases de «perdón»; compruebe lo que acude a su mente. Por la experiencia, Mahaney descubrió que perdonarse a sí mismo por hacer y por no hacer la misma cosa añade poder. La gente va más allá de mamá. Son uno y perdonan a papá, profesores, entrenadores, cualquier autoridad sugestiva que ellos puedan recordar de su pasado. Después de escuchar el guión durante diez noches, los clientes emprenden el cambio inmediato. Elija su tema y grabe unas cuantas frases para deshacerse de los recuerdos negativos. Después, hágase uno con el positivo y grabe sugestiones para lo que quiere ser, en el formato medido, repetitivo y reforzado por la música del superaprendizaje.

Los clientes de Mahaney afirman haber obtenido resultados rápidos y bastante espectaculares. Quizá tengan ventaja frente a los usuarios de mensajes comerciales subliminales. Las cintas requieren autorreflexión y compromiso. El poder de lo específico se demostró cuando Mahaney y sus clientes experimentaron y ampliaron el formato de mamá, es decir, el hacerse uno de una manera positiva con el hablar en público, el éxito, la memoria. O como una mamá real grabó para su hija adolescente, Joan: «El cálculo y yo somos uno», «La civilización occidental y yo somos uno», y así con las cinco asignaturas que tenía. Como se trataba de un auténtico mensaje subliminal, y las palabras que había tras la música eran imperceptibles, la compañera de habitación de Joan accedió a dejárselo poner en la habitación. Ninguna de las dos sabía lo que decía la cinta. A mitad del trimestre, Joan había sacado sobresalientes y notables altos en todas sus asignaturas. La compañera de habitación también sacó sobresaliente en civilización occidental y cálculo, las dos asignaturas que compartían. En todas las demás asignaturas sacó bien y suficiente.

Un cliente de Mahaney se despertaba cada noche respondiendo a una sugestión particular, una evidente necesidad de tirar del hilo para llegar a la resistencia de raíz. Si lo hace uno mismo, se puede adaptar a las necesidades propias. Si le interesa el sistema de Mahaney, puede obtener detalles en su empresa, Supertraining (ver fuentes).

«La década de la basura» es un nombre dado a los años noventa. Los terrenos parecen vertederos de basura y el reciclaje es la tecnología en la que hay que invertir. Fuera y dentro. No podemos permitirnos que la basura permanezca en nuestra memoria por mucho más tiempo. La sugestión es una tecnología de reciclaje, una manera de liberar la memoria, de cambiar. «¡Cambiar es tan difícil!» Quizá sea hora de invertir esa sugestión y decir, con Richard Bandler: «Cambiar es fácil». Teri Mahaney descubrió que trabajar con cientos de personas que utilizaban miles de guiones sugestivos también cambió su mente. «Ahora espero que todo el mundo lo haga.»

SEGUNDA PARTE

9
Su recuerdo más antiguo

¿Cuál es el recuerdo más temprano que tiene usted? Algunas personas creen que pueden recordar acontecimientos felices, una fiesta de segundo o de tercer cumpleaños, un desfile especial. Otras recuerdan accidentes, como el caerse de la cuna, o sucesos traumáticos, como perder a los padres, desastres históricos o guerras. Hay quien recuerda experiencias de poco después de nacer.

Un investigador médico francés, muy conocido, dice que todos tenemos una memoria antigua particular, una que todos compartimos, una que se remonta a la antigüedad, una que puede ser recordada hoy para mejorar y enriquecer nuestra vida. Un científico francés, el doctor Alfred Tomatis, ha dedicado toda una vida de investigación a explorar esta memoria antigua que los humanos poseemos y a evocarla para renovar la salud, el bienestar y la creatividad.

¿Cuál es su recuerdo más antiguo? ¿Y por qué tiene poder para transformar su vida?

Este recuerdo más temprano se remonta a nuestra época de «no nacidos». Este recuerdo más antiguo es el sonido de la voz de nuestra madre que nos llegaba a través del líquido, a través de nuestro fluido mundo del espacio interior como «no nacidos». El descubrimiento de este recuerdo más antiguo y su sorprendente capacidad de provocar cambios que alteran la vida ha conducido al desarrollo de un nuevo campo de terapia llamado audio-psico-fonología. Desde que se fundó en Francia hace varias décadas, se ha difundido por todo el mundo y ha sido utilizada por cientos de miles de personas.

El doctor Tomatis es un científico cuya curiosidad y observación iban mucho más allá de su especialidad médica de ojos, oído, nariz y garganta. Se lanzó a lo que iba a convertirse en un importante avance cuando, un día, por casualidad, observó unos huevos de ave corrientes. Los huevos de pájaro cantor, cuando los separaron inmediatamente de la madre y maduraron y fueron empollados por madres adoptivas silenciosas, no cantoras, produjeron pájaros que nunca en su vida cantaron. Y ningún pájaro cantó. Tenía que existir alguna razón.

Dedujo que la clave debía de residir en su vida previa al nacimiento. Si los polluelos no incubados no oían el repertorio de las canciones de la madre, nunca las aprendían después de salir del huevo. El prenacimiento debía de ser una época extremadamente importante en la vida de los seres vivos, razonó Tomatis. Debe de ser necesario aprender y recordar muchas cosas esenciales para nuestro funcionamiento como adultos. Y de pronto se dio cuenta de que el primer sentido del no nacido era el oído, su propia especialidad.

Si incluso la vida de un polluelo estaba determinada por el oír y recordar antes de salir del huevo, cuánto más se beneficiaría un humano de oír y de los recuerdos de antes de nacer. ¿También los bebés humanos no nacidos necesitaban oír cierto repertorio de sonidos? Y, si no lo oían, ¿producía esto un profundo impacto en la vida de una persona, su salud, sus habilidades y su bienestar?

Además, ¿qué eran exactamente estos sonidos que los pájaros y los bebés necesitaban oír? ¿Cómo eran? ¿Cómo sonaban a los oídos adultos? ¿Por qué eran tan importantes?

Tomatis lanzó una cascada de experimentos. ¿Cómo le sonaría a un bebé no nacido la voz de su madre? Como un Jacques Cousteau del espacio interno, emprendió una especie de expedición de buceo. Puso micrófonos bajo el agua para representar el puesto de escucha del no nacido. Envolvió un micrófono y un altavoz con membranas de goma y los sumergió en un tanque de agua. El micrófono y el altavoz estaban conectados a diferentes grabadoras. Puso una cinta de la voz de una madre a través del altavoz sumergido en el agua. El micrófono sumergido en el agua captó los sonidos tal como pasaban a través del agua y los transmitió a una grabadora. Tomatis sintió una gran excitación cuando su cinta empezó a desvelar el extraño e importante secreto de cómo sonaba la voz de una madre a su bebé.

¡Era extraordinario! La voz de la madre era un extraño conjunto de agudos chillidos y silbidos, algo parecido a los sonidos que emiten los delfines. «Me recordó una noche profunda africana junto al río», dice. Éste parecía estar vivo, con sonidos inusualmente agudos (unos ocho mil hertzios) como si traspasaran una densa atmósfera de la jungla.

Ahora había capturado los sonidos secretos que oye el no nacido. ¿Qué ocurriría si hacía escuchar estos extraños sonidos a un niño pequeño? ¿El niño los recordaría? ¿Tendrían algún efecto? Apenas podían esperar a probar los recién hallados sonidos en sus jóvenes pacientes, muchos de los cuales sufrían problemas de oído y de aprendizaje.

Uno de los primeros en oír los sonidos de la voz filtrada por el agua fue un chico autista de catorce años. Había cortado la comunicación con el mundo a la edad de cuatro años. Tomatis efectuó una grabación de la madre del chico filtrada a través de agua profunda, y se la hizo escuchar al chico. Él y la madre observaron con expectación.

Al principio, cuando los sonidos llenaron la habitación, el chico parecía ser la persona no comunicativa de costumbre. Después, de pronto, pareció evocar un extraño, profundo y antiguo recuerdo. Se levantó, corrió a la pared, apagó las luces, corrió hacia su madre y se acurrucó en su regazo en posición fetal, chupándose el pulgar. Tomatis empezó a ajustar la grabación. Interrumpió el filtrado hasta que la voz volvió a sonar normal. Cuando los chillidos agudos se convirtieron en habla normal, Tomatis observó con fascinación. El chico, que no hablaba desde hacía diez años, de repente empezó a balbucear como un bebé de diez meses. Fue un momento muy dramático para Tomatis, la madre y el chico, y el comienzo de un nuevo modo de curación para incontables niños y adultos.

«Fue una especie de "nacimiento sónico"», dice Tomatis. Fue como volver a dar el paso que todos damos cuando nacemos, de oír a través del líquido a oír a través del aire.

Oír los sonidos de la voz de una madre filtrados a través del agua evoca nuestro más antiguo recuerdo: los sonidos oídos a través de un fluido. Esto, a su vez, cree Tomatis, «despierta un sentido de nuestra más arcaica relación con la madre» –de madre e hijo como uno–, un sentido de totalidad, una especie de base de nuestra unidad con el universo. Lloyd Silverman descubrió que el mensaje subliminal «Mamá y yo somos uno» era enormemente curativo. Procedente de una dirección muy diferente, Tomatis llegó a un descubrimiento similar. Él cree que el poder curativo de su sonido de alta frecuencia surge de introducir a la gente en un recuerdo primario de la totalidad anterior al nacimiento.

Tomatis y sus colegas desarrollaron un sofisticado proceso de grabación electrónica para duplicar nuestro proceso auditivo anterior al nacimiento. El método ha ayudado a multitud de niños con problemas de aprendizaje, disléxicos y autistas; más de doce mil disléxicos se han curado en los centros Tomatis de Europa, África y Canadá. El terapeuta graba la voz de la madre mientras ésta lee una historia a su hijo. La voz se filtra electrónicamente de una manera especial para aumentar las potentes altas frecuencias. El niño oye la cinta que suena a través de un invento de Tomatis: la «oreja electrónica».

«Estas sesiones son inolvidables –dice un terapeuta–. Tendría que estar allí.» Cuando el niño oye por primera vez estos sonidos, se produce una especie de despertar y recuerdo. «El niño cambia su relación con la madre; se vuelve más afectuoso y más cercano a ella... ésta se siente más amada y necesitada.»

A medida que el tratamiento prosigue, escuchando este recuerdo básico, el niño escucha y comprende y puede concentrarse mejor. Cuando el oído del niño está acostumbrado, puede clasificar los mensajes de sonido con mayor facilidad, el universo se vuelve más comprensible. Pronto el niño puede aprender en media hora lo que anteriormente tardaba años en aprender. Cuando no era posible utilizar la voz de la madre en la terapia, Tomatis encontró que podía sustituirla por otra cosa, musica clásica, filtrada especialmente para elevar las altas frecuencias y disminuir las bajas. La investigación demuestra que el poder dinámico de la técnica reside en las altas frecuencias. Más tarde, ésa sería la base de otro método de curación famoso en todo el mundo: la «terapia de sonido».

El dramático avance de Tomatis respecto a la importancia de este recuerdo auditivo tan temprano que todos poseemos, apareció mucho antes de que la investigación estableciera que los no nacidos podían oír. Desde entonces, los grandes pasos realizados en el control de la vida antes de nacer muestran que el oído del bebé no nacido funciona desde el cuarto mes de embarazo y a partir de entonces oye la voz de la madre, los latidos del corazón y otros muchos sonidos internos y externos.

En uno de sus casos más difíciles, Tomatis tenía que descubrir en qué medida lo que oímos y recordamos antes de nacer puede modelar nuestras vidas posteriores. Odile, de cuatro años, era autista. La llevaron al Tomatis Center de París para seguir el tratamiento especial. Odile era totalmente muda y parecía no oír. A medida que progresaba el tratamiento con las cintas especiales de alta frecuencia, empezó poco a poco a emerger de su largo silencio. Al cabo de un mes, oía y hablaba. Su familia parisina estaba encantada. También estaba perpleja. Después de cuatro años de silencio, Odile hablaba, pero, para su asombro, ¡hablaba y entendía inglés en lugar de francés!

¿Dónde había aprendido Odile el idioma inglés? Sus padres y hermanos, naturalmente, hablaban francés en casa. ¿Había oído Odile los ocasionales comentarios privados de sus padres en inglés? Pero entonces, ¿por qué sus hermanos no habían aprendido las mismas palabras inglesas? Además, parecía que Odile no oía nada, cualquiera que fuese el idioma.

El doctor Tomatis, haciendo de detective, repasó la historia de la madre de Odile hasta que descubrió una pista del misterio. Durante su embarazo, la madre de Odile había trabajado en una empresa parisina de importación y exportación donde sólo se hablaba inglés. Odile, antes de nacer, oyó inglés cada día hasta que nació. El recuerdo de antes de nacer evocado por los sonidos de alta frecuencia también había traído recuerdos de lo que había oído durante ese mismo período de tiempo. El doctor Tomatis, también profesor de psicolingüística en París, está convencido, debido a sus décadas de estudio, de que incluso los rudimentos del idioma pueden desarrollarse cuando todavía no hemos nacido. En su intrigante libro *The Ear and Language* revela más información al respecto.

Recuerdos de antes de nacer

No sólo nos afecta nuestro recuerdo más básico del sonido de alta frecuencia, sino que, según los científicos, durante nuestra vida también pueden influirnos una multitud de cosas que se sumergen en nuestra memoria antes de nacer. Cosa nada sorprendente, muchos de estos recuerdos formativos se canalizan a través de nuestro sentido primario antes de nacer: el oído.

«Puede parecer extraño –dice Boris Brott, director de la Hamilton Philharmonic Symphony de Ontario–, pero la música ha formado parte de mí desde antes de nacer.» De joven, Brott se sentía perplejo pero encantado por una extraña habilidad que poseía. Podía tocar ciertas piezas de música sin haberlas visto nunca. «Dirigía una partitura por primera vez –dice– y de pronto la línea del violoncelo sobresalía; sabía cómo seguía la pieza incluso antes de volver la página de la partitura.» En lugar de *déjà vu* era *déjà entendu*. Un día mencionó este extraño fenómeno a su madre, pues sabía que, como era violoncelista profesional, le interesaría conocer su afinidad con la línea del violoncelo de la partitura.

–¿Qué sinfonías son? –le preguntó ella.

Él le expuso la lista.

–Creo que he resuelto el misterio –dijo ella–. Esas partituras que conocías sin haberlas visto nunca eran las sinfonías que yo tocaba cuando estaba embarazada de ti.

El doctor Thomas Verny, pionero psiquiatra de Toronto, autor, profesor y fundador del Center for Psychotherapy and Education de Toronto, ha dedicado años a explorar la «nueva y verdaderamente excitante investigación» del no nacido en su hábitat natural. Una nueva generación de tecnología médica ha desvelado la «vida secreta del no nacido», permitiendo a Verny descubrir un cuadro dinámico de la vida antes del nacimiento, «muy diferente de la criatura pasiva y estúpida de los textos pediátricos tradicionales», dice.

Una madre joven de Oklahoma City asomó un día la cabeza en su sala de estar, atraída por la vocecita de su hija de dos años que entonaba una tonada rítmica. Sentada en el suelo, cantaba: «Aspira, exhala, aspira, exhala, aspira, exhala.» La niña prosiguió como si completara un ejercicio establecido.

Quizá está imitando algo que ha visto en la televisión, pensó la madre. Entonces cayó en la cuenta. ¡Eran las palabras de los ejercicios de Lamaze que ella había hecho! Los había realizado en Canadá, donde vivía durante su embarazo. Su hija estaba repitiendo precisamente la versión canadiense de Lamaze, la cual difería de la versión estadounidense. No podía haberla visto en la televisión de Estados Unidos. A la madre sólo se le ocurrió una explicación: su hija había escuchado sus ejercicios y ahora, por alguna razón, los estaba recordando.

En la década pasada, se desarrolló otra nueva disciplina, principalmente en Europa: la psicología prenatal. Psiquiatras, obstétricos y psicólogos clínicos están reuniendo sus observaciones, bastante sorprendentes, del alcance de la memoria y el aprendizaje antes de nacer. En su práctica psiquiátrica, el doctor Verny dice que ha visto a cientos de personas que han sido heridas profundamente por hechos negativos previos al nacimiento. Cree que este nuevo campo puede ayudar a toda una generación a entrar en la vida libre de los recuerdos corrosivos mentales y emocionales.

Durante los últimos treinta años, la vida y los recuerdos de los no nacidos se han explorado bastante. El doctor Dominick Purpura, del Albert Einstein Medical College y la sección de estudio del cerebro del National Institute of Health, y editor de la publicación *Brain Research Journal*, cita estudios neurológicos que demuestran la existencia de la conciencia y memoria del no nacido. Él señala el inicio entre las semanas vigesimooctava y trigésimo segunda. En este punto, los circuitos neurales del cerebro están tan avanzados como en el recién nacido, indica. Unas semanas más tarde, se detectan claras ondas cerebrales que muestran estados de vigilia y de sueño, y la fase REM,* que indica que se sueña. A partir de la vigesimocuarta semana, el no nacido escucha continuamente el sonido dominante, el latido del corazón de la madre. El doctor Verny cree que el recuerdo inconsciente del latido materno puede explicar por qué el tictac del reloj consuela a los bebés.

Muchos audiólogos, como la doctora Michelle Clements de Londres, han efectuado extensos estudios de los gustos musicales de los no nacidos. Si se toca música de Vivaldi, incluso un bebé agitado se relaja. Mozart es otro favorito. El latido del corazón fetal se hace más lento y se regula y disminuye el pataleo. Por el contrario, Beethoven y Brahms pueden hacer que incluso un niño calmado se mueva y dé patadas.

Al parecer, la palpitante música de rock de *heavy metal* no se encuentra en la lista de éxitos de los no nacidos. Muchos daban violentas patadas cuando la oían. Una de las futuras madres se vio obligada a salir de un concierto de rock porque el bebé inició una tormenta de violentas patadas. El doctor Albert Liley del National Woman's Hospital, Auckland, N.Z., descubrió a través de estudios fisiológicos que los no nacidos de veinticinco semanas o más saltarán literalmente al ritmo del tambor de una orquesta. En todo el mundo, durante los últimos quince años, la nueva tecnología de monitorización fisiológica ha permitido una extensa exploración de las reacciones y preferencias prenatales en diferentes situaciones y culturas. Estos recuerdos pueden influir más adelante, incluso en la elección de la carrera.

Verny cree que mientras se está en el seno materno se esta-

---

* REM (*Rapid Eye Movement*). Estado fisiológico que aparece en fases de hasta 60 minutos de duración durante el sueño.

blecen preferencias que pueden tener un gran impacto en la vida posterior. Muchos músicos clásicos, como Arthur Rubinstein, Boris Brott y Yehudi Menuhin afirman que su interés por la música fue establecido antes de nacer. «En el seno materno –dice Menuhin–, en lugar de oír la voz de mi madre, yo oía música.» Menuhin observa que el interés musical y los talentos a menudo han tendido a darse en ciertas familias, por ejemplo los Bach y los Strauss. Por supuesto, antes de la era de la música grabada, una familia musical era uno de los pocos lugares donde un no nacido podría oír música clásica de manera regular, ejecutada a diario con instrumentos o por orquestas o coros.

No sólo los recuerdos de sonido influyen en nuestra vida, los recuerdos de movimiento también parecen hacerlo. La madre de Julie Krone, la amazona que ha establecido récords y ha ganado tantos premios, dice que Julie parecía haber aprendido a montar a caballo antes de nacer, gracias a que ella continuó practicando la competición a caballo durante el embarazo.

La aparición de aparatos nuevos hizo posible monitorizar, probar y explorar el territorio desconocido del no nacido. Los no nacidos fueron filmados, sometidos a ultrasonidos y a electrocardiogramas, y examinados radiológicamente. Su alojamiento fue inyectado con agua fría. (No les gustó.) Los sometieron a pruebas para ver el aprendizaje de respuesta condicionada utilizando fuertes ruidos y vibraciones. (Pasaron.) Los pincharon con agujas de amniocéntesis para determinar el sexo y la salud; les pusieron eletrodos en el cráneo para la supervisión fetal electrónica; incluso les efectuaron una «fetoscopia» (los iluminaron con fibra óptica). (¡Una mano prenacida la apartó!) Los iluminaron directamente con brillantes luces, a través del estómago de la madre. (Ven la luz; se sobresaltan; después miran a otra parte.) Una luz parpadeante sobre el estómago de la madre hace que el corazón del prenacido empiece a fluctuar dramáticamente. Los pincharon, les dieron golpes, los pellizcaron y se les gritó. (Se apartaron rápidamente retorciéndose cuando se los pinchó y dieron furiosas patadas cuando se les gritó.) ¿Qué clase de recuerdos se están inculcando mediante esta invasión de alta tecnología?

También existe amplia evidencia de que los pensamientos y sensaciones de la madre pueden ser captados por el no nacido. Cuando la madre está preocupada, con tensiones importantes como la muerte del padre, accidentes, guerra, los productos químicos de la tensión penetran a través de la pared de la placenta hasta el no nacido, que a su vez también se asusta y se pone ansioso. El estrés crónico tiene más impacto que un susto pasajero. Al parecer, podemos adquirir recuerdos de estrés dependientes del estado aun antes de surgir al mundo, recuerdos que incluso tienen una resonancia más profunda, menos consciente de lo usual.

Así pues, las cosas han dibujado un círculo completo. Hace un siglo, la gente solía decir que, si a uno le daban miedo los caballos, era porque un caballo había asustado a la madre de uno antes de nacer. La sabiduría popular comprendía los poderosos efectos de las ansiedades y temores de una madre, y a las mujeres se les aconsejaba que se mantuvieran lejos de acontecimientos como incendios y funerales. Conscientes de que los sucesos afectan a los no nacidos, y de que los recordaban, los chinos tenían clínicas prenatales especiales mil años atrás para enseñarles y modelarlos. Actualmente, las «escuelas» prenatales para no nacidos han surgido otra vez.

Al parecer, nuestra memoria guarda un registro de todos estos acontecimientos desde antes de nacer. Se ha presentado un creciente número de informes de hipnotizadores y psiquiatras acerca de los recuerdos prenatales. El psiquiatra doctor Stan Grof, autor de *Realm of the Human Unconscious*, explica la historia de un hombre. Bajo medicación empezó a tener un recuerdo completo de su época de no nacido. Describió su ritmo de crecimiento, el tamaño de su cabeza, sus piernas y brazos. Lo agradable que era estar en el cálido mundo del fluido amniótico. Podía oír el reconfortante latido del corazón de su madre y también sus propios latidos. Después, de pronto, cambió de tono. «Oigo ruidos amortiguados –dijo–. Oigo risas. Hay gente ahí fuera gritando.» Entonces oyó el sonar de unas trompetas. La celebración del carnaval estaba llegando a su cima. De repente el hombre dijo: «¡Estoy a punto de nacer!».

El doctor Grof se sintió intrigado por este vívido relato. ¿Era fantasía o el recuerdo verdadero?, se preguntó. Llamó a la madre del paciente.

«Sí –confirmó ella–, la excitación de participar en el carnaval hizo que mi hijo naciera antes de lo previsto.» Añadió detalles que encajaban con la descripción de su hijo. «Pero ¿cómo ha averiguado todo esto? –preguntó al doctor Grof–. Nunca se lo he contado a nadie, ni siquiera a mi madre. ¡Ella me advirtió que no fuera de carnaval estando embarazada, porque provocaría el parto!»

El doctor Verny está convencido de que los senderos de la

memoria empiezan a asentarse del sexto al octavo mes. «No cabe duda de que el niño no nacido recuerda o retiene sus recuerdos», dice, señalando que estos recuerdos «perdidos» permanecen vivos en el inconsciente, a veces arrojando largas sombras. Por ejemplo, existe la experiencia de un joven hombre inseguro que consultó al terapeuta de San Francisco Jack Downing. Bajo hipnosis, evocó un doloroso recuerdo de antes de nacer. Cuando su madre dijo a su esposo que estaba embarazada, se inició una tremenda batalla. «He estado ahorrando para comprar un Chrysler», dijo el padre. No había suficiente dinero para un niño. El joven consideraba que era un recuerdo extraño porque sus padres no se peleaban. Interrogándoles más adelante, confirmaron que habían tenido aquella discusión. El hecho los había trastornado tanto, que acordaron no volver a discutir delante de su hijo.

Si bien las tensiones y los golpes de la vida en el mundo exterior pueden grabar en el no nacido problemas emocionales o físicos, existe una gracia salvadora. La actitud de la madre hacia el bebé puede servir de amortiguador. «El amor es lo que más importa», recalca Verny. El amor y la nutrición tejen un escudo protector que disminuye y neutraliza las tensiones externas.

Recuperar los recuerdos de antes de nacer y del nacimiento puede ayudar

El doctor Stan Grof da cuenta de miles de clientes que han utilizado drogas psicotrópicas para recordar traumas anteriores al nacimiento y del nacimiento y resolverlos; problemas como rigidez física y psicológica, mala respiración, ansiedad y otros síntomas se han relacionado con el recuerdo de asfixia inminente causada por constricción del cordón umbilical o compresión del cuerpo del infante durante el parto.

El doctor Stephan Porges, organizador de una conferencia sobre recuerdo fetal en Iceland, argumenta que «documentar la existencia de la memoria a largo plazo en la experiencia del nacimiento cambiaría la manera en que tiene lugar éste». Actualmente, dice, se considera que los recién nacidos no tienen memoria para las cosas que producen trauma físico o psicológico, y se efectúan sin control del dolor (por ejemplo, la circuncisión). Él alienta a la profesión médica a desarrollar una actitud más humana hacia el recién nacido.

El doctor Frederick Leboyer, promotor del parto sin dolor,

ha observado que sería difícil pensar en una introducción más temible al mundo que la que los obstétricos han ideado para esta generación de niños. El nacimiento se ha trasladado de la experiencia familiar a la experiencia profesional, y de la jurisdicción femenina a la masculina. El nacimiento en la era de las máquinas, con su abuso de los productos químicos, procedimientos dolorosos y separaciones traumáticas, puede estar teniendo un impacto en la sociedad en términos de despersonalización, enfermedad, violencia y abusos en niños, observa el doctor David Chamberlain, autor de *Babies Remember Birth*.

En una ocasión, a bordo de un barco, el doctor David Cheek, obstétrico e hipnotizador de Chico, California, conoció a otro pasajero que sufría un fuerte dolor de cabeza. Había tenido dolores de cabeza durante años. Siempre los tenía en el lado derecho de la frente, sobre el ojo. Accedió a ser hipnotizado para aliviar el dolor. El doctor Cheek le hizo regresar hasta el momento de nacer para averiguar la causa. El hombre que padecía el dolor de cabeza relató un parto violento. Sentía su cabeza estrujada con un fuerte dolor, directamente sobre el ojo derecho, en la frente, y en la parte posterior del cuello. Al doctor Cheek le pareció que se trataba de un parto con fórceps que había ido mal. Por casualidad, cuando desembarcaron, se tropezó con la madre del pasajero. Ella confirmó el parto traumático y el desesperado empleo de fórceps en el último momento. El paciente había arrastrado toda una vida el recuerdo inconsciente de su doloroso nacimiento en forma de dolor de cabeza en las zonas dañadas.

El doctor Cheek realizó pruebas con hombres y mujeres jóvenes que él mismo había hecho venir al mundo. Hipnotizó a cada uno de ellos y les pidió que describieran su nacimiento. En particular, pidió a cada persona que describiera la posición de la cabeza y los hombros durante el parto, ocurrido más de dos décadas atrás. Había elegido la posición como prueba de exactitud para los recuerdos del momento de nacer, porque le parecía que no había nadie que pudiera saberlo.

Después de grabar las descripciones, el doctor Cheek sacó de los archivos las notas sobre el parto de cada uno de los sujetos. Buscando en las fichas de obstetricia, descubrió que cada persona había descrito correcta y exactamente cómo tenía la cabeza vuelta, en qué ángulo estaban los hombros, qué brazo salió primero y qué métodos de parto se habían empleado.

Cheek prosiguió sus exploraciones hipnóticas del nacimiento. Descubrió que algunos pacientes que sufrían de asma y enfisema habían estado a punto de asfixiarse durante el parto. Descubrió que el dolor de cabeza con frecuencia va asociado a un trauma en el momento de nacer. El recuerdo hipnótico y la resolución del parto difícil a menudo era suficiente para aliviar la migraña y dolores de cabeza crónicos.

Las fichas del doctor Verny muestran que los partos violentos, traumáticos y amenazadores dejan potentes recuerdos que más tarde pueden requerir tratamiento médico o psicoterapéutico. Observó en particular que los bebés que tienen el cordón umbilical arrollado al cuello en el momento de nacer tienden, de niños y cuando adultos, a sufrir de más problemas relacionados con la garganta, como por ejemplo dificultad al tragar o impedimentos en el habla, como tartamudeo. También observó que muchas personas nacidas prematuramente tendían a ir siempre con prisas durante toda la vida. Los síntomas del recuerdo del nacimiento pueden adoptar muchas formas, incluso sueños recurrentes.

Durante años, Kathleen Burke, de Toronto, ha llevado a su hijo Ricky de seis años de médico en médico, intentando ayudarle en sus terribles pesadillas recurrentes. Casi cada noche, justo después de acostarle, le oía aullar y gritar. En una escena que recordaba la de *El exorcista*, el niño vomitaba un torrente de sofisticadas maldiciones. «Hay una luz muy brillante sobre mí», gritaba, y después soltaba una secuencia de palabras en una lengua extranjera. Los médicos no podían diagnosticar qué le ocurría a su hijo.

Por fin, después de consultar a la terapeuta Sandra Collier, en el centro del doctor Verny, las claves empezaron a encajar. Ricky había nacido prematuramente y había estado a punto de morir tras un parto difícil en extremo. Mientras luchaban por salvar la vida del bebé, los exhaustos médicos habían maldecido. Se llamó a un sacerdote para administrar los últimos sacramentos a la diminuta forma. Después, de pronto, Ricky se había recuperado. Sorprendida, la señora Burke unió los elementos de las terribles pesadillas de Ricky. Eran una repetición del recuerdo de su aterrador nacimiento. Las maldiciones eran las que habían empleado los médicos. La luz era la de la sala de partos. Las extrañas palabras extranjeras eran las palabras en latín de la extremaunción.

El difunto doctor Nandor Fodor, internacionalmente famoso psicoanalista, describió muchos sueños y recuerdos de adultos vinculados con el nacimiento. Un hombre, nacido el cuatro de julio durante una confusión de fuertes sonidos que duró sus primeras veinticuatro horas, desarrolló un temor anormal a los petardos. Otro, nacido cerca de las vías del ferrocarril, había sido siempre hipersensible a los silbidos del tren.

El doctor Chamberlain documentó cientos de casos de recuerdo del momento de nacer o del seno materno. También investigó con detalle los recuerdos de nacimientos hipnóticos en diez parejas de madre e hijo. Descubrió que los informes de la madre y el hijo coincidían, y contenían muchos datos que eran coherentes y adecuados. Los escenarios, los personajes, las secuencias encajaban, eran una historia contemplada desde dos puntos de vista. Aunque parezca increíble, las hijas describieron exactamente los peinados de sus madres. Un chico, cuya madre relató que el niño había sido colocado en una palangana de plástico, se quejaba de «las relucientes paredes de plástico o cristal que me rodeaban. Veía las cosas confusas, deformadas». Muchos niños mayores recordaban haber sido rechazados al nacer porque no eran del sexo deseado.

Muchos niños adoptados tienen dolorosos recuerdos de rechazo en el momento de nacer y de antes de nacer. Otro paciente de Chamberlain, David, refirió en su recuerdo del nacimiento: «No hay alegría en la habitación. Me parece que nadie es feliz de verme. Toda la habitación está en silencio, como si allí hubiera un muerto... todo es muy frío». David fue dado en adopción inmediatamente después de nacer.

Los adoptados dados más tarde cuentan recuerdos de incidentes en el momento de nacer. Cheryl Young llegó un día a casa, al salir del parvulario, furiosa contra sus padres. «¡No me gusta mi nombre!» Su madre adoptiva de momento se asustó. Ileen era el nombre que la madre natural de Cheryl le había puesto al nacer, lo que había ocurrido cuatro meses antes de la adopción, y que jamás se le había dicho.

Otros niños adoptados, al reunirse con sus madres naturales, descubren a menudo que tenían recuerdos inconscientes de nombres de padres y hermanos y acontecimientos relacionados con ellos. Lesley Brabyn, de San Francisco, al reunirse con su madre natural en Ontario, descubrió que el nombre de su hermano natural era John Trevor. El nombre del esposo de Lesley es John y ella había puesto Trevor a su hijo.

Los cumpleaños no son sólo una vez al año

Al parecer, el día de nuestro «nacimiento» nos influye inconscientemente todo el año durante toda nuestra vida. Más de tres décadas de investigación demuestran ahora que nuestros recuerdos de antes de nacer y del nacimiento pueden tener una influencia perdurable sobre nosotros. El nacimiento traumático crea recuerdos dependientes del estado muy potentes en el sistema de mente y cuerpo, recuerdos que muchos creen que ayudan a la enfermedad o la provocan (ver capítulo 4). Así que no sorprende que los investigadores se hayan dado cuenta de que los partos que representan un peligro para la vida del niño, predispongan al parecer a una persona al daño psicológico, el daño orgánico del cerebro, la psicosis o la conducta antisocial o criminal. Otras investigaciones en Nitra, Checoslovaquia, demostraron que era más probable que los nacimientos traumáticos sucedieran cuando los campos magnéticos de la tierra eran turbulentos como resultado de llamaradas solares y otros factores (ver capítulo 20).

El doctor Sarnoff A. Mednick, al investigar a veinte esquizofrénicos, descubrió que el setenta por ciento habían sufrido complicaciones en el nacimiento o durante la vida prenatal. Los archivos de niños sin evidencia de esquizofrenia mostraron que sólo el quince por ciento había sufrido complicaciones durante el embarazo o el parto. Otros investigadores han efectuado hallazgos similares. El doctor Mednick empezó entonces a estudiar a hombres que habían cometido crímenes violentos. De dieciséis criminales, quince habían tenido un parto extremadamente difícil y la madre del decimosexto era epiléptica.

El suicidio de adolescentes se asocia ahora con dificultades durante el nacimiento. El doctor Lee Salk, psicólogo pediátrico conocido internacionalmente, dijo en una conferencia sobre el parto, en Toronto, que los recuerdos de antes de nacer y del parto tienen un papel clave para establecer la salud mental. Las primeras horas de vida son cruciales, cree él. Estudiando los archivos médicos de residentes de Rhode Island de menos de veinte años que se habían suicidado entre 1975 y 1983, él y sus colegas de la Cornell University hallaron una elevada proporción de complicaciones durante el parto.

Posteriormente, el doctor Salk exploró los índices de mortalidad infantil y los índices de suicidios de adolescentes en cincuenta y cinco países y descubrió que, donde uno era bajo, el otro era elevado. La tecnología está salvando a muchos bebés que antes morían, pero las complicaciones en el parto parecen predisponer a los adolescentes al suicidio. Investigadores suecos corroboraron los hallazgos de Salk y fueron más allá. Mostraron una espantosa relación entre el método del suicidio y el tipo de trauma que había sucedido en el parto, dice Salk. Por ejemplo, los adolescentes que habían estado a punto de estrangularse con el cordón umbilical durante el parto, elegían morir ahorcados.

Los recuerdos del nacimiento pueden ser tan importantes, que los detalles deberían incluirse en los archivos médicos. Podrían indicar la necesidad de asesoramiento para hacer conscientes los recuerdos traumáticos y reducir la tensión que producen, eliminar las tendencias hacia el suicidio y la criminalidad. Más aún, Salk insiste en que debemos hacer más en cuanto a los cuidados neonatales. «Creo que es irresponsable traer niños al mundo si no se les pueden ofrecer unas condiciones óptimas de vida.»

Las prácticas de los partos pueden establecer el carácter social de toda una sociedad, según informaron los investigadores en una conferencia dada en Esalen en 1982. La manera en que recibimos a nuestros miembros recién nacidos puede estar relacionada con la formación del carácter global de un país y la salud de los individuos que viven allí. «El nacimiento de un niño es... la reproducción de la raza humana», dice la investigadora Suzanne Arms. Es un acontecimiento personal, familiar y social, no sólo biológico o médico. La separación inmediata después de nacer priva a la madre y al niño de la oportunidad de establecer vínculos emocionales. James Prescott cree que el parto impersonal y la falta de unión pueden explicar el alarmante aumento de homicidios infantiles.

Cómo traer los recuerdos a la memoria

Si los recuerdos de antes de nacer y del nacimiento tienen un papel tan importante en la configuración de nuestra vida, ¿por qué la mayoría de nosotros recordamos tan pocos? El doctor Verny cree que la investigación con animales de laboratorio tiene respuestas. Cuando se les administra la hormona oxitocina, los animales desarrollan amnesia y no pueden recordar tareas que habían aprendido. Durante el parto, se produce hormona oxitocina en el cuerpo de la madre y controla el ritmo de las contracciones del parto. La oxitocina pasa al sistema de la madre así como al del niño. Nuestros recuerdos del parto pueden quedar borrados por la oxitocina durante el parto.

¿Por qué los nacimientos traumáticos quedan tan fuertemente grabados en la memoria? Quizá la responsable sea otra hormona. La ACTH posee el efecto contrario de la oxitocina y ayuda a la retención de los recuerdos. Un torrente de ACTH en los cuerpos de la madre y del niño, causado por la tensión de un parto traumático, podría explicar la potente huella y persistente influencia de estos recuerdos.

Aparte de la hipnosis, los recuerdos del momento de nacer a menudo pueden aflorar a la superficie con drogas psicotrópicas. La mayoría de la gente que se dedica a la investigación de los recuerdos del nacimiento nacieron bajo el tipo de medicación utilizado hace veinte años, cuando eran corrientes los partos con medicación. Las drogas psicotrópicas podrían recrear el mismo estado, provocando así los recuerdos tempranos.

«Un signo pasmoso de recuerdo –dice Chamberlain– es la reactivación de las magulladuras producidas por los fórceps o una zona azulada en la garganta cuando una persona había estado a punto de asfixiarse con el cordón umbilical. El que estas señales aparezcan con el recuerdo es una señal segura de que el recuerdo se ha conservado en alguna parte.»

El psiquiatra soviético doctor Vladimir Raikov, famoso por la «hipnosis de la reencarnación», descubrió que, con sujetos en profunda regresión hipnótica, podían reproducirse reflejos auténticos del período perinatal. Yendo aún más lejos, muchos clientes de Chamberlain han recordado acontecimientos relativos a su concepción, algo aparentemente imposible, aunque más tarde muchos detalles fueron confirmados. Ida describió cuándo y dónde fue concebida y el estado ebrio de su madre a la sazón. «Ida dijo que no se estableció en su madre durante tres semanas y pasó ese tiempo flotando en un lugar confortable difícil de describir y difícil de abandonar. Había unos remolinos especiales de luz que resultaban muy agradables.» Era tan tranquilo y tan agradable, que Ida dijo más tarde que se trataba de la más grande experiencia religiosa que jamás había experimentado. La validación de estos recuerdos ultratempranos ha convencido a Chamberlain de que la memoria no puede residir en el material físico y que los recuerdos que proceden de antes del nacimiento presentan una conciencia plena.

Personas sometidas a anestesia para sufrir una intervención quirúrgica han dado más tarde detalles completos de lo ocurrido e incluso de los comentarios y chistes de los médicos. Millones de personas que han tenido experiencias de casi muerte, al regresar han descrito con detalle los esfuerzos realizados para reanimarlos. Al parecer, flotan «fuera del cuerpo» por encima de la mesa de operaciones, o en el lugar de un accidente. Para las personas que experimentan la casi muerte o que son anestesiadas, dice Chamberlain: «...el recuerdo es excelente, demostrando que la memoria y otras funciones cognoscitivas residen en una esfera protegida fuera del cuerpo».

Verny explica: «La evidencia de alguna especie de sistema de memoria extraneurológico es cada vez mayor». Existen en la actualidad miles de personas que han validado recuerdos que se remontan a antes del último trimestre, y estos recuerdos se manifiestan a través de sus sueños, acciones, síntomas psiquiátricos u otras circunstancias, dice. La investigación, que converge procedente de multitud de otros campos, también apunta hacia el hecho de que la memoria/conciencia se halla fuera del cuerpo físico/cerebro.

La visión de la vida relatada por personas que han regresado al momento de acabar de nacer es intrigante y mística, afirma el doctor Chamberlain. Es la visión de mentes conscientes, reflexivas, de personas completamente formadas en cuerpos que saben muchas cosas: que saben que no pueden y sin embargo hacen que su cuerpo funcione como querrían; que saben lo que quieren y necesitan en quién confiar; que observan la extraña conducta de los médicos, las debilidades de los padres, las necesidades de los hermanos, y que aprenden de todo el mundo y de todas las cosas.

Se han desarrollado otros tantos métodos para recordar el nacimiento, aparte de la hipnosis y las drogas. El doctor Grof creó la terapia «holotrópica» que evoca los primeros recuerdos a través de una variedad de sonidos, músicas, movimientos y control de la respiración. *Rebirthing in the New Age*, de Leonard Orr y Sondra Ray, explora un sistema especial de respiración junto con afirmaciones positivas que ayuda a recordar y a resolver los traumas que produce el recuerdo del nacimiento. Leslie LeCron desarrolló un método para señalar con el dedo para ser utilizado con hipnosis muy ligera. La principal terapia de Arthur Janov es otro método, y Dianetics ofrece su sistema «auditor».

El doctor Verny recomienda vivamente los centros Tomatis como el tratamiento no verbal más innovador y efectivo (índice de setenta por ciento de curaciones) en casos de niños que han experimentado embarazos o partos traumáticos y parecen presentar síntomas psicológicos. En la clínica de Cagnes-sur-Mer, en Francia, cada niño experimenta varias sesiones de «renacimiento» o «repaternidad» en una pequeñísima habitación en forma de huevo, un espacio único diseñado para reproducir las cálidas y tranquilizadoras sensaciones del seno materno. Al paciente se le practica un masaje con aceite de coco y, mientras se encuentra en la habitación, se sienta en una bañera calentada a la temperatura del fluido amniótico. La luz ultravioleta, que simula la luz que ve el no nacido cuando la madre está tomando el sol, llena la habitación y se le ajusta el color según los síntomas del niño (azul si es hiperactivo; rojo si es apático). La grabación de la voz de la madre filtrada por el agua –nuestro más antiguo recuerdo– se hace oír. Después, se incita al niño a jugar, a pintar o a esculpir en la habitación para volver a vivir y expresar los viejos traumas.

El niño de dieciséis meses Claude llegó a la clínica con tales espasmos en la cabeza, que llevaba ésta sujeta al hombro izquierdo. Apenas podía gatear y efectuaba movimientos muy limitados. Constantemente se apartaba de su madre. Siguiendo la pista de los sucesos anteriores al nacimiento, los terapeutas hallaron que Claude, que había nacido a los ocho meses, había sufrido una amniocentesis. La aguja le pinchó en el lado izquierdo del cuello. Sus recuerdos anteriores al nacimiento le hicieron desarrollar el espasmo de la cabeza para proteger su cuello y desconfiar profundamente de su madre. Al cabo de seis meses estaba curado.

Otros investigadores están intentando mejorar los recuerdos anteriores al nacimiento mejorando las comunicaciones con el no nacido. Rene Van de Carr, obstétrico y ginecólogo, es presidente de un centro situado en Hayward, California, con el nombre de Universidad Prenatal. Dos veces al día, los padres hablan con el no nacido mientras dan palmaditas en el hábitat de éste. Más de mil no nacidos han pasado por la «escuela» y se afirma que los graduados son más fuertes en el momento de nacer; sonríen, se sientan, caminan y hablan antes, y se relacionan bien. Algunos creen que la tecnología de la estimulación prenatal será el último recurso para el próximo milenio, revolucionando cómo y cuándo aprendemos.

Michelle O'Neil, enfermera y doctora en Filosofía del Institute Noble Birthing, de California, explica que ha obtenido resultados sobresalientes con no nacidos mediante el empleo de las cintas de música de superaprendizaje preparadas por las autoras. Además de un reconfortante y lento tempo de sesenta golpes por minuto, la música del superaprendizaje presenta una serie de sonidos de alta frecuencia. El oído de los bebés está abierto a estos estimulantes tonos agudos. La doctora O'Neil utiliza la música del superaprendizaje para efectuar ejercicios antes del nacimiento y también durante éste. Descubrió que la música acortaba la primera fase del parto en un veinte por ciento para la madre y eliminaba los dolores. También producía un bebé más feliz. El parto con dolor no tiene por qué formar parte del contexto cultural ni de la madre ni del bebé, opina.

Recordar el nacimiento puede ser una característica única del siglo veinte, dice el doctor Chamberlain, y «estos muy reales ... recuerdos del nacimiento pueden proporcionar un avance hacia la comprensión», indica. Combinados con otros datos, nos ayudan a disponer de un nuevo cuadro de la diferencia entre cerebro y mente, y abren nuevas dimensiones de la conciencia humana. Es una oportunidad de «contemplar los momentos más asombrosos y sensibles de la vida de uno y echar un vistazo a quiénes somos en realidad».

Condiciones ideales de la llegada planetaria

¿Qué sucedería si lográramos que nuestra llegada a esta dimensión terrestre fuera la experiencia más bella, indolora y más agradable posible? Según personas que la han experimentado, tanto la madre como el niño, así como los médicos que lo han hecho posible, la respuesta es superbebés y superpersonas, con asombrosos poderes y habilidades.

Hace más de veinte años, el médico soviético doctor Igor Charkovsky empezó a explorar maneras de hacer que el proceso de nacer fuera un placer para la madre y para el niño. Le incitó a ello la experiencia, el dolor de ver a su hija prematura quedar malherida durante el parto. Los especialistas tenían pocas esperanzas. Charkovsky decidió probar la hidroterapia; cada día sumergía al frágil bebé en una bañera con agua. Pronto la niña mostró una mejoría en su salud y experimentó un rápido crecimiento. A los tres meses caminaba. A los nueve podía hablar. Al final, Deirdre gozó de buena salud. En la actualidad es una buena atleta y estudiante.

Su recuperación le dio a Charkovsky una idea: la gravedad y el agua. ¿Y si se podía hacer que la gravedad trabajara para la madre y el niño durante el parto, en lugar de ir contra ellos? El parto sería más corto, más fácil y menos perjudicial. Y el agua. ¿Y si el bebé podía nacer en un fluido cálido, como el familiar mundo fluido anterior al nacimiento? La transición del fluido a nuestro mundo de aire podía hacerse gradualmente y con menos tensión, igual que un buceador sale a la superficie con cuidado para evitar la apoplejía por el cambio brusco de presión.

Primero probó la idea con gatos, conejos, cerdos y pollos. Los polluelos salieron de sus huevos bajo el agua y fueron capaces de nadar igual que los patos. Todos los animales «nacidos en el agua» fueron más listos y vivieron más tiempo y con mejor salud. Estar en el agua en el momento de nacer o en la infancia produjo un profundo efecto en ellos. Muchos cambiaron sus pautas de conducta básica. Los gatos, por ejemplo, aprendían a nadar y seguían siendo nadadores el resto de su vida. Charkovsky enseñó a cerdas preñadas a encontrar la comida que les gustaba bajo el agua. Los cerditos nacidos de esta cerda sirena se sumergían ansiosos para utilizar los tubos de leche que había en el fondo de un tanque de agua. Los cerditos submarinos estaban más sanos. Crecieron más de prisa. Incluso el alimentarlos brevemente bajo el agua tuvo un efecto positivo en su desarrollo. Charkovsky hizo que unos castores criaran a conejitos en el agua. Los conejos acuáticos se convirtieron en superconejos, desarrollando un cuerpo inusualmente fuerte. Igual que todos los otros animales nacidos en el agua, los conejos vivieron el doble de su media de vida normal. La ingravidez en el agua reducía la necesidad de oxígeno en un sesenta por ciento o más, liberando energía para el crecimiento, la salud y el desarrollo de las posibilidades. Si el método funcionara con los humanos, comprendió, podría ser capaz de cambiar el curso de la evolución humana, una empresa de suma importancia.

RECUERDOS DEL NACIMIENTO ANTIGRAVEDAD

A continuación, Charkovsky desarrolló un innovador método de nacimiento sumergido para bebés humanos. Mujeres nadadoras y buceadoras con experiencia fueron las primeras en probarlo. Informaron de que el parto bajo el agua era totalmente indoloro. Algunas mujeres señalaron que podían dar a luz incluso dormidas en el agua. La sensación de confianza de la madre se transmitía al recién nacido. Esta forma calmante y descansada de nacimiento era ideal para el niño, quien también experimentaba un poco de incomodidad y salía al agua nadando como un astronauta libre de gravedad unido a su largo cordón vital. El recién nacido es anfibio de modo natural, dice Charkovsky, y nada a la perfección. El «bebé acuático» pasaba de su estado anterior al nacimiento en un fluido «sin gravedad» a la ingravidez de la piscina sin ninguna tensión. Después de subir a la superficie gradualmente, le cortaban el cordón y el niño empezaba a respirar.

Los bebés acuáticos de Charkovsky nadaban enseguida; miles de recién nacidos han nadado en piscinas en la URSS desde que comenzaron sus vidas. Algunos niños aprendieron a comer y a dormir mientras flotaban a salvo en la piscina. Charkovsky cree que los niños se benefician más si nadan diariamente durante los tres primeros meses de vida.

El resultado de este método de nacimiento sin gravedad ha sido una generación de superbebés, con recuerdos del nacimiento ultrafelices. Los niños se desarrollaron más de prisa, con una coordinación física sobresaliente. A los tres meses se encuentran al nivel de un niño normal de un año, dice Charkovsky. Muchos bebés acuáticos pueden andar a los cuatro meses, y nadar quilómetros cuando sólo tienen seis. La mente y la memoria eran muchísimo mejores. Con un coeficiente intelecutal más elevado, los bebés acuáticos tienen considerables ventajas durante su período escolar. Libres del obstáculo que representa el trauma del nacimiento en la era de las máquinas y sus corrosivos recuerdos durante toda la vida, estos niños también son superiores psicológicamente, afirman los observadores. Son más felices, más sociables, poseen un temperamento más apacible y no son agresivos.

El famoso buceador francés Jacques Maillol visitó la piscina donde trabaja Charkovsky. Maillol ostenta el récord mundial de contener el aliento y permanecer bajo el agua a cien metros de profundidad, sin traje de buzo. Los pequeños bebés le superaron, jugando en el fondo de la piscina mucho rato después de que el buzo hubiera salido a la superficie a tomar aire.

«Hidro-obstetricia» es la palabra médica con la que se denomina al sistema de Charkovsky. También podría llamarse «el nacimiento terrestre antigravedad». Un nacimiento normal con aire somete repentinamente al bebé a fuerzas de gravedad similares a las que experimentan los astronautas cuando el cohete despega. No es de sorprender que Charkovsky pensara en términos de cosmonáutica para los partos: es licenciado en ingeniería. También es entrenador de atletismo y ha estudiado biología, psicología y partería. También se inspiró en las vacaciones de cuando era chiquillo con sus padres zoólogos cerca de la frontera de Siberia-Mongolia. Allí conoció a curanderos siberianos que preservaban el conocimiento antiguo y podían emplear sus energías para curar y ayudar a otros.

Los historiales médicos soviéticos han localizado a mil chicos y chicas nacidos mediante hidro-obstetricia. La mayoría de ellos están extraordinariamente sanos y conservan la afición a nadar bajo el agua. Es muy raro que se produzcan heridas al nacer. La posición flotante que adopta la madre produce un efecto emocional favorable además de disminuir el dolor.

Charkovsky también introdujo un programa especial de hidroterapia para los minusválidos y para niños dañados por los métodos de nacimiento corrientes. Ellos, al igual que su hija, recuperaron la salud. Al menos veinticinco ciudades soviéticas poseen en la actualidad piscinas como la del Instituto de Cultura Física de Moscú, creado especialmente para los bebés nadadores. Los niños se gradúan en buceo autónomo para poder nadar bajo el agua veinte minutos seguidos. Unos treinta mil niños están apuntados a estos programas. La hidro-obstetricia se utiliza actualmente en todo el mundo, y el doctor Charkovsky ha sido nombrado profesor honorario de la Columbia University, Nueva York.

En el Natural Chilbirth Institute, de Culver City, California, los resultados demostraron que la inmersión en piscinas experimentales reducía el parto de un promedio de diecisiete horas y media a sólo cinco. Otros partos bajo el agua experimentales mostraron que el niño, una vez nacido, puede permanecer bajo el agua conectado aún a la madre mediante el cordón umbilical hasta veinte minutos, y, al parecer, esto facilita la transición al nuevo entorno del bebé. Éste, guiado suavemente hacia la superficie para respirar por primera vez, a menudo sonríe en lugar de llorar.

Charkovsky también exploró el mundo de los delfines, cuya inteligencia y amistosidad hacia los humanos se conocen desde hace tiempo. Hizo que unas madres embarazadas nadaran con delfines en los mares Caspio y Negro. Los no nacidos parecían «recibir» señales de sonido enviadas a ellos por los delfines que nadaban cerca de ellos. Los sonidos de alta frecuencia, como los que emiten los delfines, poseen un efecto vitalizante en la corteza del cerebro humano. Los soviéticos dicen que se alcanza una camaradería casi mística. Los bebés que tienen delfines por compañeros de juegos son más alegres, estables emocionalmente y poseen mejores capacidades mentales que otros, informan los soviéticos.

Los investigadores que han seguido a estos bebés acuáticos durante su vida creen que constituyen una nueva etapa en la evolución humana. Charkovsky asegura que olvidar el miedo genético al agua es la clave del desarrollo mental y físico continuado de la raza humana. El agua es la cuna de la vida. «El desarrollo humano ha estado estancado durante muchos miles de años; ha llegado a un callejón sin salida», dice en el libro *Water Babies*. La vida sin gravedad en el agua ofrece nuevas posibilidades para desarrollar el potencial humano, asegura.

Como el efecto de la gravedad disminuye en gran medida, la necesidad de oxígeno decrece. La energía del cuerpo se utiliza más eficazmente para aprender, curar y desarrollarse. Libres de la necesidad de luchar con la gravedad, dice Charkovsky, los bebés acuáticos desarrollan el cuerpo y, sobre todo, el cerebro, la mente y la memoria. Los bebés acuáticos son totalmente móviles en el agua, en lugar de estar planos en una cuna, de manera que pueden investigar el entorno, experimentar diversos estímulos y adquirir diferentes tipos de conocimiento a una edad formativa. Charkovsky cree que los bebés acuáticos pueden crear nuevas funciones del cerebro. Debido a su desarrollo cerebral evolutivo, insiste, los bebés acuáticos serán capaces de resolver problemas y manipular cosas imposibles para los que hemos nacido y hemos sido criados de la manera normal.

También parece que los adultos pueden efectuar algunas conexiones cerebrales nuevas y llamativas bajo el agua. Uno de los inventores más famosos del mundo, el multimillonario japonés Yoshiro NakaMats, que inventó el disco blando para ordenador, el reloj digital y otras dos mil trescientas sesenta patentes, estaba más avanzado que Charkovsky. Durante años, había realizado todos sus inventos sentado en el fondo de su piscina, conteniendo su respiración cuatro o cinco minutos seguidos. «La presión del agua obliga a la sangre y el oxígeno a ir a mi cerebro, haciendo que éste funcione al máximo rendimiento», explica.

Evolución intensiva y memoria

¿La evolución intensiva puede ser subproducto de recuerdos positivos de un nacimiento vigorizante y no perjudicial? Los últimos resultados de los revolucionarios métodos de parto de Charkovsky todavía se desconocen. ¿Los bebés acuáticos vivirán el doble tal como ocurrió con los animales? ¿El nacimiento antigravedad es la clave para la longevidad? ¿Los hijos de los bebés acuáticos heredarán sus habilidades superiores aunque el otro progenitor no haya nacido en el agua? ¿La investigación de la memoria con bebés acuáticos proporciona información importante? El sofrólogo doctor Raymond Abrezol observó unos bebés acuáticos nacidos en el Hawaiian Pre-Natal Cultural Center de Molokai, dirigido por Daniel Fritz. Allí conoció a trece adultos y diez niños de Argentina, Canadá, Francia, los EE.UU. y Suiza. Los futuros padres seguían una dieta y un entrenamiento especiales en el rancho y también nadaban a diario con delfines, nos dijo. Él y su esposa se unían a los bebés y a los delfines. Fotografió el primer bebé acuático de Molokai, Lanica, de cuatro meses, mientras ésta efectuaba su buceo diario en el Pacífico. Por los soviéticos, había aprendido que el parto en el agua protege el cerebro del bebé de la tensión y el posible daño causado por una transición súbita al mundo de la gravedad. Como el instrumento físico a través del cual la mente se expresa no queda dañado al nacer, los bebés acuáticos parecen llegar con recuerdos profundos de la vida anterior al nacimiento, e incluso posiblemente de vidas pasadas, especula Abrezol. Algunos parecen poseer habilidades, talento y conocimientos de la «memoria lejana» (ver capítulo 22). Los bebés acuáticos se ven reforzados por los recuerdos felices de su llegada a la tierra. Muchos destacan tanto, que su nacimiento sin gravedad y su identidad se mantienen en secreto.

«Al parecer, los rusos están creando una línea de producción de genios», dice Abrezol. Reflexionando, se dio cuenta de pronto de que no sólo estaban creando genios, sino que «este método transformaría el modo en que estos niños piensan. Al crecer, se convertirían en pensadores positivos». La época feliz anterior al nacimiento seguida por el nacimiento en la era de las máquinas, graba en nosotros una secuencia de recuerdos de felicidad seguida de temor, ira e hipertensión. Durante toda nuestra vida, una diminuta voz subliminal interior nos advierte constantemente: «A la felicidad le siguen problemas... e hipertensión». El resultado es una sociedad airada, temerosa, tensa, enferma, que teme a la verdadera alegría. Si se cambia el recuerdo del nacimiento, se cambia la sociedad. Los sofrólogos como Abrezol han pasado décadas enseñando a la gente a vencer la ira, el miedo y la programación de recuerdos negativos, para dejar que brille el genio natural.

En *Sophrologie et Évolution – Demain l'Homme*, observa que nuestra sociedad está enferma. «Si los niños nacidos en condiciones ideales con una educación ideal se convierten en genios... ¿constituirán quizá la base de una nueva sociedad que señale el comienzo de la vaticinada "Edad de Oro"?, se pregunta. ¿Estos nuevos seres nos ayudarán a crear un mundo mejor de amor e inteligencia, un mundo sin drogas ni enfermedades funcionales?»

Los emocionados padres soviéticos de estos «superbebés» creen que estos «niños del océano» pueden ser los precursores de los «niños del cosmos» del futuro, informa *Omni – The New Frontier*, el primer programa de televisión de EE.UU. que permitió documentales sobre los bebés acuáticos de Charkovsky, en julio de 1990. El nacimiento y entrenamiento de bebés bajo el agua, sin gravedad, puede ser la clave para acelerar la evolución de la Humanidad, señala el articulista de *Omni*, Peter Ustinov, y para crear una nueva casta de seres superhumanos que por fin se adaptarán a la vida ingrávida del espacio. Regresando al mar, avanzamos hacia las estrellas. Más cerca de la tierra, *Omni* pregunta: «¿Los tanques de agua también son la cuna de los campeones olímpicos de mañana?».

Hace varios años, el experto en delfines Timothy Wyllie, autor de *The DETA Factor*, viajó a Nueva Zelanda para asistir a la Conferencia sobre el Nacimiento bajo el Agua en el Rainbow Dolphin Centre de Keri Keri. Un grupo de veinte bebés acuáticos y padres meditaron con doscientos asistentes en un lugar sagrado maorí. Wyllie observó que los bebés acuáticos eran sumamente telepáticos y, al parecer, capaces de estar en contacto armonioso con el grupo. Según Charkovsky, los delicados chakras (centros de energía) que gobiernan las sensibilidades superiores como la telepatía y la psicoquinesis no resultan dañados con el parto en el agua. ¿Los bebés acuáticos son nuestra próxima etapa, un grupo muy desarrollado cuya función es hacernos nacer a una nueva era, un grupo de exploradores galácticos enviados antes que nosotros? «Esto no es más que una indicación de lo que veremos en la próxima década», dice Willye.

Esta aceleración de la evolución ha pasado prácticamente inadvertida en Occidente durante muchos años, porque los informes a veces rayan en lo increíble. Observadores normalmente conservadores regresaban a nosotras y a los amigos balbuceando historias asombrosas. Algunos informes incluso recuerdan un poco una reciente perla del periodismo sensacionalista: «Llega un bebé cantando y bailando: las enfermeras, atónitas». En cada siglo han nacido algunos bebés espontáneos con supermemoria que aparecen en los libros de historia, como Heinrich Heineken, quien a los diez meses sabía hablar. Los documentales de Charkvosky muestran a docenas de bebés acuáticos que hablan y desarrollan otros talentos mucho antes.

¿Cuántos de estos excepcionales seres evolucionados hay? Hace una década, vimos documentales de los bebés acuáticos soviéticos sacados de Rusia por el realizador americano Dmitri Devyatkin. Muchos de ellos actualmente son adultos. Aparte de los nacidos en los centros de Australia, Nueva Zelanda, Hawai y California, otros miles han llegado al mundo a través de la clandestinidad. La hostilidad del sistema médico occidental ha hecho que el parto en el agua permanezca en el secreto. Se está realizando un callado plan planetario, cree Wyllie.

Los recuerdos del nacimiento antigravedad de los bebés acuáticos, nuevas maneras de recordar y reprogramar los recuerdos de nuestro propio nacimiento, los recuerdos de la casi muerte, recuerdos de vidas pasadas y memorias de otros estados alterados, todos estos avances en la memoria pueden ayudarnos a penetrar en una nueva era de la conciencia, dice el doctor David Chamberlain. Pueden ayudarnos a «descubrir... quiénes somos...». Están apareciendo cada vez más recuerdos del momento de nacer, lo que permite a un creciente número de personas comprender que la conciencia humana es algo que existe en todos los momentos: antes, durante y después de nacer.

10
Música para la materia gris

Una multitud de seguidores se agolparon en torno a la novelista invitada de honor en una multitudinaria y ruidosa fiesta de un editor. Mientras el grupo discutía con entusiasmo su último libro, la novelista se retiró con creciente horror y aprensión. Con una sensación desesperada, se dio cuenta de que no podía oír nada de lo que le decían. Avergonzada y turbada, huyó súbitamente del lugar.

«No puedo acudir a más fiestas de éstas –dijo más tarde a su hermana por teléfono–. Por encima del ruido de fondo, no puedo oír nada», se lamentaba. Las vibraciones cruzadas del sonido eran una confusión para ella. Los aparatos para oír de la época no filtraban sólo la voz de una persona del conjunto de ruido o música.

Patricia Joudry, una conocida autora canadiense, dramaturga y locutora, luchaba con la aterradora idea de que realmente estaba perdiendo el oído. Esto resultaba un problema para su vida profesional. Su caprichoso oído le producía un tipo de dolor especial a nivel personal. Las bolsas de papel que crujían eran como lanzas. El ruido del tráfico era artillería pesada. A veces, caía presa del pánico. ¿Podía ser esto el preludio a la sordera total? Había casos en su familia. Su madre se había vuelto sorda y se había quedado completamente aislada de la sociedad.

«Me he enterado de algo que podría ayudarte –le dijo su hija–. Es un descubrimiento que han hecho en París llamado "terapia del sonido". El doctor Alfred Tomatis, un famoso otorrinolaringólogo, lo ha desarrollado. Es un miembro muy bien considerado de la Academia Francesa de las Ciencias. Un médico de Montreal que conozco se establecerá en una clínica de terapia del sonido; podrías probarlo.»

Dispuesta a todo, Pat Joudry se encontró en el despacho del Montreal Sound Therapist varios meses más tarde. Después de someterse a unas pruebas que indicaron su pérdida de oído, se colocó unos auriculares, no en las orejas, sino sobre el hueso mastoides y el hueso de la sien. Oyó música clásica, tranquilizante, interrumpida de vez en cuando por unos suaves siseos. La música preparada especialmente procedía de un enorme centro de control, una especie de estudio de grabación lleno de bancos de máquinas que zumbaban y parpadeaban. La receta: sólo escuchar tres horas diarias, durante las siguientes seis semanas, aquella música alterada electrónicamente.

Semana tras semana, efectuaba un viaje de casi cien kilómetros hasta Montreal para ir al pequeño estudio de música de la oficina de la terapia del sonido. ¿Servía de algo? Ella no notaba ninguna mejoría. Era difícil explicar lo que estaba sucediendo, y el tratamiento le costaba varios miles de dólares. La música que oía era principalmente de Mozart: conciertos de violín, sinfonías, música de cámara. El filtrado la hacía sonar extraña y a veces misteriosa. A medida que transcurrían las semanas, los sonidos parecían más agudos. La cuarta semana oyó cantos gregorianos. De vez en cuando, tenía que grabar frases dichas por ella misma y escuchar su propia voz filtrada en un tono muy agudo. También le enseñaron una técnica especial de canturreo. Hacia la quinta semana experimentaba un gran cansancio y apenas podía arrastrarse. Los traslados eran agotadores. El terapeuta dijo: «¡Bien! Esto demuestra que la terapia funciona. El oído medio se está ajustando».

Luego, un día, cuando Joudry conducía a casa empezó a canturrear para sí. De pronto, no se sintió cansada. Sentía una nueva energía. Podía quedarse hasta tarde por la noche, levantarse después de haber dormido pocas horas, y sentirse completamente fresca. El insomnio desapareció. Calmada, parecía que una energía pura la inundaba. Y, lo mejor de todo, su mente y su memoria parecieron desarrollarse a la velocidad del láser. La creatividad se remontó. El bloqueo del escritor había desaparecido. Le surgía sin esfuerzo una nueva novela. Ahora se sentía como si se hallara en un estado perpetuo de exaltación.

«Me siento como si me hubieran conectado al cosmos», dijo al terapeuta.

Después le hicieron la prueba del oído. ¿Podía oír al terapeuta mientras sonaba la música por los auriculares? Sí. Las pruebas audiométricas lo confirmaron. Los gráficos dieron la prueba de que su oído volvía a ser normal.

Ella no lo creyó hasta que realizó sus propias pruebas. Se precipitó a unos grandes almacenes. ¿Podía oír al dependiente por encima del hilo musical y el murmullo de voces que la rodeaban? ¡Sí! En la gasolinera, con el ruido del tráfico, pudo oír al empleado. En casa, con su familia, sus hijas podían hablar al mismo tiempo y ella podía oír a cada una de ellas.

En su sesión final de música, le rogó al terapeuta: «¿No puedo continuar este tratamiento en casa? ¿Y si el efecto se evapora?».

«El equipo cuesta veinte mil dólares, y además hay que saber utilizarlo del modo adecuado», dijo él.

Pero, a medida que transcurrían las semanas, la radiante energía creativa empezó a desvanecerse. Volvió la fatiga. La claridad mental retrocedió. El oído de Joudry seguía curado, pero el temido bloqueo del escritor reapareció.

Sin embargo, siempre que la mente, la memoria y la energía necesitaban un empujón, podía pedir una cita para una sesión de terapia del sonido y la inspiración volvía a ella. Cada sesión de música le provocaba la maravillosa estimulación mental: vitalidad sin límites, serenidad, alegría y estar animada sin tomar drogas.

Joudry quedó fascinada por su experiencia con el sonido. ¿Qué era la terapia del sonido y qué le había sucedido a ella exactamente? Se sentía absolutamente impulsada a vivir cerca de lugares donde podía disponer de la terapia del sonido.

Sin embargo, dos años más tarde, circunstancias inesperadas la obligaron a abandonar su hogar de Montreal y trasladarse al oeste, a Saskatchewan. Se hallaba entonces a miles de kilómetros de la música que era ambrosía para su cerebro. Se sentía como si de repente la hubieran desenchufado del cosmos. Cada día, durante dos años, ideaba nuevas maneras de regresar al este, a la creativa y brillante energía mental de la terapia del sonido.

Un día, en una cena en su granja, un invitado dijo: «¿Habéis oído hablar de la abadía de St. Peter, en Muenster? Están utilizando terapia del sonido con los estudiantes del St. Peter's College».

Joudry por poco se cayó de la silla. ¿Muenster, Saskatchewan? Sólo un puntito diminuto en el mapa, en la carretera que iba a Saskatoon. Con los miles de quilómetros de vasta pradera canadiense que había, ella había aterrizado justo a sesenta y seis quilómetros del «reino».

Joudry se hallaba en Muenster al día siguiente, al amanecer. Como Dorothy dijo a su perro cuando aterrizó en Oz, fue una especie de experiencia como de «Sé que ya no estamos en Kansas, Toto».

Rielando bajo el sol de la pradera, St. Peter's parecía un monasterio que podía haber caído en las praderas después de unas cuantas órbitas en el espacio exterior. Tras los majestuosos jardines había unas habitaciones que parecían el puente de mando de la empresa espacial. Estaban atestadas de equipo electrónico reluciente que zumbaba y parpadeaba. El jefe de esta operación evolutiva era un monje con barba, no con hábito, sino con vaqueros y zapatos deportivos.

El padre Lawrence De Mong de St. Peter's creía que los grupos como el suyo deberían estar en el filo de las nuevas fronteras. Por eso había instalado el estudio del sonido especial, que valía muchos miles de dólares, y el equipo electrónico de la terapia del sonido y el nuevo oído electrónico. Él se veía como pionero de nuevas alturas en la educación, la salud y la transformación personal. Los estudiantes tenían que dedicar varias horas cada trimestre a escuchar. Sólo se colocaban los auriculares y se tumbaban en los sofás de la gran sala de escucha.

Y algo asombroso ocurría. Las incapacidades para aprender se desvanecían. Los estudiantes con graves defectos del habla se curaron en el ochenta por ciento; casos de dislexia, problemas emocionales, hiperactividad, problemas de oído... todo cesó con el tratamiento. Los estudiantes se sentían calmados, relajados y sin tensión. Concentrarse les resultaba fácil. Y, lo mejor de todo, aquella radiante energía creativa fluía regularmente, mejorando el rendimiento mental en todos los ámbitos.

Después de comer con los hermanos, el padre Lawrence dio a Joudry una llave. «Siéntase libre de utilizar el centro de terapia del sonido en cualquier momento que lo desee, de día o de noche.» Rápidamente le enseñó dónde se guardaban las cintas de música especiales y cómo hacer funcionar el equipo. «La música a ocho mil hertzios es la que recarga más de prisa.» Sonrió y se fue a rezar sus oraciones.

Joudry apenas podía creerlo. Tenía la llave del «reino», ¡y era gratis! Las grandes y brillantes habitaciones estilo «Buck Rogers» llenas de sofás, auriculares, equipo electrónico y laberintos de cables, pronto se convirtieron en su segundo hogar. Al cabo de una semana de escuchar la música especial, aquella dinámica claridad mental había regresado a ella, la radiante energía imparable y también la floreciente creatividad.

Música que es ambrosía para el cerebro

El programa musical era el mismo que había experimentado en Montreal. Ahora Joudry podría descubrir sus secretos. Los instrumentos de monitorización le enseñaron que las notas bajas se filtraban sacándolas de música clásica. El estéreo favorecía el predominio del oído derecho. Después, estas cintas se pasaban a través del oído electrónico, el invento del doctor Tomatis, que bombardea el oído interno con ciertos sonidos de alta frecuencia que poco a poco permiten al oído oír una serie más ancha y más alta de frecuencias. Había un ruido siseante ligeramente abrasivo mezclado con la música. La secuencia de las selecciones importaba poco; sólo tenía que tener sonidos de alta frecuencia en al menos la serie de ocho mil hertzios y más. Esos sonidos agudos parecían ser ambrosía para el cerebro. Después de oír las frecuencias durante cien o doscientas horas, el cerebro, al parecer, quedaba armonizado y energetizado y enviaba señales para restablecer el sistema completo.

Un día, cuando Joudry llegó a las cinco de la madrugada al monasterio, el padre Lawrence vio el Sony Walkman que Joudry llevaba para su viaje de una hora. Una respuesta de frecuencia de dieciséis mil hertzios, ¡un reproductor portátil con una respuesta de frecuencia lo suficientemente alta para ser utilizada para la música de la terapia del sonido y el efecto del oído electrónico! Al cabo de unos días, habían hecho casetes de metal con el programa musical y había nacido una revolución.

Hasta entonces, ni el padre Lawrence ni los otros monjes habían tenido tiempo para pasar varias horas al día encadenados a los auriculares en el centro de escucha de música. Ahora, con los walkmans, podían disfrutar de los fenomenales beneficios vigorizantes de esta música especial dondequiera que estuvieran. El programa de los estudiantes también podía ser móvil. Podían escuchar sus walkmans en las mismas clases del colegio.

Joudry estaba emocionada. Podía llevarse aquella preciosa música a todas partes. Era como un protector contra la tensión, ocurriera lo que ocurriera, incluso cuando su viejo Volvo se estropeó tres veces camino del supermercado.

¿No podrían las demás personas utilizar este maravilloso sonido vitalizante? ¿A quién no podría irle bien tener una mejor memoria, más talento, más energía, más tiempo, más serenidad, más vida? Si la maravillosa música podía escucharse en walkmans, podría llegar a miles de personas que no tenían acceso a ningún centro de terapia del sonido. Pero, la gente que siguiera el tratamiento de sonido especial con walkmans, ¿se beneficiaría igual que si seguía el programa en los institutos de terapia corrientes?

Tendría que crear nuevas cintas de música experimental y hacerlas llegar al público en general para averiguarlo. Joudry, ex tecnófoba que apenas sabía cambiar un fusible, pronto descubrió que era una sofisticada ingeniera de sonido, e ideó una serie completa de casetes de música clásica que presentaba altísimas frecuencias, grabación especial a través del oído electrónico. «La música lo hizo», dice ella. Le descubrió toda una serie de nuevas posibilidades y, en particular, un nuevo talento para la tecnología.

El padre Lawrence descubrió pronto que el walkman con la música especial había curado su insomnio. Bullía de energía. Conducía cuatro mil quilómetros seguidos sin dormir.

Pronto el colegio entero utilizaba walkmans, incluidos los monjes, las monjas y los porteros. En el convento de Ursulinas de Brno, dos monjas ancianas que sufrían la enfermedad de Alzheimer fueron sometidas a la terapia del sonido. Seis semanas después las enfermeras comunicaron que las pacientes «habían mejorado bastante; estaban más tranquilas, menos excitadas, y disfrutaban de la música».

SONIDOS DE ALTA FRECUENCIA QUE ESTIMULAN LA MENTE Y LA MEMORIA

De todas partes escribieron personas para someterse a pruebas. «Después de tres días, fui consciente de una energía y claridad mental como jamás había experimentado desde antes de entrar en la universidad, muchos años atrás», escribió el doctor Cliff Bacchus desde las Bahamas. Escritor y miembro de la American Academy of Physicians, se entusiasmó. «Mis puertas creativas se abrieron de par en par... Ahora duermo mejor, pienso mejor, escribo mejor...» Antes no recordaba ningún sueño, suprimiendo los límites con las pesadillas. Ahora recordaba de manera nítida y en detalle los sueños y eran sueños claros, felices.

Linda Taylor-Anderson, de Florida, autora de *Carousing in the Kitchen*, descubrió que el sonido recargaba «mis baterías internas que proporcionan una energía calmada y una sensación de bienestar».

Darrell Johnson, de Delisle, Saskatchewan, que sufría del síndrome de Menière (zumbidos en los oídos, mareo y vértigos), explicó que los síntomas habían desaparecido al cabo de diez semanas. La fatiga y el estrés también habían desaparecido. «Es como una nueva vida.»

Los padres de John Westerhof, de Winnipeg, dijeron: «Nuestro hijo está demostrando una gran mejora en la lectura». Su dislexia había desaparecido al cabo de dos meses de escuchar las cintas. Estuvo en Ritalin, por prescripción médica a causa de su incapacidad para aprender. «Es como un milagro...»

Los padres de Carla Gaunt, una adolescente de Saskatoon minusválida mental, con el cerebro dañado, dijeron a Joudry que el habla y la memoria de Carla habían mejorado al cabo de tres meses. «Fue una gran mejora en su capacidad de afrontar el estrés.»

«La terapia del sonido ha transformado mi vida», escribió James Bragg, de Kentucky. Se había recuperado de un problema del habla que padecía desde su infancia y también se recuperó de un problema de oído. Superó la depresión. «La energía aumenta muchísimo; el vigor y la resistencia mejoran enormemente.»

Un estudiante graduado de Buffalo, Nueva York, no sólo mejoró su capacidad de aprender, sino que se recuperó del miedo a hablar en público. «Yo lo llamo la terapia de la confianza.»

Courtney Milne, fotógrafo profesional con un programa muy duro, explicó que ahora poseía «una gran calma interior» y que nunca se sentía «acosado o exhausto».

«Mejor concentración», «capacidad para centrar mi mente», «mejor memoria y capacidad para aprender», «paz y tranquilidad», «suministro de energía sin límites», «sueño más fácil y más eficaz», «dos o tres horas menos de sueño por la noche», «mejor oído», «recuperación de la pérdida de oído causada por la edad», «recuperación de desórdenes derivados del desequilibrio del fluido del oído interno: náuseas, vértigo, zumbidos», «recuperación del tartamudeo y defectos del habla», «útil para problemas de dislexia, hiperactividad y conducta», «curó los ronquidos», «ayudó en un caso de autismo», «recuperación de desórdenes relacionados con el estrés, desde dolores de cabeza a problemas digestivos...»

Algunas personas descubrieron que la terapia del sonido les ayudaba a perder peso. La energía sin límites y el alivio del estrés, al parecer, ayudaban a que se normalizaran los problemas de peso.

Pronto los archivos de Joudry rebosaban. Todas las pruebas indicaban mejoras, más o menos importantes. Parecía que el sistema del casete portátil podía definitivamente producir resultados para los que seguían el tratamiento por su cuenta. Aunque, por supuesto, no eran exactamente los mismos resultados que se habrían producido en una clínica con un terapeuta que hiciera las pruebas y los controles, hay que decir en su favor que los efectos no desaparecían.

Joudry tenía material suficiente para un libro, *Sound Therapy for the Walkman*, un relato extremadamente lúcido, con una introducción de su amigo, el famoso violinista Yehudi Menuhin. Después de publicarse el libro en 1984 en Saskatchewan, Joudry se vio inundada de peticiones de las cintas de música de alta frecuencia procedentes de todo el mundo. Los monjes de Muenster trabajaban de manera incansable, copiando a mano, no manuscritos iluminados como en otros siglos, sino «iluminando» casetes de música en «tiempo real», y haciéndolos disponibles para la venta desde St. Peter's Press. Y algo evolutivo empezó a emanar de aquellas distantes praderas canadienses.

La señora Joe Bentley, de Edmonton, Alberta, escribió que su hija, pianista, había sufrido un grave accidente de bicicleta, golpeándose la cabeza contra el pavimento: dos fracturas de cráneo, contusión cerebral y coma. Diagnóstico: nunca volvería a hablar, a caminar o a tener memoria. Al cabo de cinco semanas de escuchar las cintas de Joudry, podía volver a tocar el piano y a leer música. La señora Bentley leyó el libro de Joudry en voz alta a su hija. Después de seis meses de escuchar la cinta, pudo volver a leer, despacio. «Las cintas le han hecho tanto bien. Le damos las gracias por toda la ayuda que ha proporcionado a nuestra hija.»

Marie Lyons, de Newport Beach, California, de setenta y nueve años, luchaba contra un «aturdimiento inadecuado». Después de cuatro meses de escuchar regularmente, «el fondo neblinoso se ha despejado. Disfruto de una desacostumbrada viveza todas las horas en que estoy despierta.»

Elsie Edson, de la Columbia Británica, descubrió que seis semanas con las cintas habían calmado sus agotados nervios y eliminado las migrañas. «Mi pensamiento es claro y tengo una fuerte sensación de bienestar.»

Lorna Graham, de New Brunswick, que sufre de esclerosis múltiple, descubrió que las cintas la ayudaban a estabilizar su energía. «Ninguna otra cosa me ha ayudado como lo han hecho las cintas.»

De Reba Adams, enfermera, de Dallas, Texas: su madre, de ochenta y dos años, sufrió un ataque coronario y tuvo que ir a vivir con ella para poder cuidarla. Después de cuatro meses de escuchar las cintas, el médico le dijo que su madre estaba tan bien, que podía volver a vivir sola. «Atribuyo casi todo el mérito a la terapia del sonido.»

«Es como si mi mente hubiera recibido una ducha», escribió otra persona. «Como tener una nueva cabeza», «el sonido clarifica mi mente de un modo extraordinario», «puro cielo», «sensación maravillosa», «armonizado con la alegría de vivir». Las mismas reacciones llegaron desde Canadá, los EE.UU. y veintiséis países más.

Joudry nos dijo: «En primer lugar, todos los que escuchan las cintas hablan de mejora en la memoria, la concentración, la retención y la facilidad para aprender. Los padres dicen que ya no tienen que decir las cosas innumerables veces a sus hijos –dijo– y la gente de más edad nos dice que también ellos pueden retener la información en lugar de que ésta les pase por la mente como a través de un colador. Esto es debido a que la terapia del sonido (entre otros efectos) desbloquea las vías neurales», dice Joudry.

Diversos usuarios especulan que la terapia del sonido podría proporcionarnos un estímulo evolutivo debido a su capacidad de desbloquear las vías cerebrales. «Debería ser literalmente posible pasar de ser brillante a ser un genio con la terapia de sonido», explicó entusiasmado Rollin Rose, de Riverside, California.

Joudry recordaba a un hombre que era gravemente disléxico y había abandonado la escuela bastante pronto. Descubrió que, después de cuatro meses de terapia del sonido, podía escribir y pasó sus exámenes de la escuela secundaria y se graduó con más de treinta años. «El material por fin tenía sentido para él y permanecía en su mente.»

La memoria musical también parecía estimulada. Maureen Imlach, profesora de música en la Columbia Británica, escribió que, después de unos meses de terapia del sonido, «pienso con más claridad... Me sorprendió lo de prisa que reaprendía un repertorio que hacía años que no tocaba; los dedos y los músculos parecían saber cómo trabajar sin pasar horas esforzándome...» Meses más tarde, sin ninguna práctica, pudo tocar bien y de memoria el mismo repertorio. «O sea que tiene que ser la terapia del sonido.»

Como ha demostrado la investigación del superaprendizaje, los estados de alerta y relajado parecen ayudar a la memoria y a la mente a funcionar mejor. Joudry nos explicó: «El efecto principal que casi todo el mundo cuenta de la terapia, independientemente de la gran variedad de otras condiciones afectadas, es el alivio del estrés. Utilizan casi las mismas palabras: "Ya no estoy en tensión. Todas las insignificancias que antes me ponían tensa parecen resbalarme. Puedo encogerme de hombros y no permitir que se apoderen de mí... Así que noto que la memoria está mejorando, y no siempre me doy cuenta"».

La doctora Lois Plumb, psiquiatra de Toronto, utiliza para sí misma las cintas de la terapia del sonido y también para ayudar a pacientes con graves traumas de la infancia. La mejor función mental ayudó a que afloraran a la superficie recuerdos reprimidos y el escudo interior contra el estrés ayudó a los pacientes a enfrentarse con los recuerdos dolorosos.

Las cintas se utilizaron pronto en prisiones para resolver problemas de conducta y en escuelas para curar incapacidades del aprendizaje.

El decidido compromiso de Joudry para que el proceso de la terapia del sonido se extendiera la llevó a realizar numerosos viajes promocionales dando conferencias. Pronto hubo miles de «chalados por la alta frecuencia». Se produjo incluso una especie de «Mozartmanía». Eso era demasiado revolucionario para algunos de los terapeutas del sonido de la vieja guardia. Presentaron litigios y pidieron que el libro de Joudry fuera prohibido. Algunos libreros incluso lo atacaron. No se quería que el público en general averiguara algunos de los asombrosos y poco conocidos secretos que se escondían tras el sonido vitalizante.

11
La «fuerza del oído»: el poder de la memoria pasado por alto

Reinaba un profundo silencio en un remoto monasterio benedictino de Francia. Un joven abad había instituido algunas reformas. «Menos cánticos, más trabajo práctico», ordenó a los monjes. Pronto observó que éstos se hacían cada vez más perezosos. Dormían más horas pero seguían exhaustos. Un médico al que consultó les preparó una dieta convencional. Pero el problema empeoró rápidamente.

Acudieron al doctor Alfred Tomatis, especialista francés en oído. Setenta de los noventa monjes estaban sentados en sus celdas respectivas sin hacer nada, retirados como seres esquizoides. Él reintrodujo su largo programa de cánticos y el monasterio volvió a ser ruidoso. Enseguida, dijo, los monjes dormían menos, trabajaban más y se sentían mejor.

«Algunos sonidos son tan buenos como dos tazas de café. Los cantos gregorianos son una fantástica fuente de energía. Yo trabajo con ellos como música de fondo y duermo sólo de tres a cuatro horas cada noche», dijo Tomatis. Despertarse y cargar el cerebro con sonido grabado para aumentar la memoria y nutrir la mente es uno de los avances más prometedores. Para estimular el poder cerebral, Tomatis examinó cantos gregorianos y otra música con un osciloscopio para ver cuántas frecuencias de sonido emitían energía y qué sonidos la reprimían.

El oído es el órgano primario de la conciencia, dice el doctor Tomatis. Está hecho no sólo para oír, sino también para que el sonido proporcione una carga de potencial eléctrico al cerebro. La corteza distribuye entonces la carga resultante por todo el cuerpo. Tomatis ha centrado su investigación en los efectos terapéuticos del sonido, la música de compositores como Mozart y ejercicios de voz espirituales como el canto gregoriano, que genera serenidad y potencia.

¿Estrés? ¿Agotamiento? ¿Fatiga? Podría ser el núcleo gris central. Estas células de la corteza del cerebro actúan como pequeñas baterías eléctricas, según Tomatis. Generan la electricidad para que el cerebro produzca las ondas cerebrales eléctricas que se ven en un electroencefalograma. Tomatis pasó años investigando cómo estas «baterías del cerebro» se cargaban y descargaban.

En el interior de las misteriosas espirales del caracol óseo del oído interno hay veinticuatro mil seiscientas células sensoriales especiales, las células de Corti. Su descubrimiento fue que las «baterías del cerebro» no se cargaban por el metabolismo cerebral, sino que se recargaban externamente, estimulando las células de Corti en esta porción basal del caracol óseo del oído interno con el sonido. Mientras observaba el proceso con un equipo de monitorización, identificó las frecuencias precisas. Las altas frecuencias aceleraban el proceso de recarga de las baterías.

Cuando el sonido era transformado en energía en el oído, descubrió que la corteza redistribuía la energía por todo el sistema nervioso del cuerpo, proporcionando un flujo dinámico beneficioso para la mente y el cuerpo. El sonido, transmitido a través de los nervios auditivos, hacía dos cosas: una rama nerviosa dinamizaba la corteza cerebral y la otra rama, el nervio vestibular, determinaba la postura y el tono muscular en todo el cuerpo. Esta función doble de los nervios auditivos es lo que permite que el sonido recargue la mente y al mismo tiempo relaje la tensión y el tono muscular. El oído, observó Tomatis, envía y recibe. Cuando el oído transmuta el sonido en energía y lo envía a la corteza, ésta lo vuelve a transmitir al oído.

¿Se puede poner el estéreo y recargar al instante las células cerebrales? No exactamente, a menos que uno ya sea un atleta del oído interno. Los sonidos beneficiosos no pueden ser útiles si no se pueden oír. Para poder oír las altas frecuencias, la mayoría de las personas han de tener «abierto» el oído interno. Para ello, Tomatis inventó el oído electrónico, un dispositivo que es como «un centro de salud para el oído medio». Después del tímpano hay unas estructuras denominadas, muy acertadamente, martillo, yunque y estribo, que funcionan mediante los músculos que deben tensarse y relajarse y ajustar el tímpano para que se pueda oír correctamente. Tomatis descubrió que diversos sonidos de alta y baja frecuencia proporcionaban al oído medio unos ejercicios gimnásticos para que reabriera su poder de oír altas frecuencias.

¡Esto supuso un gran avance! Una vez el oído medio había sido puesto a punto para la respuesta a la alta frecuencia, el cerebro respondía rápidamente a la recarga. Fuerza del oído = fuerza del cerebro. Vio el sistema del oído en términos de electrónica como un oscilador y un resonador. ¡La vasta vitalidad cósmica podía ser restaurada a través del oído! Y nunca falta energía cósmica. Tomatis contemplaba el enlace del oído y el cerebro como un sistema cibernético: el oído tiene que beneficiar al organismo entero, psicológica y físicamente.

Ocho mil hertzios: clave para la energía mental

Pero ¿qué altas frecuencias en particular son las más potentes para el cerebro? Intentando descodificar los sonidos que impulsan la mente, Tomatis trabajó laboriosamente con el espectro de sonidos de alta frecuencia. Su búsqueda era antigua. La idea de que unos tonos específicos pueden afectar a la mente y al cuerpo había sido transmitida por el sagrado conocimiento semítico y arábigo de la primera época. Pitágoras se acercó a este conocimiento para idear un sistema de música modal del que decía que influía en los dioses y en la Humanidad; un modo eliminaba la depresión, otro la tristeza, otro la pasión. Pitágoras vinculaba las resonancias de la frecuencia con los planetas, colores y números.

Después de mucho experimentar, Tomatis descubrió que la frecuencia más potente para recargar rápidamente la corteza cerebral se hallaba en la línea de los ocho mil hertzios, una nota casi al final de la cuerda «mi» del violín antes de pasar a los armónicos. Los mapas magnéticos del cerebro confirman que éste responde ante ciertos sonidos.

Sonidos que agotan el cerebro

Por el contrario, descubrió que los sonidos de baja frecuencia podían actuar como escurridores del cerebro, veneno para éste. El ruido de baja frecuencia del tránsito, aeropuertos o casas en construcción no sólo podía provocar pérdida de oído, sino que realmente podían agotar la energía del cerebro.

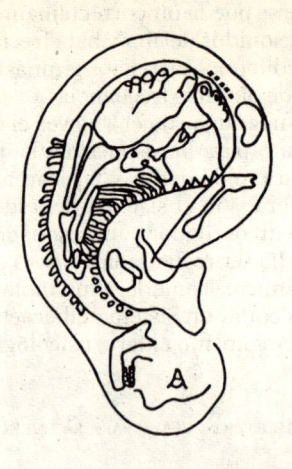

Nuestras orejas son un reflejo invertido de todo el cuerpo, dicen la teoría de la acupuntura y la investigación reciente. El diagrama muestra los puntos de tratamiento del cuerpo en la oreja. La adicción y el síndrome de abstinencia se tratan en los puntos del meridiano del pulmón en la parte inferior de la oreja.

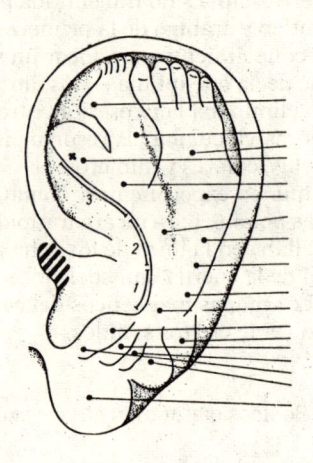

Se ha demostrado que estimular estos puntos con agujas o ciertas frecuencias de electricidad o sonidos produce endorfinas, los calmantes naturales del dolor y la tensión y productoras de placer.

La contaminación sonora también contribuye a la niebla en la memoria. Los sonidos palpitantes graves de la música de rock están creados para obligar al movimiento mecánico, afirma Tomatis, pero pueden descargar la energía mental y física. Estudios europeos muestran que el ruido ambiental nocivo puede causar presión arterial alta y enfermedades del corazón.

Un reciente avance, el trazado de mapas cerebrales magnéticos (MEG, en inglés), revela que hay áreas específicas del cerebro armonizadas con frecuencias tonales específicas. Al parecer, nuestro cerebro es como un diapasón. Cuando los doctores Sam Williamson y Lloyd Kauffman, de la universidad de Nueva York, emitían diferentes tonos al cerebro, los campos magnéticos se desviaban, lo que indicaba que las diferentes frecuencias resuenan en diferentes áreas del cerebro. Como los sonidos de baja frecuencia descargan la energía del cerebro y el cuerpo, cuando Tomatis unió su oído electrónico a música clásica, encontró mayores beneficios cuando las notas de la música por debajo de los dos mil hertzios (unas tres octavas por encima del «do» mayor) eran filtradas.

Al comienzo de la vida, todos poseemos un teclado de audición; oímos ondas sonoras que laten desde dieciséis ciclos por segundo hasta veinte mil. Pero las presiones tanto físicas como psicológicas pueden hacer que el alcance de nuestra audición disminuya. La contaminación sonora de la actualidad ha hecho que la pérdida de oído esté muy extendida. Con la terapia del sonido, combinando música de alta frecuencia filtrada con el oído electrónico, Tomatis encontró una manera de volver a abrir el oído y nutrir el cerebro y la memoria.

Los descubrimientos del doctor Tomatis han sido probados extensamente en otras décadas. La universidad de la Sorbona, de París, también los confirmó. Su trabajo está incluido en la ciencia como el «efecto Tomatis». Le hicieron miembro de la Academia Francesa de Medicina y de la Academia de la Ciencia. Fundó una disciplina científica completamente nueva llamada Audio-Psico-Fonología (APP, en inglés), y la investigación llena volúmenes de publicaciones científicas y libros.

Durante más de treinta años, los terapeutas europeos han utilizado el método Tomatis con gran éxito para aliviar problemas como la sordera, epilepsia, hiperactividad y autismo. Los tartamudos también se curan con él. Gente sana, como cantantes, actores, oradores, e incluso profesores de idiomas, se han beneficiado de este método. Ahora, con el avance de la

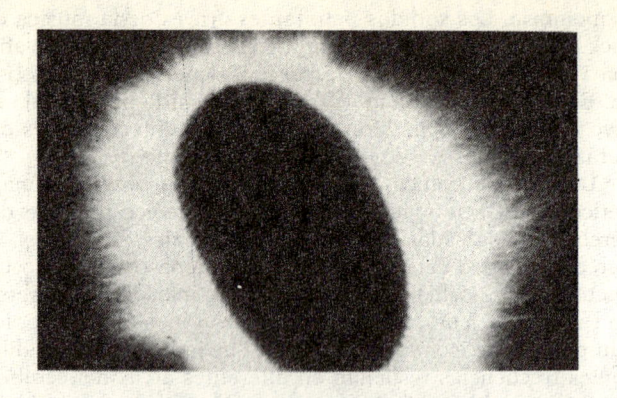

Diferentes frecuencias de sonido en la música alteran la circulación de la energía *chi* en el cuerpo, la cual, según ha demostrado la investigación reciente, está fuertemente ligada a la memoria. Fotos de Kirlian de antes y después del biocampo de un dedo de una persona que escuchaba música barroca muestran que, después de la música, el biocampo se hizo más estriado y con dibujos.

electrónica, quizá cada uno puede estimular la vitalidad cerebral y toda una serie de superpoderes cerebrales.

«Leemos con nuestros oídos», insiste Tomatis. Parece que en particular lo hacemos con el oído derecho. Fue uno de sus descubrimientos más intrigantes. Observó que el oído izquierdo tiene una ruta menos eficaz hasta el centro del lenguaje en el cerebro. ¿Podría este retraso explicar los problemas de lectura y del habla? Trabajando con miles de disléxicos, Tomatis y sus colegas abrieron su oído a las altas frecuencias y después aportaron más sonidos al oído derecho que al izquierdo a través de los auriculares. Doce mil disléxicos de Europa y África se curaron. ¿Qué sucedería si leyera usted en voz alta y pudiera oírse sólo a través del oído izquierdo en los auriculares? Un terapeuta del sonido belga, el doctor E. Spirig, de Amberes, hizo hacer eso a varias personas. Los voluntarios normales pronto se convirtieron en «magníficos disléxicos». En la actualidad, las incapacidades para el aprendizaje tales como la dislexia alcanzan proporciones epidémicas. Y también las infecciones del oído. ¿Podrían mejorarse la lectura, el aprendizaje y la memoria con el tratamiento del oído derecho de Tomatis?

Pruebas realizadas con actores demostraron que, si ellos mismos se monitorizaban con el oído izquierdo mientras hablaban, tenían dificultades para concentrarse y estar atentos y se cansaban, síntomas todos que afectan a la memoria. A la inversa, cantantes que se monitorizaron a ellos mismos con el oído derecho a través de los auriculares mientras cantaban poseían más armonía, mejor voz y timbre, y tenían una sensación de bienestar. En las personas que hablan bien, actúan o cantan invariablemente predomina el oído derecho, afirma Tomatis. Su entrenamiento del oído derecho está ahora incorporado en las cintas del programa de la terapia del sonido y ha demostrado beneficiar a los que padecen una amplia gama de problemas del habla.

El estrés, como sabemos, amortigua la memoria. Cuando el nervio vestibular (segunda rama del nervio auditivo) es estimulado con sonidos de alta frecuencia, se tonifican y relajan los músculos de todo el cuerpo y es un potente liberador de la tensión, reforzando así la memoria. Pero los efectos pueden ir más allá incluso de la relajación. Existen documentos médicos que demuestran que ha sido muy útil a niños espásticos y a personas con graves problemas musculares.

La fuerza del oído y la acupuntura

¿Por qué la «fuerza del oído» posee un efecto de alcance tan amplio en el cuerpo? En Francia, la acupuntura se exploró pronto y se practica extensamente. Tomatis observó que la teoría de la acupuntura sostiene que el cuerpo entero está reflejado holográficamente como puntos en el oído externo (ver dibujos página 162). Los acupunturistas tratan estos puntos de la oreja para estimular y energetizar los órganos internos. Quizá los sonidos de alta frecuencia transmitidos a través de los auriculares a estos puntos proporcionan un tratamiento de acupuntura sónica al cuerpo entero. Esto puede explicar por qué síntomas tan diversos como el dolor de pierna fantasma, la presión arterial elevada y los zumbidos ceden ante la terapia del sonido. Los acupunturistas mantienen que la *chi* (energía bioplásmica) circula en los meridianos por todo el cuerpo. Al parecer, la *chi* es sumamente sensible al sonido y éste puede recorrer estas vías de la acupuntura para restablecer y reordenar el estado de falta de energía. Éste es el principio de otro reciente avance tecnológico: la acupuntura sónica. Iniciada en Canadá por el doctor Patrick Pillai, de The Acupuncture Foundation of Sri Lanka, y Niels Primdahl, de Electro Medica of Toronto, la sonapuntura utiliza un generador de ondas de sonido, el Sonafon, que emite frecuencias de sonido mezcladas en la gama de los diez mil hertzios. Hasta ahora, las pruebas muestran que la acupuntura intrasónica es tan efectiva como la acupuntura con agujas o la acupuntura electrónica.

El principal punto de acupuntura para anestesiar el cuerpo entero es el número ochenta y seis, en el meridiano del corazón/pulmón, en el pabellón de la oreja. Estimular eléctricamente este punto ha demostrado que produce endorfinas, calmantes naturales del dolor y la tensión y productoras de placer. Una investigación realizada en Hong Kong descubrió que unas frecuencias eléctricas específicas aumentan la producción de endorfinas. Cabría pensar que hay frecuencias de sonido productoras de endorfina en las selecciones de música clásica de la terapia del sonido. Estas frecuencias de sonido deben estimular este punto del oído a través de los auriculares porque prácticamente todos los que escuchaban las cintas de la terapia del sonido afirman que han sentido alivio de la tensión y del dolor y muchos han sentido euforia.

Otro progreso hace visible la relación entre el sonido y la energía *chi* (ver página 164). Un descubrimiento soviético, la fotografía de Kirlian, un proceso de formación de imágenes que utiliza electricidad en lugar de luz para fotografiar, revela un campo de energía lleno de luz, brillantemente coloreado, alrededor de cosas vivas. En los campos de energía de los humanos son claramente visibles los puntos de la acupuntura, que se muestran como centros de intenso resplandor. Los biofísicos soviéticos indican que la estimulación con sonido, luz láser y luces de colores produce un profundo efecto sobre la circulación de la *chi* o energía bioplásmica. Hay fotos que muestran que diferentes tipos de música afectan al biocampo de la persona de muchas maneras diferentes. Se tomaron fotografías de Kirlian antes y después de que una persona escuchara música barroca, los Conciertos de Brandemburgo de Bach. Después de la música, el biocampo de su dedo mostró una luz estriada, con más dibujos.

Recientemente, se hizo otro descubrimiento sorprendente acerca de la «fuerza del oído». El psicólogo italiano Hugo Zucarelli reveló que nuestros oídos realmente emiten sonido. Los haces de sonido del oído funcionan como una especie de radar o haz de referencia. A través de los haces de sonido del oído, podemos decir de qué dirección procede un sonido. Ésta es la base de las grabaciones de sonido en tres dimensiones de Zucarelli: la holofonía. La holofonía provoca sinestesia en muchas personas, es decir, por ejemplo, oír que se enciende una cerilla y oler el sulfuro; oír el mordisco dado a una manzana y percibir el sabor de la manzana. Este nuevo descubrimiento del sonido podría aumentar muchísimo la imaginación con todos los sentidos para ayudar a la memoria y en el aprendizaje. ¿Es ésta una ruta electrónica fácil hacia el tipo de imaginación que realizaba Veniamin, el hombre que lo recordaba todo? ¿La terapia del sonido sería aún más potente si los sonidos de alta frecuencia fueran grabados en holofonía?

MÚSICA DE GRILLO GIGANTESCO: EL VIOLINISTA EN EL CÉSPED

Tomatis descubrió sonidos de alta frecuencia que pueden dar energía a los seres humanos y curar muchos males. Otro investigador ha encontrado que los sonidos de alta frecuencia son tan potentes, que podrían curar el hambre en el mundo. Eso es lo que el investigador de plantas Dan Carlson, de Blaine, Minnesota, cree que ha descubierto. Durante años, diversos observadores se fijaron en que las plantas a veces parecían crecer más de prisa y más grandes cuando eran expuestas a la música, en especial la música clásica. Sin embargo, los resultado no eran coherentes. Después de muchos años de investigación a fondo, Carlson aisló una alta frecuencia específica en la gama de los cinco mil hertzios. Pasando estos tonos de alta frecuencia por un generador de sonido oscilante, descubrió que los cinco mil hertzios hacen que las plantas respiren mejor. Si las plantas podían respirar mejor a través del sonido, ¿podría el mismo sonido ayudar también a absorber mejor los nutrientes?

Carlson decidió intentar cultivar estimulantes en las plantas de prueba al mismo tiempo que hacía sonar sonidos de alta frecuencia. Los resultados fueron espectaculares. Su sónica, al parecer, hizo que las plantas absorbieran los nutrientes rociados sobre sus hojas con hasta un setecientos por ciento más de eficacia que las normales. Sólo la sónica o sólo rociar las plantas produjo unos efectos más modestos. Juntos, ¡eran dinamita!

Los sonidos de alta frecuencia especiales de Carlson, de unos cinco mil hertzios, producidos en un oscilador, sonaban como un grillo gigantesco chirriando en la pradera. Metió el sonido impulsado en música clásica, oriental o india, grabada en cintas para producir una pauta de sonido único y que podía oírse: música especial para la cena de las plantas.

Hacía sonar las cintas de música especial durante media hora cada día y rociaba las plantas con nutrientes diluidos (hormonas y aminoácidos). ¿El resultado? Un fenomenal noventa y nueve por ciento de aumento del crecimiento en todas las plantas. Una pasionaria color púrpura tratada con «música del grillo gigante» creció cuatrocientos veinte metros en dos años y medio. (Apareció en el *Libro Guinness* de los récords mundiales.)

Se produjo una gran competencia: una tomatera de cuatro metros y medio con ochocientos treinta y seis tomates; rosales con setenta y cinco capullos cada uno; dobles cosechas de judías y patatas; semillas de jojoba que se hicieron el cuarenta por ciento más grandes y germinaron en veinte días en lugar de tardar de uno a cinco meses.

Desde entonces, Carlson ha demostrado que las cosechas de diversas plantas pueden aumentar de dos a diez veces con su tratamiento de sonido/pulverización. Se hizo cargo de una vieja plantación de Hawai con árboles viejos, altos y delgados, y pronto tuvo árboles siempre florecientes que producían cosechas veinticinco veces más grandes de deliciosos aguacates y nueces. Miles de usuarios y muchos laboratorios científicos han confirmado sus resultados. Carlson cree que el tratamiento de sonido/pulverización podría ayudar en las zonas azotadas por el hambre. Las plantas producidas mediante el tratamiento también son más nutritivas; han absorbido mejor los nutrientes. Carlson descubrió que el sonido podía ser útil para sustituir los fertilizantes químicos. Cultivó árboles que crecieron tan de prisa, que él cree que el método también podría ayudar a resolver el efecto invernadero.

Igual que Tomatis, Carlson, trabajando en campos completamente distintos de la botánica y la agricultura, también descubrió numerosas maneras en que los sonidos de alta frecuencia pueden proporcionar poderosos beneficios a los sistemas vivos.

¿El sonido de alta frecuencia funciona igual en las plantas y en los humanos? ¿Podrían los sonidos de alta frecuencia de Tomatis afectar también a la respiración de las células en los humanos? ¿Si uno escuchara música de alta frecuencia durante la cena también aumentaría la absorción de los nutrientes? (Como gustan de decir los investigadores de la alimentación, no se trata de lo que se come, sino de lo que se absorbe.) Unos investigadores indios que estudian la medicina Ayurvédica entonaron mantras a plantas en crecimiento dos veces al día. Las medicinas a base de hierbas procedentes de esas plantas fueron probadas en diferentes enfermedades, en particular problemas femeninos. Demostraron ser más efectivas y potentes que las extraídas de plantas desprovistas de mantras. Pat Joudry observó que escuchar altas frecuencias después de comer le impedía adormecerse después de una buena comida.

En lugar de la música de la terapia del sonido, de gama más amplia, ¿los tonos de cinco mil hertzios impulsados de Carlson funcionarían en los humanos tan bien como en las plantas? ¿Los sonidos del «grillo gigante» de Carlson podrían mejorar también la mente y la memoria? Los investigadores de Tomatis descubrieron que ocho mil hertzios parecían proporcionar la recarga más rápida de la corteza cerebral. Sin embargo, la música clásica de alta frecuencia también contendría sin duda alguna sonidos de cinco mil hertzios, y la música es impulsada de manera estructurada.

¿Estos descubrimientos podrían ser aplicados en otras áreas? Por ejemplo, los instrumentos de monitorización médica que emiten sonidos *blip* continuamente junto a los pacientes: ¿podrían estos aparatos tener un tono más agudo, estar en una frecuencia más útil?

Se ha observado a menudo que los directores de orquestas sinfónicas, que experimentan una dieta diaria de sonido de alta frecuencia procedente de la música clásica, tienden a tener una vida muy larga y activa. «Quizá el mayor regalo del efecto Tomatis es el del tiempo», dice Pat Joudry, autora de *Sound Therapy*. A través de la terapia del sonido, se puede acumular un tipo diferente de «plan de ahorro para la jubilación», dice. Se puede acumular la «moneda fundamental de la energía de la vida» que surge de la conexión del sonido y el cerebro. A menos que se mantenga en forma, dice Joudry, el cerebro se deteriora con el transcurso de los años. En cambio, con la terapia del sonido, el oído puede convertirse en la antena de la fuerza vital. Como se ha mencionado, la estimulación mantiene la memoria viva en los ancianos, y la falta de estimulación produce pérdida de memoria.

Joudry y sus cada vez más numerosos usuarios de la terapia del sonido experimentan a menudo el fenómeno de la *hipersomnia* o supersueño. Es un sueño concentrado, comprimido, doblemente eficaz porque el sistema ha sido energetizado y tranquilizado a través de la recarga del cerebro. El supersueño es tan restaurador, que se necesita menos cantidad. La mayoría de usuarios de la terapia del sonido redujeron el sueño en dos o tres horas por noche. Según cálculos de Joudry, se alarga la vida en una sexta parte. Si se tienen cuarenta años, con una esperanza de vida de ochenta, seis años más es un regalo. «Más tiempo significa más vida», dice Joudry. Ella descubrió que resultaba una incomparable sensación de riqueza el poseer abundante tiempo, energía y mejores facultades mentales.

Terapia del sonido: consejos

Compramos las cintas de Joudry y las probamos durante un período de muchos meses. Descubrimos que realmente proporcionan una mayor cantidad de energía. Una de las autoras observó que los días en que no las escuchaba, sentía que le disminuía la energía. Nos pareció que el siseo de la alta frecuencia producido en las cintas por el proceso del oído eletrónico resultaba al principio un poco irritante, pero lo superábamos escuchando con el volumen bajo.

En cuanto a las plantas, una de nosotras se convirtió en

ejecutante para su plantas y tocaba el tono de «grillo gigante» en el violín (hacia el segundo «re» más agudo en la cuerda de «mi») y rociaba las plantas con agua. Un ficus y un jade alcanzaron tamaño de árboles.

P. ¿Escuchar cintas corrientes de las sinfonías de alta frecuencia de Mozart sin tratar con el proceso Tomatis podría dar también resultados positivos?

R. El proceso musical completo de la terapia del sonido incluye: supresión de las bandas de baja frecuencia por debajo de dos mil hertzios; predominio del oído derecho; filtrado a través del oído electrónico; los estallidos de sonido de alta y baja frecuencia se alternan binauralmente. Joudry ha producido cintas de música clásica con versiones completa y parcial del proceso de la terapia del sonido y también ha obtenido buenos resultados. Un audiólogo británico está llevando a cabo pruebas de la música de Mozart sin el proceso. Si se escuchan cintas de música corrientes, los controles del equipo pueden permitir subir los agudos y dirigir más sonido al oído derecho. Si su oído ya está preparado para oír altas frecuencias (una prueba auditiva lo demuestra), probablemente podrá beneficiarse de las grabaciones corrientes. Si no puede oír las frecuencias altas, necesitará el tratamiento con el oído electrónico.

P. ¿Escuchar las cintas en altavoces (coche o estéreo) sirve igual que con los auriculares?

R. Al parecer, los altavoces producen unos efectos simplemente modestos. Los auriculares sitúan el sonido directamente en los puntos de acupuntura de la oreja y también dirigen más sonido al oído derecho.

P. ¿Los potentes tonos de alta frecuencia no podrían hacerse sonar solos, sin la música?

R. Probablemente sería tan irritante, que resultaría imposible escucharlos. Incluso las plantas tienen su tono especial incorporado a la música. Sin embargo, podría componerse música especial para resaltar o para incrustar los tonos más potentes. Igual que Mnemosina, la diosa de la memoria, era la madre de todas las artes, no es de sorprender que los antiguos codificaran secretos especiales en la música, poderes curativos para la mente y la memoria.

El especialista en oído doctor Jenkins-Lee, del Cleveland Hearing and Speech Center, también cree que el oído interno es como un complejo electroquímico y, al igual que una batería de coche, puede recargarse a través del aparato auditivo. Él emite una señal de radio de baja frecuencia a los nervios auditivos a través de unos auriculares para estimular y reactivar el oído y el sistema entero. El doctor William McGarey observa: «Todas las células del cuerpo son en realidad unidades eléctricas galvánicas», y así son capaces de ser recargadas.

P. Si la música orquestal de alta frecuencia y barroca del pasado producía tantos beneficios para la mente y el cuerpo, ¿por qué nuestros antepasados no eran todos genios vitalmente saludables?

R. El número de personas de épocas pasadas que alguna vez llegaban a oír a orquestas tocar estas selecciones clásicas particulares era muy pequeño, principalmente aristócratas, congregaciones de iglesias, músicos y médicos. Además, no poseían la completa metodología para el uso terapéutico de estos sonidos orquestales o la posibilidad de escucharlos durante cientos de horas. Sin embargo, los antiguos médicos de muchas culturas utilizaban la música para regular los latidos del corazón, curar la melancolía y regular los «vapores» (probablemente campos electromagnéticos) del cuerpo. La tecnología actual de la grabación ha puesto la música al alcance del público en general por primera vez en la historia. El Walkman Sony celebró su décimo aniversario en 1989. Éste ha «revolucionado culturas de todo el mundo... Por primera vez... ahora tenemos la posibilidad de programar nuestra vida con música», dice el músico y autor Steve Halpern. Joudry cree que ella ha contribuido a hacer asequible en casetes para el walkman el en otro tiempo restringido y poco conocido sistema de terapia del sonido de alta frecuencia.

P. ¿Cuánto se tarda en notar las mejoras?

R. Joudry sugiere de cien a doscientas horas de escucha. Tres horas al día durante un mes aproximadamente debería comenzar a recargar las células cerebrales. Se puede escuchar en un walkman en cualquier momento, mientras se compra, se realiza el trabajo de la casa, o incluso mientras se duerme. Los terapeutas del sonido advierten que mientras se está intentando recargarse se reduzca el número de horas de rock duro que se escuchen. Si se escucha un número igual de horas de rock duro con bajas frecuencias de las que vacían el cerebro, los sonidos bajos anularán toda la recarga cerebral que proporcionan las altas frecuencias. La música de alta frecuencia no puede producir ningún daño y cuanto más tiempo se escuche, mejor, dice ella. En la actualidad, las cintas no se producen en masa porque las máquinas duplicadoras de cintas a gran velocidad suprimen las altas frecuencias. Las cintas se copian en tiempo real en cinta de metal. La tecnología del disco compacto probablemente remediará esta situación. Se recomienda el Walkman Sony porque tiene la respuesta de frecuencia más elevada, hasta dieciséis mil hertzios, que incluso captarán los armónicos. Aunque el doctor Tomatis está a favor de la música de Mozart porque presenta frecuencias muy altas, Joudry encontró que la música barroca y otras muchas tenían altas frecuencias adecuadas: Haendel, Vivaldi, Boccherini, Rossini, Telemann, Haydn, Bach y Chaikovski.

Coches ruidosos, discos atronadores... un gran porcentaje de la actual generación está enganchada a la estimulación sonora. Es un ansia de estimular el cerebro, piensa Tomatis. Pero, en su opinión, se hace de manera ineficaz. Cuanta más música de ésta se oye, más cansado se estará al final y a más volumen se oirá, dice el doctor Tomatis. Los sonidos de alta frecuencia que recargan son lo que se necesita en realidad, dice, para tonificar el cuerpo y la mente y nutrir la memoria.

Todos vamos a necesitar subir nuestras frecuencias, dice la autora-investigadora Chris Griscom en su libro *Ecstasy Is A New Frequency*, para sobrevivir y florecer en la nueva era.

MÚSICA QUE LE HACE A UNO MÁS LISTO: LA MÚSICA DEL *SUPERLEARNING* (R)

La música del superaprendizaje es música para aprender más de prisa. En realidad, es música para la supermemoria. Pruebas realizadas en la Iowa State University demostraron que aumentaba el aprendizaje en un veinticuatro por ciento y reveló una mejora aún mayor de la memoria: un veintiséis por ciento. Estudios científicos llevados a cabo durante los últimos treinta años muestran que las personas que escuchan esta música barroca lenta entran en un estado de relajación alerta, ideal para la realización mental. La música ayuda a colocar la mente y el cuerpo en una poderosa armonía. Se ha descubierto que el tiempo lento y reconfortante –alrededor de una pulsación por segundo– reduce la presión arterial y lleva los latidos del corazón, las ondas cerebrales y otros ritmos corporales a ritmos más eficaces (véase cuadro en página 174).

La relajación inducida por la música del superaprendizaje vence la fatiga y aumenta el bienestar físico y emocional. Alivia los síntomas relacionados con el estrés. Igual que la meditación con mantras, es una conexión de la mente y el cuerpo que ayuda a abrir una conciencia interior. Sin embargo, con

Cambios fisiológicos durante sesiones de supermemoria comparados con la meditación trascendental

	Concierto de supermemoria de música barroca (60 p. p. m.) durante actividad mental intensa (aprender cien palabras extranjeras)	*Meditación trascendental* (recitar un mantra)
Electroencefalograma (ondas cerebrales alfa: 7-13 ciclos por seg.; ondas cerebrales beta: más de 13 ciclos por seg.; ondas cerebrales theta: 4-7 ciclos por seg.)	Ondas cerebrales alfa: aumento una media de 6 %. Ondas cerebrales beta: disminución una media de 6 % Ondas theta: sin cambios	Ondas cerebrales alfa: aumento Cierto aumento en las ondas theta
Pulso	El pulso disminuye una media de 5 pulsaciones por minuto	Desciende de modo importante con una disminución media de 5 pulsaciones por minuto
Presión sanguínea	La presión sanguínea desciende ligeramente (4 divisiones de la columna de mercurio como promedio)	Tendencia a disminuir con fluctuaciones intermedias
Movilidad corporal	Sentado cómodamente Cuerpo relajado	Sentado cómodamente Cuerpo relajado
Conciencia	Concentración relajada	«Estado de alerta reposada»

este «estímulo barroco del cerebro» no hay que hacer nada, la música lo hace sin ningún esfuerzo.

La música ideal, probada en experimentos de aprendizaje intensivo en laboratorios y en clase, en países del antiguo bloque soviético y occidentales, la música especial que se sabe aumenta el aprendizaje y la memoria, es música de compositores de los siglos diecisiete y dieciocho como, por ejemplo, Vivaldi, Telemann y Bach. Sólo se utiliza la música lenta, calmante, serena, los movimientos largos (lentos) de los conciertos, con un tiempo de sesenta pulsaciones por minuto. Por supuesto, este número es un promedio, y el tiempo puede oscilar entre cincuenta y cinco y sesenta y cinco pulsaciones por minuto y puede fluctuar dentro de una sola selección. La música compuesta por compositores contemporáneos también es adecuada, al igual que la música de otras culturas, como, por ejemplo, las partes lentas de la música Koto japonesa.

La terapeuta musical Janalea Hoffman, que trabaja en la universidad de Kansas, compuso música con el tempo de sesenta pulsaciones por minuto para aumentar el aprendizaje y también para ayudar a personas con arritmias cardíacas, migrañas y presión arterial alta. Sus tests corroboraron infinidad de relatos de beneficios producidos en la salud que nos llegaban procedentes de aulas donde se escuchaba música del superaprendizaje.

Los sonidos de alta frecuencia, al parecer, también juegan un papel en la efectividad de la música del superaprendizaje. Casi desde el principio, los investigadores descubrieron que la música de cuerda daba mejores resultados que la música para otros instrumentos. Esto probablemente es así porque la música para violín, mandolina, clavicordio o guitarra contenía las frecuencias muy altas que Tomatis y otros científicos hallaron que ayudaban a recargar el cerebro. Los investigadores del cerebro postulan que las neuronas del cerebro pueden vibrar con los mismos armónicos que se encuentran en esta música especial.

En Anchorage, Alaska, dos profesores innovadores del Mears Junior High, Anne Arruda y Tam Agosti-Gisler, grabaron todas sus cintas de estudio de francés y español con música del superaprendizaje de fondo. Los estudiantes calificaron las cintas en un estudio realizado al finalizar el año. «En una escala de uno a diez, las cintas eran un nueve», escribió un estudiante. El ochenta y cinco por ciento encontraron que las cintas con música de fondo aumentaban grandemente su comprensión y, como dijo uno: «Me ayudaron a aprender y a recordar». Los estudiantes hiperactivos afirmaron haber tenido una concentración relajada y una mayor duración de la atención. Otros profesores las llamaron «un milagro». El uso de la cinta pasó al noventa por ciento. Como consecuencia de estas pruebas, Arruda y Gisler incluyeron música del superaprendizaje en sus propios programas de lengua basados en el método de aprendizaje de idiomas de la respuesta física total. Sus cursos se comercializan ahora por el editor de textos educativos Gessler.

La célebre pionera estadounidense del superaprendizaje, doctora Jane Bancroft, de la University of Toronto's Scarborough College, tiene un montón de testimonios en sus archivos procedentes de estudiantes agradecidos. A sugerencia de ella, se pasaron de la música de rock a la música de superaprendizaje para estudiar. La concentración y la memoria mejoraron enormemente y las calificaciones subieron.

La música de superaprendizaje preparada por las autoras es música de alta frecuencia con composiciones para instrumentos de cuerda en compás de 4/4 en claves ascendentes. La gente la utiliza para relajarse –incluso en los atascos de tráfico–, para equilibrar el cuerpo, para alcanzar un estado óptimo, para la imaginación guiada y, por supuesto, para mejorar la memoria. Hay disponibles muchos programas respaldados por esta música especial.

IMPULSOR DE LA MEMORIA MUSICAL EN SOFROLOGÍA

El doctor Raymond Abrezol, sofrólogo suizo, ha adoptado una técnica musical que él creó para ayudar a la gente a vencer el dolor y la ha convertido en un impulsor de la memoria. Consciente del efecto equilibrador del cuerpo que la música barroca ejerce, Abrezol creó el *Turning Sound*, música de órgano barroca con algunas frecuencias alteradas electrónicamente, música que va suavemente, rítmicamente, de un hemisferio cerebral al otro. Añadió una señal para respiración que arrastrará aún más al que escucha a la pauta rítmica, una pauta armoniosa que parece elevar a la persona a otro estado.

Abrezol repartió cintas entre sus clientes y otros médicos. Acababa de nacer una forma popular de control del dolor. Durante los años ochenta, *Turning Sound* se vendió ampliamente en Europa y ha demostrado ser muy beneficioso en el parto natural. Investigando más, a Abrezol se le ocurrió que el *Turning Sound* creaba el estado mental ideal para memorizar y aprender.

Efectuó experimentos y presentó instrucciones: «Coloque el material que quiera recordar delante de usted. Escuche la cinta con auriculares; déjese llevar a ese estado alterado especial. Abra los ojos y mire el material. Vuelva a cerrar los ojos. Repita este proceso de una manera rítmica, medida». Según Abrezol, el *Turning Sound* es una técnica memorística que sirve para todos los propósitos y puede ser utilizada para acelerar el aprendizaje de cualquier materia en cualquier lengua. Con la práctica, memorizar «se hace automático», dice él. Abrezol ha creado ahora cintas de *Turning Sound* para estimular la memoria utilizando también música actual. La investigación prosigue en su centro de Lausana, Suiza.

Pulsaciones para combatir el aburrimiento

Si usted tiene problemas para centrar la atención, concentrarse y recordar, otro nuevo avance ha descubierto una galaxia entera de pulsaciones que vencen al aburrimiento. En Tacoma, los sensuales acordes del *Silk Road* de Kitaro se arremolinaban alrededor de los alumnos de sexto grado que aprendían matemáticas. *China* de Vangelis sonaba mientras los de tercer grado deletreaban, al tiempo que los melodiosos sonidos de Paul Horn rodeaban a los de primer grado, que se hallaban embarcados en la escritura creativa. No sólo la música hacía que los profesores se sintieran bien por el repentino esfuerzo de sus alumnos, sino que las pulsaciones especiales ocultas en la música, imperceptibles, armonizaban el cerebro de los estudiantes y los situaba en el «mejor» estado para concentrarse, recordar o crear.

Robert Monroe, ingeniero, explorador consciente y fundador del Monroe Institute of Applied Science, ideó la técnica de utilizar frecuencias de pulsaciones para impulsar el cerebro en pautas rítmicas específicas. El cerebro de uno crea una frecuencia de pulsaciones. Por ejemplo, si usted se pone auriculares y se le envía una señal de trescientos hertzios al oído izquierdo y trescientos cinco hertzios al derecho, su cerebro ofrece la diferencia. Resuena a cinco hertzios. Más sentido que oído, esto no es lo mismo que experimentar esta pulsación procedente de fuera del cuerpo, y pone en marcha el cerebro en cuestión de segundos. Se trata del Hemi-Sync (R), otra manera eficaz de utilizar el sonido para mejorar la mente, la memoria y las habilidades. Se puede utilizar para seleccionar, entre muchos estados cerebrales, el que más se adapte a lo que uno quiere hacer: aprender, imaginar o incluso levantar peso.

En 1978, el profesor de filosofía doctor Devon Edrington introdujo el Hemi-Sync en la educación para solucionar un problema del que todos somos víctimas: la atención que se distrae. Experimentando en el Tacoma Community College, Edrington y colegas administraron frecuencias de pulsaciones específicas vía auriculares a estudiantes que practicaban un sinfín de temas: desde ética hasta dibujo pasando por español. ¿Las frecuencias de las pulsaciones mejorarían la atención y la concentración? ¿El sonido de las pulsaciones mejoraría la memoria y el rendimiento? Estudiantes de psicología que habían pasado gracias al Hemi-Sync a un estado de aprendizaje óptimo sacaron puntuaciones mucho más elevadas en una serie de tests que los que intentaron mantener su atención centrada mediante sus propios métodos. Había sólo una probabilidad entre diez mil de que la mejora fuera accidental. Incluso el cauteloso decano de instrucción, después de escuchar una pulsación de relajación, estimuló a Edrington a seguir adelante. «Hacía muchos años que no me sentía tan relajado.»

«La atención que se distrae –afirma Edrington– es el veneno de la educación.» Mejorando la concentración y combatiendo el aburrimiento, parecía que el Hemi-Sync podía estimular la memoria. Los profesores de la escuela pública de Tacoma pronto quisieron dar sus clases en *sync* y concentrarse también. ¿Las pulsaciones cerebrales podían trabajar para ellos? «La idea de tener a treinta bulliciosos alumnos de seis años atados a unos auriculares era aterradora», explica Edrington.

El profesor de primer grado Jo Dee Owens insistió. ¿Y si pudieran emitir ritmos de pulsaciones enmascarados con música por los altavoces estéreo de la habitación? Edrington construyó de mala gana el sistema. Los auriculares son mejores pero aun así algo ocurrió. Pronto padres, director y evaluadores asediaban la clase con las pulsaciones inaudibles. Los alumnos de primer grado demostraban una sorprendente concentración, independencia y cooperación. Los niños terminaron el trabajo sobre las enseñanzas básicas y escribieron historias mientras su profesor trabajaba con otros. «Después, leyeron sus historias –informó el evaluador de sistemas de la escuela pública de Tacoma, Bruce Anaklev–. Dieron charlas de un minuto y respondieron a preguntas planteadas por compañeros de clase. ¡Alumnos de primer grado!»

Para ayudar a los profesores a sintonizar a sus alumnos con las útiles pulsaciones para vencer el aburrimiento, Edrington creó el *Binaural Phaser*, una especie de «fábrica de pulsaciones», un sincronizador que permite mezclar seis pautas diferentes de frecuencia de pulsaciones con música. Si los niños entran gritando en clase después de un acalorado partido de baloncesto, el profesor podría conectar una pauta que evocara ondas cerebrales delta, lentas y calmantes, durante unos minutos. Después, pasa a otra frecuencia de pulsaciones que ayude a centrar la atención sobre la historia o la biología, y después otra para el arte o la escritura creativa.

Las mentes de los adultos también pueden divagar. El profesor Hans Heinzerling, de la universidad de Puget Sound, ponía el sincronizador de Edrington en las clases de la escuela de verano llenas de maestros de escuela pública. Era época de vacaciones y hacía calor. Heinzerling estaba encantado con el alto nivel de atención del grupo, su energía y participación. «Siempre optaría por utilizar el sincronizador –explica– y nunca trabajaría sin él si pudiera evitarlo.» En Fort Lewis, Washington, el ejército empezó a utilizar las frecuencias de pulsaciones en las clases de lengua extranjera. Los resultados fueron excelentes, informaron las profesoras Yvonne Pawelek y Jeanette Larson. «Una herramienta tremenda –dijeron entusiasmadas–, tanto en clase como en el laboratorio de idiomas.» Pronto llegaron a los jefazos del ejército y expertos en educación informes del poder de las pulsaciones que vencen el aburrimiento y centran la atención. Muchos más profesores, instructores y entrenadores de deportes añadieron las valiosas pulsaciones a su repertorio.

Versado, evidentemente, en los grandes pensadores del mundo, el doctor Edrington cree que necesitamos ciudadanos que no sólo estén entrenados, sino también educados, «personas con una conciencia expansiva que les permita apreciar otros puntos de vista, tolerar paradojas, mantener ideales, soñar». Proporcionarles una manera sencilla de vencer la atención fragmentada puede ser útil, sostiene.

¿Las frecuencias de pulsaciones pueden convertirse en una muleta, una adicción? Después de unos meses de exposición a los ritmos ocultos, la mayoría de la gente empieza a sentir «gusto» por la atención centrada y puede conseguirla por sí misma. Se trata de una pregunta abierta: cuántos estados diferentes se pueden descubrir y sintonizar con el Hemi-Sync. En cuanto a la concentración, es algo natural. Utilizar ritmos para guiar la atención es tan antiguo como el que una madre meza a su hijo o un predicador extasíe a su congregación.

Las diferentes composiciones del *Binaural Phaser* ayudan

grandemente a centrar la atención para diferentes temas y diferentes actividades... una va bien para la imaginación guiada, otra para estudiar, otra para temas visuales como la geometría. Si usted quiere añadir esta nueva técnica del sonido a su repertorio, consulte las fuentes.

En general, los nuevos avances relativos a nuestro sentido primario –el oído– nos están proporcionando potentes maneras de estimular la memoria y acceder a ella. Los nuevos descubrimientos en música, desde los poderes de ciertas altas frecuencias hasta las pulsaciones del barroco, hacen de la «fuerza del oído» una rápida ruta hacia el poder mental evolutivo. Las nuevas tecnologías del sonido, desde los walkmans hasta la holofonía, están ayudando a desvelar las antiguas conexiones misteriosas entre la mente y la música. También existen enormes beneficios indirectos. «Con el crecimiento del conocimiento del sonido centrado en la salud, ahora tenemos oportunidad de empezar a prestar atención al sonido, ya que afecta a nuestra salud global. Cuidando de nuestra propia salud, quizá experimentemos nuevas perspectivas del autodescubrimiento y una viveza que no sabíamos que existiera», dice Steven Halpern. Estos nuevos descubrimientos del sonido pueden vitalizar y hacer resonar nuestras conexiones con los campos de la memoria, y dar a la mente y al cuerpo un «empuje sónico».

12
Cómo imaginar recuerdos mejores

¿En qué pienso primero cuando digo «taza»?

La habitación reflejada oscuramente en el espejo de encima de la repisa de la chimenea, leños envueltos en llamas, sombras que danzan en la chimenea, café después de comer en porcelana con ribetes de oro sobre una mesa lacada en negro... Una escena que uno recuerda, o que se inventa. O quizá una imagen de la revista *House and Garden* del mes pasado. Oscila en conjunto, como un todo, llevando a los pensadores visuales a efectuar una rápida maniobra en los tests de asociación. Platillo puede parecer razonable, morillos podría sonar extraña. Podría muy bien necesitarse mil palabras para describir el cuadro completo que forma la verdadera asociación. La imaginación es el lenguaje del cerebro derecho, el hemisferio que parece más íntimamente ligado al sistema límbico emocional tan vital para la memoria; afortunadamente, la palabra vuelve a hacerse simpática para los pensadores visuales.

Si quiere usted demostrarse a sí mismo que una imagen merece esas mil palabras, mire un mapa. Quizá porque acarrea mucha información, tantas partes que se asocian, las imágenes son el material de que se nutre la memoria. Nadie dice: «Lo siento, sé su nombre pero no recuerdo su cara». Incontables experimentos atestiguan que la visualización refuerza la memoria. Para citar sólo uno, los doctores Allan Paivo y Alain Desrochers, de la universidad de Western Ontario, entrenaron a estudiantes en las técnicas de la imaginación y la memoria maquinal. No les sorprendió ver que los tests demostraban que las imágenes estimulaban el recuerdo. Sí, les sorprendió que los estudiantes obtuvieran resultados tres veces mejores con las imágenes que con la repetición. Si se puede visualizar algo, se recordará mejor. Por eso se enseñan primero nombres concretos en las lenguas extranjeras. Perro, gato, mesa, evocan al instante su imagen. Si tiene usted problemas para recordar lo que lee, haga una pausa de vez en cuando e imagine una película de las últimas páginas. Si esto le resulta más fácil de decir que de hacer, intente imaginarse a usted mismo realizando una película mental, viéndose a usted mismo pasándola, recordándola con facilidad. Los estudiantes de aprendizaje con el cerebro entero con frecuencia viajan directamente a la imagen. Baje el borde de un lirio y sienta que sus pies se adhieren al polen que cubre el estambre... Los pájaros y abejas de la vida vegetal se adherirán a su mente. Si le interesan las técnicas de visualización directa para recordar algo o cien mil cosas, repase los extraordinarios sistemas que nuestros antepasados construyeron. Comparados con ellos, nuestros métodos memorísticos no sólo palidecen, sino que desaparecen (ver capítulo 13). Para conocer trucos para la memoria, ver el apéndice B.

La corriente de imágenes

A comienzos de siglo, Thomas Edison hizo quitar el techo de un pequeño edificio negro en West Orange, Nueva Jersey. Unos obreros empujaron la placa giratoria donde se asentaba el pequeño edificio hasta que el sol entró directamente a través de la abertura del techo. La cámara despertó y la era del cine comenzó. El exterior por fin alcanzó al interior, pues los humanos llevaban muchísimos años viendo imágenes mentalmente.

Hoy en día, las personas utilizan su cine interior para ayudarse a sí mismas a realizar toda clase de cosas. Se trata de cine mental dirigido. Ahora, la gente está solidificando la memoria con otro tipo de película mental, una especie de *cinéma vérité* interior, una corriente no dirigida de imágenes que tienen un gran parecido con la corriente de la conciencia. Los expertos dicen que esta corriente se mueve interminablemente en el borde de la conciencia, constante como la respiración. La gente a menudo la percibe en el filo del sueño. Si cierra usted los ojos y presta atención, suele ser aparente en cualquier momento; algunas personas son conscientes de ella todo el tiempo. Esta rica corriente innata de imágenes podría grabarse para ayudar a consolidar la memoria y la comprensión. El doctor Win Wenger está trabajando en ello.

El peripatético Wenger, con base en Gaithersburg, Maryland, es un experto en educación aunque se le podría llamar mejor el Johnny Appleseed de la expansión del cerebro y la mente. Utiliza sus propias técnicas de preparación para revolver una abundancia de ideas fértiles que han sido puestas en práctica por cualquiera con cerebro, desde ejecutivos que resuelven problemas hasta preescolares. Wenger fue otra alma creativa en el anclaje del aprendizaje intensivo en este país. No se contentó con limitarse a una serie de reglas supuestas. El auténtico punto de debate del aprendizaje acelerado o intensivo, que puede perderse en la critiquería, dice Wenger, es el elemento clave: moviliza de manera efectiva el «doble plano», la mente consciente y la inconsciente. Los resultados sugieren que es su fuerza. «Como forzosamente dirigimos el inconsciente en nosotros y otros en cualquier caso –dice Wenger–, ¿por qué no encontrar otras técnicas que también utilicen este segundo plano de la conciencia?» ¿Por qué no engranar la corriente de imágenes?

Algunos objetarán: «Yo no veo imágenes, nunca las he visto». El cerebro dedica mucho más espacio al sentido de la vista que a los otros sentidos. Casi el ochenta por ciento del área cerebral tiene alguna implicación visual y casi toda es actividad subconsciente. Ésta es una razón por la que el ámbito de las imágenes coincide con Aristóteles en que el pensar siempre va acompañado de imágenes, aunque en algunas personas pueden no surgir en la conciencia. Wenger ha desarrollado una batería de maneras de conectar con la corriente. El «puente entre polos» es una que funciona si se pueden captar al menos algunas imágenes. Con los ojos cerrados, describa las imágenes que acuden a usted, haga un comentario como el de un locutor de radio que describe un desfile; si es posible, grábelo. Nosotras lo hemos probado y, como Wenger promete, con la práctica el desfile de imágenes empieza a aparecer, se hace rico, colorido y variado. El «puente» enlaza el hemisferio derecho con el izquierdo, verbal, y a los ojos de Wenger mejora la inteligencia en general. Cuando se vuelven a oír, las descripciones grabadas pueden ser sorprendentemente significativas, en particular si se planteaba usted una pregunta. Como dijo Erickson: «Su mente consciente es muy inteligente, y su mente inconsciente es muchísimo más lista».

Wenger descubrió que esta inteligencia se comunica a través de la corriente de imágenes de manera notable durante los seminarios de resolución de conflictos. Dos grupos amargamente opuestos se enfrentaron con él. Planteó unas preguntas ocultas dirigidas al inconsciente de los contendientes. Los grupos en guerra cerraron los ojos y describieron su corriente de imágenes no dirigidas. Wenger se sorprendió. Contemplando la corriente de ambos grupos, dice: «¡Inconscientemente estaban de acuerdo de forma unánime en la mejor manera de resolver el conflicto!».

Una vez las personas se sienten a gusto sintonizando su propia corriente de imágenes únicas, la evocan para integrar y fijar el recuerdo. Si tiene usted problemas para comprender una conferencia o un libro, Wenger podría decir: «Aun ahora, su ojo mental ha preparado una imagen para que usted la mire, que contiene de una manera inesperada la comprensión clave de este tema. Todo en este libro gira en torno a esta comprensión clave». Cierre sus ojos inmediatamente y vea cuál es esta clave. Describa en voz alta o escriba o dibuje la clave. Incluso los novatos que no han tenido ningún contacto previo con el tema, según indica Wenger muy a menudo, «decían que habían sufrido una transformación inmediata de la experiencia de dificultad e incomprensión a la transparente facilidad y ricamente significativa comprensión del texto o la tarea». Esta corriente también es útil para integrar talentos y habilidades físicas.

Engranar la inteligencia del inconsciente con la corriente de imágenes produce retención de recuerdos a largo plazo y mejora la capacidad de recordar igual que la sugestiología, informa Wenger. Las dos técnicas trabajan sinergísticamente. Estimulan la memoria en parte porque trabajan globalmente, integrando y asociando en lugar de utilizar el método usual del encasillamiento. La corriente de imágenes puede utilizarse para unir temas diferentes, todo lo que uno aprende en la escuela o los datos de diversos elementos de un negocio, construyendo una base cada vez más amplia de comprensión, un recuerdo cada vez más fuerte. No es de sorprender que se hayan encontrado docenas de usos prácticos de esta técnica. Es una cuestión de inteligencia, poniendo en juego más cantidad de ese recurso tan amplio y normalmente sin explotar.

Si le gustan a usted las revelaciones, plantee esta pregunta: «¿Qué es hora de recordar acerca de mí mismo?». O: «¿Qué es hora de reordenar acerca de mí mismo?». Luego, capte la corriente de imágenes, y acuérdese de describir lo que fluye. Inténtelo de vez en cuando mientras se hace experto en ello. La gente recibe sorpresas, dicen.

LA MEMORIA EN LA YEMA DE LOS DEDOS

Unir el nombre de alguien a una imagen divertida o imaginar que es usted un satélite que toma fotos de los continentes de la Tierra ayuda a fijar las cosas en la memoria, en la memoria de los hechos. La película dirigida de la mente, que tantos utilizan, con frecuencia implica la memoria que se puede sentir en los dedos cuando se toca el piano, en todo el cuerpo cuando se va en bicicleta. Un amnésico puede no recordar su nombre, pero recuerda cómo conducir un coche. Un hombre con un grave desorden de la memoria puede seguir jugando al golf y mejorar con la práctica, aunque no pueda recordar que ha jugado el último agujero. Diferente de la memoria «semántica» intelectual, y de la memoria diaria, episódica, la memoria automática o de la habilidad parece más próxima al hueso y permanece cuando otras desaparecen.

Algunas personas poseen una facilidad innata para la memoria corporal. Shirley Temple, por ejemplo, que parecía competente en tantas cosas a los tres años de edad. Lo hacía tan bien en el escenario, que asustaba a las otras estrellas adultas, como a Adolphe Menjou, quien la llamó una Ethel Barrymore a los seis años y dijo: «Si tuviera cuarenta años, no habría tenido tiempo para aprender todo lo que sabe de actuar». Una cosa que la pequeña Shirley comprendió por sí misma es que el escenario de una película es una red entretejida de rayos de luz. Ella buscaba las variables pautas de calor mientras los rayos invisibles le daban en el cuerpo. «Mi habilidad consistía en percibir la diferencia entre una parte de piel en la frente y un área más fría en la mejilla.» Aparentemente sin esfuerzo, recordaba las pautas de calor y acción durante los ensayos. A diferencia de otros actores, ella siempre recordaba dónde tenía que estar durante las tomas, incluso podía «percibir si mi cabeza estaba en la posición correcta».

Shirley también demostraba tener una memoria casi intachable con respecto a su papel, el cual estudiaba con un método que recuerda un poco el superaprendizaje. Mientras se relajaba en la cama antes de dormirse, repasaba con su madre tres interpretaciones dramáticas del guión del día siguiente. Después Shirley se dormía y al día siguiente estaba perfecta, no sólo con su papel, sino también con el de todos los demás. Para los que no poseemos la memoria corporal instintiva y la memoria de ejecución de Shirley, las imágenes pueden ser útiles.

En nuestra época, el entrenamiento mental para los deportes alcanzó por primera vez alturas olímpicas en la URSS y Europa. Desde la gimnasia sembrada de estrellas de Mary Lou Rettin y las zambullidas divinas de Greg Louganis, quienes trabajaban con su imaginación, el entrenamiento mental ha empezado a difundirse en los Estados Unidos. No es algo completamente nuevo. Mientras transcurría el verano atlántico de los Juegos Olímpicos de 1912, miembros del equipo estadounidense se preparaban duramente. Todos menos uno. Mientras los otros sudaban, un entrenador se fijó en Jim Thorpe, la gran estrella de la pista, que estaba recostado en una tumbona. «¿Por qué no estás entrenándote?», le preguntó. «Lo estoy haciendo», respondió Thorpe, y le explicó que estaba imaginando cada centímetro de la pista, cada movimiento, cada respiración de su carrera. Más recientemente, la pentatleta americana Marilyn King acabó en cama por una lesión en la espalda nueve meses antes de las pruebas olímpicas de 1980. En lugar de maldecir su sino, King pasó el tiempo viendo películas de famosos pentatletas, y luego visualizaba y experimentaba el hecho de ser ella quien actuaba. En realidad, estaba sembrando recuerdos de actuaciones de primerísima categoría. King, directora de Beyond Sports, insiste en que su entrenamiento mental, y no el físico, fue lo que le hizo quedar en segundo lugar en las pruebas.

El sofrólogo Raymond Abrezol es responsable de ciento catorce medallas olímpicas, no por ser un «superman», sino por ser el entrenador mental de clientes en deportes tan variados como esquí y tiro contra blancos móviles, boxeo y natación. Las películas mentales son la base de este entrenador sofrólogo. Las películas mentales ayudan a borrar los recuerdos innecesarios o defectuosos. Ayudan a inculcar recuerdos de habilidades. Si juega usted al tenis, después de practicar, Abrezol le pedirá que vuelva a hacerlo mentalmente, utilizando todas las técnicas de un realizador de cine: congelar fotogramas, zoom, cámara lenta, vista panorámica. Usted corrige todos los errores que ha cometido, si es necesario retrocediendo y volviendo a pasar la película una y otra vez hasta que lo hace bien. No se permite que las malas maniobras se fijen en la memoria.

Aparte de los deportes, se puede intentar borrar los recuerdos no productivos de cualquier acontecimiento mientras están frescos. Vuelva a ver las cosas tal como le gustaría que fueran, lo cual puede ser más liberador de lo que parece. «¡Cara de perro!» Se puede oír mil veces «tienes muy buen aspecto», pero «cara de perro» es lo que se recordará. Lo negativo tiende a permanecer más vivo en la memoria, resuena como canción inacabada, música que no ha sonado de manera satisfactoria. Si inmediatamente se vuelve a pasar la película y se eliminan con la mente los acontecimientos insatisfactorios, eso ayudará a olvidar.

El fundador de SALT, Don Schuster, utiliza la película mental después de producirse algún daño físico. Si se quema la mano, por ejemplo, repase el accidente vivamente lo antes posible, aconseja. Schuster dice que «este primer auxilio psicológico» con frecuencia cura más de prisa, quizá porque la expresión permite que el cuerpo se relaje y aporte riego sanguíneo a la herida, quizá porque permite que la memoria corporal se exprese y no se fije en las células.

En el entrenamiento deportivo, cuando se tiene una buena toma, Abrezol pide que vuelva a repasar su actuación, pero esta vez desde dentro, estar allí realmente, poner todos los sentidos en el juego, mirar con nuevos ojos, sentir, sentirse uno mismo conectado con la pelota de tenis. El entrenador de la nueva era Dyveke Spino va más allá con la imaginación plenamente percibida y pide a los clientes que imaginen que son una gacela para ser rápidos, y una pantera para reunir poder.

Para la competición como un concurso de saltos y carreras, Abrezol le hace crear un recuerdo presente del acontecimiento futuro. Día a día, cuatro semanas antes, uno se imagina todos los detalles del día señalado. Desde tomarse un fuerte desayuno hasta los hurras finales y el dulce olor del éxito, uno trata de experimentar los acontecimientos como si realmente estuvieran sucediendo. Se están formando recuerdos positivos para tenerlos ese día futuro.

Abrezol lleva este entrenamiento hasta la curación. La olímpica Marilyn King ha aprendido la idea de que, si no puedes imaginar que consigues una buena calificación o que dominas un tema difícil, no lo harás. «Una vez que un niño comprende que el potencial es un estado mental, una vez la profecía de rendimiento negativo empieza a ser sustituida por un nuevo guión, una nueva película, cuidado», dice King. La tendencia natural a ensayar mentalmente se utiliza a veces para juzgar la inteligencia, probablemente porque está relacionada con la memoria. El ensayo imaginativo se utiliza cada vez más para todo: vender, tener un bebé, tocar el piano, proponerse en matrimonio. Funciona, pero ¿por qué? Si puede usted poner en marcha todos sus sentidos e imaginar vivamente, su mente profunda no podrá saber la diferencia entre un acontecimiento imaginado y uno real. Incluso se producen micromovimientos musculares cuando se imagina una actuación. De hecho, se están depositando recuerdos de mente y cuerpo. Se están depositando recuerdos de un éxito aparentemente pasado que se moviliza hasta el presente y el éxito futuro. También parece que hay más misterios sutiles, misterios en el poder creativo de la memoria y la imaginación. El golf inspiró a un francés muy conocido a perseguir el misterio. No era un campeón, sólo un aficionado de fin de semana.

Un arenal bien colocado que protegía cierto *green* se había tragado la pelota del hombre más veces de las que él podía recordar. Mientras recorría la calle, su justo castigo se abría como un cráter lunar en su mente. Y su pelota cayó en la trampa. Contemplando la «perfección» de su actuación, Émile Coué ideó una famosa ley: «Cuando la imaginación y la voluntad están en conflicto, la imaginación siempre gana».

Farmacólogo, uno de los padres franceses de la ciencia de la sugestión, en los años veinte Coué inspiró a millones de personas a entonar: «Cada día, en todos los aspectos, estoy mejor». Pero su estudio de la imaginación fue más allá de una frase pop. Su ley formula una vieja idea esotérica: la voluntad es lo que elige, la imaginación es lo que realiza. Magnetiza, quizá porque crea un estado de mente y cuerpo deseado, un recuerdo dependiente del estado. Coué trabajó en el doble plano y utilizó las imágenes para despertar el subconsciente y convertir su energía en una meta elegida. La próxima vez que haga régimen piense en la ley de Coué. La fuerza de voluntad consciente empezará a decrecer si permite que en su cabeza bailen visiones de tartas de chocolate. «Debe de ser necesaria mucha fuerza de voluntad», decía la gente a Marilyn King refiriéndose a su destreza. «Aunque puede ser cierto, yo nunca estaba en contacto ni con la fuerza de voluntad ni con la disciplina», admite ella. Era el deseo, alimentado por la imaginación, lo que la hacía levantar pronto de la cama.

«No tengo imaginación. No puedo hacerlo.» Existen libros llenos de técnicas para estimular la imaginación. Si no puede visualizar, quizá el tacto es el sentido que predomina en usted. Trabaje desde la fuerza y pase a otros sentidos. Imagínese que pasa la mano por la áspera corteza de un roble o que acaricia la suavidad de la mejilla de un bebé. Deje que la imagen, los sonidos, aparezcan a partir del tacto.

El objetivo es imaginar con todos los sentidos. Las superestrellas de la memoria como Veniamin, el hombre que lo recordaba todo, aportan a la vida sentidos extra plenos. En el caso de Veniamin, los sentidos se mezclaban en el fenómeno de la sinestesia. Cada número, cada forma, cada palabra y sonido enviaba una multitud de impresiones que entraban en tropel en la mente de Veniamin. «La letra A es blanca y larga –decía–. La I se aparta de uno. La O sale del pecho, es grande y el sonido va hacia abajo... También percibo un sabor para cada una –explicó–. Y los números no son simples cifras: el uno tiene forma puntiaguda, independiente de su aspecto gráfico, es algo duro y acabado; el dos es plano, rectangular blancuzco, a veces grisáceo...» Un día, cuando Veniamin y el académico A. A. Luria pasaban por delante de los muros de piedra nudosos del instituto de Moscú donde tenían lugar sus experimentos sobre la memoria, Veniamin dijo: «¿Cómo podría jamás tener problemas para encontrar su instituto? Esta pared tiene un gusto tan salado, es tan arrugada y tiene un sonido realmente tan estridente...» No es extraño que Veniamin lo recordara. Imaginar con todos los sentidos es algo que el resto podemos aprender a hacer, al menos un poco.

Un reciente descubrimiento podría servir de estímulo. Hugo Zucarelli descubrió que nuestros oídos emiten sonidos que actúan de manera similar a los haces de referencia que crean hologramas. A partir de su descubrimiento, Zucarelli inventó algo nuevo y poderoso: la holofonía, grabación de sonido en tres dimensiones. Si se escucha una grabación holofónica, es como si realmente se estuviera allí. La primera vez se salta al oír los aplausos, no se sabía que hubiera alguien detrás. Por una razón u otra, la holofonía puede producir sinestesia. Escuche filtrar café y sienta su aroma y degústelo. Las imágenes holofónicas guiadas o cintas de aprendizaje directo podrían formar recuerdos poderosos. Otra manera de ejercitar la imaginación está más a mano.

¿Puede imaginar lo peor? Nunca hemos conocido a nadie que no pudiera. Su esposo llega tarde, probablemente le han atropellado, ha perdido la cartera... en urgencias no saben a quién llamar... o no está usted seguro del examen, probablemente habrá suspendido, perderá la beca... tendrá que abandonar la escuela... se convertirá en un vagabundo. «La doctora Joan Borysenko llama a esto "tremendizar".» Como directora de la Beth Israel Mind/Body Clinic de Boston, ve numerosos ejemplos infelices de adónde puede conducir el tremendizar.

La próxima vez que esté usted meciéndose en el tren de la tremendización, ponga el freno de emergencia. Vuelva a poner el tren de los pensamientos al principio y hágalo circular por un hecho positivo. Sus suprarrenales se lo agradecerán. Y sin añadir tiempo, es una manera excelente de practicar la imaginación. (Para referencias de imágenes que curan, ver el capítulo 16.) No entra dentro del alcance de este libro hablar de la imaginación, pero es fácil encontrar orientación. Por parte científica, un investigador excepcional es el doctor Akhter Ashan, fundador de la International Imagery Association.

A nivel de persona a persona, Shakti Gawain es excelente. En parte, los dos están metidos en la creación de recuerdos futuros. También lo está Vera Fryling, M.D., una de las principales expertas estadounidenses en autogenia, la rutina clásica de la relajación que primero conduce el cuerpo a un estado cálido y centrado y después pasa a la imaginación creativa.

Crear futuros recuerdos

Vera Fryling, una mujer alta y elegante con un bonito acento alemán estilo Dietrich, tiene diversas aptitudes especiales. Muy en particular, tiene una aptitud especial para sobrevivir. Durante su adolescencia en el Berlín nazi, de paso, sin papeles, sin cupones para comida, acosada por la Gestapo, vivió una especie de historia de Anne Frank con un final feliz. Excepto que Fryling no estaba encerrada, salía y vivía la horrible vida de la ciudad, con la amenaza de ser descubierta en las calles y de ser alcanzada por las bombas que caían del cielo. La imaginación, dice, tuvo un papel importante para permitirle salir de apuros. Fryling demostró el nombre de la autogenia: «autonacimiento». Este sistema formalizado de relajación e imaginación se convirtió en su especialidad en la práctica privada y en el claustro de profesores de la California Medical School de Berkeley. En años recientes, la ha utilizado para ayudar a otros a sobrevivir y a superar situaciones peligrosas, ya sean una guerra, un terremoto, la tortura o enfermedades que dejan incapacitada a la persona. La medicina, cree ella, debe ocuparse no sólo del cuerpo y la mente, sino también del espíritu.

Las amenazas a la supervivencia obligan a preguntarse el significado de la vida de uno. La imaginación proporciona una manera de investigar, de adaptarse y quizá de superar las cosas. En los campos de concentración, observa Fryling, a menudo los que sobrevivían no eran los de mayor fortaleza física, sino los que podían sostenerse gracias a una rica vida interior. Victor Frankel, el triunfo de un ser humano, sobrevivió a los campos en parte porque comprendía que «por muy desolado que sea el estado de uno... el hombre puede conservar un vestigio de libertad espiritual». Puede insistir en la elección que siempre le ha quedado, la elección del pensamiento de uno. Con la memoria, Frankel evocaba el rostro de su esposa, «lo veía con extraordinaria agudeza. Oía su voz que me respondía. Veía su sonrisa, su mirada estimulante, era más luminosa que el sol que estaba a punto de salir, y por primera vez en mi vida, vi la verdad: el amor es la meta última y más elevada a la que el hombre puede aspirar...». La imaginación permitía que esta brillantez se desplegara en el más sombrío campo de concentración. Frankel creó también recuerdos futuros. Se imaginó a sí mismo después de la guerra, en la universidad de Viena, dando conferencias sobre la psicología de los nazis. Lo imaginaba con exquisito detalle, hasta verse, sentirse, oírse a sí mismo encender las luces de la sala. Frankel sobrevivió para alcanzar sus recuerdos futuros. Un día encendió las luces y dio una conferencia sobe la psicología de los nazis en la universidad de Viena.

Fryling, que sólo contaba quince años cuando su padre judío huyó de Alemania y casi todos sus parientes fueron llevados en tren a los campos de la muerte, no tenía tantos recuerdos pasados como Frankel. En cambio, dice que se aferró al idealismo alemán de hombres como Schilling y Goethe; ella decidió hacerse psiquiatra para ayudar a curar los cismas mentales que subyacían en los horrores que la rodeaban. No sólo era ingenuo, sino absurdo a la sazón. Sin embargo, Fryling también empezó a imaginar su meta con exquisito detalle, imaginando recuerdos futuros. «La imaginación me ayudó a urdir mi estrategia para sobrevivir.» Ello le proporcionó el valor necesario para asistir por fin a una escuela preparatoria privada bajo una supuesta identidad. La salvó de la angustia de la muerte en Berlín, la liberación por el Ejército Rojo y por fin a salir de Berlín para ir a la universidad de Minnesota.

Poco después de conseguir su doctorado en medicina, los años de tensión se cobraron la factura. Los colegas que operaron a Fryling de cáncer sólo le daban el cincuenta por ciento de posibilidades de sobrevivir cinco años. «No pierdas tiempo y dinero estudiando psiquiatría», le recomendaban. Pero Fryling había pasado demasiado tiempo imaginando. Puso a trabajar sus imágenes acerca de su salud y otra vez sobre su meta. Después se convirtió en una psiquiatra conocida internacionalmente con una práctica activa. Hace unos años, Fryling aparcó su coche y se enfrentó con otra amenaza a su supervivencia, un ladrón con un revólver. Recibió varios disparos y quedó malherida, pero, como es de imaginar, sobrevivió una vez más para proseguir su muy activa vida.

En el hospital, Fryling añadió música a su imaginación. Cuando no lograba dormir, utilizaba música barroca lenta y estructurada. La mayor parte del tiempo necesitaba piezas como *El rey Esteban*, de Beethoven, que activaba las imágenes emocionales del valor, la fuerza y la trascendencia. Para curar, también aconseja utilizar la memoria y recordar imágenes de tranquilidad: un verde paisaje, una voz familiar y reconfortante, un roce tranquilizador. De ellas «podemos sacar nuevas fuentes de satisfacción que nos ayuden a superar los insultos que el destino nos ha deparado».

Aunque normalmente no se observa, las instrucciones sobre cómo imaginar con todos los sentidos son muy similares –en realidad son idénticas– a las descripciones de los recuerdos dependientes del estado. Los dos tienen modo y temperatura y engranan el drama completo de mente y cuerpo de un acontecimiento. Por ejemplo, imaginar excitación o ansiedad puede provocar y dejar una huella de la misma actividad hormonal que la ansiedad real. Como señaló Lewis Carroll: «Es muy pobre la memoria que sólo trabaja hacia atrás». Frankel y Fryling, con su intensa imaginación, creaban recuerdos del futuro dependientes del estado.

La memoria puede crear sin la restricción del tiempo. Como Milton Erickson y otros han demostrado, incluso puede «cambiar» el pasado. Una cliente, por ejemplo, podía volver, mediante regresión, a la primera infancia y experimentar sesión tras sesión las vivencias de la seguridad y de las aventuras de una vida familiar afectuosa, algo que en realidad no había tenido cuando niña. Al final, estos recuerdos recién incorporados pueden empezar a palpitar a través del tiempo hasta el presente e incitar la actitud y la conducta positivas que brotan de una infancia feliz.

La memoria es una íntima compañera del tiempo de tal modo que la famosa respuesta de san Agustín cuando le preguntaron: «¿Qué es el tiempo?» podría extenderse a la memoria. «Sé lo que es hasta que me lo preguntas.» La práctica de la imaginación para esquiar o para las ventas es comprensible, pero el tipo de imaginación realizado por Frankel y Fryling se diluye en la visión actual de nuestra conexión creativa con el mundo. Encaja con la idea perenne de «actúa como si, y lo serás», como si el futuro, igual que un líquido en un molde, pudiera ser atraído para hacer realidad recuerdos imaginados. ¿La fuerte imaginación podría producir un campo mórfico, o engancharse en uno genérico, organizando campos que crecen más fuertes con la repetida imaginación prescrita? Sea cual sea su opinión, parece que nuestras memorias poseen recursos, normalmente inexplotados, que van mucho más allá del «sólo los hechos, señora».

13
El recorrido mágico de la memoria

Primera parada: la legendaria Grecia... y el desastre. Salvadores y portadores de antorchas pululan sobre un monolítico montón de escombros; una mansión se ha derrumbado, el hogar del magnate Escopas. Un *Who's Who (Quién es Quién)** de invitados a un banquete, los ricos y guapos, yacen atrapados en toneladas de mármol. Sólo uno ha escapado, «el de la lengua de miel», Simónides, el famoso poeta. La suya es una extraña historia.

«Escopas quería que yo compusiera un poema lírico en su honor. Dije que lo haría si me pagaba. Esta noche, cuando he terminado de recitar, el viejo egoísta me ha dicho que sólo me daría la mitad de mi paga. Todo porque he añadido unas líneas alabando a Cástor y Pólux. "Que los dioses gemelos paguen el resto", ha dicho. Yo estaba zampándome todo lo que podía de su festín, cuando un criado me ha susurrado que dos hombres jóvenes querían verme fuera. He salido, pero la calle estaba vacía. Entonces ha sido cuando ha sucedido... ha crujido y retumbado como el trueno...»

«¡Simónides, más tragedia!», interrumpe un salvador. Las víctimas están tan mutiladas, que ninguna se puede identificar. ¿Cómo sabrán las familias qué cuerpo enterrar, a quién honrar? «¡No mováis esos cuerpos! –grita Simónides después de pensar un poco–. Puedo ver en mi mente dónde estaba sentada cada persona.»

Y por eso, los siguientes dos mil años, los escritores del

---

* Título de un diccionario publicado por primera vez en Londres, 1849, que recoge las biografías de los personajes contemporáneos más destacados. Sobre este modelo se sigue editando anualmente. (*N. de la T.*)

arte de la memoria saludan a Simónides de Ceos como descubridor de la mnemotécnica. Igual que muchas leyendas, la historia demuestra ser una obra de arte de la inventiva. La memoria de Simónides era prodigiosa y la tuvo toda la vida. Ganó el certamen ditirámbico del coro de Atenas cuando era anciano. Su historia revela la piedra angular de un sistema memorístico que más tarde soportó palacios y ciudades enteras de la memoria: colocación e imagen, asiento y persona. La primacía de lo visual en la memoria se observa doblemente, pues la poesía de Simónides era casi sinónimo de una imaginación asombrosa.

En la antigüedad, la leyenda conmemoraba otra primera vez: la primera vez que un poeta pedía que se le pagara por su trabajo. Un acto que los dioses al parecer aprobaban. Nadie dudó de que eran Cástor y Pólux quienes hicieron salir a Simónides para liquidar su deuda.

INVASORES DEL ARTE PERDIDO

Existen muchas historias acerca de los revoltosos Cástor y Pólux, páginas de historias con ninfas menores, duendes acuáticos y espíritus de los árboles. Eso es lo que nos pareció tan extraño cuando contemplamos a Mnemosina. La memoria misma. La madre de las artes. La madre del aprendizaje. No había historias. ¿Por qué esta madre de todos nosotros estaba tan extrañamente ausente en el relato histórico? No ausente, sino como todas las madres, invisible. A medida que los estudiosos empiezan a desenterrar el invisible arte de la memoria, somos como los victorianos con los primeros informes de las tumbas egipcias y los restos de la Troya de Schliemann, fragmentos que empiezan a evocar la fragancia, los colores, la visión de los ojos antiguos.

Invisible, sí, pero el arte de Mnemosina era más real y penetrante que cualquier otro de los que conocemos. El arte de la memoria bañó a nuestros antepasados. La gente educada no sólo apreciaba este arte, sino que todos lo practicaban. Es un arte práctico y sublime a la vez. Un pionero en reclamar este arte perdido fue Frances Yates, del Warburgh Institute, universidad de Londres. Yates observa que podemos llamar «mnemotécnicas» a su parte práctica. Las torres de Illium son pequeñas al lado de los palacios, ciudadelas de la memoria –incluso ciudades– que nuestros antepasados construyeron en sus cabezas, palacios invisibles que les permitían realizar las proezas cotidianas de la memoria que asombran a la mente. Comparados con ellos, nosotros no poseemos memoria alguna. No la necesitamos. Hemos creado una memoria artificial: libros, grabadoras, cámaras, televisores, calculadoras y ordenadores que pueden producir la concordancia de la Biblia en un segundo. Provistos sólo de una tablilla de cera y un rollo de pergamino o dos, nuestros antepasados tenían que recordarlo todo. Que lo hicieran de un modo tan glorioso, es un tributo a la mente humana. La memoria artificial significaba algo diferente para ellos: la memoria natural es aquello con que uno ha nacido, la artificial es la memoria que uno entrena y desarrolla. La mnemotécnica aún puede ayudarnos a recordar mejor. Podría ayudarnos a pensar mejor.

La mnemotécnica es la mano útil que Mnemosina dio a la Humanidad; su corazón y su alma, la esencia de su arte es algo más creativo, misterioso... y que atrae lo bastante para impulsar a algunas de las mejores mentes de la civilización a realizar esfuerzos hercúleos. El arte de la memoria impulsó a Platón y a Aquino hacia Dios, ayudó a formar la *Divina Comedia* de Dante y nos revela el olvidado diseño del Shakespeare Globe Theatre. Las reglas de la mnemotécnica permanecieron notablemente estables a través de los siglos. El arte de la memoria, como cualquier arte, cambiaba con las diferentes culturas, moldeándose a tenor de los tiempos. En nuestra época, a nuestra manera, quizá todavía recibimos dones de este antiguo arte. Puede ayudarnos, y no sólo a recordar el nombre de todos en una fiesta. Tiene poder, podría ayudarnos a esforzarnos al máximo.

Imagínese a usted mismo en un tipo diferente de recorrido misterioso mágico. Para captar el sabor de la mnemotécnica clásica, fórmese una imagen de cada lugar que visitaremos, empezando por el derrumbamiento de la casa de Escopas. Después, sitúe la imagen con cuidado en su propia casa.

«Casa Hermosa» de la memoria

Nuestro próximo escenario es otra casa, el espacioso hogar de una familia romana de clase alta en los días de esplendor. Ante la entrada, un estudiante está de pie en actitud meditativa. Siguiendo las reglas de la mnemotécnica, para grabar la imagen en la memoria haremos que el estudiante sea raro, absurdo. Es fácil en aquella época haciendo que nuestro estudiante sea una mujer, una mujer que sostiene en las manos el tratado *Ad Herennium*. Ella penetra en el zaguán, mira hacia las esquinas, y luego, despacio, avanza hacia el vestíbulo de entrada y se detiene un momento ante el jarro lleno de flores rojas, y después los candelabros, antes de entrar en una gran sala de recepción. Caminando como si midiera distancias, da la vuelta a la habitación y se detiene con intervalos irregulares junto al diván, el arco de la ventana, el busto de Cicerón del rincón. Los mira con aire reflexivo, pensando quizá en cómo redecorar la casa. Pero el diseño interior que tanto absorbe a esta estudiante es de un orden diferente. Está eligiendo sus *loci*, los lugares inolvidables de su hogar donde situará imágenes de la memoria. El *Ad Herennium* aconseja que los lugares salgan en un orden natural, con espacios amplios pero diferenciados, sin demasiada luz ni demasiada sombra.

Cuando aquí ha agotado los lugares, la estudiante reflexiona, elige lugares en la casa de su abuelo, la academia, quizá su templo favorito... y ríe entre dientes ante la idea de que alguna vez ella pudiera estudiar el tiempo suficiente para quedarse sin edificios en Roma para almacenar sus conocimientos.

Elegidos los lugares, la estudiante puede ahora poblarlos con imágenes de la memoria, galerías invisibles que le permitirán recordar cualquier cosa que haya por conocer, limitada sólo por su capacidad de generar imágenes potentes. Repasa las reglas en su *Ad Herennium*. Siguiendo a la naturaleza, las imágenes tienen que combinar esas cosas que nos maravillan: lo hermoso, lo feo, lo horrible, lo obsceno, lo cómico. Hay que formar imágenes vivas y en movimiento. Introducir en la imagen gente famosa y no famosa, diosas, dioses (Neptuno, por ejemplo, para identificar las historias relacionadas con el mar). En los papeles principales, utilizar familia y amigos, personas que nos sean conocidas. También pueden ejemplificar los rasgos. Vístalos exageradamente, con un cinturón manchado de sangre, una toga andrajosa, o mánchelos de pintura roja. Utilice accesorios extraños, como una corona grande y ladeada...

Tomando prestada quizá la cara de su madre, haciéndola posar como una diosa boquiabierta cargada de accesorios simbólicos, la estudiante modela la imagen que colocará en primer lugar en el zaguán. Si es necesario, se quedará allí el resto de su vida, recordándole la primera regla de la retórica, el tema real del *Ad Herennium*. «En primer lugar...», decimos, conmemorando sin saberlo el antiguo arte de la mnemotécnica.

El *Ad Herennium* es escaso en ejemplos de imágenes de la memoria. No es que sonaran de algo. ¿Qué acude a la mente al ver a un hombre sentado con dos tablillas en la mano derecha, una taza en la izquierda, con los testículos de un carnero sobre el dedo anular? Es un detalle de un complejo cuadro que un abogado creó para recordar el caso de un plutócrata envenenado por su dinero. El hombre es el acusado, las tablillas recuerdan la voluntad, la taza, el veneno, los testículos del carnero, los *testes* o testigos. Pero se nos escapan otros recuerdos. ¿Por qué el hombre está sentado, por qué los testículos del carnero, prefieren a Aries u otras asociaciones con carneros? ¿Por qué los testículos están en el dedo anular, el dedo de la «medicina» en latín? Si conoce usted la respuesta completa, está implicado en una faceta diferente de la memoria, una faceta ahondada por Platón, la memoria lejana, el recuerdo de cosas recogidas en vidas pasadas.

Incluso en su propio tiempo, había una fuerte razón para que el *Ad Herennium* ahorrara ejemplos. El «hágalo usted mismo» es la creencia central de la mnemotécnica clásica. Uno debe generar sus propias imágenes y no utilizar los dibujos o asociaciones de otros, por muy hábiles que sean. La capacidad de dar a luz imágenes vivas es una habilidad, un arte, que hay que practicar con la asiduidad de una bailarina o un escultor. La habilidad en esta generación interna es el secreto de una memoria potente. Es el secreto para obtener conocimientos y la meta real: la sabiduría. Con la sabiduría viene la autotransformación, el regalo de Mnemosina.

El *Ad Herennium* fue un intento más del profesor para dar consejos sobre la mnemotécnica. Un maestro de las imágenes, quizá, pero el ahora profesor sin nombre jamás había podido imaginar que su sencillo libro tuviera una influencia profunda en las grandes mentes del futuro, desde Agustín hasta Aquino, de Petrarca a principios del Renacimiento hasta Bruno a finales, y tener eco aún en la era de la razón en los escritos de Bacon y Leibniz. El *Ad Herennium* tenía la grandeza de ser la única serie completa de reglas mnemotécnicas para sobrevivir a la destrucción de la civilización clásica. Otros supervivientes dijeron cosas más fascinantes sobre la memoria, pero omitieron sus reglas; todo el mundo las conocía.

Los socios de Aristóteles

La siguiente imagen situada estratégicamente, si se ha unido usted a la expedición, se refiere a un hombre vestido con túnica griega, apoyado sobre una tablilla de cera y realizando impresiones con su anillo de sello. Hace un dibujo con ellas:

un tren de elefantes unidos por la trompa y el rabo. Aquí está Aristóteles, autor de un libro perdido sobre mnemotécnica. Percibe los datos e imprímelos en la memoria igual que el anillo de sello imprime en la cera, decía Aristóteles. Ésta es la materia prima que hay que trabajar con la memoria y el intelecto. La clave para ambas es la imaginación. La clave para todo, en realidad, pues Aristóteles enseñó que no se puede pensar sin imágenes mentales; un famoso aforismo que ha incitado a generaciones de estudiantes a cerrar los ojos y probarlo.

Cuando amuebles tu palacio de la memoria, aconsejaba Aristóteles, concéntrate en el orden y la vinculación. En una casa puedes empezar en cualquier habitación e ir hasta la puerta trasera o la puerta delantera. De manera similar, si has ordenado imaginativamente tus lugares cargados de imágenes, puedes empezar en cualquier lugar y moverte en todas direcciones, evocando sin esfuerzo cada vez más información. Eso es la asociación, y a Aristóteles se le atribuye el mérito de formular su importancia en la memoria.

Construir para poder moverse en cualquier dirección está detrás de una hazaña de la memoria que en otro tiempo fue popular y que ahora parece una extraña, por no decir imposible, manera de hacer gala del intelecto de uno. Tómese el Séneca romano, por ejemplo. Para despertar a sus alumnos, Séneca les pedía a doscientos o más de ellos que recitaran un verso de cualquier poema. Cuando el último terminaba, lo repetía todo a la perfección de principio a fin. Antes de que nadie pudiera moverse, Séneca volvía a recitarlo todo... hacia atrás. Estas muestras eran las relaciones públicas de la época, cuando un maestro de la memoria era altamente estimado y pagado.

Muy lejos de allí, mil quinientos años más tarde, en el siglo dieciséis, en China, todavía era un buen truco. Algunos intelectuales de Nanchang reunidos para cenar. Aunque visten la túnica púrpura ribeteada de azul de los literatos chinos, un fornido invitado era evidentemente algo más. Era el jesuita Matteo Ricci, y llegó allí para convertir a los chinos. Para captar su atención, Ricci tenía intención de compartir el asombroso arte europeo de construir palacios memorísticos. Ricci construyó su propia casa de la memoria para los caracteres chinos, notoriamente múltiples y difíciles de aprender. En la cena, pidió a sus invitados que escribieran en una hoja de papel un gran número de caracteres diferentes, sin orden alguno y sin relación. Después de leerlo una vez, Ricci recitó las caracteres en perfecto orden. Entonces, «para aumentar su maravilla –escribió– empecé a recitarlos de memoria hacia atrás de la misma manera, empezando por el último y terminando por el primero. Con ello, todos quedaron completamente atónitos».

Aristóteles enseñaba a los estudiantes la memoria ordenada para una clase de conversación muy diferente, para ganar debates. Las imágenes enlazadas acudirán a la mente de manera automática con una progresión forzada cuando sobrevenga la discusión. Como hemos aprendido a manipular conscientemente imágenes para recordar, podemos extender esta habilidad, decía Aristóteles. Elegir imágenes deliberadamente para pensar con ellas, para explorar y ganar nuevas percepciones.

En el esquema de Aristóteles, la imaginación y la memoria habitan en la misma parte de la mente. La fuerza de su habilidad conjunta para apoderarse de las impresiones de los sentidos es vital. Porque, creía Aristóteles, la única manera en que conocemos es a través de los datos que nos proporcionan los sentidos. En el otro extremo del bosque de la Academia, su profesor Platón pensaba de otro modo.

El yoga de la memoria de Platón

Se podría pensar en un hombre encaramado a una escalera, la túnica algo ladeada, manteniendo en equilibrio un plato sobre la cabeza mientras intenta una extraña versión del truco indio de la cuerda. Su escalera no se apoya en nada y no tiene travesaños. Antes de que pueda moverse, él tiene que recordar y ver claramente en su imaginación dónde estaría el siguiente travesaño. Lentamente, elevándose en la memoria, sube hacia el cielo.

Tanto Aristóteles como Platón estarían de acuerdo con Pitágoras en que «la memoria es un don divino». Sólo Platón habría coincidido con el argumento del anciano filósofo de que este «talento superior» le permitía atravesar los límites de la vida y la muerte y recordar el conocimiento logrado antes de esta vida. Recordarlo y utilizarlo, en el caso de Pitágoras, para ayudar a formular sus famosas leyes de la armonía. Platón conocía el valor de la memoria entrenada, la suya propia era prodigiosa. Pero su interés, en realidad pasión, se desviaba de los aspectos «superficiales» de la mnemotécnica y se hundía en la esencia de la memoria. La madre de todas las artes; él creía que la memoria es el arte que puede conducirnos a la comprensión de nuestra propia divinidad, de nuevo a la totalidad.

No cabe duda de que la memoria registra el mundo activo de las impresiones. Pero estas impresiones lo son de cosas –sillas, cera para lacrar, justicia real– que son copias, copias imperfectas de la realidad ideal que existe más allá de nuestro reino. «Venimos con una estela de gloria», canta Wordsworth. También venimos con una estela de recuerdos de gloria, enseña Platón. Poseemos una memoria innata, decía él, de las realidades que se encuentran más allá de este mundo, de sus famosas formas ideales. El arte real consiste en recuperar la memoria divina y encajar estas impresiones de los sentidos en este sistema de grandiosidad. Así se vuelve a ascender la escalera que descendimos al nacer en este mundo firme. La memoria de Platón es un yoga, un arte de la ilustración, de unirse a la fuente divina.

El método socrático, quizá la técnica de enseñanza más antigua, es una manera de estimular la memoria innata. En la raíz, la voz de Platón es lo que oímos cuando decimos que educación significa arrancar, no embutir. Sócrates arrancaba de sus alumnos cosas que ellos no sabían que poseían. Gran parte de ello procedía del recuerdo, de recombinar la miríada de experiencias de esta vida. Pero la agenda escondida del método de Sócrates era hacer resonar y motivar la memoria divina innata. Platón consideró la memoria como el *modus operandi* de su teología; Aristóteles, como la clave a su teoría del conocimiento. En el siglo primero antes de Cristo, Cicerón mencionaba la ética como el arte invisible.

Cicerón y las tres caras de la prudencia

Los romanos escuchaban cuando el brillante Cicerón hablaba. Sus poderes persuasivos ayudaron a florecer a la filosofía platónica en Roma. Cicerón también creía que somos inmortales con memoria divina, pero, a diferencia de Platón, era practicante de la mnemotécnica, un interés natural para su más famoso profesor de retórica. Si un orador necesitaba algo en los días anteriores a los ficheros y a las pantallas de lectura de la televisión, esto era una memoria bien surtida y preparada.

Cicerón poseía la más elegante y extensa arquitectura invisible de la época. También estaba entrenado en otro sistema de memoria clásico: una manera de efectuar una nota mental, o anotaciones, y recordar palabras de manera literal. Es un arte perdido. El *Ad Herennium* consideraba que era demasiado difícil de emplear y Cicerón estaba de acuerdo en que los *loci* y las imágenes eran suficientes. Alguna clave a estas misteriosas anotaciones se puede deducir del descubrimiento de que Cicerón introdujo un nuevo sistema de escritura en Roma, escritura extraña, brotada del diablo, según la Iglesia, y condenada en la Edad Media como grave herejía. Hoy en día lo llamamos taquigrafía.

Cicerón también conoció a Metrodorus de Scepsis. Consejero de reyes, famoso en todo el mundo en su época, Metrodorus también ideó la escritura mental secreta para entrenar a la memoria. Cicerón le llamaba «casi divino». Las generaciones posteriores contemplaban su conexión celestial de modo diferente. Metrodorus elevaba su vista de la arquitectura al cielo, al zodíaco. Tan rico en simbolismo, tan interminablemente interpretado, este zodíaco era un lugar familiar, reconocibles sus puntos en su individualidad. Metrodorus utilizaba los trescientos sesenta grados del zodíaco como lugares para las imágenes de la memoria. Colocando imágenes en un círculo, abría una nueva profundidad y nuevos matices de la asociación; piense en los trinos, los cuadrados de la astrología. Trasladándose a las estrellas, también lanzó los fundamentos de las pautas de la misteriosa memoria mágica del Renacimiento.

Cicerón efectuó una contribución que perduró de modo similar. En *De Inventione*, hablaba de la prudencia, la habilidad de saber lo que está bien, lo que está mal y lo que no es nada de esto. Se trata de una habilidad a desear grandemente, y está hecha de memoria, intelecto y visión interior. La memoria es el pilar, pues traslada datos del pasado al presente y los centra en el futuro. No resultó exactamente una metáfora fulminante, sino que la idea perduró. Mil seiscientos años más tarde, Tiziano pudo pintar *La prudencia*, seguro de que los que la vieran captarían el significado. Tiziano retrata tres cabezas masculinas. Una cara mira al frente, al espectador. A ambos lados hay una cabeza de perfil; una mira hacia atrás, otra mira hacia delante. La memoria, el intelecto, la visión interior.

La prudencia parece ser el billete para construir una sociedad satisfactoria. Como la memoria es su base, un ciudadano honrado podría pensar que el ejercicio de la memoria es una especie de deber ético. Quizá algunos romanos lo pensaban. En época medieval, el desarrollo de la memoria, basado en las reflexiones de Cicerón, era en verdad un deber ético, una obligación religiosa al servicio de la prudencia renacida, una de las cuatro virtudes cardinales del cristianismo.

Cuando los últimos rescoldos de la civilización clásica se precipitaban a la oscuridad, el estudio se recluyó en las celdas monásticas. El antiguo arte de la memoria se hundió en la oscuridad y se transformó. El mejor cuadro de esta metamorfosis puede verse hacia el fin del período en que Tomás de Aquino, con el cuidado de quien hace un tapiz, convertía las formas retorcidas del pensamiento medieval en un todo ingenioso. La memoria de Aquino era literalmente enciclopédica. De niño podía recordar de manera literal lo que decían sus profesores. De joven impresionó al papa Urbano reuniendo un compendio de escritura de los padres de la Iglesia. No lo copió, lo recordó. No tenemos indicios del método que utilizaba Tomás no sólo para almacenar sus conocimientos, sino para encajarlos formando una estructura que se arqueaba, se extendía y se elevaba hacia el cielo como las grandes catedrales góticas de su tiempo. Igual que otros personajes medievales, quizá utilizaba los espacios santificados de la iglesia y la catedral para almacenar imágenes, añadiendo lugares extranjeros, útiles recuerdos que había recogido en sus viajes.

Desde la perspectiva de la imaginación, Tomás era un santo en más de un aspecto. Las imágenes, junto con todo lo demás relacionado con los sentidos, el cuerpo y el perverso mundo natural, gozaban de una peligrosa reputación en la Edad Media. Santo Tomás atribuía su gran autoridad a la imaginación. Era una concesión, lo admitía, a la debilidad de la carne. Los humanos necesitaban utilizar «similitudes corpóreas» para fijar sus recuerdos y descargar su deber ético de mantener siempre vivo el recuerdo del cielo, el infierno y las enseñanzas de la Iglesia. Siempre viva. Como recomendó un religioso, cuando no trabajan, las jóvenes deben permanecer en sus habitaciones recordando vivamente las escenas de la Biblia. Otro, conservando en la memoria el recuerdo de la crucifixión, dijo que con «cierta curiosidad devota», uno debería imaginar la sensación de meter el dedo en cada una de las llagas de Cristo. Años más tarde, san Ignacio de Loyola utilizó la necesaria mnemotécnica para practicar la imaginación con todos los sentidos de la Biblia, cuando las devociones diarias y el ejercicio de la memoria se hacían uno.

Santo Tomás hizo algo más que simplemente permitir imágenes. Cultiva el arte de generarlas, aconsejaba. Los frailes viajeros, como los dominicos de Tomás, se convirtieron en prolíficos creadores de imágenes, imágenes para recordar sus sermones, imágenes para que se fijaran en la memoria de quienes los escuchaban. Se referían a esos cuadros con tanto detalle en su escritura, que más tarde los estudiosos quedaban perplejos cuando no podían encontrar los originales. Pero, por supuesto, eran invisibles. En la olla a presión intelectual y emocional de la existencia medieval, uno puede preguntarse adónde conducía a veces este apasionado abrazo interior con las imágenes. Los novelistas le dirán que los personajes adoptan vida propia.

Piense en la «idolatría», disfrazada para recordar puntos en un sermón. Ahí se acerca una llamativa vieja ramera, ciega, babosa, con las orejas mutiladas y apestosas llagas por todo su cuerpo. ¿Alguna vez había cruzado por sí misma las pulcras celdas de la memoria de un desventurado predicador? ¿Alguna vez algún fraile quemado se había derrumbado en su celda desnuda, había abierto la puerta del palacio de su memoria y había penetrado en sus fabulosos salones para siempre?

Los predicadores llevaban la palabra a los laicos: cultiva tus propias imágenes. «¡Qué galerías de insólitas y asombrosas similitudes de los vicios y virtudes inauditos... pueden haber permanecido invisibles para siempre dentro de la memoria de personas piadosas y posiblemente con dotes artísticas!», escribe Frances Yates. A veces, la creación de imágenes interiores se convertía en fantásticas creaciones. Yates fue la primera persona de los tiempos modernos que reconoció la casi omnipresente influencia del invisible arte de la memoria en las visibles artes medievales.

La estatuaria extraña, deformada, hermosa, cómica y obscena de las catedrales góticas, todas las pinturas fantásticas, como de pesadilla, aparentemente patológicas del infierno, pueden verse como el trabajo de una psique angustiada, o pueden verse como los clásicos principios del arte de la memoria moldeada por el genio creativo, una perspectiva que abre un amplio campo virgen de estudio. Para tentar a algunos estudiosos, Yates escribe que, aunque sorprenda, la *Divina Comedia* de Dante es un sistema de memoria, la apoteosis del sistema de memoria. Las ubicaciones ordenadas de las imágenes en los anillos de los infiernos, las imágenes de un castigo específico para cada vicio específico, la prudencia de tres partes, todos los otros rasgos de la memoria que hemos mencionado y muchos que no hemos mencionado, están magníficamente presentes en la sublime construcción de Dante. Mnemosina es la madre de las artes. Quizá es hora de que nuestra era psicológica trace su influencia en sus hijos.

Con los grandes escolásticos como Aquino y artistas extraordinarios como Dante, el arte de la memoria parece culminar al servicio de la Iglesia. La rápida difusión del libro impreso estaba a la vuelta de la esquina. Pero, como al perro de la bruja, a Mnemosine le quedaban vidas.

El teatro de la memoria en Venecia

A principios del siglo dieciséis, Giulio Camillo construyó un teatro en Venecia como jamás se había visto ni se vería (salvo por una réplica que construyó en París para Francisco I). Corrieron rumores por la corte francesa y la Italia renacentista de que Camillo había susurrado el secreto real de su teatro sólo al rey. Francisco jamás lo dijo. Pero había muchos secretos en el Teatro de la Memoria de Camillo y recientemente algunos han salido a la luz. Camillo era otro maestro de la memoria, o, en este caso, mago, dado el título «divino» otorgado por sus contemporáneos. El divino Camillo describió su obra maestra de madera como una «mente y alma construidas», o una «mente con ventanas». Llenó su teatro con exquisitas imágenes: Apolo, las tres Gorgonas, Parsifal y el Toro, Prometeo, y así sucesivamente, imágenes de historias que proliferaban ante el espectador como un fermento ecléctico del propio Renacimiento.

Un sol más cálido había salido. En lugar del pecado original, la bendición original hipnotizaba a la gente del Renacimiento. El microcosmos reflejaba el macrocosmos, la mente más elevada del hombre formaba parte de la mente divina. Platón, en forma de neoplatonismo, regresó. La gran filosofía hermética del antiguo Egipto dada por el legendario Hermes Trismegistus era reclamada y consumida vorazmente. Igual que los oscuros secretos de la sabiduría de la Cábala. Hecho en verdad a semejanza de Dios, el humano era visto como un creador en el universo. El propósito del Teatro de la Memoria era despertar a uno a la memoria del legado divino.

Como teatro, invertía la perspectiva usual del espectador. Camillo era su invitado en el escenario contemplando las hileras en forma de abanico, llenas no de espectadores, sino de imágenes de la memoria. Lo comparó con el ver el bosque y no los árboles, a una visión de conjunto, mirando desde la causa a través de todos los niveles del efecto. En el tercer nivel estaban las siete ideas que dan fuerza al mundo y que surgen del abismo divino simbolizado como *sephiroths* cabalísticos, arcángeles y planetas. La influencia de cada uno de los siete era vista subiendo por el auditorio a través de los atestados siete anillos de la existencia, desde lo supercelestial hasta las artes materiales del hombre. Aquí las imágenes de la memoria estaban conectadas no arbitrariamente, sino de manera organizada para alcanzar la memoria unificada, cósmica.

Si no otra cosa, el espectador debe de haberse quedado asombrado con la compleja belleza del diseño de Camillo. Pero había otra cosa: la magia del Renacimiento. Camillo lo construyó en primer lugar con las proporciones de su teatro. Éste reflejaba las geometrías del zodíaco y la Tierra, una especie de arquitectura sagrada pensada para crear un espacio resonante que centrara la energía cósmica. Y las imágenes de Camillo eran más que hábiles. Las elaboró como los talismanes formados por tantos de sus contemporáneos. Él seguía la creencia hermética de que ciertas pautas y proporciones se alinean con el universo e inducen el flujo de energías astrales u «otras», energías que alteran la mente y la materia. Así fue como, se decía, los antiguos egipcios hacían que sus estatuas cobraran «vida». Hoy en día, en ciertos círculos internacionales, existe la ciencia de la psicotrónica.

Este secreto esotérico también se expresa en la música como la de la era barroca, que, como hemos visto, posee un efecto sobre la mente y el cuerpo. De manera similar, los cicerones, los seguidores de Cicerón en los últimos tiempos, incorporaron modelos esotéricos en sus discursos para impresionar más poderosamente a sus oyentes. Cicerón servía de base de muchas de las imágenes de Camillo, literalmente, en cajas atestadas de páginas con sus escritos, más ideas para ser asociadas con este universo de imágenes y lugares.

Por extraño que pueda parecernos, el gran diseño de Camillo fascinó a sus contemporáneos. En el Teatro de la Memoria, muchos pensadores aventureros vieron sus ideas más fértiles, si no hechas realidad, puestas de manifiesto al menos. Proyectados hacia el exterior, vistos en conexión orgánica, en proporción divina, podían ser reinteriorizados para trabajar con más energía su magia transformativa, para abrir la memoria cósmica. Y con la memoria cósmica va el poder cósmico, la meta de un mago.

Modelos de la memoria mágica

En 1482, apareció el primer libro sobre el arte de la memoria. Le siguieron muchos. La gente ya no tenía que recordar nada. Sin embargo, un largo resplandor iluminaba las espaciosas salas y extensas murallas de la gloriosa arquitectura invisible. Un siglo después de que la memoria viera la imprenta, el jesuita Matteo Ricci estaba ocupado hablando a los estudiosos chinos del noble Xi-mo-ni-de, un poeta que asistió a un banquete fatídico. «Ocupado» era la palabra aplicable a Ricci. Mientras hacía todo lo que podía para ganar conversos, normalmente un puñado al año, también enseñaba la geometría de Euclides, química occidental, astronomía, óptica y fabricación de relojes, escribió su libro más popular, *Friendship*, citando a escritores occidentales de la antigüedad, compuso poemas líricos para que los cantaran los eunucos del emperador, y creó un mapa del mundo con anotaciones que colgaba en el palacio del emperador. Lo hizo casi todo de memoria. Sus palacios de la memoria eran la mejor de las posesiones que llevó a lo largo y a lo ancho del extraño y, para los extranjeros, muy peligroso imperio Ming.

Ricci no dejó huellas de cuántos lugares secos y seguros construyó en sus invisibles almacenes para su preciosa carga. Quizá rivalizaban con los de Francesco Panigarola, quien, según informa un tratado de 1595, utilizó cien mil ubicaciones de la memoria. Por entonces, los libros sobre la memoria habían demostrado ser éxitos perennes. Algunos de los más populares explicaban «cómo desarrollar una poderosa memoria para tener éxito», lo cual resulta familiar. Otros éxitos describían cómo estimular la memoria con drogas, emplastos y regímenes dietéticos especiales, una corriente más viva que traspasa el arte de la memoria en marcha (ver capítulo 18 para los más recientes). Otra vieja rama del arte también vio la imprenta: los modelos de la memoria mágica del Renacimiento. El vistazo hermético del cielo que posiblemente estimuló estos modelos puede estar vivo en el espacio profundo de la memoria en este mismo momento.

14
El séptimo sello de la memoria

Como el alquimista encorvado sobre frágiles páginas de símbolos arcanos, algunos magos de la memoria se encorvaban durante horas sobre modelos y cuadrados mágicos. Repitiendo una y otra vez las palabras mágicas, los practicantes del Renacimiento se concentraban en un diseño elegido y lo grababan en la memoria. Algunos contemporáneos lo consideraban el camino del hombre perezoso a la supermemoria. La Iglesia veía los diseños mágicos como si fueran del demonio, y los condenaba como herejía. Los académicos posteriores arrojaron la práctica al cubo de la superstición. Sin embargo, concentrarse en un modelo específico, repetir sonidos especiales una y otra vez recuerda las dos grandes herramientas mentales de Oriente: el yantra y el mantra.

Esta pequeña asociación se convierte en algo enormemente intrigante que fluye en todas direcciones, provocando otras conexiones y mil preguntas. Aquí sólo podemos rozarlo. Los yantras son modelos geométricos para la contemplación. El más famoso, una especie de yantra maestro, es el Sri Yantra: un punto central enmarcado por triángulos aparentemente interminables entrelazados dentro de una montura de círculos. Durante miles de años, la gente ha mirado el Sri Yantra, hasta que empezaron a sentirse atraídos hacia una especie de movimiento que los transportaba a otros estados de la conciencia. Allí, a veces, tenían una visión de la estructura del universo. Lo que es tan intrigante es que la misma comprensión básica nació en la mente de los videntes druidas, los chamanes siberianos, los yoguis indios y Platón. El tiempo y el espacio no tienen nada que ver con un arquetipo, una estructura básica de la conciencia; o, en otros términos, con la estimulación de la memoria innata, la memoria divina de Platón.

En su libro poético *The Tao of Symbols*, James Powell cuenta la historia de cómo este arquetipo se reveló por toda la tierra. ¿Qué es? Un polo, un eje cósmico, árbol, pilar. Encima hay una luz. Radios, como los de un paraguas, descienden de lo alto. Rodeando a estos radios hay siete círculos de luz del arco iris como un paraguas con siete gradas. Cada círculo hace sonar una nota pura. Finalmente, imagine estos paraguas cósmicos cobijados uno dentro del otro.

De los muchos informes que rescata Powell, uno procede del antiguo *Puranas* indio. Hay siete cielos anidados en el pilar cósmico coronado por la estrella polar, dijeron los sabios, girando y unidos a las estrellas mediante grillos. ¿Por qué esta visión era tan abrumadoramente deseada incluso, sospechamos, en las escuelas de memoria del Renacimiento? Porque la luz de lo alto es la verdadera luz, es el *dharma*, la ley cósmica, la armonía sublime que soporta todas las cosas. Una vez que se enciende en una persona, ésta conoce la armonía divina. La acción correcta no puede evitar emanar de ella. El éxtasis entonces se conoce como algo también eminentemente práctico. El éxtasis como la factibilidad más elevada era comprendido por los magos.

En estos momentos, en el espacio profundo de su memoria –radiante como las estrellas, rielando las luces como el aro iris–, el eje cósmico probablemente está efectuando sus eternos giros. En 1970, el doctor Jonathan Shear encontró por casualidad una manera de recordar mientras estudiaba el libro de texto de la ciencia del yoga del profesor indio Patanjali, autor de *Yoga Sutras*. Las instrucciones de Patanjali son precisas como las fórmulas químicas; las acciones específicas aportarán efectos específicos repetidamente. Discutiendo los *siddas* –poderes sutiles o supernormales–, Patanjali decía meditar sobre la estrella polar para aprender el movimiento de las estrellas. No es que sea una habilidad supernormal, pensó Shear. La gente siempre ha contemplado la estrella polar para trazar las constelaciones. Curioso, hizo que un grupo de expertos en meditación trascendental siguieran las instrucciones de Patanjali para los *siddas*. Todos se llevaron una sorpresa. Un número de meditadores tuvieron y esbozaron independientemente la misma visión. Uno observa que «parecía un paraguas... franjas de luz blanca empañada, un círculo de luz del arco iris en la parte inferior... todo giraba en la dirección de las agujas del reloj». Otro explicó: «La estrella polar tiene un amplio radio de luz blanca cegadora que atraviesa su centro como una superautopista... un paraguas, gira en la dirección de las agujas del reloj...».

Shear fue a la caza del paraguas a través de la casa de pisos del mundo y encontró su presa en la *República* de Platón: el mito de Er. Este personaje pasa por lo que llamamos una experiencia de casi muerte. Muere, va al cielo, y luego regresa para contar lo que ha visto. Como es de suponer, Er vio un gran rayo de luz que se extendía por todo el universo. Estrellas fijas coronan el rayo. De lo alto caen rayos de luz del arco iris, con ruedas, unas dentro de las otras. Una sirena está posada en cada rueda cantando una sola y gloriosa nota. Siguiendo la idea del macro-microcosmos, tan querido por los magos del Renacimiento, los hindúes encuentran este modelo reflejado en nosotros como el sutil sistema de energía del cuerpo con sus siete chakras que giran. Con cada chakra van asociados singulares sonidos simiente. Shear cree que el mito de Er confirma que los que efectuaron la meditación trascendental vieron una auténtica construcción de la conciencia, una de las formas ideales de Platón, un arquetipo... ¿o qué?

Shear podría encontrar la confirmación a través del arte de la memoria; todas las esferas ascendentes dentro de las esferas de los modelos de la memoria, los anillos de Dante, los siete arcos del Teatro de la Memoria con una gran luz, el sol en lo alto, que conduce a los siete poderes creativos. (Todo sietes interminables que reflejan el misterio de la octava.) ¿Algunos occidentales utilizaron los modelos de memoria mágica y los conjuros como los yantra y mantra para vislumbrar la memoria cósmica, la relación armoniosa de todas las cosas? ¿Serviría en la actualidad? No lo sabemos. No hemos buscado las escuelas arcanas de la memoria en otros países. Yates explica que, cuando Apolonio de Tiana, dueño de los misterios de la memoria pitagoriana, visitó la India, un brahmin reconoció su devoción a la memoria diciendo: «Es la diosa a la que más adoramos». Se trata de un terreno mundial que necesita exploradores multilingües y «multimentes» que encuentren placer en los vínculos inesperados. A Giordano Bruno le hubiese encantado este reto.

Un mártir de la memoria

Si pensamos en Giordano Bruno, es para recordar que la Inquisición le quemó en la hoguera por apoyar la teoría de

Copérnico de que la Tierra gira alrededor del Sol. Esto es superficialmente cierto, pero más exactamente fue quemado por las herejías de sus extraordinarios sistemas de memoria. El fuego era el elemento natural de este ex monje; arder con la misma intensidad carismática con que brilló en toda Europa e Inglaterra. Circe sustituyó a la prudencia cuando Bruno dejó atrás el cristianismo tradicional de su monasterio dominico para difundir lo que él llamaba «furioso amor», las ideas de una religión hermética universal envueltas en un sistema de memoria.

Bruno construyó sistemas de memoria monstruosamente complejos. Creó un libro de sellos, emblemas simbólicos utilizados a menudo en los sistemas del Renacimiento. Un ejemplo es el aún corriente cuadro de un hombre con símbolos astrológicos en determinadas partes del cuerpo, como Aries, el carnero en la cabeza, Taurus, el toro, en el cuello. Bruno luchó por imbuir sus sellos con intensidad emocional y, por supuesto, eran talismanes pensados para evocar las energías astral y artística. Los sellos no eran sólo dibujos pasivos. Eran activos; talismanes para ser contemplados, interiorizados y puestos a trabajar en la conciencia profunda de cada uno. La gente del Renacimiento buscaba talismanes de diseño y proporción específicos, creyendo que éstos podían evocar energías cósmicas también específicas. Ellos esperaban hacer vivir en sí mismos este talento o aquel poder. Esto podría no parecer tan extraño si se piensa en alinearse con un arquetipo y evocarlo. O alinearse con la forma mórfica de una habilidad deseada y hacerla resonar. Un sello que a Bruno gustaba mucho era Fidias el escultor.

Frances Yates fue una biógrafa importante de Bruno, que le condujo al arte de la memoria. Su empleo del sello del escultor le recordaba a Miguel Ángel liberando sus estatuas del bloque de mármol. El escultor, interiorizado, trabajando en la imaginación de Bruno, libera «formas del informe caos de la memoria. Hay algo que para mí es profundo en el sello de Fidias –escribe Yates– como si en esta formación interna de estatuas de la memoria significantes, este dibujar tremendas formas mediante sustracción de lo no esencial, Giordano Bruno, el artista de la memoria, nos estuviera introduciendo en el corazón del acto creativo, el acto interior que precede a la expresión exterior». Mnemosina es la madre de las artes.

Las imágenes, o «sombras» como también las llamaba él, de las cosas eran particularmente importantes para Bruno. Él consideraba las imágenes más próximas a la realidad, sombras menos opacas a la luz que la cosa material en sí. El estudiante tenía que abrirse camino a través de los sellos, interiorizando sus energías hasta que el último sello de los sellos abría la memoria cósmica, el conocimiento más elevado.

En su gran impulso por organizar la psique para que ésta pudiera realizar su herencia divina, Bruno probó sistema tras sistema e hizo un importante avance cuando puso en movimiento imágenes de la memoria en ruedas giratorias. Una mirada a la rueda central da una idea de la enormidad de sus sistemas. La rueda interior contenía todas las imágenes astrológicas y astronómicas: casas, decanos, planetas, ciento cincuenta en total y todos girando, recombinándose a medida que la rueda giraba. Cuando esta rueda giraba en la memoria, uno sabía muchísimo. A su alrededor giraban otras ruedas, que contenían ciento cincuenta imágenes cada una, simbolizándolo todo, en movimiento para formar inacabables combinaciones. Aquí existe un parecido con el *I Ching*, que parece aún más elegante de lo usual en su economía comparado con las ruedas occidentales.

Tan complicados eran los sistemas de Bruno, que muchos creían que estaban hechos a propósito para confundir e impedir el paso de lo hermético a los no iniciados. Probablemente era así, pues el enemigo tenía dientes largos. Cuando Bruno debatía la teoría de Copérnico en Oxford, estaba necesariamente bajo la protección del embajador francés, cuyo rey le protegía en Europa. Bruno había presentado razones para defender a Copérnico. Camillo exaltaba al sol en su teatro porque para los magos de la memoria simbolizaba la única luz y su octava de influencias. Para los magos, la prominencia del sol naciente pregonaba el regreso de su filosofía de la sabiduría egipcia. La idea de que giramos alrededor del Sol era natural para el grupo de Bruno. Igual que Hermes Trismegistus, creían que la Tierra se movía porque estaba viva, era Gaya. Éste fue el caldo de cultivo que ayudó al nacimiento de la teoría heliocéntrica. Somos nosotros ahora quienes, al mirar atrás, separamos la supuesta ciencia de la supuesta magia.

Bruno creó cortinas de humo, pero creía en cuerpo y alma en la lucha por una memoria unificada, la memoria de un humano divino que restauraría nuestra naturaleza trascendental y daría poderes creativos iguales a los de los grandes seres de la luz, «los demonios de las estrellas». Sus escritos son vastos, a menudo brillantes, y en ocasiones toca una nota claramente moderna. Era un pensador holista. A diferencia de sus iguales, que ponían el intelecto, la imaginación y las emociones en

211

cajas separadas, Bruno enseñaba que existía intercomunicación entre ellos. Estaba en contra de la fragmentación del conocimiento. Él no sólo utilizaba las imágenes como señales pasivas. Los magos del Renacimiento practicaban la creación de imágenes para producir cambios en sí mismos y en su mundo.

Arrojando los sistemas de la memoria como se arrojan semillas de diente de león, Bruno fue a las tierras germánicas, donde hay razones para suponer que se convirtió en un fundador secreto de los rosacruces. Atraído de nuevo hacia Italia, Bruno fue quemado en el año 1600, un acontecimiento quizá no tan traumático para este hombre apasionado como nos parece a nosotros. Él había observado mucho antes que el martirio podría ser el precio de sembrar la filosofía de la sabiduría, un precio que un mago que sabía que la vida cambia estaba dispuesto a pagar.

Como los rosacruces, hacia este período gran parte de la francmasonería sin duda evolucionó a partir del arte de la memoria, la arquitectura invisible, los símbolos o sellos y piezas de la filosofía hermética que iban desde el Egipto faraónico, pasando por Moisés y Salomón, hasta Bruno. ¿Qué influencia podría haber tenido el viejo arte en Washington, Franklin y otros padres fundadores? Todos masones, todos conocedores de las predicciones herméticas para este nuevo mundo.

El arte de la memoria tuvo sus influencias en la edad de la razón. El barón Gottfried von Leibniz cogió prestada su famosa «mónada» de Bruno, quien la tomó de los herméticos. El gran alemán fue el primero en nombrar el brillante hilo que atraviesa y une las grandes tradiciones del mundo: *philosophia perennis*, la filosofía perenne. Leibniz escribió acerca de la mnemotécnica y el arte interior de la memoria. Igual que muchos magos, examinó multitud de imágenes, alfabetos y símbolos, buscando los que más se acercaban a la realidad. Probablemente fue el primer matemático europeo que estudió el *I Ching*, que le enviaron unos jesuitas de Beijing. Leibniz encontró sus símbolos de la realidad en los números y creó algo nuevo: el cálculo infinitesimal. Él vislumbró algo más grande.

Leibniz esperaba inventar lo que él llamaba «una buena cábala», un cálculo más elevado que respondiera a las preguntas de la filosofía y la religión. Una vez estas respuestas se encontraran, él creía que, igual que muchos maestros de la memoria pasados, la armonía y la acción correcta fluirían de forma natural en la sociedad humana. En Leibniz y en el trabajo del naciente científico moderno, una corriente de los grandes sistemas de la memoria encontró por fin elegante expresión, el impulso para el orden, sistema y método en el conocimiento. Aparecieron otras corrientes como un gran río subterráneo para alimentar las raíces artísticas, más notablemente quizá las de la línea órfica: Blake, Wordsworth, Emerson, Rilke.

El regreso de Mnemosina

El fuerte pero bastante pálido fantasma de la mnemotécnica sobrevive hoy en día en los sistemas de apoyo de la memoria eternamente populares y en los programas de televisión «informativos» de última hora de la noche, en los que el público todavía se queda atónito cuando ve a alguien que puede recordar una lista. Pero algo mucho más amenazante está ocurriendo. Mnemosina parece que vuelve a aparecer; estamos rodeados de señales de un renacimiento. Sus atributos históricos están creciendo. Se está rehabilitando la formación de imágenes. Incluso hay ecos de sellos mágicos cuando la gente se concentra en vídeos de los profesionales del golf e intenta interiorizarlos. La meditación considerada como requisito para el más elevado conocimiento por los maestros de la memoria está en auge.

Respondidas la mitad de las preguntas de los magos, la gente vuelve a sumergirse en la otra mitad del arte de Mnemosina para experimentar el amplio espectro de la memoria. Están reclamando recuerdos anteriores al nacimiento, buscando recuerdos de «otras vidas», y, como el Er de Platón, trayendo de nuevo recuerdos que alteran las creencias desde las experiencias de la casi muerte. Cuando se desvanece la niebla, empezamos a alargar el brazo hacia recuerdos del propio universo. Igual que los magos de la memoria, la gente no sólo busca sino que utiliza «otras» energías para dar poder a la conciencia en el impulso por convertirse en lo que Bruno llamaba «demonios de las estrellas» y nosotras llamamos «humanos posibles».

A principios de los años noventa, dos ganadores del premio Nobel y una docena de otros importantes científicos se reunieron en la universidad de California, en San Francisco, para explorar *La conciencia dentro de las ciencias*. Mente y materia vuelven a ser vistas como dos caras de una realidad y se habla de co-creación. El éste y el aquél holistas indican la necesidad de unificación. La necesidad mnemónica de asociar y unir nos hace ver la relación, la interdependencia en todos los niveles de Gaya, la Tierra viva.

Hemos abordado sólo unos cuantos de los secretos que daban energía a las antiguas escuelas de la memoria como si hiciéramos cinco o seis fotografías para dar una idea de un gran viaje por Europa. Igual que lord Carnavon, egiptólogo británico, cuando abrió la puerta largo tiempo sellada de la cámara funeraria del faraón Tut Anj Amón para revelar un reluciente mundo inimaginado del pasado, Frances Yates, la intrépida estudiosa, ha abierto la puerta del mundo invisible, cargado de tesoros, de Mnemosina. Aquí entran los exploradores de la memoria.

Nuestra era ha creado la memoria artificial, que pasmaría a nuestros antepasados, con diecisiete millones de *byts* en un ordenador personal en lugar de las cien mil ubicaciones. Nuestros antepasados llevaban su mnemotécnica dentro de sí mismos, cohabitando, como imágenes de la memoria. La nuestra también es exterior, una especie de «cerebro global» proliferante que usamos con la velocidad de la luz. ¿Cuál será nuestra visión de la memoria cósmica? Con la nueva aventura a punto, podemos brindar por la vieja Mnemosina.

15
Multiplicar la memoria

«Elija el genio que quiera ser: Einstein, Edison...», dos formadores de la IBM lo dijeron a los estudiantes que iniciaban un experimento de superaprendizaje. Esperaban aprovechar el aprendizaje utilizando la imaginación como trampolín hacia los talentos y memorias de otras personas. La academia es un poco más modesta. Para estimular la memoria, un estudiante de ciencias de la escuela secundaria de Des Moines podría elegir ser el doctor John Baker, oceanólogo de Maui, y empezar a imaginar cómo abordaría este doctor un proyecto. Estudiantes avanzados del conocido Instituto de Lenguas Extranjeras Maurice Torez de Moscú fueron más allá. Antes de la primera clase de francés con sugestiología, estos jóvenes eligieron identidades gálicas y encarnaron biografías imaginarias. Después, como actores, hicieron todo lo que pudieron para ser Mimi o Jacques. Incluso la vergüenza de cometer errores cambiaba las identidades. El comisario Yuri no cometió el error tonto, lo hizo Jacques. Estos soviéticos nunca descubrieron quién era uno u otro, un truco más por cuestiones de seguridad que de pedagogía, quizá, pero que estimulaba el aprendizaje.

Imaginar que uno es otra persona es otra estrategia reciclada para aprender y memorizar. Está vinculado a la antigua idea esotérica de imaginarse que uno se mete en la cabeza de alguien. Y está relacionado con la práctica budista de crear imágenes excepcionalmente detalladas de gurus que están interiorizados para vivir y trabajar dentro de uno mismo. En los Estados Unidos, Tim Gallwey, en particular, lo ha popularizado para los deportes, cuando pide a la gente que imagine que son profesionales del tenis o la estrella del esquí.

El profesor británico doctor Robert Hartley descubrió que disociado del yo regular existe otra manera de evitar los bloqueos. Peleando con escolares que tenían un rendimiento pobre, recordó una táctica inspirada que él mismo ponía en práctica en sus días de escuela. Dibujó páginas y páginas de espacios en blanco tratando de escribir un periódico. Por fin, pensó en un famoso comentarista de radio al que él admiraba mucho. ¿Cómo lo diría él? Las palabras empezaron a fluir.

Hartley presentó a sus lentos estudiantes un simple test de asociación de imágenes. «Pensad en alguien que conozcáis que sea muy listo –dijo–. Imaginad que sois esa persona. Quiero que hagáis el test tal como él o ella lo haría.» Los resultados fueron asombrosos, las calificaciones de los estudiantes de bajo rendimiento compitieron con las de los primeros de la clase. Se imaginaron que eran listos y se volvieron listos. Para algunos fue demasiado. «No he sido yo –protestó un chico–. ¡Lo ha hecho el listo!»

Algunas personas parecen llegar literalmente a la memoria de la otra gente: los telépatas. Muchos de ellos afirman que acuden a su mente impresiones extrasensoriales de la misma manera que la memoria, idea confirmada por el doctor W. H. C. Tenhaef, director del primer laboratorio de *psi* financiado por el gobierno en la universidad de Utrecht. «Parece que los fenómenos telepáticos pueden clasificarse bajo las leyes de la memoria que nos son conocidas», declaró Tenhaef después de desvelar numerosas similitudes entre el funcionamiento de *psi* y la memoria.

Psi incluso sigue los modelos de desplazamiento y represión hallados en la memoria. Tenhaef entregó, a uno de sus sujetos bien sometido a prueba, una gorra que pertenecía a un hombre sospechoso de haber asesinado al bebé de su hija soltera. El sujeto, estudiante universitario, se agitó, arrojó la gorra lejos de sí e insistió con vehemencia en que no podía sacar ninguna impresión de ella. Varios días más tarde, el estudiante dijo a Tenhaef que había soñado con un hombre que asfixiaba a un bebé con almohadas. ¿Tenía algo que ver con el sombrero? Tenhaef admitió que en verdad habían asfixiado a un bebé con almohadas. Su estudiante confesó que de niño había lanzado ladrillos a la cuna de su hermano recién nacido. «Por eso debí reprimir la información y conscientemente no podía captar nada», explicó el estudiante. De nuevo nos hallamos ante el efecto Poetzel: datos que entran en la memoria subliminal afloran en la conciencia, a menudo a través de los sueños. La exploración de Tenhaef de la curiosa conexión entre *psi* y memoria penetró incluso en áreas más misteriosas (ver capítulo 21).

A veces, aspirar a tener la memoria de otra persona parece extenderse a ese gran caldo de información en que todos vivimos, el inconsciente colectivo y la memoria transpersonal. Que existen técnicas para ayudar a abrirse a una memoria más amplia nos fue demostrado hace veinte años en Moscú cuando oímos hablar del doctor Vladimir Raikov.

Reencarnación artificial

El sol entraba a raudales en el gran estudio mientras los estudiantes de arte pasaban la mirada de la modelo a su cuadro. El doctor Raikov dio un golpecito en el hombro a una chica que estaba absorta en su trabajo.

–Quiero que conozcas a alguien.

La chica se presentó:

–Soy Rafael de Urbino.

El visitante, periodista, preguntó:

–¿En qué año estamos?

–Vaya, en 1505, claro.

El periodista sacó su cámara.

–¿Sabía ella lo que era?

–No, y no sé por qué me molesta con preguntas tontas. Tengo trabajo –replicó la muchacha, y regresó a su caballete.

El periodista habló con otros pintores. Uno era Rembrandt, otro Picasso. El director Raikov se acercó a otro atareado Rafael. Utilizando una señal hipnótica, hizo volver al joven a la conciencia normal.

–¡Mira tu cuadro!

–Eso no puede ser mío. ¡Yo no sé dibujar más que figuras de palo! –dijo el joven estudiante.

Él, igual que los otros, no recordaba absolutamente nada de las horas pasadas como un gran maestro; igual que los otros, al principio se negaba a creer que había creado aquel cuadro.

Todos los artistas del estudio de Vladimir Raikov estaban experimentando lo que los periodistas soviéticos llamaban «reencarnación artificial». Supuestamente, el psiquiatra Raikov encontró una nueva forma de hipnosis, muy profunda pero, a diferencia del sonambulismo, también muy activa. En este estado se puede aprender y desarrollarse uno mismo. Tras varias semanas de ser como Rembrandt o Rafael, el talento, pero no la personalidad, del reencarnado empieza a filtrarse en la conciencia. Algunos estudiantes incluso decidieron pasarse a una carrera artística. No son Rembrandt. Pero sus esfuerzos son buenas ilustraciones para revistas. Viviendo unas cuantas horas al día siendo otra persona, aprendían en unos pocos meses cosas que a menudo llevan años.

Raikov reencarnó a los estudiantes de música como grandes virtuosos, a los ingenieros como inventores, a los alcohólicos como abstemios, y una mujer fue una ruidosa reina Isabel I. Hay, evidentemente, una cara secundaria, en particular debido a que Raikov estuvo durante un tiempo unido a un instituto psiquiátrico conocido por sus prescripciones políticas. ¿Por qué no reencarnar a un disidente como ciudadano modelo? Después de una explosión de publicidad, no se habló más del trabajo de Raikov hasta la Glasnost. Aparte de explorar la memoria prenatal, algunos amigos nos han dicho que él siguió reencarnando, y recientemente evocó a curanderos. Entre otros, estudió a la famosa curandera georgiana Dzhuna Davitashvili, que alcanzó un gran éxito en los años ochenta y de la que se decía que ayudó a mantener andando al moribundo Brezhnev, si no hablando. ¿Puede Raikov reencarnar a otras personas como a Dzhuna con el poder de curar? Hasta ahora, al parecer, la respuesta es «sí».

Ciertamente, el trabajo de Raikov evoca el «permiso» a utilizar la amplísima habilidad innata de uno. Y surge la pregunta: ¿cómo se definen los límites de uno mismo, hasta dónde se puede llegar? ¿Los estudiantes de Raikov obtenían sus talentos de la memoria transpersonal? ¿O incluso de vidas pasadas reales, suyas o de otros? La terapia de la reencarnación es popular hoy en día. Se hace regresar a pacientes a supuestas vidas pasadas y de una manera u otra se liberan de problemas mentales y físicos. ¿Qué sucedería si los terapeutas instruyeran a sus clientes para que recordaran el conocimiento y las habilidades de sus vidas «anteriores»?

C. G. Jung nos familiarizó con el inconsciente colectivo, el reino de la memoria arquetípica. Los talentos, personificados como figuras legendarias, ¿vagan por esta dimensión? ¿Puede uno estimular las energías de éstas? Jung investigó modelos mentales en lugar de transferencias de datos. Ése ha sido el dominio de los esotéricos y su registro acásico, un registro siempre creciente e impersonal de todo lo que sucede, una memoria cósmica. Supuestamente, fue a estos registros adonde fue Edgar Cayce en su sueño para traer a veces informaciones asombrosamente precisas. En qué estante, en qué tienda, en qué calle, en qué ciudad podría encontrarse una medicina poco conocida que ayudara a curar las enfermedades de los pacientes. El que muchos médicos hayan acreditado muchas de las prescripciones de Cayce, ha eclipsado el impresionante hecho de que él podía, con tanta facilidad, sumergirse en un banco de información invisible y regresar con datos demostrables.

Ahora tenemos canalizadores que hablan de «bancos de datos codificados con luz que palpitan a través de las dimensiones». Es curioso cómo, a lo largo de la historia, ha persistido la idea de una memoria del mundo omnipresente y que todo lo abarca, que uno podría interceptar (ver capítulo 21). El registro acásico parece asemejarse a las formas mórficas de Sheldrake, la memoria de la naturaleza, un parecido que sin duda ayudó a encender un furioso antagonismo. La crítica no hizo caso de una diferencia importante. La teoría de Sheldrake puede ponerse a prueba. El germen de su idea procedía de experimentos científicos, llevados a cabo en los años veinte en Harvard por el eminente biólogo doctor William McDougal.

¿Se puede heredar el aprendizaje, heredar la memoria? Para averiguarlo, McDougal enseñó a nadar a ratas para salir del agua por una salida iluminada y no por una salida oscura. Los hijos aprendieron más de prisa que los padres. Otros se hicieron cargo del experimento; generaciones de roedores aprendieron cada vez más de prisa. Pero había un gran problema. Ratas sin ninguna conexión biológica con otras que habían aprendido, también lo hicieron más de prisa. No se trataba de los genes; sin embargo, algo parecía transmitirse a la memoria. ¿Qué era? La construcción de una forma mórfica, dice Sheldrake. Estos modelos compuestos no tienen energía y así no son estorbados por el tiempo y el espacio. Si las ratas pueden vibrar con un recuerdo genérico construido por otros y con ello aprender más de prisa, ¿por qué no las personas?

Un importante poeta japonés proporcionó a Sheldrake tres supuestas rimas infantiles. Aunque similares en estructura, una ha sido recitada durante generaciones, otra fue compuesta por el poeta y la otra era una tontería. Varias series de voluntarios no japoneses las recitaron en voz alta. Sometidos a test posteriormente, el sesenta y dos por ciento recordaban mejor la rima tradicional, una cifra importante, pues sólo se esperaba el treinta y tres por ciento de casualidad. Esto sugiere que el aprendizaje se vio estimulado por un fuerte modelo mórfico construido por millones de personas que conocían la rima. De manera similar, la gente aprendió lo que creían que era el código Morse. La mitad era auténtica, la otra mitad eran señales mezcladas. También en este caso la gente recordó mejor lo que miles de personas habían aprendido antes que ellos, lo cual apoya la idea de un campo de información en marcha: la memoria de la naturaleza. La mayoría de experimentos similares, aunque no todos, sugieren que se puede armonizar con los campos mórficos, para exteriorizar la memoria. Los modelos mórficos configuran las formas de la jirafa y de cristales, y también refuerzan la forma de la conducta y el conocimiento, lo que tiene implicaciones intrigantes para el proceso de cambio. ¿Cómo podría uno intentar armonizar con una forma mórfica deseada?

Aunque nada es definitivo, hay algunas pistas. Sea cristal, embrión o ambicioso estudiante de matemáticas, es necesario un modelo de simiente o un fragmento de conocimiento para empezar la resonancia con un campo. Al resolver problemas, se le dice a uno que se sature con datos y después se suelte. Eso proporcionaría una simiente y una posterior ayuda. Cuando se añade información, la resonancia debería hacerse más específica, más centrada. ¿Es ésta una razón por la que el consejo de «actuar como si...» parece funcionar? ¿El «actuar como si...» ayuda a la forma deseada por uno a vibrar? En los experimentos del código Morse, el estímulo aparente de las formas mórficas apareció en personas que usaban el sentimiento (en el sentido de las cuatro funciones de Jung) de una manera introvertida. En otras palabras, están acostumbradas a dirigirse a su interior para encontrar el conocimiento, no lo ven como algo aparte de sí mismos, y así son quizá más sensibles a la sutil resonancia de las formas mórficas.

La teoría de Sheldrake acaba de empezar a revelar algo acerca de la memoria que impregna el cosmos. Hasta dónde puede extenderse la memoria de un individuo, qué barreras puede cruzar, es aún una pregunta sin respuesta. Es otra frontera que requiere aventureros. La aventura en el sentido espeluznante describe las vidas de un grupo especial de gente que posee muchas memorias.

Qué significan para usted las veinticuatro memorias de Billy

Regan es un hombre fuerte, el protector de la familia. Experto en cosas peligrosas, armas y karate, y a veces hace honor a su nombre, «rabia otra vez» en serbo-croata, idioma que él lee, escribe y habla bien. En tonos pesados, eslavos, este marxista comprometido se describe a sí mismo como noventa y cinco kilos de músculo, con el pelo negro y un largo bigote caído. Se le ha visto golpear un duro saco de arena durante veinte minutos, cuando la mayoría de hombres caen exhaustos a los cinco. Parte del secreto consiste en su habilidad para controlar el flujo de adrenalina a voluntad. El único defecto físico de Regan es el daltonismo.

Aunque un año más joven, al inglés con gafas Arthur le importa muy poco el ejercicio físico. Cuando no le amenaza ningún peligro inmediato, su mano racional guía a la familia, que cuenta con dos docenas de miembros. La deducción es su punto fuerte y algunos de los misterios que Arthur ha resuelto no serían elementales para Sherlock Holmes. Bien versado en física, química y medicina, habla como un británico de clase alta, pero también lee y escribe árabe. Políticamente, Arthur es conservador hasta la médula.

Tommy, etiquetado como antisocial, puede salir airoso de casi cualquier situación, social o de otra clase. La policía enrojece, los asistentes hospitalarios jadean cuando Tommy se quita las esposas y la camisa de fuerza con el aplomo de Houdini. Su ávido estudio de la electrónica le proporciona conocimientos para reparar el equipamiento de la familia. En sus ratos libres, Tommy toca el saxo y pinta coloridos paisajes. Christine es otro miembro de la familia al que le gusta pintar y dibujar. Mariposas y flores son sus temas favoritos, pues sólo tiene tres años, el retrato perfecto de una niña pequeña con el pelo rubio, suave, y unos ojos azules grandes.

Extraños compañeros incluso en los días de la comuna, los cuatro comparten la misma casa. También comparten el mismo cuerpo, el de Billy Milligan. En un juicio llevado a cabo en 1978 que traía locos a los escritores de titulares de Ohio, Billy Milligan se convirtió en la primera persona considerada no culpable de un grave crimen por razones de locura, definida como desorden de personalidad múltiple. Un número de psiquiatras apoyó el diagnóstico. Más eficazmente, también lo hicieron los acusadores y el juez. Habían pasado extrañas horas sentados viendo cómo las diferentes personalidades se apoderaban de Billy. Si era una actuación, era de un orden diferente, pues ningún actor ha provocado tan perturbadores escalofríos en ellos. Estuvieron de acuerdo en que lo que guardaban bajo llave era una criatura rara y digna de lástima.

El desorden de la personalidad múltiple (MPD en inglés), un fenómeno aparentemente imposible, ha fascinado desde mucho tiempo atrás. Millones de personas lo llaman de otro modo: Jekyll y Hyde. En el siglo diecinueve, Robert Louis Stevenson no estaba solo en su absorción de la idea. Doctores, filósofos y en particular los psicólogos y parapsicólogos siguieron la pista a personas con personalidad múltiple. He ahí un laboratorio vivo en el que resolver las preguntas que planteaban algunas de las mejores mentes de la época, hombres como Frederick W. H. Myers en Inglaterra, Alfred Binet y Pierre Janet en Francia, William James en América. Ellos querían una comprensión científica de la «disociación», la separación de un grupo de pensamientos o actividades mentales desde la conciencia principal. La disociación es tan antigua como el trance y el soñar, como los estados alterados de los artistas y chamanes. Comprender su dinámica, pensaron los investigadores, conduciría a la curación de una variedad de enfermedades. Muchos también creían que conduciría, como lo expresó James, a «dimensiones superiores de la mente» no asequibles normalmente, a una comprensión del potencial humano. La disociación es otra manera de hablar del aprendizaje y de la memoria dependiente del estado. En un individuo con personalidad múltiple, la memoria limitada por el estado no es sólo un secreto escondido a la conciencia, sino un secreto llamado Arthur cuando sale para ir a la biblioteca en busca de libros de hematología, o Regan cuando se dirige a practicar el tiro.

Antes de que los primeros investigadores encontraran muchas respuestas, las modas científicas cambiaron. La disociación pasó. Las personas con personalidad múltiple se convirtieron en una curiosidad, hasta los años cincuenta, cuando los doctores Corbett Thigpen y Hervey Cleckley sacaron a la luz *Las tres caras de Eva*. En los años setenta, la doctora Cornelia Wilbur de la University of Kentucky Medical School reveló su trabajo pionero con Sybil, enferma de personalidad múltiple. Si usted hubiera estado presente en la conferencia dada por el Chicago's Rush-Presbyterian-St. Luke's Medical Center en otoño de 1984, habría podido oír el principio de un diluvio de investigación, cuando los doctores presentaron más de un centenar de informes en la primera conferencia internacional sobre personalidad múltiple y estados disociativos. También habría podido presenciar a «Cassandra», e intentar transmitir cómo es el tener docenas de *alter egos* compartiendo el cuerpo y el cerebro de uno.

Como bien entendió Robert Louis Stevenson, es una historia de terror. Por eso parece ser peor que insensible encontrar tan excitante este desorden. Pero lo es. De una manera extrañamente dramática, el desorden de la personalidad múltiple recoge muchas de las hebras del pensamiento contemporáneo. Es como si la cara oculta de las cosas se disfrazara con galones y plumas, diseño de puntos y abalorios y gritara «¡Eh, mira!» para llamar nuestra atención. Por supuesto, hay vínculos con la memoria y la investigación del cerebro. También existen vínculos con el nuevo pensamiento acerca de temas tan dispares como hipnosis, experiencias de casi muerte y evolución. Existe resonancia con exploraciones de la memoria subliminal, talentos humanos excepcionales, curación de mente y cuerpo e intereses transpersonales. Todo esto de personas que casi siempre de niños han recibido malos tratos y que a menudo se hallan encerrados en cárceles e instituciones mentales.

Hasta la década pasada existía poca ayuda para sus historias de horror. Imagine cómo se sentiría usted, rodeado de repente por amigos que nunca ha hecho, siendo felicitado por su habilidad con el piano o las matemáticas superiores, habilidades que usted desconoce, o, lo que es peor, despertar en Los Ángeles cuando usted vive en Dallas, ser tachado de mentiroso, ser despedido, arrestado por actos que no puede recordar. Los agujeros en la memoria de una persona con personalidad múltiple son agujeros negros. Y siempre existe el temor de que alguien esté intentando dominarle. Como dijo una víctima: «Es como si hubiera roto un contrato conmigo mismo».

Aparte de todas las fascinantes implicaciones de nuestras ideas acerca de la memoria, la conciencia y el ser, hay otra razón por la que el desorden de personalidad múltiple ha captado el interés de los científicos. Las personas aquejadas de este mal se están multiplicando. El desorden de personalidad múltiple sigue siendo una rareza, y, sí, hay algunos diagnósticos equivocados, pero la verdad es que hay muchas más personas con este desorden que antes. Jekyll/Hyde era una personalidad dual ordenada. Los clínicos informan de que las personas con personalidad múltiple tienen como promedio de ocho a trece personalidades. Han conocido algunos seres extraordinarios con más de un centenar de *alter egos*. Han aparecido familias con tres generaciones de miembros con personalidad múltiple, y en Odyssey House de Nueva York, la doctora Arlene Levine trató a gemelos idénticos cada uno de los cuales tenía seis *alter egos*. ¿Por qué está esto sucediendo en este momento, en este arco de la evolución?

La mayoría de personas con personalidad múltiple son lo

bastante listas para comprender las implicaciones de su problema. «Jamás he conocido a una persona con personalidad múltiple con un coeficiente intelectual inferior a 110», dice Cornelia Wilbur. El doctor David Caul, uno de los doctores de Milligan, observa que las personas con personalidad múltiple son excepcionalmente perceptivas. «Pueden oler a un mentiroso a mil pasos en una diezmilésima de segundo.» A menudo, aparece un funcionamiento excepcional: memoria fotográfica, extraordinaria memoria auditiva y sensorial, habilidades paranormales, talentos artísticos y, como atestiguan muchos clínicos, la capacidad de curarse más de prisa que el resto.

Para escapar a las abrumadoras circunstancias, el sujeto con personalidad múltiple se vuelve hacia su interior y salta a otros estados mentales. Una vez efectuado el salto, como un cristal de otro planeta, las relucientes facetas de las personalidades reflejan de una manera distorsionada pero no obstante real, la respiración de la mente y su potencial. Arthur parece un maestro de escuela victoriano estimulando a sus compañeros de cuerpo a sacar el máximo provecho de sí mismos: estudiar, practicar, ejercitarse mejorará las oportunidades de la familia.

¿Qué clase de memoria tiene un *alter ego*? Una es la clase testigo, como las anotaciones de un periodista en el juzgado. Una de las personalidades de Casandra, una niñita tímida llamada Stayce, raramente se apodera del cuerpo, prefiriendo seguir su mandato original. Hace años, «le dijeron» que «se quedara y viera» lo que sucedía cuando trataban mal a la joven Cassandra. Lo hizo.

«Enseñé a los otros todo lo que saben», explica la personalidad más extraordinaria de Milligan, llamada simplemente el Profesor. Un aparente genio con un sentido del humor irónico, tiene un recuerdo casi perfecto. El Profesor fue una ventaja para Daniel Keyes, quien entrevistó a su sujeto durante dos años antes de escribir *The Minds of Billy Milligan*. El Profesor recordaba los altibajos, en realidad todo lo referente a las experiencias de las otras personalidades, e incluso hizo un relato exacto de un accidente de asfixia que había enviado a Billy al hospital a la edad de un mes.

La mayoría de personas con personalidad múltiple tienen un Profesor en alguna parte, llamado normalmente en la actualidad «ayudante del ser interior», un sabio con memoria casi omnisciente. Es como si uno por fin pudiera hablar con la memoria total que se supone que todos tenemos pero con la que raramente conectamos. Las personalidades originales –el Billy Milligan, cuyo apellido suena a juego de palabras joyciano– normalmente no pueden conectar con esta personalidad que lo recuerda todo. Sin un tratamiento extensivo, no pueden recordar los conocimientos, las habilidades o experiencias de sus *alter egos*. Normalmente los originales son amnésicos y no saben que tienen compañeros de cuerpo. Esto conduce a extrañas presentaciones en la terapia: «Billy, te presento a Tommy». La mayoría de personalidades encuentran difícil de creer la idea de que hay otros «alguien» en su cuerpo. Aparte del Profesor, de las personalidades de Milligan, sólo Arthur y la niña Christine se daban cuenta de la extraña situación en la que se encontraban. Arthur lo dedujo. La razón le llevó a la irrazonable conclusión de que él se hallaba en el cuerpo «pensión». Arthur se lo dijo a Regan. Christine lo sabía desde el principio. Quizás su demostrada habilidad de transmisión de pensamiento contribuyó a ello.

Los *alter egos* a menudo son capaces de compartir recuerdos. Regan y Arthur se volvieron co-conscientes y conferenciaban en inglés. Regan hablaba con fluidez en serbo-croata. Arthur sabía *swahili* así como árabe, pero no transfería. Billy sólo sabía inglés. El bilingüismo no es raro en las personas con personalidad múltiple. Las personalidades eligen las lenguas igual que pueden volverse expertas en matemáticas, psicología o historia. Una personalidad múltiple es un brillante candidato a doctor, mientras el ignorante original tiene una mentalidad bastante mundana.

El enlace básico entre emoción y memoria salió a la luz de una manera interesante en las personas con personalidad múltiple. Un terapeuta escucha a un *alter* hablar de su viaje de vacaciones. Algo no suena a cierto, el relato no tiene la emoción de un recuerdo real, suena como a alguien que cuenta una historia que le han contado, lo cual en realidad ha hecho otra personalidad que «hizo» el viaje. A veces, los *alters* recuerdan hechos que sucedieron a un compañero de cuerpo, pero son incapaces de recordar las experiencias emocionales o las habilidades aprendidas. Esto es memoria dependiente del estado. Cuando está en el estado Arthur, sabe árabe, y en el estado Tommy, no.

Los estudios subliminales muestran que se puede captar información y fundirla en la memoria a largo plazo sin ser consciente del proceso. Aunque estas hazañas subliminales son asombrosas, pueden ser sólo un débil resplandor de los multicanales de que disponemos. Cassandra, que convenientemente estudió idiomas del cerebro, tiene un *modus operandi* que sería la envidia de cualquier estudiante graduado. «Cuando estoy escribiendo un ensayo sobre oído dicótico, uno de los otros está componiendo la propuesta para "mi" tesis doctoral. Otra persona ha preparado la cena y más tarde limpiará la cocina mientras yo duermo... No puedo impedir que los otros trabajen más de lo que puedo impedir el cambio de estación... Compartimos el cuerpo, o sea que el tiempo que soy la mecanógrafa limita el uso del cuerpo por parte de los otros. Eso no impide a ninguno de ellos que utilice el cerebro para planear, idear o componer.»

Comparado con la mayoría de nosotros, esto es como pasar de la grabación y reproducción mono a la de veintiocho pistas. Lo que resulta difícil de tener en cuenta acerca de toda esta especialización académica, división de tareas y respuestas emocionales separadas, es que se producen de manera simultánea en un cerebro. Aparentemente, la personalidad múltiple ha encontrado una manera de activar esa vasta capacidad del cerebro a la que el resto raras veces accedemos.

La mayoría somos conscientes de que la mente es algo fluida y posee cierta plasticidad. Podemos tener dos mentes, podemos cambiar de opinión, podemos imaginar y soñar despiertos que somos otra cosa, somos personas diferentes en las diferentes relaciones: jefe, hijo, contrincante de tenis, amante. Sabemos que el material de la mente es maleable. Y sin duda estamos seguros de que nuestro cuerpo está bastante bien preparado. Incluso hacerlo un poco más delgado o más fuerte o más sano requiere un poco de acción. Despegar nuestras ideas respecto a nuestro cuerpo es quizá lo que, por parte de las personalidades múltiples, nos puede proporcionar las revelaciones más valiosas.

Cambiar los recuerdos; cambiar los cuerpos

Uno, dos, tres; esto es lo que tarda en cambiar de personalidad un sujeto con personalidad múltiple. En esos mismos instantes, a menudo cambian de mano, los zurdos pasan a utilizar la mano derecha y viceversa. Ésta es una respuesta a la idea de que las personalidades múltiples «sólo actúan». Como sabe cualquiera que utilice la mano derecha y alguna vez haya intentado cortar algo con tijeras para zurdos, cambiar de mano no es fácil. Hasta ahora, se ha considerado un rasgo fijo. Igual que cosas como los modelos eléctrico y químico de nuestro cerebro.

En el National Institute of Mental Health, el doctor Frank Putnam estudió los modelos de onda cerebral de tres personalidades diferentes de diez individuos con personalidad múltiple. «Parecen variar de una personalidad a otra, igual que de una persona normal a otra.» Putnam cree que «las personas con personalidad múltiple pueden, de hecho, ser uno de esos experimentos de la naturaleza que nos dirán muchas más cosas acerca de nosotros mismos...».

El doctor Robert DeVito de Loyola University estudia el flujo sanguíneo en diversas regiones del cerebro en pacientes con personalidad múltiple. Sus descubrimientos sugieren que los *alter egos* muestran diferentes modelos de equilibrio bioquímico. DeVito especula que «el paso clínico de una a otra puede ser consecuencia de un proceso de cambio bioquímico que implica el complejo fenómeno de la memoria». Parece que cada personalidad se asienta con su propia «red» química que remodela el cerebro. Y el cuerpo. Este cambio en el cuerpo posee profundas implicaciones para todos nosotros.

Quizá no se quiera cambiar de mano, pero sería útil dejar de tener fiebre del heno o alergia al zumo de naranja o a los gatos. Hay multitud de historiales de casos en los que sólo una personalidad tiene alergia. La enfermedad desaparece cuando otra ocupa el cuerpo. Un *alter ego* puede ser sensible a la hiedra venenosa, los otros pueden pasear tranquilamente por el bosque... en el mismo cuerpo. Un médico que no lo supiera podría desarrollar él mismo la patología al tratar a una personalidad múltiple. Afortunadamente, el optometrista de Illinois doctor Kenneth Sheppard sabía «a quién» estaba tratando. Grabó cambios en la presión del ojo y curvatura corneal cuando las personalidades cambiaban. Los astigmatismos iban y venían, la vista cansada fluctuaba. Una personalidad múltiple miope requería varias prescripciones. Sus adultos necesitaban varias lentes fuertes, pero cuando pasaba a un *alter ego* de seis años, las muy débiles le proporcionaban una visión de 20/20.

¿Por qué las personalidades múltiples se curan más de prisa que el resto de personas? Muchos investigadores así lo han confirmado. Pero hasta ahora nadie sabe bien por qué. Quizá cuando interviene una personalidad diferente a la que ha soportado la herida no tiene el recuerdo celular de la herida y por eso es capaz de repararla más rápidamente. Una nueva «memoria» o personalidad aporta automáticamente una reprogramación de los modelos bioquímicos y eléctricos del cuerpo. O, como lo expresa el doctor Abrezol: «Toda enfermedad es memoria». Una clase distinta de clave para la curación rápida puede provenir de Celeste, una rubia y coqueta adolescente, otra de las personalidades de Cassandra. Originalmente, cuando Celeste controlaba el cuerpo, se entregaba a la automutilación, síntoma de la personalidad múltiple. Al madurar, se interesó por la curación. Celeste practica la curación mental a través de la visualización y, en la mejor tradición del moderno entrenamiento mental, estudia detenidamente los textos para obtener una imagen clara de los órganos del cuerpo y las estructuras internas para ayudar a su visualización.

Supuestamente, Celeste puede continuar su curación mental incluso cuando otro controla su cuerpo. ¿Podríamos los demás aprender, a través de la sugestión o de otra cosa, a continuar la curación mediante la mente en otro canal mientras proseguimos con nuestro asunto consciente? Esta idea de otra «personalidad» o recuerdo limitado por el estado o construcción autónoma de la conciencia, como se la quiera llamar, trabajando por sí misma, tiene una curiosa resonancia con las prácticas de los magos de la memoria. Éstos intentaron interiorizar un talismán o un sello como Fidias el Escultor. Acercándose a los sentidos y a la emoción, se esforzaron por crear una imagen activa dentro de sí mismos, una imagen que contemplaba la vida como propia y no como el personaje de un autor, la musa de un poeta, el santo de un monje. Esta construcción de la conciencia nacida de manera imaginativa funcionaba hasta cierto punto por sí misma para cambiar, se esperaba, la mente y el cuerpo.

Como los *alter egos* entran y salen, reorganizan toda clase de sistemas físicos. Cambian los cuerpos igual que las personalidades. Una infortunada mujer acabó con tres períodos menstruales por mes, uno por cada yo. El psiquiatra de Chicago Bennet Braun, otro pionero en el tratamiento de personalidades múltiples, tenía un paciente diabético. La diabetes desapareció cuando su *alter ego* tomó el control. Epilepsia, dislexia y numerosas enfermedades graves pueden estar unidas a diferentes personalidades. Algunas fuman, otras no pueden ver la hierba. Algunas toman heroína, pero sus *alters* abstemios no sufren el síndrome de abstinencia. El mensaje es directo. Y asombroso. Cambia los recuerdos y el cuerpo cambia. El doctor Wilbur sospecha que las personas con personalidades múltiples envejecen más despacio que las demás. ¿Qué están esperando? Por el momento, debería quedar claro por qué casi cualquiera que estudia las personalidades múltiples queda seducido por este misterio; pero los terapeutas deben recordarse a sí mismos que su objetivo principal es curar, no jugar al doctor Jekyll en estos laboratorios vivos.

El desorden de la personalidad múltiple es una patología. No obstante, de una manera extraña, está arrojando ante nosotros datos que abrirán nuestros horizontes. ¿Por qué las personas sanas no podemos empezar a acceder a la extraordinaria gama de memoria y talento que poseen las personalidades múltiples? Igual que un buen novelista, quizá la evolución está produciendo personalidades múltiples como presagio de lo que serán los humanos. El científico-filósofo estadounidense Arthur Young, en su monumental trabajo sobre el arco de la evolución, examinó lo que ocurría en otros reinos, como el molecular y el de las plantas, cuando llegaban a un hito importante en su evolución, un punto en el que él nos ve. Una expansión explotaba en otros reinos cuando llegaban al arco de la evolución, un paso a la complejidad y multiplicidad, al don del crecimiento. El genio, dice Young, es la traducción en términos humanos. Ahí es adonde nos lleva la evolución, cree él, y observa que unos cuantos ya han llegado a este estadio donde la competencia y maestría son el santo y seña.

Young conjura a Da Vinci en su estudio entre pinturas, retratos, esbozos. Llegan unos amigos. De repente, el maestro se eleva en el aire, da patadas y hace sonar las campanillas del candelabro. No hay que ser gimnasta para pintar. Pero, como demuestran los estudios de los dotados, la calidad de la competencia a menudo se generaliza, existe el impulso de vivir y sobresalir en muchas áreas: un químico ganador del Nobel es un buen musicólogo, un brillante novelista está igualmente reconocido como experto en lepidópteros, un matemático, como escritor de novelas de misterio.

Esto se ha visto, de una manera más suave, en el aprendizaje intensivo desde que los instructores comunistas observaron que, cuando la mente despierta en un área, el efecto puede hacerse global, la competencia se difunde y se generaliza. Un estudiante de inglés por fin destaca en deportes, el de lenguas lo hace mejor en física. Las alergias desaparecen de pronto.

Podría considerarse que las técnicas promovidas en la actualidad por los sistemas intensivos mantienen una curiosa relación con las personalidades múltiples. Podrían considerarse maneras saludables de acceder a los talentos a los que las personas con personalidades múltiples saltan con terror. Se ha utilizado la sugestión para llegar a diferentes estados de mente y cuerpo, para activar diferentes habilidades. La sugestión y la imaginación modelan nuevas autoimágenes, competentes en campos específicos. La gente invoca la visualización y la imaginación para crear «recuerdos futuros», para conjurar los yoes más diestros, con más talento, en que quieren convertirse. Otros se imaginan con otra personalidad, esperando dejar atrás su viejo yo limitado y adoptar las habilidades del experto. Íntimamente relacionada con esto se halla la escuela de actuación de Stanislavski.

Como sabían muy bien los profesores soviéticos, Stanislavski y la sugestiología surgieron de las mismas raíces, en particular del Raja Yoga. Utilizando la «imaginación del alma», los actores se esfuerzan por adoptar el recuerdo de mente y cuerpo de sus personajes. De vez en cuando, uno va demasiado lejos y se pierde como una personalidad múltiple en otra personalidad. Stanislavski no intentaba incubar personalidades múltiples. De hecho, Vladimir Raikov sí lo hace, creando personalidades múltiples a corto plazo cuando sus estudiantes pasan horas de trabajo, como Rembrandt o Liszt. El trabajo de Raikov parece estar en la frontera del acceso saludable al dominio múltiple. Al otro lado está la creación artificial de personalidades múltiples efectuada por las KGB y CIA del mundo.

El doctor Jekyll dijo: «No hemos empezado a descubrir lo que la ciencia puede hacer al cuerpo y a la mente del hombre». Gracias a los Jekylls y Hydes, podríamos modificar esto y decir: la ciencia está empezando a descubrir lo que la mente puede hacer al cuerpo. Igual que una laguna profunda adopta los colores y las formas excéntricas de las nubes y los pájaros que vuelan sobre ella, los cuerpos de las personalidades múltiples adoptan los reflejos de los personajes que van y vienen. Ni siquiera la carne y la sangre están tan fijadas como creíamos. Quizá sea una idea temible, pero también es muy liberadora. El cambio fundamental es posible. El tiempo se derrumba, se producen cambios, ésa es la parte asombrosa. Es como si uno saliera de nuestras dimensiones un segundo y regresara cambiado al siguiente. ¿Qué quiere decir un recuerdo diferente limitado por el estado? O sea: ¿es que la personalidad toma el control y, al instante, un cuerpo enferma o se cura? Parte de la respuesta puede proceder de otra nueva generación de científicos que aborden la conexión de la mente y el cuerpo desde un nivel muy diferente, el dominio microscópico de las endorfinas y los genes.

TERCERA PARTE

16
Toda enfermedad es memoria

«Toda enfermedad es memoria», dijo el doctor Abrezol cuando charlamos con él en su hotel de Nueva York antes de que efectuara una presentación de sofrología a la Sociedad Futurista. Fue una observación de pasada, una tarde de nieve, mientras contemplábamos los fantasmales árboles de Central Park. Fue una observación que siguió resonando y acudía a la mente en momentos extraños, algo que contenía un maravilloso secreto, que sonreía un momento y desaparecía.

«Toda enfermedad es memoria...»

El sistema inmunológico posee la memoria de un elefante y puede reconocer un virus que no ha visto en veinte años. Por eso funcionan las vacunas. Los científicos pueden adiestrar el sistema inmunológico de un animal igual que al perro de Pavlov y obtener una respuesta condicionada. Al sonar la «campana», la inmunidad se refuerza o, según el experimento, se debilita aunque no esté presente ningún agente. Eso necesita memoria. Sin embargo, eso, al parecer, no era más que una pequeña parte de lo que quería decir Abrezol. Parece que el lugar donde empezar a buscar el secreto era el área de la curación mental, apasionadamente debatida y poco comprendida, y a menudo mal entendida, una historia sacada del *National Enquirer* para el *Journal of the American Medical Association*.

¿Los pensamientos, los estados de ánimo y la imaginación pueden ejercer una influencia directa sobre la salud? ¿Pueden causar enfermedades? Y lo más interesante: ¿pueden curar las enfermedades? La idea de que sí pueden está surgiendo del gran crecimiento de la medicina holística con sus raíces en la medicina popular, la medicina oriental y la curación espiritual. Al mismo tiempo, abundan los estudios modernos que demuestran que las personas pueden utilizar su mente para influir en los latidos de su corazón, reducir la presión sanguínea, aumentar el número de glóbulos blancos y luchar contra el cáncer. Los niños han empleado el poder mental para aumentar el oxígeno en sus tejidos, los adultos para despertar un solo nervio, y los raros *swami* para provocar un tumor a voluntad y después disolverlo. Hace unos años, la idea de que la mente podía influir, ordenar y reordenar el cuerpo habría sido rechazada por casi todo el mundo.

Todavía parece bastante increíble para todos los que tienen más de diez años. Lo que hace sentirse mal incluso a los científicos más interesados es cómo un joven paciente enfermo de cáncer podía visualizar sus células inmunes como tortugas Ninja destrozando células de cáncer y reducir realmente su malignidad. ¿Cuál es el camino, el mecanismo, dónde está la ciencia? Por fin, un salto de fe es suplantado por un gran salto hacia delante en la comprensión de los sistemas de comunicación del cuerpo, al descubrir cómo el sistema hipotalámico-límbico, tan involucrado con la memoria y la emoción, traduce los pensamientos y las imágenes de la mente en información que recorre una serie de redes de comunicación: el sistema nervioso, el sistema endocrino, el neuropéptido y los sistemas inmunológicos.

La doctora Candace Pert parece haberse divertido mucho en una fiesta. Mujer abierta, con el pelo oscuro, cuya sonrisa parece tan rápida como su mente, Pert es una de las estrellas más brillantes en lo que puede resultar ser la más extraordinaria historia de detectives de nuestra era. Pert está relacionada con el descubrimiento de la vasta red de comunicación, anteriormente desconocida, que está empezando a revelar que la mente y el cuerpo no son dos cosas, sino una y la misma. Se llama mentecuerpo y es un solo sistema de información. La imagen de la mentecuerpo no ha arraigado en el pensamiento cotidiano, ni siquiera entre los profesionales. Pero la imagen está adquiriendo rápidamente sustancia y circulación, ya que cada vez hay más investigadores que colocan las piezas en su lugar.

Conectado con el hueso del cerebro

El campo que Pert y otros como ella están siguiendo arranca de una multitud de disciplinas y es tan nuevo, que su nombre todavía no se ha decidido. Algunos lo llaman psicoinmunología o psiconeuroinmunología, o neuroendocrinoinmunología, y la lista sigue. Las cosas se estaban complicando tanto, que el *Braind/Mind Bulletin* efectuó un concurso desafiando a todos a encontrar un nombre más práctico. ¡Por favor! Marie Tait de Nueva Zelanda ganó con el nombre de «emocio-inmunología». Al menos para los que tienen una mente seria. Ni nosotras ni Marilyn Ferguson, la brillante luz que dirige el *Bulletin*, podemos resistir las dos opciones propuestas por Cynthia Turich de Pittsburgh. Los acrónimos son lo que se lleva, dice, y propuso HYFIHYB (pronunciado jifi-jib), lo cual significa, en inglés: «Se es lo que se siente». O quizá algunos prefieran THBCTTBB (pronunciado cib-que-tibbi): «El hueso de la salud está conectado con el hueso del cerebro».

Las semillas del HYFIHYB arraigaron a principios de los años setenta, cuando los investigadores, incluida la doctora Pert, a la sazón estudiante graduada en Northwestern, descubrieron los receptores de los narcóticos en el cerebro. Una molécula receptora suele imaginarse como una cerradura que espera su llave. La llave podrían ser las moléculas de sustancias como codeína o valium que muchos de nosotros ingerimos. La llave encuentra su cerradura y ofrece el alivio del dolor o frescas perspectivas de relajación. ¿Estableció realmente la naturaleza, eones atrás, receptores para la codeína, con la esperanza de que algún día desarrollaríamos una próspera industria farmacéutica? Evidentemente, si hay cerraduras, también debería haber las llaves en el cuerpo. El equipo de Pert encontró algunas. Resulta que el cuerpo ha estado dirigiendo una farmacia más moderna que cualquiera de las que dirigimos, fabricando sustancias como narcóticos, tranquilizantes, antibióticos e incluso, al parecer, PCB, la famosa fenantrina. Esto debe de hacer sonreír a la madre naturaleza. Mientras nosotros nos esforzábamos por encontrar drogas a su alrededor, el más flemático de entre nosotros rebosaba de ellas. Una vez más, es como si hubiéramos establecido la tarea de hacer consciente lo que ya «sabemos» en la memoria innata.

Nuestros narcóticos caseros forman parte de un grupo más grande de mensajeros químicos, pequeñas proteínas llamadas neuropéptidos. Una vez que supieron qué buscar, los científicos pronto identificaron un creciente número de ellas. Con semejante hueste de mensajeros, se hizo evidente que en el interior de los seres humanos debía de producirse una gran cantidad de comunicaciones inexploradas.

Pert y sus colegas del National Institute of Mental Health identificaron «puntos calientes» en el cerebro, puntos que rebosaban narcóticos y receptores, siendo el más rico ese viejo conocido, el sistema límbico, el control central de la memoria y la emoción. Al principio, todos pensaron que estaban persiguiendo productos químicos del cerebro. Después, su visión de la red de comunicaciones se extendió enormemente. Estos mensajeros no sólo son recibidos, sino, lo que es más notable, también son fabricados en todo el cuerpo, en órganos como los riñones, en glándulas como las suprarrenales, e incluso en el propio sistema inmunológico. Los narcóticos del sistema inmunológico están en comunicación en dos direcciones. Se produce una conversación.

«Se me ocurrió inmediatamente –dijo Pert al escritor Rob Wechsler– que, si estos sexypéptidos narcóticos podían hacerlo, también podrían todos los demás neuropéptidos que había estado identificando. Pensé: ¡Vaya! ¡De lo que en realidad estamos hablando es de cómo la mente afecta al cuerpo!»

Se le ocurrió algo más a Pert, algo bastante terrible, observó. Estaba estudiando la base bioquímica de la emoción. «Cuando documentemos el papel clave que las emociones, expresadas a través de las moléculas de los neuropéptidos, tienen sobre el cuerpo –dice Pert–, se hará evidente cómo las emociones pueden ser una clave para comprender la enfermedad.»

Las emociones proceden del sistema límbico, de la habitación dorada que está en el centro del cerebro, tan implicado con la memoria. De qué manera se vinculan con la enfermedad quedó demostrado cuando Pert y su esposo-colega, el doctor Michael Ruff, reunieron a un grupo de voluntarios y dijeron: «Resolved estos rompecabezas». Después bombardearon al grupo con un ruido espantoso, haciéndoles imposible concentrarse. Los sujetos no podían controlar la distracción. Se sentían indefensos. Pert y Ruff examinaron factores sanguíneos de los sujetos, específicamente el macrofagio, un gran caldo de una célula que engulle la enfermedad y ayuda a reconstruir el tejido. El macrofagio no es molestado por ningún virus. Pero, al parecer, cae en picado cuando su persona se siente indefensa; no realiza tan bien su función protectora.

La conversación del cuerpo no es un simple transmisor de dos direcciones. El mundo interior a nosotros es un zumbido de conversación simultánea que rivaliza con nuestras redes mundiales. Igual que corresponsales individuales, las neuronas pueden cambiar mensajes mientras fluyen, las células «oyen» a sus vecinas, existe un cambio y flujo constantes y, a diferencia de las cerraduras, las células receptoras pueden cambiar su forma para recoger diferentes llaves mensajeras.

Esto tiene algo de maravilloso, como señala el endocrinólogo doctor Deepak Chopra. «Uno piensa: "Soy feliz." Al instante, un neuropéptido traduce esta emoción a un poco de materia tan perfectamente armonizada con ese deseo, que literalmente todas las células del cuerpo se enteran de esa felicidad y se unen a ella. El hecho de que uno pueda, de manera inexplicable, hablar a cincuenta trillones de células en su propio idioma es tan increíble como el momento en que la naturaleza creó el primer fotón del espacio vacío.»

Misterioso y excitante, empezando a florecer, el campo de Pert ha atraído a algunas de las personas más creativas de nuestro tiempo. Nosotras sólo podemos rozarlo, principalmente para asegurar que la idea de que la mente, la memoria y las emociones pueden influir en el cuerpo no queda fuera del alcance de la ciencia. De hecho, la ciencia dura de esta nueva disciplina predice esta influencia y la exige.

El eslabón perdido de la memoria

Mientras la prensa citaba a científicos de talla como Pert que hablaban de las posibilidades de la curación mental, el doctor Ernest Rossi observó un cambio en sus pacientes. Éstos seguían pidiendo ayuda con toda clase de enfermedades corporales. Rossi no es internista, sino un distinguido psicólogo. Freudiano, después junguiano, al final se convirtió en íntimo colaborador de Milton Erickson, el astuto hipnoterapeuta del que se dice que «cura lo incurable». Rossi conocía la existencia de extrañas pequeñas proezas mentales, observadas durante años y después apartadas. Toque con una goma el brazo de una persona hipnotizada, dígale que es un cigarrillo encendido y observe cómo le sale una gran ampolla. O, si es usted un buen hipnotizador, no le toque, limítese a ordenarle que se haga salir ampollas con la forma de sus iniciales. Después estaba la curación «fuera del campo izquierdo» tan común con Erickson. Un adolescente con un terrible y vergonzoso acné le pidió ayuda. Erickson le ordenó vivir en un lugar sin espejos. El acné desapareció.

Rossi tenía armarios archivadores llenos de estadísticas que correlacionaban las actitudes mentales con la enfermedad, aunque, como demasiado a menudo olvidamos, la correlación no es la causa. Algo ocurre entre la mente y el cuerpo. Tal vez sea hora de descubrir qué, pensó Rossi, y se paró a ver lo que los científicos habían reunido. No gran cosa, descubrió para su gran irritación. Desenterró muchos datos de muchas especialidades, pero faltaba la síntesis.

Irritado, Rossi se empeñó en trazar el territorio y realizó experimentos de mentecuerpo que brotaban como renuevos después de la lluvia en la jungla. Bajo todos los datos y detalles exóticos, encontró un terreno común. Empezó a aguijonear a los especialistas con preguntas. ¿Podrían sus pensamientos y emociones, funcionando a través de las recién descubiertas redes, llegar directamente al corazón de una sola célula? ¿Podrían realmente influir en sus genes? Empuja a un endocrinólogo lo bastante fuerte, dice Rossi, «y admitirá: "¡Sí, es cierto!"».

Es una afirmación audaz, que ha puesto los pelos de punta a los científicos en este último siglo. Sin embargo, Rossi despliega un mapa lúcido de los descubrimientos científicos que condujo a la mente a la cima. En *The Psychobiology of Mind-Body Healing* y otro escrito, explica cómo la información es traducida, de una red de comunicación a otra, desde la mente a la molécula. Si muriera ahora mismo, dijo el prolífico Rossi a su colega Jane Parsons-Fine, las pocas páginas ganadas a duras penas que indican cómo la información avanza a través de la mentecuerpo sería su mayor logro.

¿Cómo podemos utilizar la conexión de mentecuerpo para curarnos a nosotros mismos? Rossi, el sanador que trazó mapas, efectuó un descubrimiento. Añadió una pieza más. «Es el eslabón perdido», indica. La conducta, el aprendizaje, el recuerdo dependiente del estado. Eso es lo que falta, comprendió Rossi, en todas las anteriores teorías de la relación de la mente y el cuerpo.

Los pensamientos, las emociones, la experiencia y los muchos mensajeros de las redes físicas del cuerpo avanzan juntos a través del «filtro» límbico de la memoria dependiente del estado. Igual que las Parcas, la memoria dependiente del estado las une, tejiendo las pautas de quiénes somos, en quiénes podemos convertirnos... los rápidos o a veces muertos, cuando la memoria dependiente del estado resuena y envía información, productos químicos, la energía a través del cuerpo, que cambian y moldean la sustancia de nosotros mismos.

Toda enfermedad es memoria... Esta observación empezaba a cobrar forma. Mirar la curación a través de los ojos de la memoria dependiente del estado puede ser el próximo paso hacia los métodos prácticos para curarse y seguir en buen estado de salud. En lo que se refiere a sentirse mejor, durante años, al parecer la memoria ha unido lo físico y lo mental para crear el remedio más curioso que poseemos.

«Gustaré» es lo que significa el *placebo* latino. «Maldito estorbo» es como los médicos lo han estado llamando durante el último medio siglo, mientras intentaban deshacerse del duendecillo que desviaba sus experimentos. «Lo maravilloso es que los científicos han invertido tantos esfuerzos en "controlarlo" y tan poco en identificar cómo podría ser utilizado con provecho», observa la doctora Jeanne Achterberg, directora de investigación de la Rehabilitación en la universidad de Texas. Este estorbo o productor de placer, según en qué lado se esté, linda con ser la mítica panacea. Sólo para dar unos cuantos ejemplos, se sabe que los placebos funcionan con la hipertensión, la diabetes, el asma y las enfermedades causadas por radiación, junto con la esclerosis múltiple, los resfriados y el cáncer, y que remedan las píldoras para el control de la natalidad. El placebo nos estaba diciendo algo, pero no encajaba con nuestra visión de nosotros mismos, por eso fue puesto en cuarentena.

Si un científico anunciara que había descubierto una cura milagrosa que podía ayudar a ochenta y cinco millones de estadounidenses que sufren cualquier enfermedad, se pensaría que había respirado demasiado tiempo sobre sus tubos de ensayo. Sin embargo, uno de cada tres nos responde positivamente a píldoras de azúcar u otros placebos, pociones, inyecciones, aparatos, incluso la cirugía si no tiene propiedades curativas. Cuanto más se ahonda, más curiosos se hacen los placebos, como descubrió el doctor Frederick Evans en la universidad de Medicina y Odontología de Nueva Jersey. Si uno toma lo que cree que es una aspirina, pero en realidad se trata de un placebo, se obtendrá el cincuenta y cinco por ciento del alivio que se obtendría con el producto auténtico. (El alivio ha sido comprobado en tests ciegos dobles con los criterios del dolor empleados para probar drogas.) Si se toma un placebo de codeína, se obtendrá el cincuenta y seis por ciento del alivio que la codeína proporciona. Si se administra morfina falsa, se experimentará el cincuenta y seis por ciento del alivio que produciría una inyección auténtica. Igualmente aparecen extraños porcentajes en otros productos aparte de los analgésicos. El litio ayuda en la depresión. También lo hace un placebo de litio, que tiene el sesenta y dos por ciento de eficacia del producto químico. La constancia del efecto implica que existe un proceso penetrante, y que incluso puede ser, según piensan algunos, que la mitad del efecto de todos los procedimientos médicos proceda de este proceso de curación subyacente.

Para obtener la mitad del alivio... no pruebe nada que esté en una cápsula. Nada debe tener ingredientes interesantes. «Sólo sugestión», eran las palabras mágicas utilizadas para los placebos. Cosa extraña, la investigación muestra que los placebos no funcionan a través de la sugestión, al menos no la que está asociada con la hipnosis. La imaginación, la composición mental, una variedad de factores inician el proceso inconsciente que parece implicar redes de recuerdos dependientes del estado personales y culturales. La doctora Jeanne Achterberg es experta en el histórico papel curativo de la imaginación. Durante siglos, hasta que la ciencia la eliminó, la imaginación fue una potente medicina; ahora está regresando.

Achterberg cita un estudio de personas hospitalizadas con úlceras sangrantes. Todas recibieron inyecciones de agua. A la mitad les dijeron que la medicina que les habían dado era muy eficaz, una cura segura para sus problemas. A la otra mitad les dijeron que las inyecciones contenían una nueva droga experimental, que podría o no ayudarlos. El setenta por ciento del grupo que creía que habían recibido una cura segura mostraron «una mejoría excelente». Un año más tarde, la cura segura todavía funcionaba, la mejoría se mantuvo. De los que habían creído que habían recibido una droga no probada, el veinticinco por ciento demostró una notable mejoría. ¿Qué clase de persona vio «la taza medio llena» con la supuesta droga experimental, e inconscientemente estimuló los poderes curativos del cuerpo?

Es algo en lo que pensar la próxima vez que alguien difunda la alarma de la «falsa esperanza». Aunque la esperanza quizá no necesita adjetivo. Para la mentecuerpo, su presencia es más saludable que su ausencia.

Recientemente surgió un ejemplo infeliz de personas que unen la imaginación con las normas culturales. Para probar una droga para el cáncer, la mitad de un grupo de pacientes recibió quimioterapia real; la otra, placebos, sin que nadie supiera quién recibía qué. Cuando se revelaron los resultados, los médicos descubrieron que el treinta por ciento de las personas que tomaban placebos habían perdido el pelo, lo que se esperaría de la quimioterapia. Los doctores en medicina y los hechiceros son puntos de poder que pueden activar una telaraña de recuerdos profundos y creencias. Sin embargo, el hechicero suele saber cuándo está resonando el negativo. Algunos llaman a eso *nocebo*, lo opuesto al placebo, lo que provoca lo que podríamos llamar «la respuesta de la preocupación».

El alivio, por supuesto, no se halla en el placebo, sino en nuestra respuesta. Enfrentados con la autoridad exterior de las píldoras y los personajes, nuestra mente –siempre que no seamos conscientes de ello– dócilmente nos hace mejores, activando las fuerzas positivas, sanadoras, recuerdos que hacen vibrar quizá las raíces de la especie.

¿Cómo se puede saber si se es ese uno de cada tres que puede recibir ayuda con una cápsula que no contiene nada? Los investigadores describen al que responde al placebo como una persona de mentalidad abierta, creativa, alguien a quien le gusta bordar las cosas con su imaginación, que le gusta buscar modelos y sintetizar. Abierta al cambio, la persona que responde al placebo puede mitigar el escepticismo que surge del pensamiento analítico. Es una persona sensible, pero no necesariamente del tipo tímido y acobardado, como sabe una de las autoras por su abuelo, Carl Schroeder, quien, para gran hilaridad de su numerosa y bulliciosa familia, respondía muy bien a los placebos.

Hombre audaz a quien gustaba encabezar paradas políticas al viejo estilo, se hizo célebre como «Carl, el amigo de los actores», porque no podía resistirse a servir almuerzos gratuitos en su restaurante a los grupos de teatro poco conocidos que actuaban en la ciudad. Una noche en que un dolor de cabeza le impedía dormir, entró en el cuarto de baño a oscuras, buscó a tientas el armario de las medicinas, lo encontró y se tomó dos anacinas. Se le pasó el dolor de cabeza y se quedó dormido. Por la mañana, descubrió que no había anacina en el armario de las medicinas, pero le faltaban dos botones del cuello de la camisa. En otra excursión nocturna, revolvió en la oscuridad buscando su linimento favorito para aliviar el dolor que tenía en el cuello y los hombros. ¿Dónde estaba la maldita sustancia? Al final encontró el tarro y se hizo una generosa friega en el cuello, los hombros y el pecho. De nuevo en la cama, los músculos se le relajaron y cayó en un pacífico sueño. Hasta que su esposa soltó un grito. El hombre yacía cubierto de grandes manchones de betún.

Automático, barato, sin efectos secundarios, el placebo sin duda produce placer. «Es la prueba –dice Norman Cousins– de que no existe una auténtica separación entre la mente y el cuerpo.»

También es la prueba de que la mente puede afectar radicalmente al cuerpo. Igual que lo son los extraordinarios cambios de padecer alergia a no padecerla o de tener diabetes a no tenerla en las personalidades múltiples, las cuales, cuando cambian los bancos de memoria –convirtiéndose en Arthur en lugar de Christine–, «cambian» de cuerpo. Si la mentecuerpo puede curar, ¿por qué no lo hace? Ahí es donde interviene la memoria dependiente del estado, los viejos modelos de mentecuerpo que envían información a las células que influyen en las octavas, los órganos, la mente, los modelos que nos dan forma igual que el recuerdo llamado Arthur o el recuerdo llamado Christine dan forma a su cuerpo. ¿Cómo se cambian los recuerdos que envían señales no saludables? Hay opciones. «Mira hacia atrás, encuentra los modelos semilla de tus enfermedades», nos dicen a menudo. Y, a veces, encontrar una «razón» olvidada proporciona una oleada de energía liberadora y curativa. No obstante, existe algo aleccionador en la dinámica de la memoria dependiente del estado cuando se trata de centrarla en el pasado. El estado de ánimo triste evoca recuerdos tristes del pasado; el estado de la mentecuerpo vibra y refuerza el estado de la mentecuerpo, lo cual en la enfermedad puede estar tallando los mismos surcos más profundamente. Más que mirar hacia atrás, muchas personas prefieren aprovechar el poder del presente, el que nos abre lo que todos nosotros poseemos para efectuar un cambio en nuestra vida. Utilizan sus fuerzas creativas para volver a enmarcar o reescribir el guión que interpretan en el interior de su cuerpo en aquel momento. Después, reúnen la imaginación con todos los sentidos para crear recuerdos futuros de salud, modelos de memoria que envían información saludable a través de la mente y el cuerpo.

Jeanne Achterberg es una profesional de la salud que no se sorprendió cuando halló pruebas experimentales de que la imaginación puede influir en el cuerpo, pues hace mucho tiempo que profundizó en los métodos curativos de los chamanes tribales y los guardianes de los templos curativos de Grecia. En su trabajo realizado en el Parkland Memorial Hospital de Dallas, Achterberg se acerca a este antiguo saber para alumbrar con éxito la imaginación curativa y que disuelve el dolor en personas enfermas de cáncer o con quemaduras traumáticas.

¿Cómo se imagina usted su cuerpo? No por fuera, sino por

dentro. La imagen que tenemos de nuestro interior, al parece, puede hablar de nuestra vida con el mismo poder que nuestra imagen exterior. Achterber y sus colegas preguntan a personas en diferentes fases del cáncer: «¿Cómo ve usted su sistema inmunológico, sus glóbulos blancos?» «Descríbalos o dibújelos». Después: «¿Cómo imagina su cáncer». El equipo de Achterberg estudió detenidamente las imágenes de los pacientes y señaló catorce aspectos como, por ejemplo, tamaño y viveza. Descubió algo notable. Podía predecir con asombrosa exactitud cómo seguiría el paciente en los siguientes dos meses. Leyendo las imágenes, acertaron el ciento por ciento quiénes estarían muertos o significativamente deteriorados. Las imágenes les indicaron con el noventa y tres por ciento de exactitud quién estaría en remisión al cabo de dos meses. Llamado el *Image CA*, su método también puede emplearse en casos de artritis, diabetes y dolor.

¿Cuáles son las imágenes de la vida, y cuáles las de la muerte? Ésa es la pregunta rápida que Achterberg no está dispuesta a responder. Las imágenes son símbolos, cuentan una historia acerca de cuán enredado en la vida está uno. Hablan también de la memoria cultural. «Abominable» es cómo califica Achterberg su esfuerzo inicial para leer las imágenes ofrecidas por pacientes de beneficencia, principalmente negros o chicanos. Como cabría esperar, se producía resistencia a ver a los glóbulos «blancos» como buenos. Pero ¿cuál es la clave cuando una mujer dibuja su cáncer como un limón «porque me recuerda a mi esposo»?

Con fuertes advertencias, las imágenes positivas del sistema inmunológico incluyen las que pelean por el bien: los caballeros de la Tabla Redonda, la caballería atacando en la colina (a menos que sea usted indio), pilotos de guerra. Después, hay pacientes que dicen: «Mis glóbulos blancos son como nubes», o «como copos de nieve». No es un signo curativo.

Los estudios de Achterberg permitieron saber que las imágenes de lucha, de no aceptación, son las que tienen mejores presagios, con una excepción. En los pacientes de beneficencia, imaginar una relación simbiótica con el cáncer puede apuntar a una mejor salud. ¿Por qué?, se pregunta uno. ¿Los pobres, con poco poder en su vida, han aprendido a tomar vías más tortuosas, acomodaticias, para sobrevivir?

«Dibuje su cáncer.» Estas imágenes tienden a ser más biológicas, menos simbólicas. En general, los malos presagios no son buenos para los que imaginan el cáncer como algo feroz, codicioso, o como un insecto. Como también observan otros médicos, las imágenes del cáncer como una débil crítica o los dibujos de los libros de texto apuntan hacia la curación.

La idea no es forzarse uno mismo a ver la imagen «correcta»; lo que la *Image CA* diagnostica es el estado vital en que uno se encuentra. Si se conocen estos modelos o recuerdos dependientes del estado, quizá puedan ser reformulados. El estudio intensivo que efectuó Achterberg de los chamanes –los hombres sabios y las mujeres sabias que durante tanto tiempo sirvieron a la Humanidad como sacerdotes-sanadores– la llevaron a apreciar su habilidad para hacer desaparecer la enfermedad. Algunas prácticas chamánicas eran absolutamente erróneas, advierte la doctora, en especial las que funcionaban a nivel físico, el escalón inferior de la antigua jerarquía curativa. Sin embargo, incluso en ese caso las drogas más peligrosas estaban reservadas para los chamanes, quienes las utilizaban para elevarse al estado alterado donde residía el poder curativo. Medicina primitiva, pero Achterberg ve un paralelismo entre esto «y proporcionar al paciente potentes y peligrosos productos químicos... Las muletas químicas, en ambos casos, sólo son pasos evolutivos cuando se aprende a utilizar las fuerzas de la conciencia para curar».

Cómo imaginar recuerdos saludables

Si usted quiere activar la imaginación curativa, practique veinte minutos dos veces al día, más si sufre una crisis. Relaje el cuerpo; calme la mente yendo a un lugar tranquilo de la naturaleza. Crea en una conexión trascendental y curativa de la naturaleza con los sistemas médicos más primitivos, como el ayurveda de la antigua India. Montañas, praderas, playas; si son estereotipos, intente evocar un cuadro dominante o unos versos favoritos. «¡Sienta la alegría de mayo, del esplendor en la hierba, de la gloria en las flores!» «Observe los rizos del mar...» Deje que la vista, los olores, los sonidos le rodeen. Algunos pasean por los verdes pastos de un salmo favorito, descansando un momento junto a unas aguas tranquilas. En este confortable estado, pida y elija sus imágenes curativas. Asegúrese de que se siente bien con ellas.

Las fuerzas inmunes llegan a toda vela, ondeando todas las banderas. También en esto la mayoría elige lo heroico, lo invencible, desde brillantes tigres hasta grandes tiburones blancos o maestros de Kung Fu. Los niños pueden evocar imágenes de juegos, el insaciable Pac Man que engulle la enfermedad. Algunos tienen éxito con un enfoque minimalista. Los pacientes del doctor Michael Samuels ven los virus como puntos en una pizarra y los borran uno a uno. El ataque, sin embargo, es el santo y seña para todos los problemas.

Podría verse una luz azul, calmante, una gota de aceite lubricante en una articulación dolorida, o el roce de una mano sanadora, la palma de Cristo. Sienta lo que a usted mejor le vaya. La doctora Vera Fryling, por ejemplo, utilizó diapositivas para ayudar a un trabajador de la construcción con una dolorosa herida en la espalda, a emplear su imaginación. Después de mirar docenas de fotos, el hombre eligió una de un refrescante riachuelo entre montañas. Se sobreimprimió en la diapositiva una imagen anatómicamente correcta de la espalda para proporcionarle una imagen calmante y curativa para que la evocara en su casa.

Un habitante de San Francisco con sida, hospitalizado por una amenazadora infección, utilizó un método más generativo. El tratamiento necesario requería un recuento de plaquetas de al menos cinco mil. «El suyo sólo es de la mitad», le dijo el médico. ¿Sentencia de muerte? El hombre tomó el teléfono de la mesilla de noche y llamó a Maggie Creighton, quien, con su difunto esposo, James, fue pionera en el tratamiento de pacientes de cáncer independientes. Relájese, dijo ella, guiándole por sus huesos, hasta la médula, donde crecen las células de la sangre. Él empezó a ver y a percibir las células de la sangre «como uvas madurando en la parra», multiplicándose en una primavera de crecimiento. Como las uvas de una viña, las vio diferenciarse en glóbulos rojos y blancos y en especial plaquetas. Se imaginó a sí mismo con abundantes plaquetas, vital y renovado después del tratamiento propuesto. Dos días más tarde su recuento de plaquetas se había doblado, siguió su tratamiento y dejó atrás la infección. La visualización con todos los sentidos es uno de los poderes despertados en pacientes de cáncer en el Creighton Health Institute, cuyos participantes tienen una proporción de supervivencia del doble de la norma.

Infórmese acerca de su problema. Hay muchas esperanzas para los glóbulos blancos que luchan contra las infecciones, aunque, si padece usted una enfermedad autoinmune como artritis reumatoide o Epstein-Barr, lo último que necesita es más cantidad de ellos. Hoy en día, existen grupos de apoyo, libros, cintas, sociedades de imágenes, investigación en marcha; un cálido mundo de ayuda está disponible si quiere usted intentar el complemento de la curación mental. Al final, cuando aprenda a moverse fácilmente por la imaginación curativa, dice Achterberg, «las sensaciones físicas y las imágenes de las palabras desaparecen... El vacío sin imágenes, sin palabras, se experimenta como un estado de unidad, de armonía divina. La lucha por la salud física se hace inaplicable en el gran esquema, la magia permanece, el espíritu triunfa».

Ésa es una respuesta a los que dicen que la curación mental es peligrosa y carga de autoculpabilidad y depresión a los que no se recuperan. La autoculpabilidad es un posible efecto secundario, pero ¿es peor que los de otros métodos? Las críticas parecen proceder del nivel de la culpabilidad. En la mejor terapia holista, la meta no es tanto curar como despojarse del viejo equipaje y vivir por fin realmente la vida que uno posee. Vista desde esta perspectiva, no importa cómo resulten las cosas, quizá la culpabilidad no tiene por qué aparecer.

En nuestros tiempos batalladores, una lucha que podría afectarnos a todos se vincula cada vez más a la medicina; es una guerra ideológica que a veces parece tan llena de enemistad, verdades a medias y un sentido del derecho divino como la sangría religiosa del siglo diecisiete. No se trata tanto de una prescripción u otra, sino de una división de opiniones sobre la naturaleza de los humanos. Los ortodoxos se hallan atrincherados en un lado, los campeones de multitud de alternativas en el otro. Pero el terreno medio ha sido ganado. Algunos médicos están añadiendo a su práctica las artes complementarias de la otra medicina y la curación mental, reviviendo el sentido original de su título, *doctor*. En su raíz significa «enseñar». Casi veinte años atrás, conocimos a un hombre que merece ese título. Carl Simonton era entonces un joven especialista en cáncer con una idea: ¿qué es diferente en ese número, pequeño pero real, de pacientes que experimentan la remisión espontánea y viven saludablemente para siempre? (En 1989, Brendan O'Reagan, director de investigación del Institute of Noetic Sciences, anunció una base de datos recogida de nuevo, seleccionada de las publicaciones médicas, de más de tres mil casos auténticos de remisión espontánea de enfermedades profundas.) Al final, Simonton y la psicóloga doctora Stephanie Simonton, elaboraron un protocolo holista poniendo gran énfasis en la visualización para ayudar a otros a convertirse en el tipo de persona que se recupera. El método Simonton ha resultado ser un modelo empleado en todo el mundo.

Los Simonton tiraron al azar antes de abrir el camino en esta reordenación de la medicina. Les siguieron numerosos médicos excepcionales, como el doctor Ahmed Elkadi, cirujano cardiovascular y ex profesor del University of Missouri Medical Center. «No hay enfermedades incurables», dice claramente Elkadi, presidente del Institute of Islamic Medicine for Education and Research. Elkadi aporta un método auténticamente holista a su práctica internacional, combinando la medicina alopática con la medicina herbal y europea, la acupuntura y el *biofeedback*. Y dice que «los recuerdos negativos también se tienen que curar para recuperar la salud». Creyendo que sólo la evidencia científica principal atraerá a los médicos a este método más amplio, Elkadi prueba sus terapias con voluntarios e *in vitro*, y ha reunido algunos resultados sorprendentes. Igual que la mayoría de médicos holistas, Elkadi, que en ocasiones cita el Corán, también intenta estimular el espíritu así como la mente y el cuerpo.

También lo hace Bernie Siegal, doctor en medicina, un hombre amado por sus pacientes, si no p   unos de sus colegas que no pueden comprender por que este cirujano de Yale dice: «El trabajo más duro es hacer que la gente se ame a sí misma». Siegal trabaja con personas, no «pacientes», palabra ésta que no le gusta. Piense en ello: paciente, que sufre mucho tiempo, sumiso... Sea lo contrario, dice Siegal, sea «heroico», aproveche su único don de la vida. Estar vivo, recalca, significa recibir algunos golpes, algunos sustos que pueden paralizar un poco de vida aquí, un poco de vida allá. Trabaje en ello, dice Siegal, no sea como Sadie, una mujer que recuerda a Momma Hobbs de las tiras de cómic, que alardea: «Estar enferma es lo que hago mejor». Cuando Siegal le dijo a Sadie que tenía una nueva inyección que «curaría» sus drásticas enfermedades, ella nunca tenía tiempo de ir a su consulta y por fin admitió que la enfermedad era su manera de seguir adelante. «Es demasiado tarde», dijo, para aprender a relacionarme amorosamente conmigo misma y los demás. Sadie nunca descubrió lo que tantos que trabajan con la autocuración descubren: cada día es génesis.

Incluso una experiencia indirecta de amor real puede estimular el sistema inmunológico, según el doctor David McClelland. En Harvard, sus estudiantes vieron películas de la madre Teresa mientras atendía a los moribundos. Después, McClelland comprobó la saliva de los estudiantes para ver si había cambios en los factores inmunológicos. La inmunidad aumentó. No parecía importar que los estudiantes estuvieran inspirados, como lo estaban cerca de la mitad, o fueran escépticos ante lo que habían visto de esta buena monja. «Quizá ella estaba contactando con unas personas que la desaprobaban conscientemente en otra parte de su cerebro –dice McClelland–, y esa parte respondía a la fuerza del cuidado amoroso de ella.» Quizá ella provocaba los recuerdos dependientes del estado del cuidado amoroso que casi todos acumulamos en algún momento de la vida. Esto es lo inverso a lo que Hans Selye descubrió, recuerdos corporales de tensión y enfermedad pasadas resonando en el presente. También son unos datos científicos para apoyar otra manera de utilizar la memoria para desterrar las sombras de la enfermedad.

CÓMO LA SOFROLOGÍA UTILIZA LA MEMORIA PARA CURAR

Diga PER en voz alta, despacio. Sonará como un gatito ronroneando en un regazo amistoso. De eso trata el Refuerzo Emocional Positivo (PER, en inglés: *Positive Emotional Reinforcement*), que utiliza la sensación placentera curativa de los buenos recuerdos para desterrar las enfermedades. En el musical *Cats*, Grisabella, con ayuda de T. S. Eliot, lo resume cuando canta su inolvidable *Memory*: «Memory, turn your face to the moonlight / Let your memory lead you / Open up, enter in / If you find there the meaning of what happiness is / Then a new life will begin».*

Los estadounidenses están empezando a investigar el poder curativo de los buenos recuerdos; la sofrología ha utilizado la memoria terapéuticamente durante tres décadas. Una de las autoras tiene los buenos recuerdos de haber asistido a una Conferencia Internacional de Sofrología en Lausana, Suiza, y de haber hablado con el doctor Alfonso Caycedo, un hombre robusto con gafas oscuras, un hombre que exuda fuerza –moral, física y mental– y habla con suavidad. Con la sofrología, Caycedo ha introducido una nueva rama de la medicina, o quizá ha reclamado y modernizado una antigua, pues, igual que Marco Polo, hace tiempo se embarcó en una expedición de investigación, que duró varios años, a la India, el Tíbet y el Oriente para buscar el antiguo conocimiento de las técnicas para curar enfermedades. El propio Dalai Lama hizo posible que Caycedo estudiara en los centros tibetanos, raras veces abiertos a los extraños.

* «Memoria, vuelve tu rostro a la luna / Deja que tu memoria te guíe / Ábrete, entra / Si encuentras allí el significado de la felicidad / Una nueva vida comenzará.»
Copyright del texto © 1981 de Trevor Nunn / Set Copyrights Ltd. Reproducido con permiso de Faber Music Ltd., Londres.

La sofrología, utilizada para problemas físicos y mentales, significa la conciencia armoniosa, y la conciencia se considera lo principal en esta rama de la medicina. Según Caycedo, los médicos que no tienen en cuenta la conciencia trabajan como veterinarios. Practicada por doscientos mil profesionales, principalmente doctores en medicina en Europa y Suramérica, la sofrología es un sistema compuesto por muchas partes. Una es trasladar a los clientes a un estado de «relajación dinámica». Otra es ofrecer sugerencias terapéuticas con *terpnos logos*, tonos de voz especiales como ensalmos que, según revelan las pruebas realizadas, también estimulan la glándula timo, un órgano del sistema inmunológico que Caycedo dice está sumamente relacionado con las emociones. El uso perfeccionado de la memoria también es una parte integral de la sofrología; existen técnicas para desterrar los recuerdos negativos, técnicas para evocar la magia saludable de los buenos recuerdos.

El primer paso del método para borrar los malos recuerdos, explica Caycedo, consiste en alcanzar el estado relajado especial, utilizando técnicas sacadas de la autogenia y el Zen, lo cual él considera el «Raja Yoga perfeccionado». Después se empieza la «sofro-corrección en serie». Ésta se realiza en sesiones de visualización de diez minutos una o dos veces al día. Digamos que usted tiene el mal recuerdo de haber sido arrojado de un caballo y resultar gravemente herido. Mentalmente se acerca al trauma real poco a poco. El primer día, podría imaginar que sube al coche para ir a los establos. Una vez tenga esta escena, relaje enseguida todos los músculos de la cara, los hombros y el cuerpo, y después, según Caycedo, imagine la escena como un hecho feliz. En sesiones sucesivas, evoque el recuerdo acercándose y relajándose cada vez más y haga de ello una escena feliz y alegre. Se construye a través del trauma real insertando recuerdos felices. Y poco a poco el recuerdo corrosivo pierde su negativismo. Después, como dice Eliot, una nueva vida puede empezar.

Una segunda técnica de la sofrología no hace caso de lo negativo y saca el máximo de la energía positiva de los buenos recuerdos. «Divida su vida en tres secciones y elija un recuerdo positivo de cada período de tiempo», instruye Caycedo. Después, haga pasar cada recuerdo por cinco fases:

1. Evocación: evoque el recuerdo positivo del pasado.
2. Fijación: concéntrese en esta sensación positiva.
3. Asociación: asocie los colores, objetos y personas con esta sensación positiva.

4. Repetición: repita la sensación positiva para que quede grabada en la mente.

5. Presentación: amplíe esta sensación positiva en forma escrita u oral.

Caycedo y sus muchos colegas encuentran que esta técnica puede ayudar a disolver no sólo problemas mentales, sino también dolencias físicas. Cree que estos recuerdos cálidos, que dan vida, provocan una sutil energía en el cuerpo –«impulso vital», lo llama él– que inunda la mentecuerpo y se lleva los bloqueos de la energía causados por los negativismos de la vida. Existen docenas de libros médicos sobre sofrología y muchos más informes científicos. Alfonso Caycedo es otro pensador seminal, quizá la primera persona de nuestros días que ha establecido un sistema de trabajo plenamente elaborado, una rama de la medicina, para tratar el cuerpo, la mente y el espíritu. Quizá sea hora de que el lector le descubra. Como se dice en otra parte de este libro, los sofrólogos han salido de su centro médico para activar la alquimia interna de la memoria, para aumentar el aprendizaje y las prácticas deportivas.

Maravillarse para renovarse

Igual que pasear por el campo en verano, descender una colina hasta un prado, maravillarse es un placer de los momentos ociosos. Para curarse, pruebe a maravillarse un poco, recomienda el doctor Rossi. Cómo demuestran los placebos, la mente profunda a menudo puede restablecer la salud por sí misma. No siempre es necesario analizar, guiar imágenes, pedir alivio. Simplemente puede maravillarse. Los mejores momentos son los períodos de descanso de lo que Rossi llama ciclos ultradianos, esos cambios rítmicos de una ventana de la nariz a la otra, de un hemisferio al otro, del foco exterior al interior, ese ritmo vital que raramente aprovechamos (ver capítulo 5).

Rossi tropezó con el ritmo en un informe de la Armada. De manera inexplicable, incluso los operadores de radar más mañosos tendían a divagar un poco y soñar despiertos, aproximadamente cada noventa minutos. Durante este ciclo, era muy probable que se les pasara por alto una señal luminosa inmediata en sus pantallas. Rossi cayó en la cuenta. Este ritmo natural debía de estar tras la habilidad de su amigo Erickson en manejar su magia curativa con el «trance cotidiano común», un sutil cambio interior en el paciente que nadie más que

Erickson parecía capaz de percibir. Rossi encontró confirmación en el yoga y la investigación contemporánea, y se dio cuenta de que seguir estos ritmos naturales podía influir en la curación, por sí mismo o de otro modo. El propio Rossi descubrió que mirar hacia su interior con los ciclos para maravillarse le proporcionaba alegría y a veces profundas percepciones creativas y curativas.

En algún punto durante el ciclo de descanso, que dura unos noventa minutos, encuentre un lugar confortable en su cuerpo. Conecte con ese confort y deje que se difunda. Olvide la sugestión, la imaginación y todo lo demás; limítese a disfrutar del bienestar. Y pregúntese. Pregúntese perezosamente cómo su subconsciente va a hacer frente a lo que le preocupa, sabiendo que la inclinación de la mentecuerpo es hacia el equilibrio y la salud. Piense en los síntomas como señales útiles que le permiten saber que alguna experiencia se ha convertido en un bloqueo limitado por el estado a su derecho a tener salud y crecer.

Reconfortarse uno mismo con cortos períodos de descanso proporciona al subconsciente una oportunidad de utilizar sus extraordinarios poderes creativos para reorganizar y curar. Siguiendo los ritmos ultradianos, algunas personas deciden no maravillarse siquiera. Se trata de meditadores serios o, realmente, alegres que se liberan al centro del ser.

En el libro de Solzhenitsyn *Cancer Ward*, el enfermo Kostoglotov encuentra por casualidad algo asombroso en un tomo médico sobre tumores. Sorprendido, lo lee en voz alta a los otros pacientes de la sala. «Ocurre raras veces, pero existen casos de curación autoinducida.»

«Se produjo un alboroto en la sala. Era como si la "curación autoinducida" hubiera salido del gran libro abierto como una irisada mariposa para que todo el mundo la viera, y todos alzaron la frente y las mejillas para que los curara con su roce al pasar volando ante ellos.»

Sigue siendo asombroso, pero las mariposas se están multiplicando. Y algunas de ellas parecen surgir de los campos de la vida formando un capullo en cada cuerpo humano.

17
¿Campos curativos de la memoria?

Literalmente, cualquier cosa cura a alguien en algún lugar. Nos dimos cuenta de esto después de asistir a un sinfín de conferencias sobre salud alternativa y pasear por las alternativas exóticas durante años. Si se mira y se escucha, uno empieza a comprender algo; existe una realidad más profunda en movimiento. Un algo que en algunos momentos uno casi capta, como la sensación segura de que alguien ha cruzado la puerta. Nosotras lo percibimos en una terapia alternativa. Siguiendo el rastro del papel de la memoria en la enfermedad llegamos al mismo lugar, a la misma sensación de algo, como dice Wordsworth: «Un movimiento y un espíritu que impulsa a todas las cosas pensantes, todos los objetos de todo pensamiento, y se mueve a través de todas las cosas».

Ese movimiento, ese espíritu se mueve a través de los textos védicos, la sabiduría acumulada de la India muy antigua. Veda significa conocimiento, y los cuatro vedas están ideados para impartir el conocimiento de la vida, incluido el conocimiento de reordenar la enfermedad y reclamar la vitalidad de la vida. Desde su perspectiva profunda, cósmica, los vedas hablan de la base quizá de toda curación. Llegamos a la existencia como olas, enseñan los vedas; sin embargo, nos demos cuenta o no, seguimos siendo parte de la profundidad universal. Ésta es quizá otra manera de hablar de lo que el famoso físico David Bohm llama el «orden implicado». Más allá del espacio y el tiempo está lo invisible, el reino de lo potencial del que surge la creación en el orden «explicado». El trabajo de los físicos cuánticos como Bohm por fin está empezando a destrozar las visiones materialistas cotidianas y a presentar un panorama de realidad mucho más extraña, mucho menos material, mucho más interdependiente de lo que antes se creía. Y mucho más inteligente.

«Antes de esto, la ciencia declaraba que somos máquinas físicas que de alguna manera han aprendido a pensar. Ahora se empieza a comprender que somos pensamientos que han aprendido a crear una máquina física.» Esto dice Deepak Chopra, doctor en medicina, que llama a su intrigante método médico «curación cuántica». En física, un *quantum* es una unidad indivisible –un fotón, un electrón–, cualquier unidad universal que no puede descomponerse en algo más pequeño, algo más profundo. Un salto cuántico es un salto de un nivel de actividad a otro.

Chopra hizo la analogía con la curación mientras contemplaba a Chitra, una paciente cuyo cáncer de pecho y pulmón, de repente, por arte de magia, desapareció. Igual que otras curaciones inexplicables, al parecer Chitra experimentó un salto cuántico en la conciencia, un cambio a un estado en el que el cáncer no existía. Se le ocurrió a Chopra que la persona rara que hace esto conecta con un nivel fuente, el nivel más profundo. La realidad cuántica creadora del universo posee una ilimitación y una serie de normas diferentes que la causa y el efecto a los que estamos acostumbrados. Es un mundo de potencialidad, que tiembla en el umbral, que vacila dentro y fuera de la existencia. Investigando el microcosmos humano con ojos cuánticos, Chopra encuentra paralelismos, como los agujeros negros de nuestras memorias donde las cosas son engullidas para siempre. Explora la curación cuántica en el umbral, en ese núcleo misterioso donde la mente y la materia se encuentran. Allí, uno encuentra la memoria.

Un médico hace una radiografía de un tumor y encuentra que está igual que hace un año atrás. Sin embargo, hablando con propiedad, no es el tumor que vio hace un año, pues la materia de nuestro cuerpo cambia continuamente. Las células del estómago que «beben» la comida son sustituidas cada cinco minutos, todo el revestimiento del estómago cada cuatro días. Cada mes se tiene piel completamente nueva e incluso el esqueleto que se tiene hoy no es el mismo que se tenía hace noventa días. Por eso Chopra dice que la memoria es más permanente que la materia. Escritor airoso, en *Quantum Healing* lo expresa así: «Igual que los átomos de carbono, oxígeno, hidrógeno y nitrógeno se arremolinan en nuestro ADN, como aves de paso que se posan sólo para migrar, la materia cambia, aunque siempre hay una estructura esperando a los próximos átomos». ¿Qué es una célula? «Una memoria que ha construido un poco de materia a su alrededor, formando un modelo específico. El cuerpo no es más que el lugar al que la memoria llama hogar.»

En una ocasión, explicándole a una anoréxica que la impulsaba una autoimagen desviada, Chopra se quedó cortado cuando su paciente murmuró: «Realmente hay fantasmas...». Chopra se dio cuenta de que en verdad estaban hablando de fantasmas, el fantasma de un recuerdo guardado en el cuerpo, muy hondo en el cuerpo. Otra anoréxica le dijo airada que claro que sabía qué era lo que provocaba su problema, pero ser consciente de ello no le servía de mucho. Para Chopra, del conocimiento del mecanismo de los problemas no siempre resulta una respuesta curativa. Anorexia, adicciones, cáncer, problemas de corazón... él lo ve todo como problemas de la memoria distorsionada. No la memoria como normalmente pensamos en ella. Él va directo al punto en que la inteligencia y la memoria se transforman en materia, a la mente infinitesimal de la materia, al ADN que vive como el Mago de Oz en el centro de cada célula. Es en las células y el ADN, la molécula inteligente con una memoria prodigiosa, donde Chopra mira para exorcizar al fantasma, el recuerdo distorsionado de la enfermedad.

El único problema es que la medicina no sabe cómo comunicarse con las células y el ADN. Al menos la nuestra no lo hace; por eso, aunque célebre como endocrinólogo occidental, Chopra también abraza una antigua ciencia de su patria: la medicina ayurvédica india. Emplea el sistema clásico expuesto en los vedas. Tres puntos básicos de esta antigua medicina poseen un aire curiosamente familiar. Son maneras antiguas de curar. Lo que sorprende es que tienen una misteriosa similitud con las maneras de influir en la memoria de las que hemos hablado en este libro. Una es la meditación para relajarse, para centrar la mente, para ponerse en contacto con los niveles más profundos del ser. Otro es el «sonido primordial». Se utilizan sonidos específicos como mantras para identificar las enfermedades: un tumor o una rodilla artrítica. La idea no es atacar con el sonido, sino más bien arrollar o, de hecho, volver a sintonizar los modelos celulares que se han desafinado. Como toda la materia vibra, esto se realiza mediante una resonancia específica. Finalmente, Chopra y sus colegas ayurvédicos entrenaron a pacientes en la «técnica de la felicidad». Supuestamente, esta maniobra clásica permite liberarse a un mar de puro conocimiento, de felicidad. Es un salto cuántico a otro nivel del ser. A veces la felicidad es suficiente, informa

Chopra, «para "ahogar" una enfermedad en la conciencia y curarla». Esta alegría, esta felicidad, quizá sea lo que Achterberg señala cuando dice que en la imaginación curativa al final sólo hay unidad, sólo armonía. Que la alegría subyacente que siempre está allí es algo en lo que coinciden todas las tradiciones espirituales. El truco consiste en darse cuenta de ello. «Una vez que se experimenta la felicidad –dice Chopra–, se ha establecido la conexión de mentecuerpo.»

No todo el mundo se cura de todo en la clínica de Chopra de Lancaster, Massachusetts. Sin embargo, sus esfuerzos por ayudar a la gente a exorcizar el fantasma persistente, el recuerdo distorsionado que se halla bajo la enfermedad, han producido algunas curaciones notables. Chopra está ayudando a que la práctica médica se vea de una manera más amplia, más allá de la pura materia hasta los campos invisibles donde se desarrollan la mente, la memoria, la vida.

De nuevo en el laboratorio, la investigación básica del biólogo doctor Glen Rein está revelando una red de energía cuántica que puede subrayar no sólo el trabajo de Chopra, sino también terapias alternativas como la acupuntura, la curación psíquica y la radiónica. Candace Pert y colegas pusieron al descubierto una red de comunicación bioquímica insospechada en el cuerpo. Un avance aún más espectacular puede estar en camino, pues Rein y otros están investigando una energía no identificada que fluye en la mentecuerpo. «Energía no hertziana», la llama Rein, que aparece en el reino del potencial cuántico, imbuida en el orden implicado de Bohm. Más sutil que la energía electromagnética, esta fuerza recién controlada podría abarcar lo que tantos, en el transcurso de la historia, han perseguido: la «otra» energía. Prana, chi, mana... Se la ha llamado de innumerables maneras e incitó al internacionalmente conocido fisiólogo soviético, doctor Leonid L. Vasiliev, a efectuar una atrevida afirmación. El descubrimiento de esta energía, declaró Vasiliev, «será tan importante, si no más importante, que el descubrimiento de la energía atómica».

Rein, que ha investigado en Harvard y ha dirigido laboratorios en el Mt. Sinai Hospital de Nueva York y en la Stanford University, ahora dirige el Quantum Biology Research Lab de Palo Alto, con una beca concedida por la Fetzer Foundation. Utilizando un aparato especial de doble espiral, genera energía no hertziana de carácter específico. ¿Afectaría a las células, como los linfocitos, tan vitales para la inmunidad? Decir que sí es decir poco. La energía no hertziana aumentó la actividad «veinte veces, las células se hicieron seis mil veces más activas», informa Rein. Este aumento al parecer permanece, a diferencia de la suave estimulación de la energía electromagnética, que pronto desaparece. Rein introdujo energía no hertziana al agua e hizo cultivos en ella. También en este caso la actividad de la célula dio un salto, demostrando que la energía puede ser transportada por el agua.

Esto es investigación básica especial que algún día podría ser de gran ayuda para todos. Rein y otros encabezan lo que finalmente puede ser una manera científica de comprender y utilizar esa energía sutil, esquiva, de la que hace tanto tiempo se dice que informa al cuerpo y teje muchos tipos de curación. «Es una energía –dice– vinculada con la conciencia.» Los descubrimientos de Rein también podrían aportar el apuntalamiento científico de la homeopatía, esos remedios asombrosamente eficaces que se han diluido tanto, que no queda ni una molécula de sustancia, sólo su «memoria» en frascos de agua.

El médico y los cuerpos sutiles

¿Tiene usted tortícolis en su cuerpo emocional? ¿Son perezosos los chakras de su garganta? Los trémulos cuerpos sutiles y los chakras giratorios no han atraído a las mentes médicas superiores de nuestro tiempo. Sin embargo, mientras los médicos holistas luchaban por ir más allá de la pura fisicalidad, durante las últimas tres décadas un singular pionero, la doctora Shafica Karagulla, fue mucho más allá de la frontera. Distinguida neuropsiquiatra y cirujana, acumuló laboriosamente datos para definir en nuestros términos los cuerpos sutiles de la filosofía oriental. Aparte del cuerpo físico, la idea indica que cada uno de nosotros también poseemos un cuerpo de energía (etérico), un cuerpo emocional (astral), un cuerpo mental y otros cuatro cuerpos, todos ellos hechos de material fino y que vibran a frecuencias más elevadas que el físico, que interpenetran con el físico y unos con otros, y que son todos ellos de importancia básica para la salud y la memoria. También poseemos siete chakras o centros de energía, que van en sentido vertical desde el coxis hasta la coronilla, representados gráficamente a menudo en el arte oriental con sus respectivos color, diseño y sonido.

Los cuerpos sutiles, los chakras... tema de conversación nada corriente hace veinte años. Hoy en día lo están empezando a ser. Un mayor número de personas dicen ver auras, mientras que los talleres para equilibrar los chakras o conectar con el cuerpo emocional hacen un buen negocio. Junto con el interés están la confusión, las reclamaciones, las reconvenciones, y desde el círculo exterior, el ridículo. Por eso el trabajo de Karagulla es importante: ella construyó una base de datos, información que apunta a algo revolucionario –o mejor aún, evolutivo– respecto a nosotros.

Karagulla, que murió de accidente en 1988, no soñaba. Tocaba de pies en el sueño. Turca educada en Líbano, poseía esa sagacidad que le permitía regatear con cualquier mercader de la *casbah*, talento que de vez en cuando lograba emplear con éxito incluso en los grandes almacenes de Nueva York. Su educación médica fue la mejor: el Royal College of Physicians, Londres, el Royal College de Surgeons, y la universidad de Edimburgo para la psiquiatría. Se hizo experta en la mente sana e insana, en ilusiones y alucinaciones, y trabajó durante tres años con el destacado científico del cerebro doctor Wilder Penfield. En Montreal, ayudaba a Penfield cuando éste aplicaba su sonda eléctrica al cerebro de epilépticos, despertando a menudo recuerdos completos de mentecuerpo de acontecimientos largo tiempo olvidados. El trabajo de Penfield formaba parte del sostenimiento del concepto básico del aprendizaje intensivo, según el cual el individuo ya posee una memoria prodigiosa, todo lo que le ha sucedido siempre está allí, en alguna parte, que la memoria jamás se pierde.

Cuando se trasladó a la universidad de Nueva York, la vida profesional de Karagulla tomó un giro inesperado. El filósofo Viola Neal la desafió a mirar más allá del cuerpo físico. No hay nada sobrenatural en el universo, pensaba Karagulla, sólo cosas que todavía no comprendemos. Entonces, ¿por qué no centrar su formación científica en los clarividentes, personas aparentemente inteligentes y que afirmaban percibir auras y los cuerpos sutiles, y relacionarlos con asuntos médicos? Principalmente, trabajó con psicólogos secretos, personas célebres en otros campos, como los negocios y la medicina, que por fuerza aparecieron con seudónimos en la primera publicación, en 1967, de sus hallazgos en *Breakthroug to Creativity*.

«Si la evolución es un proceso de aprendizaje, ¿por qué los seres humanos no deben empezar a extender su percepción?», preguntó Karagulla. Era una pregunta retórica. Ella ya creía que sus datos demostraban que esto es exactamente lo que los humanos están haciendo. Desarrolló una teoría de la mayor percepción sensorial (HSP, en inglés: *Higher Sense Perception*), una habilidad para sintonizar con los reinos sutiles, lo no percibido previamente. La confirmación de la física cuántica demostró que vivimos en un mundo infinitamente más extraño y sutil de lo que la realidad consensuada jamás ha creído. Como médico, Karagulla decidió explorar las realidades más elevadas del cuerpo humano. Todavía no eran detectores científicos. Pero había otro tipo de instrumento, el clarividente desarrollado, con mayor percepción sensorial.

En veinte años de trabajo, Karagulla grabó cuidadosamente lo que los clarividentes veían de las energías humanas sutiles, y aprendió a filtrar la desviación individual de su «instrumento» y construir un panorama de estas energías en la enfermedad y la salud. Su principal colaboradora fue Dora von Gerder Kunz, una mujer notable, con una gran educación, presidente de la Theosophical Society of America y vidente de nacimiento. Karagulla y Kunz estudiaron a algunos pacientes de un centro endocrinológico de Nueva York. A Kunz no se le decía nunca qué enfermedad padecía una persona o, como a veces sucedía, si se le había extirpado una glándula principal. Ella simplemente relataba con toda la exactitud que le era posible lo que veía de la colorida interacción de los chakras giratorios y los cuerpos sutiles.

Jack Schwarz es un hábil vidente con quien Karagulla no trabajó. Pero sí lo hicieron los médicos de la Menninger Clinic. Schwarz demostró que él también podía diagnosticar con exactitud la enfermedad por las energías en movimiento que rodean el cuerpo, incluso en pacientes a los que sólo vio en un circuito cerrado de televisión. Actualmente, en su Aletheia Foundation, Schwarz enseña a hacerlo a profesionales de la salud, y entrena a personas en el arte de la autorregulación a través de la exploración de los sistemas de energía humana.

«La causa del problema no reside en el cuerpo físico –oía decir a menudo Karagulla a sus videntes–. Se encuentra en el cuerpo emocional.» A veces: «Está en el cuerpo mental. Igual que los rayos X captan problemas en el cuerpo, ellos afirmaban ver modelos anormales en el material más sutil de los cuerpos mental y emocional que se reflejaban en la carne. La curación debe proceder de estos cuerpos», decían los videntes.

El doctor Rossi se sumergió en el cuerpo, siguiendo las redes de comunicación, hasta el gen individual, y apareció diciendo que «la mente modula a la materia». Estudiando los campos que rodean al cuerpo, la doctora Karagulla acabó diciendo lo mismo: las espirales y peculiaridades de la mente y la emoción están íntimamente ligadas con el ser físico. En líneas generales, probablemente es más fácil referirse al retrato de Karagulla de los cuerpos sutiles que a las complicaciones de los neuropéptidos y las células receptoras. Proporciona otra perspectiva de la curación mental. ¿Importa mucho qué punto de vista se adopte? Es probable que no, si está usted intentando curarse a sí mismo.

A la larga, puede importar si se excluye la perspectiva de Karagulla. El panorama cambiante, dinámico, del ser humano, que ella construyó con incontables datos, se convierte en la idea usual de cómo estamos hechos al revés. En su cuadro, los cuerpos sutiles crean el cuerpo físico y se expresan a través de él. Esto parece mejor que la idea que se mantiene en el siglo veinte de la mente como subproducto, un accidente que aconteció a la ocupada pequeña materia gris. Para expresarlo con palabras de Edgar Cayce: «La mente es el constructor». La fama mundial de Cayce provenía en gran parte de su habilidad para recoger curas satisfactorias de la memoria colectiva. Hierbas, ajuste de las vértebras... muchos de los remedios de Cayce no nos suenan extraños en la actualidad. Una prescripción corriente todavía lo hace: a menudo recomendaba sustancias y aparatos improbables que él decía que trabajaban en las energías sutiles del cuerpo, energías que la ciencia aún no había descubierto (ver capítulo 19).

Los científicos moscovitas Alma Ata y Novosibersk han asegurado al parecer la cabeza de playa de ese descubrimiento. También ellos han perseguido los campos de fuerza humanos y las energías sutiles desde los años setenta. Son expertos en la fotografía de Kirlian, que fotografía con electricidad en lugar de luz. Con Kirlian, vieron por primera vez una galaxia multicolor de luz, que fluía, que brillaba, que resplandecía, un «mundo de fuego» dentro y alrededor del cuerpo humano. El cuerpo bioplásmico, lo denominaron. En la URSS, se han desarrollado una extensa teoría científica y una importante investigación, parte de la cual es confidencial, en torno al cuerpo bioplásmico. Es de materia más sutil que el cuerpo físico. Es, concluyen los biofísicos soviéticos, la matriz del cuerpo físico. Los modelos de enfermedad aparecen «adelantados en el tiempo» en este cuerpo bioplásmico antes de que puedan detectarse en el cuerpo físico. Esto suena familiar.

¿Dónde vive la memoria?

¿Qué tienen que ver las energías sutiles con la memoria? Tal vez muchísimo. Su estudio encaja con la necesidad de reordenar, de colocar en la conciencia partes de nosotros mismos de las que no hemos sido conscientes o que quizá hemos olvidado. Las energías útiles, señalan los soviéticos, han sido la base de la medicina china durante milenios. Son un punto central de la filosofía india y en Occidente de la teosofía, un concepto que Karagulla siguió. El concepto de los cuerpos sutiles puede revelar mucho acerca de nuestra memoria individual. ¿La memoria reside únicamente dentro de los confines físicos del cuerpo? (ver capítulo 21). Los clarividentes a menudo describen con pintorescas palabras cómo la música se une y resuena con el aura y los campos sutiles del cuerpo. Ahora los científicos y los músicos de la nueva era están explorando el efecto de la música en los campos de fuerza conocidos que rodean el cuerpo. Los físicos soviéticos, en particular en la universidad de Kazakhstan, están estudiando los efectos muy definidos de la música y el sonido en el cuerpo bioplásmico. ¿Esta resonancia de la música, los bio-campos y quizá los cuerpos sutiles es uno de los medios por los que la música puede afinar o desafinar la memoria?

¿La memoria personal resuena en estos campos? ¿Dónde vive la memoria en las experiencias fuera del cuerpo o de casi muerte? Si existe una vida después de la muerte, ¿qué vehículo transporta la memoria? Dos terceras partes del mundo creen en la reencarnación. ¿Qué es lo que retiene el recuerdo del ser esencial, la cuerda en la que las cuentas individuales de la vida están ensartadas?

Regresando al aquí y al ahora, la doctora Karagulla concluyó que los campos del cuerpo mental sutil son lo que nos conecta con la memoria más grande, el inconsciente colectivo, la memoria transpersonal, la memoria genética, la memoria del mundo en la que Cayce supuestamente penetró, llamada tradicionalmente los archivos akáshicos. ¿Y las peculiaridades de la memoria que causan problemas, físicos o de otra clase? ¿Podrían algunos ser transpersonales? Los placebos sugieren la activación de la memoria básica, quizá incluso genética y arquetípica. No se puede demostrar científicamente o desaprobar la mayor parte de lo dicho. Sin embargo, más investigadores de todo el mundo de lo que la gente sabe están investigando las energías sutiles. Iconoclastas, quizá, a menudo tras puertas cerradas, pero científicos bien preparados, algunos con algunos discretos fondos del gobierno. Un lugar donde encontrar a los que se han hecho públicos es la U.S. Psychotronic Association. En un diferente desarrollo, en 1990, un grupo de científicos importantes rompió la tradición para formar la International Society for the Study of Subtle Energies and Energy Medicine, con base en Colorado.

Tenemos la corazonada de que el largo esfuerzo de Karagulla dará sus frutos en las artes de la curación. No tanto porque encaja con una cosmovisión que está surgiendo, o por la mente incisiva que ella poseía, sino porque era otra de esas personas auténticamente felices, que disfrutaban de la vida, haciendo suya, sospechamos, una vida sabia.

Recuerdos del cuerpo emocional

En la altitud enrarecida de Santa Fe, Chris Griscom encontró «ventanas al cielo», puntos de acupuntura que dan acceso a las dimensiones sutiles de la energía, a los cuerpos sutiles que los videntes de Karagulla veían. Una mujer bien educada y atractiva, con el pelo largo y rubio, la fragilidad de Griscom esconde un vigor que le hizo pasar diez años de servicio en el Cuerpo de Paz, desde las aldeas rurales de El Salvador al trabajo en prisiones y a ser directora del cuerpo en Bolivia. Al dedicarse a las culturas nativas, empezó a reexaminar su propia mayor percepción sensorial, un talento innato oculto durante su crianza. Empezó su uso práctico con la acupuntura. Griscom observó cambios en las energías sutiles, en particular las del cuerpo emocional. Ahí es donde viven los recuerdos, dice ella. Los recuerdos quedan almacenados como modelos de energía en el cuerpo emocional, que crea hábito, viejos recuerdos de dolor, temor, culpabilidad, que bailan a nuestro alrededor formando monótonos círculos. Liberar estos nudos de energía en el cuerpo emocional permite que la multidimensionalidad natural de uno se exprese, dice Griscom, y deja espacio para nuevas frecuencias emocionales. ¿Como qué? Como el título de uno de sus libros: *Ecstasy Is A New Frequency*. (*El éxtasis es una nueva frecuencia*.)

Los médicos, gentes de negocios, artistas, personas de todas clases han viajado para que les armonizaran el cuerpo emocional cargado de recuerdos en el Griscom's Light Institute de Gallesteo, Nuevo México, una aldea de adobe de cuatro esquinas con una iglesia construida antes del *Mayflower*. La propia tierra le hace sentir a uno inusualmente consciente de la luz, un tónico en sí mismo para la gente de la ciudad que llega allí procedente del otro extremo de los Estados Unidos y de Europa, en especial de Alemania, donde Griscom es muy conocida, gracias en parte a un programa de televisión que presentó una de sus primeras clientas y defensoras: Shirley MacLaine.

En la visión de Griscom, las impresiones de la memoria parece que proceden de esta vida o de vidas pasadas. Igual que otros terapeutas de la vida pasada, ella no desperdicia tiempo comprobando las «vidas». Ella sigue lo que funciona. A diferencia de los otros, hace hincapié en la energía. Al principio, a través de las agujas de oro de la acupuntura, y actualmente, cada vez más, a través de un tipo de acupresión y manipulación craneal, Griscom y sus preparadores intentan liberar la energía fijada de los recuerdos negativos que están en el cuerpo emocional. Liberar la energía de estos recuerdos se refleja, supuestamente, en un cambio en el cuerpo físico. Ésta puede ser la razón por la que algunos de los que viajan a su instituto afirman tener una profunda sensación de cambio.

«¿Está usted hablando de un cambio físico real?», le preguntó una de nosotras. «Si es así, ¿a qué nivel?» «Sí –respondió Griscom–. Cuando los recuerdos se liberan, se produce un cambio físico real. A nivel molecular.» Esto recuerda sin duda los esfuerzos del doctor Chopra para cambiar la memoria a nivel celular, molecular. Procedentes de marcos muy diferentes, las esencias de los hallazgos de Chopra y de Griscom se superponen. Chopra habla de felicidad, Griscom de éxtasis, Caycedo habla de alegría. Chopra cree que la autocuración procede de conectar con «ese nivel del que no hay más profundidad». De su acupuntura de las «ventanas al cielo», Griscom dice: «Estos puntos espiritualmente operativos permiten que lo no manifestado se manifieste. El cuerpo espiritual informe puede establecer contacto conscientemente con los cuerpos físico y emocional. Cuando lo hace, se alcanza una poderosa explosión de energía, tan drásticamente acelerada en vibración, que se produce como resultado una alteración de la frecuencia... este proceso solo es capaz de cambiar el cuerpo emocional».

Griscom es una persona a la que no hay que perder de vista. Utiliza sus dotes no sólo para ayudar a los individuos, sino a la familia mundial y a la Tierra misma. Un grupo multinacional de muchachos ha aterrizado en Nuevo México para asistir a la escuela internacional de Griscom. Los estudiantes no sólo aprenden cosas de las culturas de los compañeros de clase y la filosofía práctica de Griscom. Reciben toda la educación necesaria hoy en día, incluyendo temas como economía mundial. Y Griscom realiza su parte de manera aún más íntima para dar a luz ciudadanos del siglo veintiuno. Parió su último hijo en las cálidas aguas del Caribe, otro bebé acuático.

Griscom ha viajado de Australia a la URSS, para discutir la aplicación de las energías sutiles a la contaminación. Eso significaría efectuar un cambio en la memoria molecular a una escala diferente, transmutando la contaminación. Es una idea extraña, probablemente una locura para muchos, aunque la televisión soviética ya ha mostrado uno de sus experimentos con la contaminación, y nosotras mismas hemos visto algunos efectos interesantes que la llamada energía psicotrónica, la «otra» energía, tiene en el agua contaminada. Si no existen cuerpos y energías sutiles, parece que hay algo muy parecido a ello. Chi, una fuerza vital o energía, es uno de los conceptos más antiguos y más persistentes de la historia humana. Quizá es hora de recordarlo y explorar su posible interacción dinámica con el ser y la memoria.

Grite: ¡Aleluya!

Una vez, yendo hacia el sur, pusimos por casualidad una emisora de radio evangelista. «Hermanos y hermanas, podéis curaros –declaró el locutor–. Poned la mano sobre la radio... y gritad: ¡ALELUYA!» Desde aquel instante, podíamos alegrarnos con tan sólo poner la mano sobre la radio. Quizá alguien se curó, pero estas actuaciones hacen que la gente ponga los ojos en blanco cuando se habla de curación religiosa o psíquica. Sin embargo, existen experiencias humanas documentadas de semejantes curaciones que siguen produciéndose. La memoria también puede estar relacionada con ello.

Etel de Loach es una de las sanadoras más expertas de Estados Unidos. Trabaja sólo a través de referencias médicas, tiene clientes en todo el mundo, e hizo uso de su experiencia como ex profesora durante un período de tres años en el Johns Hopkins, informando al personal médico acerca de la curación. Si se la observa trabajar, con sus manos justo por encima del cuerpo del paciente, deteniéndose, formando círculos momentáneamente, haciendo ondas, recuerda a alguien tocando un instrumento musical.

Ha mejorado y a menudo curado una gran variedad de enfermedades graves. De Loach fue estudiada con la fotografía de Kirlian. (El aparato de Kirlian, que ha recibido docenas de patentes mundiales, esencialmente forma parte del equipo médico; en los años ochenta, una importante publicación médica de Moscú informó de que, como herramienta de diagnóstico en la URSS, ocupaba el segundo lugar en cuanto a uso después de los rayos X.) Las fotos de Kirlian de las manos de Loach mientras curaba, revelaron un gran aumento de la energía en la yema de los dedos. Asimismo, se fotografiaron corrientes y estallidos de energía procedentes de las manos de los sanadores soviéticos. ¿Es esta energía lo que cura? No exactamente, según el consenso actual. Los investigadores creen que lo que están viendo es una transferencia de información, un recordatorio, por así decirlo, del modelo innato de salud, una transferencia que burla la mente consciente y pone en marcha el mecanismo de autorreparación del cuerpo. ¿Estos datos podrían instruir al cuerpo bioplásmico como creen algunos soviéticos? ¿O los cuerpos sutiles? ¿Y qué hay de los campos mórficos de Rupert Sheldrake, la memoria resonante que hace girar a la creación, más fundamental que los cuerpos sutiles? ¿Podría la curación reordenar a uno con el campo memorístico mórfico de un cuerpo humano sano?

La teoría de Sheldrake de los campos de memoria está en armonía con la idea de que uno puede armonizarse con una salud perfecta o con el ser perfecto que es la base expresada de algunas formas de curación espiritual. «No hay más que una vida, esa vida es Dios, esa vida es perfecta, esa vida es mi vida ahora.» Esto es una verdad para todos nosotros, dijo Ernest Holmes, un filósofo estadounidense excepcional cuyas ideas por fin están siendo exploradas por pensadores no adscritos a la Iglesia de la Ciencia Religiosa que él fundó en los años treinta. Esencialmente, Holmes es otro reordenador que aprovechó lo mejor de la religión y la filosofía perenne para crear una serie práctica y no confesional de principios o ciencia que cualquiera puede utilizar. Ciencia, porque Holmes, igual que otros del movimiento del Nuevo Pensamiento desde la Ciencia Cristiana a la Unidad, creía que la religión funcionaría. Funciona, según un número cada vez mayor de informes en primera persona que afirman haber experimentado curaciones de todo tipo, publicados en la revista *Sciencie of Mind*.

«Cambia tu manera de pensar y cambiarás tu vida», insistía Holmes, anticipando en textos bien razonados gran parte de lo que la medicina holista está empezando a explorar, un desarrollo que le habría gustado, pues creía en la combinación de la terapia física y mental. Holmes también nos invita a recordar nuestra verdadera naturaleza, nuestra naturaleza divina de totalidad, igual que Platón enseñaba que la memoria era la ruta hacia la recuperación de la divinidad perdida. El mundo multidimensional de la curación espiritual es un libro en sí mismo. Vale la pena reiterar, sin embargo, que una conciencia espiritual nueva es un factor común en muchos casos de éxito en la curación mental. Como dijo Holmes tan a menudo: «Existe un poder en el universo mayor de lo que uno es y puede utilizar». La experiencia humana atestigua que al menos cierta curación espiritual va más allá de la sugestión y el placebo para conectarse con ese poder.

¿Toda enfermedad es memoria? No, al menos en el sentido de autogeneración. Entre otras cosas, los factores ambientales –el amianto, la radiación– pueden producir enfermedades. Aunque se podría decir que distorsionan la memoria de nuestras células. ¿Está la memoria en el sentido usual interconectada íntimamente con la enfermedad? Sí. Examinando nuestras aflicciones a través de los modelos de la memoria, podemos obtener métodos de curación, incluida la curación de las enfermedades sociales y mundiales de nuestros tiempos. El modelo básico de la memoria, el impulso natural de la vida, es hacia la salud y el crecimiento. Las múltiples técnicas de las que hemos hablado intentan todas ellas lo mismo: alcanzar y liberar el recuerdo saludable que existe en la raíz de nuestra vida.

«Piense en su mente como en un placebo que funciona», sugiere la doctora Ellen J. Langer, catedrática de psicología social en Harvard. Langer promueve la «concienciación» como análogo occidental de la meditación, y cree que es nuestro más seguro camino a la orquestación consciente de nuestra salud. Recuerde cómo aprendió a montar en bicicleta, dice. Empezó tambaleándose con una mano mayor que le sujetaba el sillín. Al fin, sin que se diera usted cuenta, esta mano le soltó, y usted avanzó sin saber cómo había aprendido a hacerlo. «Controlamos nuestra salud y el curso de la enfermedad sin saber realmente que lo hacemos –dice Langer–. Igual que en la bicicleta, en algún punto todos descubrimos que llevamos el control. Ahora puede ser el momento para que muchos de nosotros aprendamos a reconocer y utilizar el control que poseemos sobre la enfermedad a través de la concienciación.» La concienciación es otra manera de decir: «Cuidado, recuerde».

18
Comer para recordar

Se puede uno hacer mucho más listo, mejorar la memoria y aumentar el poder de aprendizaje, simplemente comiendo sustancias alimenticias naturales no tóxicas, ricas en elementos que han demostrado incrementar la inteligencia. Por ejemplo, importantes tests llevados a cabo en el National Institute of Mental Health demostraron que una sustancia alimenticia básica encontrada en las yemas de huevo, el pescado, el trigo y las habas de soja podría hacer a la gente hasta un veintinco por ciento más inteligente. Esta sustancia, la lecitina, se descompone en colina en el cuerpo, y la colina ha demostrado internacionalmente en veintenas de pruebas que produce grandes mejoras en la memoria y en las capacidades para aprender. Otro grupo de «superalimentos» para tener una supermemoria y mayor potencia cerebral incluye el trigo entero, las habas de soja, la leche y la carne. Estos alimentos son ricos en ácido glutámico, un aminoácido que es «supercombustible de gran octanaje» para el cerebro. Si se posee un cerebro «cadillac», pero sin combustible de calidad, sólo funciona con un rendimiento pobre. El ácido glutámico junto con el azúcar en la sangre (glucosa) son los únicos compuestos que el cerebro utiliza para tener energía. Los tests demuestran que, cuando la gente recibe un mayor suministro de ellos, el coeficiente intelectual aumenta, incluso en los deficientes mentales. El combustible para el cerebro de gran energía no sólo mejora la función cerebral y le hace a uno estar más alerta, sino que también se ha descubierto que combate la fatiga y la depresión y evita los fuertes deseos de comer dulces y de ingerir alcohol.

Otro nutriente del cerebro se encuentra en el queso, la leche, los huevos y la carne. Estos alimentos contienen el aminoácido fenilalanina. El cerebro fabrica una sustancia importante, la norepinefrina, a partir de él; los tests demuestran que la norepinefrina tiene un importante papel en el aprendizaje y la memoria; sirve para aliviar la depresión y el estrés. Nuevas investigaciones realizadas han demostrado que una forma de fenilalanina puede ser uno de los mayores avances en el control natural del dolor descubierto hasta la fecha.

«Comed pescado, es alimento para el cerebro», solía decir la abuela. Esto está resultando ser un buen consejo, según recientes estudios científicos. El pescado, especialmente las sardinas, los arenques y las anchoas, contiene una sustancia llamada DMAE (dimetil-amino-etanol). El DMAE pasa fácilmente al cerebro, donde es convertido en acetilcolina, que transmite impulsos eléctricos al cerebro y al sistema nervioso. Sin la adecuada acetilcolina, se puede experimentar confusión en el pensamiento y la memoria, reflejos lentos, ansiedad y depresión. El DMAE también retrasa el envejecimiento. El pescado, el marisco y las sardinas, junto con las cebollas y la levadura de cerveza, contienen ARN (ácido ribonucleico), el cual es extremadamente importante para la inteligencia. El ARN mejora la memoria, aumenta la vida de las células cerebrales y previene la senilidad. El ARN es esencial para grabar información en la memoria. Retrasa el proceso de envejecimiento y ayuda a prolongar la expectativa de vida.

El menú de la «supercomida» incluye hígado de pollo, queso, plátano, aguacate, levadura, carne y pescado. Contienen tirosina, que el cerebro convierte en una sustancia que aumenta la alerta mental, en especial cuando se está en tensión. En otros interesantes nuevos estudios, una sustancia natural llamada germanio, que se encuentra en el ajo, cebada perlada, berro y ginseng, puede resultar ser uno de los más potentes constructores del sistema inmunológico jamás encontrado. Su capacidad de aportar oxígeno al cerebro lo ha convertido en un producto natural para estimularlo. Y la esencia central del trigo, el germen de trigo, contiene octacosanol, una sustancia natural tan potente, que puede no sólo ayudar en el retraso mental, sino incluso reparar daños en el cerebro.

Hasta sólo unos quince años, la idea de que algo que se comía podía hacerle a uno más listo o más torpe, más entusiasta o más deprimido, parecía absurda a los científicos. Después, se produjeron una serie de grandes avances que dieron paso a una nueva comprensión de cómo funcionaba el cerebro. Un número creciente de investigadores señalan que nuestro estado de ánimo, nuestra viveza, nuestro sueño, nuestro coeficiente intelectual, nuestra capacidad de recordar, incluso nuestras percepciones del dolor, pueden verse afectados por lo que comemos. Su investigación ya ha producido nuevas maneras de tratar la mente y las emociones, nuevas maneras de rescatar a la gente de una vejez con menos memoria, nuevas maneras de estimular el «metabolismo de la memoria». Un torrente de investigación bioquímica procedente de laboratorios de todo el mundo muestra que, con el menú adecuado, las sustancias que comemos diariamente pueden hacer más brillantes nuestra mente y nuestra memoria, incluso a las que ya han empezado a flaquear.

Uno de los más importantes estudiosos del cerebro es el doctor Richard Wurtman, médico neuroendocrinólogo del Massachusetts Institute of Technology. Esforzándose por comprender las enfermedades de la memoria como la de Alzheimer, centró su investigación en los neurotransmisores, productos químicos que las células nerviosas del cerebro (neuronas) utilizan para señalar y comunicarse unas con otras a la velocidad del rayo. ¿Cómo aumentó el cerebro sus niveles de neurotransmisores? ¿Cómo se formaron y liberaron? Otros investigadores ya habían observado que los pacientes con una grave pérdida de memoria, como los que padecían la enfermedad de Alzheimer, tenían un nivel extremadamente bajo de acetilcolina, un importante neurotransmisor. El misterio de la memoria podría estar relacionado con los neurotransmisores.

Estudiando grupos de ratas, Wurtman observó que la tirosina, cierto neurotransmisor que está en la sangre, aumentaba el quíntuplo al anochecer. Ni siquiera eliminar la glándula pituitaria del cerebro detenía el insólito ciclo. ¿Por qué?, se preguntó. ¿Qué liberaban los neurotransmisores en el cerebro de modo tan regular después de anochecer?

Por fin, el doctor Hamish Munro, distinguido nutricionista, proporcionó la clave del enigma. Las ratas son nocturnas. Comen después de anochecer. El secreto se hallaba en el ciclo de la digestión.

El explorador del cerebro Wurtman seguía el rastro de los neurotransmisores de las horas nocturnas. Las ratas tomaban su comida nocturna de proteínas. Los aminoácidos de la proteína, incluida la tirosina, viajaban desde el intestino hasta el hígado. El hígado transformaba los aminos en enzimas que circulaban por la sangre y a través del cerebro. En el cerebro eran convertidas en neurotransmisores. Los tests demostraron que la cantidad de neurotransmisores en la sangre se controlaba directamente con la dieta, y no con el cerebro, como se había pensado.

Wurtman hizo unas pruebas con voluntarios humanos haciéndoles ayunar. Durante un ayuno de veinticuatro horas, los niveles de aminoácidos en la sangre permanecieron constantes. No hubo ningún aumento ni ninguna disminución. Otra investigación demostró que la comida controlaba el nivel de aminoácidos en la sangre y el tipo de comida dictaba cuántos neurotransmisores se formaban. La comida influía en la conducta e incluso en la enfermedad.

Existen más de treinta neurotransmisores. Cuando uno piensa, se mueve o intenta recordar algo, ciertas células cerebrales liberan neurotransmisores para hacer señales a otras células cerebrales. ¿Tuvo la comida algún papel en la creación de todas ellas? Además, el cerebro está protegido contra diversas sustancias que hay en la sangre por la barrera de la sangre-cerebro, una especie de cierre centinela. Sólo el combustible para el cerebro, el azúcar de la sangre (glucosa) y la L-glutamina, atraviesa fácilmente esta barrera. ¿Cómo se las arreglaron estas otras sustancias alimenticias para pasar por este centinela del cerebro?

Wurtman investigó la serotonina, el neurotransmisor que produce sueño y alivia el dolor. Para elaborar serotonina, las células del cerebro necesitan un aminoácido de la proteína llamada triptofan. Wurtman dio a sus ratas de laboratorio triptofan puro y, sin lugar a dudas, se volvieron soñolientas. El nivel de serotonina en su cerebro aumentó.

¿Podría dar sueño beberse un vaso de leche caliente antes de acostarse? La leche contiene triptofan. Los estudios de Wurtman demostraron que todos los aminoácidos de la leche compiten para llegar al cerebro. La leche posee muchas proteínas y muchos aminoácidos. El triptofan es el más escaso. En la carrera hacia el cerebro, los aminoácidos abundantes y más grandes llegan primero.

«Es como un atasco de tráfico –dice la esposa de Wurtman, Judith, del Departamento de Nutrición del MIT–. El triptofan es como un viejo Volkswagen que no puede avanzar porque todos los demás coches son más grandes y más rápidos.»

¿Cómo tener sueño cuando se quiere? Coma hidratos de carbono, dicen los Wurtman. Ellos descubrieron que los hidratos de carbono aumentan la insulina en el cuerpo, lo cual libra la sangre de otros aminoácidos, facilitando que el triptofan entre en el cerebro. Coma proteínas para permanecer despierto y alerta. Coma alimentos que contienen almidón, como cereales, pan de trigo entero, un plátano o palomitas de maíz para quedarse dormido, aconsejan.

¿Podrían algunas personas ganar peso porque su cerebro está intentando aliviar la depresión, el dolor y el estrés y aportar relajamiento y sueño? Los Wurtman estudiaron a grupos de individuos con exceso de peso con tendencia a los «atracones de hidratos de carbono». Descubrieron que los hidratos de carbono iniciaban el ciclo de la insulina, que expulsaba a los otros neurotransmisores y permitía que los niveles de triptofan y serotonina aumentaran. Esto a su vez volvía a los pacientes obesos felices, menos tensos y muy relajados. ¿Tratamiento? Los Wurtman daban a los pacientes obesos una droga para estimular la producción de serotonina en el cerebro. ¿El resultado? Los pacientes se sentían de maravilla, dejaron de atracarse de hidratos de carbono y perdieron peso.

Con los años, el laboratorio del doctor Wurtman siguió la pista de los complejos caminos, conducta e interacciones de estos importantes neurotransmisores. «La habilidad del cerebro para formar ciertos neurotransmisores depende de la cantidad de diversos nutrientes que circulan en la sangre», indican. La comida se descompone en nutrientes individuales en el conducto digestivo. Estos nutrientes circulan en la corriente sanguínea hasta el cerebro, donde unos cuantos penetran en las neuronas afectando a la producción de neurotransmisores. «El cerebro no está por encima de todo –dice el doctor Wurtman–. Está íntimamente influido por lo que comemos.»

Colina y lecitina: contra la pérdida de memoria por la edad

«Nuestros tests demuestran que dar colina a la gente aumenta su memoria y su capacidad de aprender... en otras palabras, los hace más inteligentes», dice el doctor Christian Gillin, científico del gobierno y alto funcionario del National Institute of Mental Health. Gillin llevó a cabo los tests del gobierno que demostraron que la colina podía hacer que la gente fuera un asombroso veinticinco por ciento más lista. Cuando se come colina, una vitamina B, el cerebro fabrica acetilcolina a partir de ella. La acetilcolina es vital para la transmisión de mensajes de una célula nerviosa a otra, y se cree que estos «caminos de la onda del pensamiento» son responsables del proceso de la memoria, según los científicos del gobierno. En baterías de tests, la colina ha demostrado ejercer un efecto en la memoria, la capacidad de pensar, el control de los músculos y el sistema nervioso en general. Una sustancia rica en colina es la lecitina.

«La lecitina produce el mismo efecto que la colina –afirma el doctor Gillin–. Aumenta el nivel de colina en el cuerpo, y (así) la cantidad de acetilcolina en el cerebro.» De hecho, dice Gillin, los tests del gobierno indican que la lecitina «incluso puede ser más eficaz. Los resultados nos han animado y estimulado mucho», añade, calificándolos de avance en la comprensión de la mente humana.

A los estudiantes voluntarios de los tests del gobierno se les pidió que memorizaran una lista de palabras. Después de tomar lecitina, los estudiantes experimentaron una «importante» mejora en la memoria y el poder de aprendizaje, según el doctor Natraj Sitaran, psiquiatra investigador del NIMH Clinical Center. «Estamos en el camino adecuado hacia el desarrollo de una "píldora para la memoria"», afirma entusiasmado. La colina en la lecitina puede actuar en la memoria al cabo de noventa minutos, y el efecto dura de cuatro a cinco horas. El doctor Sitaran sugiere unas dos onzas y media (setenta gramos) de lecitina al día para activar el aprendizaje y la memoria.

Los alimentos ricos en lecitina incluyen los huevos (tamaño medio): 1,2 g; 100 g de salmón: 1,4 g; buey magro: 0,8 g. Existen suplementos de lecitina (elaborados con habas de soja) en forma de gránulos, líquido o cápsulas. Se requeriría una ingestión diaria de una a dos onzas y media. Si se utiliza lecitina granulada, hay que cerciorarse de que el producto esté fresco y no rancio. Hay que comprobar las etiquetas de envasado para saber el porcentaje de colina en la lecitina. La forma realmente útil de colina, la base del poder de la lecitina, se llama fosfatidil colina (PC, en inglés). Los investigadores sugieren que, para que la lecitina funcione con éxito, hay que tener al menos un treinta por ciento de PC; cuanto más elevada la fosfatidil colina, mayor éxito. Recientemente se ha comercializado una forma concentrada de fosfatidil colina.

El doctor Allen Cott, conocido psiquiatra de la ciudad de Nueva York, prescribió lecitina con treinta y cinco por ciento de la importante PC a pacientes que sufrían memoria y concentración débiles. Los resultados fueron excelentes.

El doctor Wurtman, editor de las cinco series de volúmenes *Nutrition and the Brain*, cree que lo que se considera un nivel «normal» de lecitina en la dieta puede resultar insuficiente cuando las personas envejecen. «La colina o lecitina incluso puede mejorar la memoria entre los jóvenes que, por lo demás, son normales, con funciones memorísticas relativamente pobres», dice. Wurtman descubrió que sobre la base de hora en hora, la cantidad del neurotransmisor acetilcolina en el cerebro parece depender de cuánta comida rica en lecitina o colina se toma. Si padece usted decaimiento mental, o pérdida de memoria debida al estrés o a la depresión, la lecitina puede proporcionarle un estímulo inmediato.

En un experimento, se dio scopolamina, una sustancia que bloquea la acetilcolina, a gente joven. Inmediatamente empezaron a experimentar pérdida de memoria y problemas de aprendizaje como si de repente sufrieran un envejecimiento prematuro. Los investigadores y autores Durk Pearson y Sandy Shaw informan que, a la inversa, personas de veinte años a las que se les administró una única dosis de diez gramos de colina demostraron una memoria y capacidad de aprendizaje sumamente mejores. (Aprendieron fácilmente listas de palabras no relacionadas entre sí.) Una toma de lecitina antes de los exámenes o pruebas podría mejorar las calificaciones en la escuela o la universidad

A la larga, ¿puede evitarse el grave declive mental en la vejez tomando colina? En la universidad de Ohio, el doctor Ronald Mervis, director de investigación de la plasticidad neuronal y el envejecimiento del cerebro, califica su trabajo actual con la colina de «muy prometedor». Descubrió que los niveles de colina descienden cuando envejecemos y que éstos eran especialmente bajos en las personas que padecían la enfermedad de Alzheimer. Dio lecitina a once pacientes de Alzheimer y siete de ellos experimentaron una considerable mejoría, del cincuenta al doscientos por ciento en la memoria a largo plazo. El doctor Mervis cree que la lecitina puede ayudar a disminuir los efectos del envejecimiento normal del cerebro a partir de la edad madura. Las personas que tienen un progenitor con la enfermedad de Alzheimer tienen un cuarenta por ciento más de probabilidades de padecer esa enfermedad, afirma. Sería especialmente prudente por su parte empezar a tomar lecitina como suplemento. «Lo que parece excitante... es la prevención», afirma el doctor Mervis.

El doctor F. Étienne de Montreal descubrió que, al utilizar lecitina en los pacientes de Alzheimer, tres de cada siete podían comprender más de prisa y habían mejorado el habla. Cuando cesó el tratamiento con lecitina, la capacidad de aprender disminuyó. Los siete pacientes obtuvieron calificaciones más altas en los tests de aprendizaje cuando los niveles de colina en la sangre eran elevados. En Nueva York, en el American

Cyanamid, el doctor Raymond Bartus y sus colegas pudieron lograr una considerable mejora de la memoria en ratas viejas mezclando la droga piracetam con colina. El piracetam estimula el metabolismo del cerebro, permitiendo que se beneficie aún más de la colina.

Proteger la memoria contra la edad con lecitina parece magnífico, pero la buena noticia de la lecitina incluye tanto a la mente como al cuerpo. La lecitina se halla en todas las células vivas, estando la mayor concentración en el cerebro, el corazón, el hígado y los riñones. Nuestro cerebro presenta una composición seca de un treinta por ciento de lecitina. La acetilcolina ayuda a mantener la sinapsis del cerebro. Además de ser un tónico cerebral, la lecitina funciona en la corriente sanguínea para ayudar a impedir que el colesterol y otras grasas se acumulen en las paredes de las arterias y ayuda a disolver los depósitos peligrosos que puedan existir ya. (El colesterol puede producir arterioesclerosis y ataques de corazón.) Reducir el colesterol ayuda a que el oxígeno, que estimula la mente, llegue al cerebro más fácilmente. En el hígado, la lecitina metaboliza la grasa que se acumula y reduce la probabilidad de degeneración de este órgano. En el conducto intestinal, la lecitina ayuda a la absorción de las vitaminas A y D e influye en la utilización de otros nutrientes solubles en la grasa como las vitaminas E y K.

A la lecitina se la ha llamado «el alimento natural de los nervios» porque ayuda a construir el aislamiento que hay a su alrededor llamado envoltura de la mielina. Este aislante es como la cubierta de los cables eléctricos que los aísla de los cortocircuitos. La destrucción de estas envolturas de los nervios en el cuerpo puede producir como resultado «cortocircuitos» en el sistema nervioso, de manera que uno se siente nervioso, cansado, deprimido o con dolor. Se ha utilizado lecitina durante años para tratar enfermedades del sistema nervioso y ayuda a eliminar el habla confusa, los temblores y las reacciones como de parálisis. Incluso ha servido de ayuda a maníaco-depresivos. Recientemente, el doctor Robert Becker del Syracuse VA Hospital descubrió que estas envolturas de los nervios también llevan una señal eléctrica vital para la curación.

Según la U.S. Food and Drug Administration, la lecitina definitivamente no es tóxica ni peligrosa y no posee efectos secundarios. Se encuentra en las células de todos los animales y las plantas. El portavoz de la FDA, Marilyn Stephson, nutricionista, señala que la lecitina no perjudica a las personas. Así que, al parecer, para la mente, la memoria y el cuerpo, un poco de lecitina puede ser muy beneficioso.

El árbol ginkgo posee un largo pedigrí. Sus raíces se remontan a antes de la era glacial. Es una especie de más de doscientos millones de años de antigüedad, y probablemente fue mordisqueado por los dinosaurios, y si existió una Atlántida, las hermosas hojas del ginkgo en forma de abanico es probable que también adornaran sus avenidas. Este árbol, el más antiguo que conoce el hombre, es un árbol vital, robusto, asombrosamente resistente a la contaminación, los insectos, la enfermedad y la tensión. Hallado originalmente en Asia y Oriente, puede medrar en las contaminadas ciudades europeas y estadounidenses. Los ginkgo pueden vivir de dos a cuatro mil años. No cabe duda de que el ginkgo puede ayudarnos con la longevidad.

Conocido en China como árbol sagrado y medicinal, su empleo por los chinos, según los registros existentes, se remonta, como mínimo, a dos mil ochocientos años. La hoja del ginkgo, dividida en dos lóbulos y en forma de abanico, le da su nombre botánico completo: *Ginkgo Biloba*. El extracto de esta encantadora hoja de ginkgo ha sido utilizado en investigación médica, que ha demostrado que el ginkgo puede restaurar la memoria, invertir el envejecimiento e invertir el deterioro mental más horrendo.

La «quintaesencia del alimento para el cerebro», así es como los investigadores europeos han llamado al extracto de hoja de ginkgo tras muchos años de estudio. Otros han calificado de «milagro» a este tónico de la memoria tan antiguo. He aquí algunos resultados de pruebas típicas. Se administraron cuarenta mg de extracto de ginkgo tres veces al día a pacientes de entre sesenta y ochenta años que sufrían de demencia senil. En tan sólo ocho semanas, la memoria y las funciones mentales quedaron restablecidas. Hubo una «significativa mejoría» en todas las áreas medidas.

En un estudio a largo plazo de ciento doce pacientes geriátricos que sufrían de insuficiencia vascular cerebral crónica, el doctor G. Vorberg informó en *Clinical Trials*, 1985, que el extracto de ginkgo «reducía de manera importante los signos físicos y mentales del "envejecimiento" en tests subjetivos y objetivos». También se están realizando estudios a largo plazo de los efectos del ginkgo en pacientes de Alzheimer en numerosos centros médicos de Europa y los Estados Unidos.

En experimentos ideados para mejorar la memoria en mujeres jóvenes sanas, los investigadores dieron cápsulas de seiscientos mg de extracto de ginkgo. Los tests demostraron que la memoria había mejorado muchísimo. No se han hallado efectos secundarios ni toxicidad. De hecho, los investigadores observaron que se trataba de un remedio normalizador y equilibrador. Usuarios sanos afirman que mejoraron de modo importante el tiempo de reacción, la memoria, la conciencia y la claridad mental después de tomar ginkgo.

La herbolaria y naturópata californiana Amanda McQuade, de Sonoma County, utiliza extensivamente el ginkgo en su práctica y ha logrado resultados sobresalientes con sus pacientes. Sólo para que sus alumnos de California School of Herbal Studies pudieran verlo por sí mismos, pidió a toda la clase que tomaran ginkgo. Al cabo de tres semanas, los estudiantes manifestaron que tenían «mejor capacidad global de concentración, mayor tiempo de recuerdo de la información aprendida en las lecciones anteriores, y una sensación general de bienestar». El ginkgo también les proporcionó un sobresaliente en los exámenes.

Los investigadores médicos europeos han llenado publicaciones con informes referentes a la asombrosa capacidad del ginkgo de mejorar la memoria general, restablecer la pérdida de memoria a corto plazo y la ayuda a la eficiencia mental y la capacidad de concentración. El ginkgo ha aliviado la senilidad y los desórdenes cerebrales relacionados con la edad, el vértigo y los zumbidos. Estudios con electroencefalogramas de pacientes de edad que mostraban signos de deterioro mental, revelaron que el extracto de ginkgo aumentaba los ritmos alfa y disminuía los ritmos theta, lo cual ayudaba a salir a los pacientes de un estado mental descentrado y regresar al mundo que los rodeaba.

A menudo, las personas ancianas pierden visión y oído a la vez que memoria, como si los sentidos débiles fueran incapaces de registrar los acontecimientos. Debido a la capacidad del ginkgo de aumentar el flujo sanguíneo al cerebro, ha ayudado a restablecer el oído y la vista perdidos debido a una mala circulación de la sangre. Es útil en las enfermedades vasculares como la enfermedad de Raynaud, flebitis y estados diabéticos. También es beneficioso para endurecer las arterias y otros desórdenes circulatorios que pueden causar deterioro de la memoria. El ginkgo también ayuda al sistema respiratorio. Esto es importante porque los problemas respiratorios son otra causa conocida de reducción de la memoria. Respirar mejor significa que llega más oxígeno al cerebro. El asma, las alergias, incluso la tuberculosis, se han rendido al ginkgo.

Cientos de estudios europeos demuestran que el ginkgo puede ayudar a la circulación sanguínea cerebral y al transporte de oxígeno, a la producción de energía intercelular en el cerebro, al tiempo de reacción del cerebro y a la transmisión de señales nerviosas. Su actividad antioxidante, que se alimenta de radicales libres, ayuda a reducir las toxinas procedentes del metabolismo en las células del cerebro. Todos los componentes del extracto de ginkgo parecen trabajar juntos para ayudar a invertir el envejecimiento mental y físico y a aumentar el rendimiento mental.

La única potencia de las hojas de ginkgo que ha demostrado lograr resultados notables en estudios europeos es la concentración de veinte a uno. (Esto significa veinte kilos de hojas para extraer cuatrocientos gramos de extracto.) El extracto de la hoja se normaliza después para contener un veinticuatro por ciento de ingredientes activos. El ginkgo ha sido utilizado ampliamente en Europa durante años. (Compruebe en la etiqueta que posee el veinticuatro por ciento de actividad.)

Para todo el que quiera hacerle una «puesta a punto» a la mente y a la memoria, para mejorar el tiempo de reacción, la conciencia y la claridad, el ginkgo es ideal. Este vegetal de varios millones de años de antigüedad puede ser un gran promotor de la vitalidad y la longevidad. Los herbolarios chinos tradicionalmente utilizan ginkgo para reequilibrar, rejuvenecer y vigorizar el cuerpo.

Para todo el que ya sufre los síntomas de la vejez –pérdida de memoria y desórdenes mentales–, el extracto de *Ginkgo Biloba* del árbol que es una leyenda viva puede ser un conservador de la vida, un poderoso aliado nutricional para restablecer la mente y la memoria. Según los investigadores europeos, en casos de grave pérdida de memoria o senilidad son necesarias al menos de cuatro a ocho semanas de tomar ciento veinte mg de ginkgo al día, antes de que se pueda apreciar alguna mejoría, y en general el tratamiento mínimo debería durar unos tres meses.

L-GLUTAMINA: COMBUSTIBLE EXCEPCIONAL PARA LA MENTE Y LA MEMORIA

La pequeña Jane tenía nueve años y medio cuando se unió al programa de investigación. Balbuceaba de manera ininteligible, apenas podía hacer botar una pelota, y tenía un coeficiente intelectual de sesenta y nueve. Unos meses después de iniciar el tratamiento, se interesó por la lectura, podía saltar a la comba y jugar a la pelota, y de repente empezó a gustarle la aritmética. La familia observó una «notable» mejoría. Su coeficiente intelectual aumentó dieciocho puntos.

Peter tenía dieciséis años, pero poseía una edad mental de ocho. Su coeficiente intelectual era de cincuenta. No podía ir solo por la calle. Después del tratamiento, empezó a leer periódicos y se interesó por los juegos. Su coeficiente intelectual subió dieciséis puntos. Podía salir solo y asistir a una escuela corriente.

John tenía diecisiete años y un coeficiente intelectual de ciento siete. Al cabo de seis meses de tratamiento, su coeficiente intelectual aumentó a ciento veinte.

Estos tres niños, junto con otros sesenta y seis, de cinco años a diecisiete, formaban parte de un programa de tratamiento dirigido por los doctores Zimmerman, Bergemeister y Putnam, en el Columbia College of Physicians y Surgeons. La mayoría eran retrasados mentales y algunos padecían de epilepsia. Todos ellos fueron tratados con ácido glutámico, un aminoácido que se encuentra en el trigo entero y las habas de soja. Su coeficiente intelectual subió de once a diecisiete puntos. Mostraron una notable mejora en cuanto a viveza, energía y capacidad de resolver problemas. Su crecimiento mental (progreso de dos años) fue el doble de rápido que en los niños no tratados. Y mejoró la personalidad completa. Los investigadores creyeron que el ácido glutámico podía ayudar a estimular a las personas corrientes para ser brillantes y a las que eran brillantes para ser genios. Cuando dejaron de tomar ácido glutámico, los sujetos del test empezaron a retroceder mentalmente.

Estos alentadores resultados con el ácido glutámico, estimulante de la inteligencia, tuvieron lugar hace unos cuarenta años. Los nuevos avances nutricionales muestran que, si los investigadores hubieran dado a los niños la forma «amida» del ácido glutámico, llamada L-glutamina, los resultados habrían sido aún más espectaculares. El ácido glutámico no puede cruzar fácilmente la barrera de la sangre-cerebro. La glutamina, sí. La glutamina es única. Es uno de los poco nutrientes, además de la glucosa, que pueden cruzar fácilmente esta barrera para ser utilizados como combustible por las células cerebrales. (Las excepciones son el alcohol y los narcóticos, que también pueden pasar por el centinela del cerebro.) Pero, debido a la habilidad de la glutamina de cruzar rápidamente la barrera, puede incluso ayudar a contrarrestar la adicción al alcohol.

La glutamina es una potente fuente de energía para el cerebro. Una vez dentro del cerebro, vuelve a convertirse en ácido glutámico. Tomar cantidades incluso moderadas de L-glutamina causa una «notable elevación» del ácido glutámico en el cerebro. Así es cómo la L-glutamina puede disminuir la fatiga o «niebla cerebral». Como la L-glutamina es un combustible para el cerebro, se emplea para ayudar a las personas con hipoglicemia (poco azúcar en la sangre) e incluso puede restituir la conciencia en pacientes en coma de insulina. El bajo nivel de azúcar en la sangre, según el neurólogo y especialista en envejecimiento doctor Vernon Mark, es una de las diez causas importantes de deterioro de la memoria, causa que es fácilmente combatida con la glutamina.

La segunda función principal del ácido glutámico es controlar y amortiguar el exceso de amoníaco que se forma en el cuerpo entero durante los procesos bioquímicos e impedir que produzca daños en el cerebro. Según el doctor Richard Passwater: «Una falta de L-glutamina en la dieta, o de ácido glutámico en el cerebro, produce daños al cerebro debidos al exceso de amoníaco». El resultado es un cerebro que nunca puede ir «a toda marcha».

El ácido glutámico también se necesita en el «ciclo del ácido cítrico», el proceso por el que el cuerpo extrae energía de la comida para el cuerpo y el cerebro. «El suministro de energía universal para la vida» es lo que el autor de *Life Extension*, Durk Pearson, llama el ciclo evidentemente importante. Es otra manera en que la glutamina revigoriza mientras da potencia a la memoria.

La doctora Lorene Rogers, en la universidad de la Texas Clayton Foundation, fue una de las primeras en probar la L-glutamina en cuanto a sus propiedades para proporcionar inteligencia. Dio L-glutamina a un grupo de niños deficientes mentales y después midió sus respectivos coeficientes intelectuales. Éstos habían aumentado. El famoso pionero de la nutrición doctor Abram Hoffer de Canadá informa acerca de un excitante éxito utilizando L-glutamina para ayudar a la mente y a la memoria. También ha utilizado glutamina para ayudar a vencer el retraso mental, la esquizofrenia y la senilidad.

La glutamina no sólo ha sido utilizada para mejorar el aprendizaje, la memoria y el coeficiente intelectual, sino también para acelerar la curación de úlceras de estómago, para controlar las ansias de comer dulces o azúcar y para combatir el alcoholismo. El alcohol, por supuesto, es una sustancia conocida que perjudica al cerebro. El doctor Roger Williams, de la universidad de Texas, investigó durante años los poderes de la glutamina. Descubrió que podía proteger el cuerpo de los efectos tóxicos del alcohol. También llevaba a curaciones espectaculares: un alcohólico dejó de beber cuando le fue administrada glutamina a diario sin que lo supiera. Incluso las ratas «alcohólicas» respondieron a la L-glutamina. Los protegió de los efectos venenosos del alcohol y detuvo su «ansia» de alcohol. Al parecer, la investigación demuestra que, si de vez en cuando uno se excede con los helados, los dulces o el alcohol, es que quizá el tanque de combustible de su cerebro se está quedando vacío y necesita glutamina.

El «recuerdo de lo dulce» resulta ser una clave del mayor poder de la memoria. La psicóloga Carol Manning, de la universidad de Virginia, probó la memoria y la inteligencia de dos grupos de individuos ancianos después de darles limonada endulzada con sacarina o con glucosa. El grupo que recibió la glucosa obtuvo puntuaciones considerablemente más elevadas en la memoria verbal a largo plazo. Tanto la glucosa como la glutamina, al ser combustibles para el cerebro, pueden dar fuerza a la memoria, pero la glutamina no produce aumento de peso ni incluye los riesgos para la salud que presenta el comer grandes cantidades de azúcar.

Si su memoria y pensamiento pudieran utilizar un ascensor o si algunas veces siente que se encuentra en una «niebla de amoníaco», una auténtica niebla de la memoria, o si necesita más energía cerebral para tomar decisiones mejores en asuntos financieros, personales o profesionales, la L-glutamina, el combustible para el cerebro de mejor calidad, puede ser ideal. El doctor Roger Williams recomienda de uno a cuatro gramos al día. El doctor H. L. Newbold aconseja: «Si quiere usted tomarla sólo para un potencial estímulo, empiece con una cápsula de doscientos mg tres veces al día durante una semana, aumentando a dos cápsulas tres veces al día la segunda semana. Si está intentando controlar la bebida o los excesos con los dulces, tome mil mg tres veces al día». El experto en nutrición doctor Carlton Fredericks informa que un gramo de glutamina al día producirá impresionantes mejoras en la capacidad de aprender, retener y recordar.

L-FENILALANINA: PARA APRENDER, PARA LA MEMORIA Y PARA LAS ADICCIONES

Las ratas del laberinto miraban a su alrededor desconcertadas. Corrían de un lado a otro y llegaban a callejones sin salida. No parecían poder encontrar la salida. Los animales habían tomado una droga que bloqueaba la cantidad del neurotransmisor norepinefrina en su cerebro. El aprendizaje y la memoria estaban bloqueados. Cuando los científicos inyectaron norepinefrina a las ratas, la capacidad de aprendizaje de éstas regresó.

La fenilalanina es un aminoácido que, entre otras cosas, es utilizado por el cerebro para fabricar norepinefrina. Y una de las principales tareas de la norepinefrina es ayudar a las células cerebrales a comunicarse unas con otras. Los neurotransmisores norepinefrina se almacenan como bebés canguro en bolsas diminutas; estas bolsas se hallan en los extremos de las células nerviosas del cerebro. Cuando es la hora de «transmitir», la norepinefrina abandona la bolsa, transmite sus mensajes y regresa a la bolsa, procurando no ser destruida por las enzimas.

Si se toman anfetaminas o Ritalin, estas drogas impiden que la norepinefrina regrese a la bolsa. O sea que hay más neurotransmisores transmitiendo mensajes cerebrales. La memoria y el aprendizaje mejoran porque uno se puede concentrar mejor. Pero, una vez agotado el suministro de norepinefrina de las bolsas, las anfetaminas u otras drogas estimulantes dejan de funcionar.

Cuanta más fenilalanina se come (en el buey, pollo, pescado, huevos, habas de soja), más materia prima se tiene para elaborar norepinefrina. Los suplementos de fenilalanina han demostrado mejorar la atención, el aprendizaje y la memoria, y también alivian la depresión. La enzima que destruye la norepinefrina aumenta en el cuerpo pasados los cuarenta y cinco años. A medida que uno se hace mayor, necesita más fenilalanina para mantener activas las transmisiones de las células cerebrales.

La fenilalanina también es necesaria para la producción de tiroxina, la hormona de la glándula tiroides que contiene yodo. También ayuda a elaborar la potente hormona epinefrina, necesaria para estrechar los vasos sanguíneos.

De hecho, la L-fenilalanina es la materia prima utilizada por el cuerpo para producir un menú completo de compuestos extremadamente importantes llamados «catecolaminas», esenciales todos ellos para la transmisión de los impulsos nerviosos. Una vez se ha tomado un poco de fenilalanina en el almuerzo, la médula suprarrenal y las células nerviosas pronto producen L-tirosina a partir de ella (importante para la viveza), después dopa y dopamina (importantes en la enfermedad de Parkinson), y después norepinefrina y epinefrina.

Todos estos neurotransmisores le ayudan a uno a sentirse «animado», alerta y ambicioso. La fenilalanina puede mejorar grandemente la motivación y el rendimiento intelectual en los sujetos de prueba, informan Pearson y Shaw. Para mejorar la función mental, se sugieren quinientos mg al día.

Como es un nutriente antidepresivo extremadamente potente, la L-fenilalanina ha sido ampliamente utilizada para tratar la depresión y los problemas de abuso de anfetaminas. Un estudio clínico descubrió que el ochenta por ciento de sujetos gravemente deprimidos quedaban aliviados por completo de su depresión tomando de cien a quinientos miligramos al día durante dos semanas. A menudo se obtenían buenos resultados al cabo de dos o tres días. El neurólogo doctor Vernon Mark del Boston City Hospital observa que, con mucho, una de las causas más comunes de pérdida de memoria y deterioro intelectual, en particular entre las personas de edad, es la depresión. El pensamiento ralentizado y la falta de concentración hacen difícil, a veces imposible, recuperar los recuerdos. La fenilalanina, igual que casi todas las sustancias mencionadas en esta sección, puede ayudar a aliviar la depresión, mitigando una de las causas principales de pérdida de memoria.

La fenilalanina también ha tenido éxito para suprimir el apetito y ayudar en las dietas. (Aviso: muchas sodas dietéticas contienen aspartame. Este edulcorante artificial es un péptido, elaborado de la combinación de fenilalanina y otro aminoácido, el ácido aspártico. [Dos o más aminos enlazados son iguales a un péptido.] En dosis extremadamente grandes, la fenilalanina puede aumentar la presión sanguínea. Si se consume mucha soda dietética y también se toman suplementos de fenilalanina, hay que comprobar la presión sanguínea. Además, algunas personas reaccionan alérgicamente a la fenilalanina. Tampoco deberían tomarla las personas con incapacidad heredada de metabolizar la fenilalanina.)

MILAGROSO AVANCE EN EL CONTROL DEL DOLOR

Un importante avance –el control nutricional del dolor crónico– ha generado un gran estusiasmo mundial en los últimos años. Las pruebas realizadas con pacientes extremadamente agradecidos han dado como resultado gran cantidad de magníficos informes de científicos, médicos, profesionales de la salud y clínicas del dolor. «Excelente alivio del dolor en la parte inferior de la espalda», «alivio completo del dolor en la nuca», «excelente alivio del dolor de la osteoartritis», y la lista sigue. Alivio de los calambres, la migraña, la neuralgia, el dolor postoperatorio, fibrositis... Todos eran pacientes que anteriormente habían probado las drogas contra el dolor y no habían obtenido ningún resultado. Tanto el dolor como las drogas para aliviarlo pueden disminuir, evidentemente, las capacidades de la mente y la memoria.

Esta sustancia alimenticia natural no es tóxica, no posee efectos secundarios porque no es una droga, no crea hábito, y su efecto dura largo tiempo; además, es inocua. ¿Cuál es esta sustancia asombrosa y milagrosa? La fenilalanina, el ahora famoso aminoácido.

Para aliviar el dolor, se utiliza la D-fenilalanina, reflejo exacto de la L-fenilalanina. (La L viene de *laevo*, o mano izquierda, y la D viene de *dextro*, mano derecha.) Algunas formulaciones, llamadas DLFA (DLPA, en inglés), combinan las formas D y L.

La investigación realizada en la University of Chicago Medical School y la Johns Hopkins University School of Medicine, demostró que la DL-fenilalanina es eficaz para controlar y reducir el dolor crónico de un ochenta y cinco a un noventa por ciento. Los estudios demostraron que el efecto analgésico de la DLFA iguala o supera el de la morfina y otros derivados del opio. La morfina y demás narcóticos mejoran con frecuencia la memoria y las funciones mentales, pero dejan a la gente confusa y desorientada. La DL-fenilalanina, no tóxica, seguramente podría llegar a ser increíblemente beneficiosa para los aproximadamente cincuenta millones de estadounidenses que sufren de dolores de artritis, de molestias en la espalda o de osteoporosis. ¿Cómo funciona?

Endorfinas al máximo

El cerebro produce sus propios y potentes compuestos que alivian el dolor. Se trata de las llamadas endorfinas, similares a la morfina. Las señales del dolor en caso de lesión avisan al cerebro para que libere estos productos químicos. A veces, la gente explica cómo ha salido de un grave accidente de coche inconsciente de sus heridas y sin sentir ningún dolor hasta más tarde.

Aplicar endorfinas para controlar el dolor requiere inyectar las endorfinas directamente en el cerebro o en la médula espinal, un proceso peligroso. Además, los sistemas de enzimas del cuerpo las destruyen constantemente.

Los científicos descubrieron, en un importante paso adelante, que la DL-fenilalanina bloquea las enzimas que destruyen a las endorfinas. De este modo, el dolor crónico se podía controlar con las sustancias naturales del cerebro que lo alivian; además, las endorfinas duraban períodos de tiempo más largos. A diferencia de las drogas, la acción de la DLFA se produce por medios totalmente naturales. La DLFA alivia el dolor sin ningún efecto secundario, sin la sensación de «estar drogado», sin enturbiar la memoria ni la mente o reducir la agilidad mental, como sucede con muchas drogas analgésicas fuertes. No produce adicción. Además, el alivio del dolor es selectivo: se alivia el dolor crónico, pero uno no queda anestesiado, se puede seguir sintiendo el calor de la olla en el fuego. Otra gran ventaja es la de que la DLFA también alivia la depresión y la infelicidad que tan a menudo acompañan al dolor crónico debilitante.

Para aliviar el dolor, algunos investigadores han prescrito tabletas de 375 mg de DLFA, seis al día, dos antes de cada comida. La DLFA funciona aún mejor cuando se toman al mismo tiempo vitaminas C y B_6. Se ha probado la DLFA para paliar el dolor de espalda y el dolor de cabeza y se ha visto que es sumamente efectiva.

El poder de las endorfinas contra las adicciones

«Una bebida intelectual.» «¡Un tónico para el cerebro!» Éstos fueron los eslóganes originales para la coca-cola en 1890. Se referían a algo más que al «pruébelo». La fórmula original de la coca-cola contenía cocaína (el gobierno federal ordenó que se eliminara a principios de 1900).

Algunas personas que buscan una chispa creativa se «enganchan» a drogas como la cocaína por la vitalidad que les proporciona. La cocaína, las anfetaminas, las píldoras para adelgazar y el Ritalin liberan el neurotransmisor norepinefrina, que estimula las capacidades mentales. Pero las drogas pronto agotan el suministro, el cerebro deja de producir más, y después se produce una caída.

Parece que las sustancias naturales fenilalanina y DL-fenilalanina pueden estimular las capacidades mentales y creativas sin crear adicción. Pueden proporcionar alimento en lugar de un jarro de agua fría después. La fenilalanina funciona haciendo que el cerebro aumente su producción y sus almacenes del neurotransmisor norepinefrina. Además, la DL-fenilalanina alivia el dolor y la depresión y tiene propiedades «euforizantes», ya que impide la destrucción de las endorfinas y las enkefalinas, la morfina natural del cerebro.

Estudios recientes han demostrado que las personas con adicción a las drogas y al alcohol tienen un nivel bajo de endorfinas. La investigación de nuevas máquinas para el cerebro (ver capítulo 19) ha demostrado que mejoraban la memoria y la mente estimulándolo a producir más endorfinas. ¿Las máquinas del cerebro serían más útiles combinadas con DLFA?

Ya ha quedado claro que tanto la fenilalanina como la DLFA son beneficiosas para que algunas personas abandonen su adicción a las drogas, a la vez que les proporciona agilidad mental sin efectos secundarios y a bajo coste. Una joven guionista de Hollywood desarrolló el hábito, grave y muy costoso, de tomar cocaína para vencer la fatiga y la depresión y estimular la concentración. Advertida por Durk Pearson de que la DL-fenilalanina podía ayudarla, tomó mil mg de DLFA al día. «Los resultados fueron muy buenos», dice Pearson. «La joven tenía una gran energía mental y física y se concentraba bien.»

¿La fenilalanina y la DLFA podrían tener un papel más importante en el tratamiento de las adicciones al alcohol y a las drogas en el tratamiento de los bebés del *crack*?

Al parecer, la fenilalanina y la DLFA pueden conseguir muchas cosas: hacernos más brillantes y valientes, dar poder a la mente y a la memoria, aliviar la depresión y las adicciones, y controlar el dolor. La fenilalanina puede ayudarnos a eliminar el estrés y a tener éxito. Es tan importante para el funcionamiento del cerebro, que se la ha denominado «el producto químico para aprender y recordar».

L-TIROSINA PARA LA AGUDEZA MENTAL, EL CONTROL DEL ESTRÉS Y EL OPTIMISMO

Dos tropas de soldados del ejército de los EE.UU. entraron en acción en un test de simulación de combate duro. Vestidos sólo con el uniforme ligero, de repente sintieron como si hubieran sido barridos hacia la cima de una montaña un fresco día de primavera (cuatro mil seiscientos metros de altura; quince grados centígrados). Esta elevación instantánea puede producir hipoxia, un descenso del oxígeno en el cerebro. En este estado de tensión súbita y extrema, tuvieron que registrar rápidamente las coordenadas en los mapas, traducir mensajes a código, y tomar complejas decisiones para las que se necesitaba un sofisticado equipo.

Un grupo rindió muchísimo más que el otro. Les superaron en viveza, agilidad mental y respuesta rápida. Estaban de buen humor, no se sentían ansiosos o tensos, y podían pensar con claridad y fácilmente. El test también les provocó menos estrés físico. Estos soldados le debían su agilidad mental y física en estado de tensión a la L-tirosina.

En un informe a la OTAN realizado por el U.S. Army Research Institute of Evironmental Medicine, en Natick, Massachusetts, el psicólogo Louis Banderet mantiene que la L-tirosina es superior a las drogas estimulantes y a los tranquilizantes. Las drogas ponían tensos y nerviosos a los soldados. Los tranquilizantes los dejaban aturdidos. La tirosina puede aumentar el rendimiento mental y físico bajo tensión, sin efectos secundarios.

La L-tirosina es otro aminoácido que el cuerpo asimismo puede fabricar a partir del aminoácido L-fenilalanina. También produce el neurotransmisor norepinefrina. Igual que la fenilalanina, también puede elevar el estado de ánimo y aliviar la depresión. El doctor Alan Gelenberg del departamento de psiquiatría de la Harvard Medical School, trató a pacientes que sufrían de depresión desde hacía mucho tiempo, que se resistían a la terapia con medicamentos. Al cabo de dos semanas de tomar tirosina (cien mg al día), se observó una «tremenda mejoría». Una paciente, una mujer joven que lloraba con frecuencia y tenía poco interés por lo que la rodeaba, mejoró visiblemente en dos semanas. Después, Gelenberg utilizó placebos. Todos los síntomas depresivos volvieron a aparecer. Cuando volvió a tomar tirosina, la mujer volvió a mejorar. Los pacientes del test realizado por Gelenberg eran capaces de suspender del todo la terapia con drogas antidepresivas mientras tomaban la tirosina. El doctor Vernon Mark sostiene que la depresión es una de las causas más extendidas de declive de la memoria. Tanto la tirosina como la fenilalanina pueden estimular la memoria venciendo la depresión. Los neurotransmisores que producen son «excitantes»: mantienen al individuo alerta, ambicioso, y restablecen la *joie de vivre* mientras aumentan la función del cerebro. También ayudan a controlar el apetito, una manera ideal de hacer régimen, observa Durk Pearson, porque no existen efectos secundarios.

O sea que, si quiere convertir el estrés en éxito, y rendir mental y físicamente al máximo, en todas circunstancias, puede tomar un poco de tirosina. Los médicos sugieren unos doscientos mg al día. (Atención: una sobredosis puede aumentar la presión sanguínea.)

Vasopresina para contrarrestar los «fallos del poder del cerebro»

Una joven enfermera de California recobró por fin el conocimiento en el hospital después de un grave accidente de coche. Tenía heridas de consideración en la cabeza. Seis meses más tarde sufrió un ataque de amnesia; ningún recuerdo de los meses anteriores y posteriores al accidente. En el despacho del médico, le dieron vasopresina, una hormona de la pituitaria, en forma de vaporizador nasal. Al cabo de unos minutos, sintió «que se despejaba la niebla de su mente». Su memoria regresó.

En Inglaterra, el doctor Oliveros y su equipo de colaboradores informaron en *Lancet*, en 1978, que habían podido restablecer la memoria a víctimas de amnesia utilizando vasopresina. Sólo dieciséis UI al día de vasopresina mejoraban la memoria, la concentración, la atención y las reacciones rápidas, en un grupo de hombres de entre cincuenta y setenta años, según el doctor Legros y colaboradores. En el Jerusalem Mental Health Center, el doctor Jacques Eisenberg y sus colegas probaron la vasopresina en un grupo de niños con un coeficiente intelectual bajo y graves incapacidades de aprendizaje. Hubo una importante mejora en la memoria y el aprendizaje. Otros muchos informes científicos confirman que la vasopresina es un potente estimulante de la memoria.

Se libera por el lóbulo posterior de la glándula pituitaria, que está en el cerebro. Posee potentes efectos sobre la memoria y el aprendizaje. La colina ayuda a la pituitaria a liberar vasopresina cuando se necesita. Las drogas como el alcohol y la marihuana inhiben dicha liberación por parte del cerebro; por eso, después de algunas copas, algunas personas no recuerdan dónde han aparcado el coche. La cocaína libera vasopresina pero pronto la agota. La vasopresina podría ser útil para ayudar a los adictos a la cocaína a desintoxicarse.

En la revista *Whole Earth*, un editor bajo el seudónimo de R. Sirius, dijo que la vasopresina es «una herramienta excelente para el aprendizaje rápido y la comprensión de complejos sistemas de pensamiento». También dijo que se trata de una sustancia «eufórica» que mejora la memoria y aumenta la inteligencia. A él le proporcionó una sensación como de estar «colocado» pero con claridad mental, sin estar aturdido, incómodo o nervioso, efectos que produce la cocaína.

La vasopresina suave en forma de concentrado de pituitaria en bruto, se encuentra disponible en las tiendas de alimentos dietéticos. La cantidad que se sugiere es de unos veinticinco mg al día. (El vaporizador nasal Vasopressin de potencia plena es un medicamento que necesita receta, Diapid.)

El ARN y el ADN, esenciales para la memoria y la mente

Aprender y producir nuevos recuerdos implica la creación de ARN (ácido ribonucleico). Las moléculas de ARN actúan como mensajeros, recibiendo instrucciones del ADN (ácido desoxirribonucleico) para la adecuada síntesis de la proteína. El ADN y el ARN existen en el núcleo de todas las células. Llevan nuestro código genético y dirigen la producción de todas las proteínas del cuerpo. Son esenciales para el desarrollo del cerebro, para la reparación de tejidos y la curación. Se necesitan muchos nutrientes para elaborar ADN y ARN. Sin ellos, el crecimiento y la reparación de las células se detienen.

Asombrosos experimentos con ratas y ratones revelaron la extraña manera en que las experiencias pasadas de una generación podían aparecer en otra. Las ratas y los ratones fueron «entrenados» por medio de choques eléctricos para no entrar en los refugios oscuros de sus jaulas, sus preferidos. Después de ser «educados» se los sacrificó, y el extracto de sus cerebros con el ARN fue inyectado a ratas y ratones «no educados». Estos animales no adiestrados supieron automáticamente que debían permanecer en la luz sin que se les «enseñara» mediante choques eléctricos. (Las inyecciones de tejido cerebral de animales «no educados» no tuvieron ningún efecto.) Incontables experimentos de este tipo muestran que el ARN retiene los recuerdos y es un factor importante en el aprendizaje a partir de experiencias pasadas.

El ARN y el ADN son vitales para el cerebro; la cantidad que se observa en este órgano es mayor que la que aparece en cualquier otra parte del cuerpo. Una deficiencia en los nutrientes necesarios para su producción puede causar daños en el cerebro y retraso mental. Animales de laboratorio a los que se inyectó una enzima que destruye el ARN fueron incapaces de aprender. Por el contrario, las ratas a las que se administraron suplementos de ARN aprendieron con facilidad, a la vez que aumentaron su pronóstico de vida en un veinte por ciento.

El ARN también es un antioxidante extremadamente importante (junto con las vitaminas A, C, E y el selenio), y protege el cerebro contra el daño producido por la oxidación de las grasas. Esas «horribles manchas marrones de la edad» en la cara y las manos, que los anuncios deploran, proceden de la oxidación de las grasas. Su nombre oficial es lipofuscina. Los tests revelan que también pueden aparecer en el cerebro, donde intervienen en su metabolismo. Estas grasas oxidadas en el cerebro son cancerígenas, dañan el sistema inmunológico, producen mutaciones en las copias del ADN para las células y contribuyen a que se formen grumos en la sangre, el deterioro y el envejecimiento. El ARN protege al cerebro contra estas grasas rancias.

Los expertos en nutrición, doctores Earl Mindell y Kurt Donsbach, sugieren trescientos mg al día de ARN para aumentar el poder mental, la memoria y para proteger contra la oxidación y el envejecimiento. (Importante: no tomarlo si se padece gota.)

OCTACOSANOL PARA CONTRARRESTAR EL DAÑO EN LOS NERVIOS CEREBRALES

La «parálisis cerebral» es uno de los diagnósticos más temibles que una persona puede oír acerca de un ser querido. Tanto si es causada por un accidente o por una enfermedad, las perspectivas para el paciente suelen ser lúgubres.

También en este caso una sustancia alimenticia natural hallada en el aceite de germen de trigo, la alfalfa, hierbas y bambú ha permitido a algunas personas «hacer frente al veredicto». Los atletas conocen el octacosanol desde hace tiempo, gracias a más de dieciocho años de investigación realizada por el doctor Thomas Cureton, de la universidad de Illinois, quien demostró que el octacosanol podía aumentar el vigor y la resistencia, vencer la fatiga, reforzar los músculos, acelerar el tiempo de reacción y reducir la falta de oxígeno.

Durante más de treinta y cuatro años el difunto doctor Carlton Fredericks, uno de los grandes pioneros en el campo de la nutrición, investigó, incansablemente, el papel del octacosanol en la reparación del daño neurológico. Su primer caso, en los años cincuenta, fue un niño con parálisis cerebral. Era retrasado mental, llevaba hierros de refuerzo en las piernas y tenía los músculos de la espalda totalmente atrofiados. El doctor Fredericks empezó a dar al muchacho aceite de germen de trigo, que contiene octacosanol. Al cabo de un mes, tuvieron que cambiarle los hierros de las piernas. ¡Sus músculos se habían revitalizado! Prosiguió la terapia, y al cabo de unos meses el octacosanol había reforzado sus músculos y su capacidad mental; la familia dijo que incluso «tenían problemas para seguir» su nueva agilidad mental.

Cuando la madre del propio doctor Fredericks sufrió un ataque de apoplejía, quedó paralizada de un lado, no podía abrir un ojo y la mitad de la boca le colgaba, y tenía grandes dificultades para hablar. Después de cuatro meses de tomar octacosanol, vitamina E y bioflavonoides, se recuperó del todo. Asombrado, su médico probó el octacosanol en otras doce víctimas de apoplejía y tuvo once éxitos.

Más asombrosos fueron los casos de coma del doctor Fredericks. «Estado vegetativo crónico» era el diagnóstico de los neurólogos para una muchacha joven. Había intentado suicidarse respirando monóxido de carbono del motor de un coche en un garaje cerrado. Permaneció en estado de coma durante más de cuatro meses. Los médicos la consideraban un caso tipo Karen Quinlan.* La familia se llevó a la chica a su casa, contrataron enfermeras y se encargaron de que un médico local siguiera el protocolo de Fredericks. Al cabo de tres semanas, la muchacha salió del coma.

Lorie, una víctima de accidente de coche, de diecinueve años, permanecía inconsciente con tres tipos diferentes de daño cerebral. La cirugía alivió la presión en el cerebro. Pero ella seguía inconsciente mes tras mes. Fredericks cambió la alimentación intravenosa por fructosa, minerales, octacosanol y vitamina E. Poco tiempo después, Lorie entraba caminando en casa del doctor Fredericks como invitada. Todavía tenía algún espasmo muscular y le faltaban recuerdos a corto plazo, pero aun así, ello suponía una gran mejoría respecto al estado vegetativo.

En los archivos del doctor Fredericks se encuentran más de treinta años de investigación del octacosanol. Cientos de casos de grave daño cerebral diagnosticados como «incurables». Casos de retrasados mentales, daño cerebral con y sin coma, epilepsia, esclerosis múltiple, encefalitis, parálisis cerebral, víctimas de paro cardíaco y de privación de oxígeno, y

---

* El famoso caso de esta joven ha sido publicado por Grijalbo bajo el título: *La verdadera historia de Karen Ann Quinlan*. (*N. del E.*)

casos de envenenamiento del cerebro por monóxido de carbono y otras sustancias tóxicas. Los beneficios del octacosanol van desde la rehabilitación leve hasta la curación casi total. En opinión de Fredericks, la terapia nutricional debería probarse en todos los casos de retraso o incapacidad de aprendizaje, porque ahora sabemos que «la base del pensamiento es en parte bioquímica».

Para el doctor Andrew Ivy, famoso fisiólogo, el octacosanol en realidad es capaz de reparar las células cerebrales dañadas. «Los nervios dañados en el cerebro pueden repararse», insiste.

El doctor Helmut Prahl, director ejecutivo de la Dynatron Research Foundation, en Madison, Wisconsin, señala que, en sus estudios clínicos, «casi todas las enfermedades del sistema nervioso central, al menos en algunos casos, están respondiendo al octacosanol». Es satisfactorio para reducir los efectos de la esclerosis múltiple, parálisis cerebral, distrofia muscular y el Parkinson, por nombrar sólo unos cuantos.

Las drogas y las toxinas perjudican notoriamente la memoria y la mente. En la actualidad, al parecer estamos desbordados por la contaminación del aire, el agua y los alimentos, que contienen metales tóxicos como el mercurio y el plomo, subproductos tóxicos de la contaminación del aire, el tabaco, el alcohol, las grasas y conservantes como el formaldehído. Los investigadores piensan que el octacosanol, junto con el aminoácido L-cisteína, puede ayudar a protegernos contra esta invasión tóxica que entumece la memoria (el octacosanol es «ergogénico», proporciona energía), pero no llegan a entender del todo de qué manera y por qué esta entrega de energía es prácticamente capaz de restaurar la vida. Muchos creen que aumenta el suministro de oxígeno al cerebro.

La pequeña Jacqueline, un bebé de quince meses, fue llevada al doctor Fredericks. Debido a un mal parto, nunca había estado consciente. Los electroencefalogramas mostraban que su cerebro estaba atormentado por las continuas ondas de ataques epilépticos. El bebé recibió octacosanol y terapia nutricional, y cuando se aproximaba su segundo cumpleaños, su madre llamó al doctor Fredericks a la clínica y llorando de alegría le dijo: «Ha abierto los ojos y me ha sonreído. ¡Por primera vez!».

«Autista incurable.» Éste fue el deprimente diagnóstico de Lee Ahmad, de Toronto, a los cuatro años, en 1983. A partir de los dieciocho meses había tenido rabietas, hiperactividad y conducta extraña. A los cuatro años seguía igual. No era sociable, no tenía amigos, ni memoria; un vocabulario de veinte palabras y un coeficiente intelectual de cuarenta y siete. Las autoridades recomendaron que se le internara en una institución. Sus decididos padres, Naseer y Monica Ahmad, se enteraron de la investigación del doctor Fredericks. Administraron a Lee octacosanol, Di-metilglicina (DMG), y un programa completo de vitaminas y minerales. Al cabo de una semana, Lee dejó de necesitar pañales, montaba en bicicleta y empezó a hablar. Para asombro de sus profesores, no paró. La memoria y la función mental mejoraron regularmente. Cesaron los ataques. En 1986, su coeficiente intelectual llegó a ciento cuatro. En la actualidad es un brillante muchacho, atlético y con un buen rendimiento. Naseer Ahmad, profundamente impresionado por los poderes del octacosanol, escribió un libro: *Not An Incurable Illness: The Story of Lee Ahmad*, y montó una organización para ayudar a otros padres. «Nos llegaron toda clase de historias asombrosas... acerca de la mejoría de sus hijos», explica Ahmad.

Para el tratamiento de la pérdida de memoria o daño en los nervios producido por enfermedad, accidente o toxinas, el doctor Fredericks prefería el octacosanol sintetizado a partir de aceite de germen de trigo. El doctor Helmut Prahl sugiere que la dosis de aplicación biomédica debería ser de diez a cien veces mayor que para un atleta que tome octacosanol para aumentar su energía. En la investigación del doctor Thomas Cureton, se necesitaron de cuatro a seis semanas de tomar el suplemento antes de que se obtuvieran resultados.

El germanio genera poder mental

¿Respirar más y disfrutar menos de ello? El cerebro necesita cantidades enormes de oxígeno, aún más que el resto del cuerpo. Es la única sustancia totalmente imprescindible para vivir. No se puede vivir más de tres o cuatro minutos sin él. Por lo tanto, no es agradable saber que el contenido de oxígeno del aire en muchas ciudades ha bajado el cincuenta por ciento. Así pues, no nos extraña que los grandes almacenes Takashimaya de Tokio informaran de que uno de sus artículos más vendidos en 1987 fueran latas de oxígeno en cajas de regalo.

El metabolismo de nuestras células funciona utilizando oxígeno para quemar los alimentos y convertirlos en energía. Cuando hay poco oxígeno, es como intentar quemar un leño mojado: hay partes que no arden. Nuestras células acumulan los productos de desecho no metabolizados que las atascan y les dejan un terreno de reproducción para los virus y los microbios.

En 1967, cuando empezaba a parecer que los humanos estábamos a punto de hundirnos en los peores niveles de la historia de la contaminación interior y exterior y de los residuos tóxicos interiores y exteriores, se produjo un gran avance científico. Un brillante químico japonés, el doctor Kazuhiko Asai, tras una esforzada investigación de diecisiete años, sintetizó una forma orgánica del germanio, una sustancia que es un portador milagroso de oxígeno en el cuerpo humano.

El oxígeno, el elemento más importante para la vida, «puede ser el más potente estimulante inmunológico de todos», dice la doctora Betty Kamen, en *Germanium, A New Aproach to Immunity*. El germanio, que actúa como catalizador del oxígeno y dexintoxicante en el cuerpo, da fuerza al sistema inmunológico para eliminar la amplia serie de enfermedades que acompañan a nuestro estilo de vida contemporáneo, deficiente en oxígeno. En los veinte años transcurridos desde su descubrimiento, se ha demostrado en estudios científicos que el germanio ayuda en casos de cáncer, artritis, anemia aplástica y desórdenes glandulares, para nombrar sólo algunos. Es un potente productor de endorfinas, o sea que también es un potente calmante del dolor (con cuatro gramos de germanio orgánico se ha llegado a aliviar la agonía del cáncer en quince minutos). Debido a que es portador de oxígeno, es muy potente contra las enfermedades víricas. (Los virus y las bacterias sólo medran en poco oxígeno.) Y lo más importante: como es portador de oxígeno, puede dar energía a la memoria y la mente.

Mientras las gotas de la lluvia ácida nos caen sobre la cabeza junto con los varios quilos de otras toxinas transportadoras por el aire, se puede activar el germanio como un sistema propio de «guerra de las estrellas». «Estrellas» de germanio como productor de interferona. Destaca como estimulantes de las células T, B-linfocitos y macrofagios, y activa todas las tropas del sistema de defensas inmunológicas. Por eso puede aliviar las alergias, el envenenamiento por alimentos (salmonella), *candida albicans*, el eccema, la migraña, la gripe y multitud de otras enfermedades. Está demostrado que alarga la vida. Y, lo mejor de todo, incluso en grandes dosis, el germanio no es tóxico.

El cerebro representa el dos por ciento del peso corporal, pero utiliza del veinte al treinta del consumo total de oxígeno del cuerpo. Pensar y hacer matemáticas estimula aún más la necesidad de oxígeno que tiene el cerebro. Una enfermedad como, por ejemplo, el endurecimiento de las arterias, que reduce el oxígeno en las células nerviosas cerebrales, puede destruir la memoria y la viveza. Cuando los suministros de oxígeno a las células y los tejidos se agotan, se produce una enfermedad llamada hipoxia. Los síntomas incluyen senilidad, declive mental, pérdida de memoria, fatiga, acidosis, debilidad y susceptibilidad a la infección. Los síntomas del envejecimiento se parecen a los de la hipoxia.

En tests extensivos que se han realizado, el germanio orgánico aumentó realmente la capacidad mental. Alivió síntomas de hipoxia, declive mental, pérdida de memoria y senilidad. Los pacientes experimentaron un aumento de la capacidad mental y sintieron la cálida sensación de mejor circulación y bienestar. La capacidad del germanio para estimular las endorfinas alivió la depresión.

En la universidad de Tohoku de Japón se demostró con animales de laboratorio que el germanio orgánico aumenta la cantidad de oxígeno transportado por la hemoglobina en los glóbulos rojos de la sangre. El germanio también disminuye la viscosidad de la sangre, ayudando así a que circule con facilidad. Además, el germanio posee un efecto de ahorro de oxígeno, es decir, disminuye la necesidad de oxígeno.

El doctor Asai, en su libro *Miracle Cure, Organic Germanium*, da cuenta del alivio «dramático» de desórdenes mentales, incluidas las psicosis. Él cree que «varios tipos de desórdenes mentales tienen su origen en una deficiencia de oxígeno debida a un desorden en la circulación de la sangre al cerebro».

En las personas seniles muchas células cerebrales se han perdido y las restantes, a pesar de recibir el oxígeno suficiente para seguir vivas, no son funcionalmente efectivas. El doctor Edwin Boyle, Jr., director de investigación del Miami Heart Institute, dice que la pérdida de memoria en las personas seniles puede ser corregida restituyendo oxígeno a esas células que lo necesitan. Colocó a pacientes en cámaras cerradas donde respiraban oxígeno puro a una presión atmosférica tres veces superior a la normal. Obtuvo buenos resultados, en especial en los casos de arterioesclerosis. Los pacientes recuperaron la capacidad de recordar hechos recientes y procesar nueva información. La mejora duró de seis semanas a seis meses.

Pero, según el doctor Asai, el oxígeno que se inhala debe tener sus iones activados por las enzimas para que sea eficaz. Con el germanio, el oxígeno está listo para ser absorbido inmediatamente. El germanio está preparado para renovar el poder cerebral enseguida.

Una mujer de veinticinco años, incapaz de caminar, hablar o escribir, ingresó en una de las clínicas del doctor Asai. Tenía zumbidos en los oídos y temblor en los miembros. Los especialistas coincidieron en que padecía degeneración completa del área del cerebelo. Pronóstico: incurable. En la clínica empezó a tomar germanio. Al cabo de un mes pudo volver a hablar. Cinco meses más tarde, podía agarrar un lápiz y escribir. Diez meses más tarde podía caminar y todos los síntomas que la incapacitaban habían desaparecido. Una muchacha autista de quince años, con diagnóstico de esquizofrenia y que desconfiaba de todo el mundo, fue llevada a la clínica del doctor Mieko Okazawa. Empezó a tomar germanio. Al cabo de un mes, la muchacha se volvió más alegre y animada. Al cabo de un año, fue capaz de reincorporarse a sus estudios normales en el colegio.

«Loco como un sombrerero.» Esta expresión se deriva de un hecho real: los trabajadores que hacían sombreros manipulaban materiales que contenían mercurio, lo que les debilitaba la mente. En la actualidad, el mercurio se puede absorber de la disolución de los empastes dentales, y sin duda nos llega con los fertilizantes de los alimentos y el pescado contaminado con esta sustancia. La mente y la memoria son atacadas por las toxinas de los metales pesados. El compuesto de germanio, dice el doctor Asai, captura todo el metal pesado acumulado en el cuerpo y lo elimina por completo del cuerpo unas veinte horas después de su ingestión. Ha descubierto que el germanio también ayuda a superar el envenenamiento por PCB. Los investigadores japoneses afirman que el germanio ha curado diversas enfermedades de la mente y la memoria, causadas o no por toxinas.

El doctor Michael Rosenbaum de Mill Valley, California, dice que obtuvo resultados sobresalientes al administrar germanio a sus pacientes, pues aumentó su viveza y su agudeza. Añade: «Estoy entusiasmado con las funciones del germanio como estimulante inmune, así como una potencial herramienta para liberar el síndrome de la fatiga crónica».

Un científico de San Francisco toma varias cápsulas de

germanio cuando quiere trabajar hasta muy tarde en un proyecto; le mantiene la mente clara, afirma. El germanio, que estimula el cerebro, proporciona oxígeno y elimina las toxinas que enturbian la mente y la función de la memoria. Pero hay más.

Germanio: el semiconductor y el cuerpo eléctrico

Esa grabadora o radio que escucha usted o el televisor que está mirando, también utilizan germanio, del tipo no orgánico. El germanio metálico se emplea para los transistores porque es semiconductor, lo cual significa que acepta y transmite electrones.

El cuerpo humano genera electricidad (si no lo hiciera, no podríamos medir las ondas cerebrales y la acción del corazón). El germanio orgánico también funciona en el cuerpo como semiconductor, descargando el exceso de electricidad, estimulándolo donde es necesario, y equilibrando generalmente el sistema eléctrico del cuerpo.

El científico soviético doctor A. M. Sinyukin, de la Universidad del Estado de Moscú, descubrió lo que él llamó «las corrientes del daño»: las heridas emitían una pauta eléctrica específica. Los doctores Burr y Ravitz, en los Estados Unidos, descubrieron que las pautas de energía controlan la formación de la materia (ver capítulo 19). El doctor Robert Becker mostró que es posible regenerar el tejido aplicando corriente eléctrica. El ganador del Premio Nobel doctor Albert Szent-Gyorgi demostró que la estructura molecular de muchas partes de la célula mantiene semiconducción.

Igual que un minitratamiento de acupuntura, se puede poner germanio en polvo en una tirita o venda y colocarla sobre la piel para proporcionar un tratamiento curativo. Puede curar el dolor del cuello tenso, la artritis, codo de tenista, tensiones musculares, etc. También aumenta la circulación de la sangre en cualquier zona del cuerpo en que se aplique. Dispuesto en una cinta para la cabeza, puede aliviar los dolores de cabeza y estimular la irrigación sanguínea del cerebro.

El investigador de la nutrición doctor Stephen Levine predice que la medicina holista de la energía, como, por ejemplo, la que puede proporcionar el germanio, es la medicina del futuro. «Al igual que los circuitos eléctricos del hogar, el cuerpo también es eléctrico. El oxígeno forma la terminal positiva de la batería celular. La energía procedente de los alimentos naturales frescos proporciona la corriente. Los elementos indicio, como el selenio, cinc, hierro y manganeso, cumplen la función de cables por los que fluye la energía eléctrica. La maquinaria de transporte de energía debe estar recubierta con material aislante. Para que haya vida, debe haber un flujo continuo de electricidad, y oxígeno adecuado para arrastrar la corriente.

Al parecer, el germanio actúa en el cuerpo como un todo, y no sobre unos síntomas específicos, dice el doctor Asai; debido a su naturaleza semiconductora, también puede tener un papel para equilibrar la energía chi.

El germanio se encuentra en alimentos como el ajo, berro, cebada perlada y áloe, y en hierbas como el ginseng y la angélica, y un tipo de seta *Reishi*. Los poderes curativos del ajo y el ginseng, conocidos desde hace tanto tiempo, ¿podrían tener, se pregunta el doctor Asai, algo que ver con los elevados niveles de germanio?

Actualmente se puede adquirir germanio orgánico en cápsulas, tabletas, polvos e incluso líquido en las tiendas de dietética. Pero hay que cerciorarse de que la etiqueta indique que es orgánico. Para el sistema de defensas de la mente y la memoria, la doctora Betty Kamen recomienda treinta mg al día como medida preventiva. Para problemas menores, de cincuenta a cien mg al día. Para aliviar el dolor, o problemas más graves, de un gramo a uno y medio.

Hiperoxigenación: seguro para la memoria

Según los científicos, médicos y pacientes, la hiperoxigenación es una manera extremadamente efectiva de aportar oxígeno al cerebro y al cuerpo y de destruir las toxinas que dañan la memoria: los virus y las bacterias. Un número creciente de médicos y científicos de Europa y América han empezado a trabajar con una forma de oxígeno supercargado como potente defensa contra la enfermedad y como estimulante del cerebro. Más de cuatro mil ensayos científicos atestiguan la efectividad de este método. En lugar de atacar un virus con una droga que produce efectos secundarios, el superoxígeno oxida las moléculas en la cubierta del virus. Literalmente se puede vaporizar a los virus con este sistema de la era espacial.

Existen diversos procedimientos de hiperoxigenación. Algunos implican el empleo médico de ozono, peróxido de hidrógeno comestible o electrolitos de oxígeno. Los médicos alemanes en particular han sido pioneros en la terapia con ozono durante más de treinta años. El empleo médico del ozono es una forma no tóxica y supercargada de oxígeno. En la Bad Hersfeld Clinic, por ejemplo, le sacan sangre a un paciente, le inoculan ozono y la devuelven al paciente. Los informes indican que las enfermedades causadas por virus han desaparecido por completo. Herpes, hepatitis, Epstein-Barr, citomegalovirus, *candida albicans*..., todas se han rendido al tratamiento con oxígeno.

Estimule el metabolismo de su memoria

«Quizá el mayor beneficio potencial de las terapias con oxígeno es la posibilidad de invertir los pequeños trastornos, a veces no tan pequeños, que pueden observarse en el individuo "corriente", causados al cerebro por el agotamiento de oxígeno a corto plazo. Los efectos de la falta de oxígeno constante y gradual, en nuestras ciudades, pasan inadvertidos, a pesar del cansancio, la depresión, la irritabilidad y los problemas de salud que afectan a tantos ciudadanos», afirma Waves Forest, escritor y editor de una hoja informativa. Aumentar el suministro de oxígeno al cerebro y al sistema nervioso, dice Forest, experto en terapias con oxígeno, invertirá estas condiciones.

No sólo el oxígeno del aire ha descendido considerablemente, sino que incluso la cantidad de oxígeno en el agua es baja. No tiene ventilación en las cañerías de los edificios. Es evidente que ni los peces en las peceras pueden vivir simplemente con el agua del grifo sin un ventilador. Además, el agua corriente está cada vez más contaminada. En los Estados Unidos se comprobó la presencia de plomo, conocida materia que daña la memoria, en más de cien mil fuentes de agua potable, en particular en los colegios. En aquellas áreas, en Noruega, que reciben la mayor parte de la lluvia ácida y poseen los niveles más elevados de aluminio en el agua de beber, se descubrió una incidencia por encima de la media de la enfermedad de Alzheimer.

Algunos investigadores médicos han encontrado una nueva arma contra la desaparición del oxígeno y los peligrosos contaminantes bacteriales tóxicos en el agua que pueden perjudicar a la mente y a la memoria. Se llama «oxiagua» y consiste en añadir unas gotas de peróxido de hidrógeno comestible (H_2O_2) a un vaso de agua o zumo de fruta y beberlo una o dos veces al día. Aunque le parezca extraño beber unas gotas de H_2O_2, tal vez lo haya hecho. El H_2O_2 es el agente aséptico que está en los zumos de fruta envasados. Actualmente, el oxiagua se está probando y utilizando con mayor asiduidad. (Importante: la dosis de H_2O_2 debe ser muy concreta, ya que, de lo contrario, puede resultar perjudicial.)

«El régimen de oxiagua mejora la agudeza mental, los reflejos, la memoria y, al parecer, la inteligencia –afirma Forest–. Las enfermedades de Alzheimer y Parkinson están respondiendo a él. Puede ofrecer a los ancianos una nueva arma contra la senilidad y otros trastornos relacionados con la edad.» En una nota algo filosófica, añade: «El oxiagua incluso puede curar la estupidez».

Según los doctores Finney y Jay del Baylor University Medical Center de Dallas, el peróxido de hidrógeno también ha podido eliminar el colesterol de las arterias, limpiando las vías para que el oxígeno estimulante de la memoria llegue al cerebro.

SOLUCIÓN A LA CONTAMINACIÓN DE LA MEMORIA

¿Existen «virus de la memoria» o bacterias sueltas, que contaminan la memoria y reducen el poder mental? Muchos investigadores creen que sí. El famoso doctor Edward Rosenow, de la prestigiosa clínica Mayo, fue pionero en los primeros trabajos con peróxido de hidrógeno. En sus setenta años de investigación en la clínica Mayo, el difunto doctor Rosenow descubrió la causa de la fiebre reumática, y en su día fue considerado el bacteriólogo más eminente de América.

En los años veinte anunció que muchos problemas de memoria y mente –desde la esquizofrenia a la epilepsia, desde incapacidades mentales y problemas de aprendizaje hasta conducta criminal– podían deberse a la adhesión de microorganismos y toxina en las membranas corporales y la sangre. Cultivó algunos de estos estreptococos y los inyectó en ratones, cerdos y conejos. Los animales mostraron muchos de los síntomas que presentaban los pacientes mentales. Efectuó pruebas a más de dos mil quinientos pacientes en el Longview Hospital de Cleveland. Rosenow halló pruebas de que todos ellos tenían toxinas perjudiciales procedentes de microorganismos. También descubrió una cura. De todas las sustancias que probó a la sazón, lo único que podía destruir todos estos microorganismos y toxinas era el peróxido de hidrógeno en una solución de 1,5 por ciento. El H_2O_2 parecía funcionar mejor que ningún otro remedio, porque los virus y los microbios son anaerobios, es decir, sólo pueden sobrevivir en poco oxígeno. En cuanto aparece un nivel elevado de oxígeno, desaparecen. El doctor Otto Warburg, dos veces galardonado con el Premio Nobel, observó lo mismo en las células cancerígenas: las células cancerígenas malignas son anaerobias y no pueden vivir en un entorno con mucho oxígeno.

Perseguir microorganismos con drogas ha sido una carrera ininterrumpida. A medida que los antibióticos eran más fuertes, los microbios mutaban en formas aún más virulentas (por ejemplo, la llamada «pneumonía de hospital»). Esto también lo predijo el doctor Rosenow. Realizó numerosos experimentos que demostraron que los estreptococos se mutan al exponerse a la radiación cósmica normal y también por exposición a diferentes entornos y alimentos. Por ejemplo, en 1989, *The New England Journal of Medicine* publicó que un «nuevo» microbio, el criptosporidio, en el agua de beber de Georgia, había provocado un brote de gastroenteritis. El cloro no lo mata. Es evidente que se precisará hiperoxigenación para eliminarlo.

Recientemente, cada vez más médicos, científicos y particulares han probado terapias con oxígeno, y están empezando a aparecer excelentes resultados. En 1988, tests realizados en el Bethesda Naval Hospital de Maryland, el VA Hospital de San Francisco y la Medizone Company de Nueva York, demostraron que el ozono mataba eficazmente virus sin dañar las células infectadas. El doctor Charles Farr, eminente experto en la investigación de la infusión de H_2O_2, fundó la International Bio-Oxidative Medicine Foundation en Dallas, que publica un boletín. Farr llama al H_2O_2 una cura de la gripe por excelencia, y ha obtenido un ochenta por ciento de éxito con las enfermedades víricas.

La terapia del ozono ha sido utilizada durante más de treinta años en clínicas europeas. Unos tres mil médicos alemanes han anunciado resultados positivos con enfermedades víricas y bacterianas. En *Oxygen Therapies – A New Way of Aproaching Disease*, Ed McCabe informa de los últimos avances en esta esperanzadora modalidad, que puede estimular la memoria y el poder cerebral, al mismo tiempo que combate a los virus.

Candida epidémica, la memoria y el oxígeno

La mala memoria, un nivel cero de concentración, confusión mental, incapacidad de aprender, depresión, son sólo unos cuantos síntomas que pueden surgir de las toxinas que liberan los microorganismos. Uno en particular, una infección por fermento llamada *candida albicans*, ha alcanzado niveles epidémicos en América e internacionalmente, según advirtió el doctor William Crook en una conferencia canadiense sobre comida sana, en Toronto. El amplio uso de antibióticos ha permitido que este habitante normalmente benigno de los intestinos se volviera loco. El doctor Crook, autor de *The Yeast Connection*, revela que, como había sospechado el doctor Rosenow, un microorganismo como el *candida* puede causar graves problemas físicos, mentales y emocionales. A lo largo de su dilatada experiencia médica, el doctor Crook ha observado pérdida de memoria, graves problemas de aprendizaje, escasa concentración, alergias, hiperactividad, rabietas, fatiga masiva, dolor muscular y de las articulaciones y multitud de otros problemas causados todos ellos por el *candida*. El tratamiento corriente es la droga nistatina y una dieta.

El doctor Kurt Donsbach, en su clínica de México, estaba cada vez más frustrado por los malos resultados que obtenía con sus pacientes de *candida*. Por fin, con muchísima cautela, decidió probar el peróxido de hidrógeno. Ha dado a conocer resultados excelentes. Según él, el H_2O_2 puede vencer al *candida* y sus toxinas que entorpecen la memoria. Hubo pacientes que después de una terapia con oxígeno exclamaron: «¡Pienso con más claridad!». «¡Puedo concentrarme!» Al parecer, la terapia del oxígeno puede ser una solución a la «contaminación de la memoria». El régimen de Donsbach requiere veintiún días de tratamiento especial con H_2O_2. Donsbach, entusiasmado, afirma: «La creciente explosión de interés en el uso interno del peróxido de hidrógeno anuncia uno de los mayores avances en el tratamiento de las enfermedades de la Humanidad en la historia reciente».

Hacer que el agua sea más amistosa con el usuario

El acercamiento ecológico a la memoria, el aprendizaje y la curación está empezando a popularizarse. Los nuevos avances tecnológicos que nos permiten limpiar los ambientes contaminados de nuestro entorno también pueden servir para eliminar las toxinas mentales interiores. Limpiar el suministro de agua es una manera más de restituir el oxígeno que estimula el cerebro y de destruir las toxinas que perjudican la mente.

El oxígeno supercargado –ozono– está considerado en la

actualidad el purificador de agua preferido. Proporciona una desinfección cinco mil veces más rápida y no deja residuos tóxicos como el cloro. Destruye toda clase de virus y microbios y es más barato. Los Ángeles y otras veintinueve ciudades estadounidenses tienen agua ozonada. En Europa, trescientas ciudades tienen agua ozonada. Algunos embotelladores de agua también la ozonizan.

Izone International of Vancouver, que tiene patentes de varios avances de los procesos del ozono, afirma que el ozono puede limpiar virtualmente todos los desechos tóxicos o peligrosos. La contaminación del agua se halla en un punto crucial, dice. «El agua del grifo, las playas contaminadas, la lluvia ácida, los residuos de las minas, los peces muertos, los cursos de agua tan contaminados que arden espontáneamente...» La lista se extiende año tras año: desechos infecciosos de los hospitales que van a parar a los suministros de agua, manchas de petróleo, desechos industriales tóxicos, nuevos y extraños microbios en lagos y ríos. La buena noticia es que se ha descubierto que el ozono, el oxígeno «supercargado», volatiliza las bacterias como la salmonella, los virus como el de la hepatitis y ciertos casos de sida, así como de parásitos, hongos y algas.

¿Limpiar el agua y el entorno donde crece la comida podría proporcionarnos una mayor mejoría y mayor poder mental? Por ejemplo, ¿la ionización o el H_2O_2 podría contrarrestar la masiva contaminación con salmonella de los pollos y los huevos en Estados Unidos? Algunos de los alimentos necesarios para mantener nuestro poder cerebral se han contaminado. El aluminio, que se ha hallado en las aguas contaminadas por la lluvia ácida, se ha relacionado directamente con la enfermedad de Alzheimer.

Nuevas terapias con oxígeno

La reciente oleada en la investigación del uso interno del oxígeno ha aportado beneficios adicionales: formas más seguras de terapia con oxígeno. Muchos investigadores del H_2O_2 han levantado la voz de alarma. Utilizar H_2O_2 en grandes dosis durante un largo período de tiempo puede dar como resultado la liberación del perjudicial radical de hidroxilo, explica el doctor Farr de la Bio-oxidative Medicine Foundation. Advierte que el H_2O_2 sólo debería tomarse con enzimas antioxidantes, o un basurero de radical libre como el gingko. El doctor Robert Bradford, del Bradford Research Institute, también informa de algunos efectos secundarios negativos del uso en exceso del H_2O_2.

Recientemente, los científicos han encontrado varias formas nuevas de oxígeno bioasequible. Se trata de electrolitos catalizados no tóxicos de oxígeno estabilizado, una alternativa natural y segura al peróxido de hidrógeno para uso interno. No produce radicales libres. Según el investigador doctor Bruce Berkowsky, esta nueva forma de complemento de oxígeno es estable y tiene la misma carga eléctrica que el oxígeno atmosférico. Se añaden unas gotas a un vaso de agua tres veces al día. Los electrolitos de oxígeno eliminan las bacterias y virus perjudiciales, pero no interfieren con las bacterias aeróbicas necesarias para la buena salud como el *lactobacillus acidophilus*, el que hace el yogur. Las nuevas formas de oxígeno son beneficiosas, sumamente eficaces y fáciles de utilizar, dicen los investigadores.

«La falta de oxígeno es la razón por la que los órganos del cuerpo envejecen», dice Sonya Star, autora del *The Nutrition and Dietary Consultant*. La falta de oxígeno es «la causa principal de los ataques de apoplejía y degeneración del cerebro». ¿Las nuevas terapias con oxígeno supercargado pueden ofrecernos el camino al rejuvenecimiento de la memoria, la mente y el cuerpo? ¿Podemos convertir el agua en una «fuente de juventud» de la memoria añadiéndole unos electrolitos de oxígeno? Más urgentemente, si el terrorismo con gérmenes se convirtiera en realidad, las terapias con oxígeno podrían ser una defensa importante (ver Recursos).

El ABC de la memoria

Todas las sustancias que hemos mencionado requieren el ABC básico de las vitaminas y minerales para funcionar. Trabajan de manera sinergística, en equipo, para estimular el poder cerebral y la memoria. Las vitaminas ayudan a que el cuerpo absorba los constructores de memoria. Existen multitud de pruebas de que ciertos minerales y vitaminas por sí mismos pueden aguzar la mente y restituir el gasto de memoria.

Los tres minerales cinc, magnesio y hierro se consideran absolutamente esenciales para una buena función de la memoria. «La diferencia entre una mente aguda y una mente turbia podría depender de la cantidad de cinc presente en la dieta», afirma el médico británico doctor Roy Hullin. El cinc es esencial para la síntesis de las sustancias de la memoria ARN y ADN. El doctor Michael Weiner dijo a *Prevention* que, a menudo, los síntomas en los ancianos que padecen senilidad no son más que simples deficiencias nutricionales. Afirma que, «para impedir los cambios seniles en el sistema nervioso, son absolutamente críticos dos minerales: el cinc y el magnesio».

El hierro también puede reconstruir el intelecto anémico. Los niños con deficiencia de hierro tenían lapsos de atención cortos y problemas para aprender nuevas materias. Cuando se les dio hierro, que estimula el oxígeno, mejoró el aprendizaje. El doctor Don Tucker, de la universidad de Oregon, descubrió que los adultos también podían mejorar la viveza, la memoria e incluso la fluencia oral con un suplemento de hierro. Su investigación demuestra que el hierro puede ayudar a «conectar el cerebro». El doctor Earl Mindell cree que la forma más fácil de asimilar el hierro es el «hierro colado con proteína hidrolizada». Es orgánico y soluble en el agua y no neutraliza la vitamina E. Dosis: unos trescientos veinte mg al día.

Los minerales potasio y magnesio son importantes para la memoria y el pensamiento porque están implicados con todo el sistema nervioso. También el calcio ha ayudado a mejorar por completo las memorias deficientes y el aprendizaje lento. Libera ARN. Estos tres minerales también son electrolitos, partículas cargadas que se hallan en la corriente sanguínea dentro y alrededor de las células del cuerpo. La función cerebral y la capacidad de recordar pueden declinar sin ellos.

Si alguna vez ha perdido usted su coche en un aparcamiento o ha olvidado las llaves en la puerta, puede que necesite manganeso, el mineral que ayuda a vencer el despiste. Mejora la memoria y nutre los nervios, y además, ayuda a producir tiroxina en la glándula tiroides; se sugieren de uno a nueve mg al día.

La falta de vitaminas y la nutrición pobre pueden reducir los poderes mentales, informan los doctores Goodwin, Goodwin y Garry, de la University of New Mexico School of Medicine. Sometieron a test a doscientos sesenta hombres y mujeres de más de sesenta años de edad. Los que tuvieron un rendimiento pobre en los tests de memoria y pensamiento abstracto tenían poca ingestión y niveles sanguíneos bajos de vitamina C, B_2, ácido fólico y vitamina B_{12}. Estas vitaminas son esenciales para la producción y uso de todas las sustancias de la memoria.

La vitamina A ayuda a retrasar la senilidad y aumenta la

longevidad. Es un buen antioxidante. Ayuda a impedir que las toxinas se unan al ADN en la célula. Tómela en forma de beta-caroteno no tóxico.

El complejo de vitamina B es absolutamente vital para el cerebro y la buena salud mental. La falta de vitamina B puede producir pérdida de memoria, depresión, confusión, falta de coordinación y enfermedades mentales. Según el doctor James Goodwin, uno de los investigadores de la universidad de Nuevo México, «las deficiencias subclínicas pueden en verdad conducir a un rendimiento mental menos que óptimo». El neurocirujano doctor Vernon Mark llega a advertir que una dieta con carencia del complejo B puede producir «enfermedad cerebral y llevar a la locura».

Algunos aspectos a destacar de las vitaminas B:

B_1 (tiamina): Todo lo que agota la vitamina B_1, como el alcohol, las drogas, la mala nutrición o el estrés, puede producir pérdida de memoria a corto plazo, mala concentración y daños en las funciones intelectuales.

B_2 (riboflavina): Su deficiencia puede producir depresión.

B_3 (niacina): Esencial para el sistema nervioso y la función cerebral. Se ha descubierto que reduce el colesterol, importante para mantener un óptimo riego sanguíneo del cerebro. El pionero ortomolecular, el doctor Abram Hoffer, descubrió que la niacina podía ayudar a controlar la esquizofrenia. También ha tratado con éxito a niños hiperactivos y de aprendizaje lento. La prueba más evidente de que sus métodos podían invertir la senilidad, se produjo cuando la propia madre de Hoffer se vio afectada por un envejecimiento temprano a la edad de sesenta y siete años con grave pérdida de la memoria. Además, tenía achaques degenerativos: nerviosismo, depresión, dolores en las articulaciones, artritis, mala visión, debilidad, fatiga. Hoffer inició un programa de tres gramos de niacina, acompañado por pequeñas dosis de vitaminas B_6, C, B_{12}, E, A, D y L-glutamina. Seis semanas más tarde, la artritis se alivió, la visión era normal, la ansiedad y la depresión habían desaparecido y le volvió la memoria. Veinte años más tarde, a los ochenta y siete, estaba escribiendo su biografía, prueba de que la pérdida de memoria puede corregirse. La deficiencia en niacina puede producir nerviosismo, irritabilidad, insomnio, confusión, ansiedad, depresión y alucinaciones.

B_5 (ácido pantoteico o pantotenato de calcio): Ayuda a la sustancia de la memoria llamada colina a trabajar, y contrarresta el estrés, que puede causar embarazosos blancos en la memoria.

B_6 (piridoxina): Otra sustancia esencial para un sistema nervioso sano. Es vital para producir los catorce aminoácidos y la sustancia de la memoria ARN. También es necesaria para que la fenilalanina produzca neurotransmisores.

B_{12} (cianocobalamina): La vitamina B_{12}, el ácido fólico y la biotina (todos ellos parte del complejo vitamínico B) ayudan a sintetizar el ARN y el ADN. La B_{12} es un nutriente clave para la salud del sistema nervioso y las células cerebrales. Mejora la concentración, la memoria y el equilibrio. Una deficiencia puede producir problemas para enfocar y recordar, depresión con estupor e incluso alucinaciones. El doctor Vernon Mark advierte que incluso la escasa presencia de vitamina B_{12} puede producir depresión con problemas de falta de memoria y una grave deficiencia puede llevar a la degeneración de la médula espinal y enfermedades cerebrales.

B_{15} (ácido pangámico): Importante oxigenante de los tejidos vivos. Estudios soviéticos muestran que ayuda a la respiración del tejido cerebral; los soviéticos la han utilizado para tratar incapacidades de aprendizaje y el retraso mental.

La vitamina C como ácido ascórbico, o en forma de ascorbato no ácido, es necesaria para que funcionen los neurotransmisores como la fenilalanina, y ayuda al cuerpo a absorber el hierro, que transporta oxígeno. Es vital para formar colágeno, la sustancia de conexión de todas las células del cuerpo entero. Lucha contra las toxinas y es un potente antioxidante y prolongador de la vida.

Adelle Davis, la decana de los escritores sobre nutrición, informó de que los niños con niveles normales de vitamina C en la sangre tienen el coeficiente intelectual más elevado que los jóvenes con poca vitamina C. Cuando a los niños con poca vitamina C se les dio esta vitamina, el coeficiente intelectual aumentó un promedio de 3,6 puntos. El doctor Linus Pauling recomienda de mil a diez mil mg al día.

La vitamina E es esencial para el uso del oxígeno por los músculos y también es un importante antioxidante y prolongador de la vida. Según Adelle Davis, cuando se administraron cantidades enormes de vitamina E a niños retrasados mentales, se produjo una mejoría. La vitamina E ayuda a suministrar oxígeno al cuerpo para proporcionar vigor y resistencia. El doctor Earl Mindell sugiere de doscientas a mil doscientas UI al día.

Como pueden atestiguar las autoras por propia experiencia, intentar hacer frente a una relativa pérdida de memoria a veces puede ser desagradable. Puede existir confusión respecto a quién está vivo o muerto en la familia, incapacidad de reconocer a los amigos, asuntos financieros totalmente caóticos, pérdidas de llaves, documentos, posesiones, confusión acerca de la secuencia de tiempo y ubicaciones, riesgos a la hora de los alimentos... En su libro *Brain Power*, el doctor Mark reseña diez causas comunes irreversibles de la pérdida de memoria:

1. *Depresión*. Con mucho, la causa más común de deterioro de la memoria en los cuarenta años de experiencia del doctor Mark. La pérdida de concentración y lentitud de pensamiento que acompañan a la depresión clínica se pueden tratar fácilmente con medicación o terapia (ver fenilalanina y tirosina).
2. *Desequilibrio de fluidos*. Demasiada agua en el cuerpo o demasiado poca puede perturbar a los electrolitos como el magnesio, sodio, potasio y calcio. El calor puede deshidratar y enlentecer las funciones mentales, o sea que hay que mantener normal el equilibrio de los fluidos o tomar suplementos minerales.
3. *Sobredosis de droga*. Diversas drogas y combinaciones que necesitan receta pueden a veces producir pérdida de memoria. En este caso, hay que revisar la medicación. Por ejemplo, los que viajan internacionalmente en avión dicen padecer una nueva amnesia global, sin recuerdo del viaje o negocio efectuado. Por suerte, es temporal. La causa: algunos medicamentos para la diferencia horaria. Pearson y Shaw sugieren que se tome tirosina natural en lugar de ellos.
4. *Mala nutrición*. Una dieta carente del complejo vitamínico B, en especial la B_1, niacina y B_{12} puede producir deterioro de la memoria.
5. *Poco azúcar en la sangre*. La disminución del azúcar en la sangre puede alterar la función cerebral y causar problemas de memoria. Existe tratamiento (ver L-glutamina).
6. *Anemia y enfermedad de los pulmones*. La falta de oxígeno en el cerebro puede producir mal funcionamiento del cerebro. Tanto la anemia como la enfermedad de los pulmones se pueden tratar (ver germanio).

7. *Heridas en la cabeza*. Un trauma en la cabeza debido a un accidente puede dañar los circuitos de la memoria. Esta condición también puede tratarse.
8. *Pequeño ataque de apoplejía*. Puede recuperarse la función cerebral después de un pequeño ataque de apoplejía, dice el doctor Mark (ver octacosanol).
9. *Mala circulación de la sangre*. Este problema también puede tratarse.
10. *Grave hipotiroidismo*. La persona afectada puede parecer distraída, deprimida, incluso demente. La terapia puede invertir los síntomas de este desorden.

El doctor Linus Pauling, que ganó su primer Premio Nobel en bioquímica, afirma que la nutrición puede estimular fácilmente la memoria y la mente corrigiendo anormalidades en el entorno químico del cerebro. En su lista de nutrientes para una mente y función memorística de alto nivel, se encuentran el ácido ascórbico, la tiamina, la niacina, las vitaminas B_6 y B_{12}, el ácido fólico, el ácido glutámico y el triptofan. Las deficiencias nutricionales en las células cerebrales pueden afectar a la viveza, la memoria, la energía mental y el estado de ánimo, dice el doctor Roger Williams. Añadir algunos de los nutrientes que estimulan el cerebro presentados en este capítulo puede hacer que cualquier comida sea «un almuerzo o una cena para potenciar la memoria». El doctor Brian Morgan, eminente experto en nutrición en la Columbia University School of Medicine, mantiene que «comer los alimentos adecuados puede significar una tremenda diferencia en la función cerebral, mejorar la memoria y estimular la inteligencia en cuestión de semanas».

Como en otras esferas, los descubrimientos en bioquímica, nutrición y campos afines se están acelerando. En un manual de próxima aparición, hablaremos de algunos avances poco conocidos en el campo de la memoria, recogidos en todo el mundo, que pueden aumentar una serie de poderes mentales. Entretanto, acuérdese de comer, y coma para recordar.

19
Máquinas para el buen estado de la mente y la memoria

Un avión internacional rodaba por la pista del aeropuerto John Wayne de la Costa Oeste. Un hombre con la cara «de color verde y amarillo» era transportado en camilla y colocado a toda prisa en una ambulancia que esperaba y que partió a toda velocidad hacia una oscura clínica. Drogadicto de años, había tomado una dosis particularmente fuerte de heroína antes de salir de su casa en Londres. En la clínica de California, la doctora escocesa Meg Patterson le puso en la cabeza un pequeño aparato del tamaño de un Walkman Sony con electrodos. Al cabo de cuarenta minutos, los efectos de la heroína habían sido contrarrestados, y al cabo de diez días de tratamiento con el aparato, el drogadicto descubrió que había abandonado por completo su hábito de tomar heroína, alcohol y cocaína, sin experimentar el síndrome de abstinencia. Estaba rehabilitado, después de haber gastado una fortuna en tratamientos en diversas clínicas de todo el mundo. Este hombre era Pete Townshend, guitarrista superestrella de rock del grupo The Who.

«¡Fue increíble! –dice–. Tenía una sensación de alegría interior...»

Townshend había caído en el hábito de las drogas después de giras agotadoras, una crisis matrimonial y una mala administración económica que le hizo deudor de un millón de dólares. A través del tratamiento «se aprende algo acerca del potencial humano que se tiene», los poderes a los que hay que hacer frente cuando se produce una crisis, dice.

Entretanto, empezó a correr el rumor. ¿Cuál era este aparato? ¿Quién lo conocía? ¿Estaba involucrado el Pentágono? ¿Estaba implicada la Mafia? ¿Quién intentaba mantener los aparatos lejos del público? ¿Eran las grandes compañías farmacéuticas, o incluso los traficantes, que trataban de suprimirlos? ¿Qué le hacía exactamente el aparato al cerebro y a la mente? ¿La FDA estaba creando confusión?

Se filtraron más noticias. La CIA estaba investigando a los científicos que decían que habían descubierto un aparato electrónico que restauraba la función cerebral en casos de psicosis de Korsakoff (pérdida de memoria a corto plazo provocada por el alcohol). Corrió el rumor de que estos aparatos procedían de la Unión Soviética. Los soviéticos los estaban utilizando para tratar a los generales y jefazos cuya afición al vodka les había hecho perder la memoria. Los investigadores de un famoso hospital de Washington utilizaban los aparatos para tratar con éxito a los generales americanos que tenían el hábito de tomar demasiado bourbon, whisky escocés o ginebra. Según algunos miembros, la CIA dijo: «¡Detengan la investigación!». Agarraron el aparato y lo enviaron a Garland, Texas, a la Verro Instrument Company, uno de los mayores proveedores de la agencia secreta del gobierno, constructores de pantallas de radar iluminadas por las estrellas, visores de infrarrojos, satélites espías y otros aparatos de espionaje de alto nivel.

Se filtraron más noticias. En casos graves de alcoholismo, se tarda, por regla general, ocho años en restaurar la memoria a corto plazo: ocho años de abstinencia total. Con el empleo de estos aparatos, se dijo, la memoria a corto plazo se restablece en cinco días.

El vicepresidente de Verro quedó tan fascinado con el aparato, que montó su propia compañía, Neuro-Systems Inc. Fabricaron aparatos de cincuenta mil dólares y gastaron grandes sumas para documentar los efectos. La University of Wisconsin Medical School, el University of Luisiana Medical College y la universidad de Texas probaron los aparatos de manera independiente. Los estudios universitarios demostraron que la pérdida de memoria a corto plazo en los alcohólicos crónicos remitía de tres a cinco días después del tratamiento con estos aparatos. En algunos casos, los sujetos del test tenían sus historiales universitarios originales, y compararon los tests psicológicos y de memoria. Alcohólicos de quince años recuperaron totalmente sus niveles originales de memoria a corto plazo después de cinco días de utilizar la caja cuarenta minutos al día.

¿Estaban interesados los centros de adicción? No, dijeron

algunos, porque la reincidencia era su principal fuente de ingresos. El setenta y cinco por ciento de los que recibían tratamiento reincidían al cabo de seis meses y volvían.

«Es una de las historias psicopolíticas más fascinantes que han aparecido», nos dijo el doctor Robert Beck. Él es un médico-ingeniero estadounidense muy respetado en el campo de la electromagnética y ha sido asesor del departamento de Defensa de los EE.UU. durante muchos años, trabajando en proyectos sumamente secretos. Beck, amigo de la doctora Meg Patterson, pronto se interesó. ¿Qué había dentro de la caja? ¿Qué era lo que la hacía funcionar? ¿Por qué tenía un efecto tan espectacular sobre la memoria? ¿De dónde procedía la mágica caja negra? Noventa quilos de material de investigación más tarde, Beck estaba en vías de inventar su propio estimulador neuroeléctrico, el BT-5 + *Brain Tuner*. La historia empezó en China.

La conexión china

El doctor H. L. Wen, neurocirujano educado en Canadá, partió para China a finales de los años sesenta a estudiar acupuntura para aplicarla a la anestesia. Los anestésicos químicos durante largas operaciones en el cerebro pueden ser un problema. Un experto en electroacupuntura inició la práctica en Hong Kong. Uno de sus primeros casos resultó ser un adicto al opio al que había que practicarle una intervención en el cerebro. El doctor Wen «ensayó» este nuevo sistema de anestesia con el paciente varias veces antes de la operación.

Unos días más tarde, el enfermo le dijo con asombro: «¡No tengo ningún síntoma del síndrome de abstinencia! Ya no siento la necesidad de consumir opio».

Sorprendidos e intrigados, el doctor Wen y su colega, el doctor S. Y. C. Cheung, empezaron a experimentar. No faltaban adictos. Hong Kong está considerada la capital mundial de la droga. Pacientes que sufrían graves síntomas del síndrome de abstinencia fueron tratados tres veces al día durante cinco días, durante treinta minutos seguidos. En la mayoría de los casos, al cabo de quince minutos los síntomas del síndrome de abstinencia, calambres, náuseas, frialdad y dolor, cesaron. Al cabo de dos días, volvieron a tener el apetito normal y el paciente sentía una creciente sensación de bienestar. En 1973, los doctores Wen y Cheung habían tratado con éxito a ciento cuarenta adictos cuyas edades oscilaban entre los diecisiete y los setenta y nueve años. La duración de la adicción iba desde tres hasta cincuenta y ocho años. Otros centros de investigación de Hong Kong obtuvieron, independientemente, los mismos resultados. El informe de Wen fue publicado en el primer volumen de *The American Journal of Acupuncture* (abril-junio 1973).

El tratamiento del doctor Wen para la adicción consistía en insertar agujas en el punto número ochenta y seis (corazón-pulmón), en la parte interna de la oreja, y después pasar una corriente a las agujas procedente de una máquina estimuladora eléctrica. Pronto descubrió que las agujas no eran necesarias, que también servían los clips metálicos, y también desarrolló un estimulador eléctrico que proporcionaba frecuencias más elevadas, lo que, descubrió, era más eficaz.

Algunos de los adictos de Wen informaron de que habían probado una toma regular de heroína después del tratamiento y nos les había hecho el efecto usual. Algunos incluso se pelearon con los proveedores por creer que su heroína estaba adulterada.

La doctora Margaret Patterson, de Escocia, médico del Tung Wa Hospital de Hong Kong, se interesó por los resultados del doctor Wen, que quedaban confirmados, en términos generales, por muchos centros médicos locales. Ella también probó el método, y descubrió que, si se colgaba un pendiente de metal en una oreja y se aplicaba una corriente eléctrica, la gente podía aliviar el síndrome de abstinencia del tabaco y el alcohol. Al parecer, también funciona con el miedo al público. Un amigo de ella, concertista, le dijo que sufría un terrible miedo a subir al escenario. Cuando utilizaba el pendiente antes de sus actuaciones, se sentía completamente relajado y no experimentaba miedo alguno durante el concierto.

¿CÓMO CURA LA ADICCIÓN LA ACUPUNTURA?

¿Por qué el tratamiento de electroacupuntura funcionaba de manera tan eficaz contra la drogadicción?, se preguntó el doctor Wen. Empezó a efectuar estudios con ratas. Un grupo de ratas se convirtieron en adictas a la heroína. Otro grupo igual era el de control. El doctor Wen estudió lotes de ratas en todas las diversas fases de la adicción y el síndrome de abstinencia, con y sin tratamiento de acupuntura.

La idea del doctor Wen era seguir la trayectoria de las endorfinas en el cerebro de las ratas porque, razonó él, los narcóticos como clase –opio, morfina, heroína– simplemente sobrecargaban la producción de endorfinas normales por parte del cuerpo. Las endorfinas (de *endogenous* y *morphine*: «morfina incorporada») son calmantes que el cuerpo fabrica y muchas veces son más efectivas que la morfina. Cuando el cuerpo recibe una dosis fuerte de morfina, la parte del cerebro que fabrica los neurotransmisores se cierra. Cuando una persona intenta dejar las drogas, el cuerpo sufre una agonía porque los neurotransmisores están agotados y las «pequeñas fábricas» del cerebro no empiezan la producción de calmantes naturales hasta pasado cierto tiempo.

Se dejó bruscamente de suministrar heroína a las ratas del doctor Wen y se las hizo muy desgraciadas. Tardaron tres semanas en volver a iniciar en su cerebro la producción de neurotransmisores, que les proporcionaron el alivio del dolor que tanto necesitaban.

El lote número dos de ratas adictas a la heroína tuvo más suerte. Dejaron la heroína en seco y después recibieron estimulación por electroacupuntura mediante clips metálicos unidos a su cuerpo. Las ratas fueron estimuladas a ciento once hertzios. Al cabo de cuarenta minutos de aplicar el voltaje, se había rehabilitado la capacidad del cerebro de producir sus propios neurotransmisores. Al cabo de tres o cuatro días, se había normalizado. Después de cuarenta minutos, el dolor del síndrome de abstinencia había desaparecido y al cabo de tres a cinco días los síntomas y el síndrome de abstinencia habían desaparecido.

«Los resultados de estos trabajos son asombrosos», dice el doctor Bob Beck, pensando en los millones de drogadictos que hay en todo el mundo y los miles de millones de dólares implicados, por no mencionar el tráfico de droga y el índice de criminalidad vinculado a ella.

Entretanto, la doctora Meg Patterson seguía estudiando el misterio de cómo la estimulación eléctrica detenía la adicción. De nuevo en Inglaterra, empezó a colaborar con el bioquímico doctor Ifor Capel en el departamento de Investigación de la Marie Curie Cancer Memorial Foundation, en Surrey. Utilizando máquinas de estimulación eléctrica de baja frecuencia, realizaron un importante descubrimiento. Algunos neurotransmisores se desencadenaban por la acción de diferentes frecuencias y formas de onda. Por ejemplo, una señal de diez hertzios estimula la producción y la proporción de serotonina.

«Cada centro cerebral genera impulsos a una frecuencia

específica, según los neurotransmisores predominantes que segrega –dice el doctor Capel–. En otras palabras, el sistema de comunicaciones interno del cerebro, su lenguaje, si se quiere, se basa en la frecuencia...»

Cuando se envían al cerebro ondas de energía eléctrica a diez hertzios, responderán las células del tronco del cerebro inferior que normalmente se excitan en esa gama de frecuencia. Como consecuencia de ello, se liberarán en particular los productos químicos que alteran el humor asociado con esa región. Por lo que parece, la estimulación del cerebro, a la frecuencia adecuada (en forma de onda y corriente), podía aumentar rápida y agudamente los niveles de neurotransmisores que alivian el dolor y producen placer. ¿Cuál era el código de frecuencia de cada neurotransmisor? La doctora Patterson empezó a experimentar con aparatos de cincuenta mil dólares desarrollados por compañías británicas. Se llevó uno de ellos a los Estados Unidos y lo utilizó con la estrella del rock, Townshend.

El doctor Bob Beck, totalmente fascinado con la aventura del descubrimiento, quiso romper el código del lenguaje de la frecuencia del cerebro. Reflexionando sobre las investigaciones realizadas en todo el mundo y conferenciando con la doctora Patterson, aprendió que las beta-endorfinas se estimulan por un ritmo de repetición de pulsación de entre noventa y ciento once hertzios, las catecolaminas a alrededor de cuatro hertzios, las enkefalinas a otra frecuencia y así sucesivamente. Trabajando con analizadores de espectro, otro equipo decidió desarrollar un aparato que emitiera todas las frecuencias al mismo tiempo en lugar de hacerlo una a una. Se centró en las tres gamas mágicas: enkefalinas, catecolaminas y beta-endorfinas, los tres neurotransmisores conocidos más activos. Estableció las frecuencias en manojos, el objetivo, más algunos a ambos lados de éste. En lugar de hacer sonar la frecuencia por separado para cada neurotransmisor, puso las doscientas cincuenta y seis frecuencias juntas como una rica y resonante pieza de música tocada por una orquesta entera.

Beck presentó el BT-5 + *Brain Tuner*, un aparato que produce más de doscientas cincuenta y seis frecuencias, ofrecidas simultáneamente en cada pulsación de 1/1000 segundos. (La máxima potencia es de menos de 1/1000 de un amperio y por lo tanto está por debajo del límite de los aparatos regulados.) El BT-5 + genera una onda de seno de diez hertzios a milivoltios. Él cree que genera todas las frecuencias conocidas más beneficiosas para la estimulación natural de los neurotransmisores del cerebro.

El BT-5 + tiene electrodos en unos auriculares en forma de estetoscopio que encajan en los huecos de detrás de las orejas. La doctora Patterson con otros colegas descubrió que estos puntos de acupuntura detrás de los lóbulos de la oreja son más eficaces y acceden a puntos de acupuntura adicionales en el meridiano «Triple Calentador». El aparato sólo se lleva veinte minutos al día.

Beck está satisfecho con su precio (menos de quinientos dólares) porque es asequible para el público en general. «Esos aparatos carísimos que sólo se pueden obtener por prescripción facultativa son criminales. En fin, ésa es mi filosofía», dice él. El BT-5 + ha sido patentado con la categoría de un TENS (*Transcutaneous Electrical Nerve Stimulator*) aunque hace mucho más que un TENS, que se utiliza para controlar el dolor crónico.

Una de las primeras personas en probar el BT-5 + fue una amiga íntima de Beck. En ella se experimentó una sobrecogedora transformación en cuanto a capacidad memorística. Después de una operación de bloqueo espinal durante el parto, veinticinco años atrás, era incapaz de recordar los números de teléfonos o las direcciones. Un día, tras probar el aparato, pudo recordar los números de teléfono sin recurrir a la agenda y también los números de teléfono que había sabido hacía veinte años, cuando trabajaba en la industria aeroespacial.

«Con el *Brain Tuner* –dice el doctor Beck– descubrirá usted que puede recordar caras y lugares que creía haber perdido. Están allí. Hace cosas asombrosas con la memoria. También es específico para disminuir el estrés. Si padece usted algún tipo de ansiedad, depresión, insomnio, si es crónico, se tardan unas tres semanas. Si es agudo, una.»

Igual que sus predecesores, el aparato en pruebas, por ahora, parece capaz de vencer los síntomas del síndrome de abstinencia de cualquier tipo de adicción. En la universidad de Wisconsin, dice Beck, se realizaron estudios de doble anonimato.

¿Se puede llegar a obtener una excesiva estimulación de los neurotransmisores? «Sí –responde Beck–. Hay un límite. Cuarenta minutos es la línea roja. Si se pasa de cuarenta y cinco minutos, no le hará ningún daño, pero anulará los efectos conseguidos.»

Un día, Beck tropezó en un aparcamiento y se hirió en la mano. Se aplicó el BT-5 + a la mano e inmediatamente cesó el dolor. La doctora Meg Patterson también ha utilizado a menudo su caja negra para aliviar el dolor. Igual que los aparatos originales de electroacupuntura de los que nacieron, los *tuners* o sintonizadores también son excelentes calmantes del dolor como los TENS, ampliamente utilizados para el control del dolor. Sin embargo, Beck advierte que un TENS tiene un voltaje de compensación de corriente directa incorporado deliberadamente y que jamás debe ser utilizado por encima del cuello como sintonizador del cerebro o *Brain Tuner*.

¿El único efecto secundario problemático del BT-5 +? Estimula los sueños lúcidos. Los recuerdos de los sueños pueden ser nítidos y persistentes. Sin embargo, para los que desean tener sueños lúcidos, es ideal.

Hasta el momento, los usuarios dicen que el BT-5 + reduce el estrés, aumenta los niveles de energía, mejora la memoria a corto y a largo plazo, mejora el coeficiente intelectual, la concentración, el aprendizaje y la creatividad, reduce la ansiedad y la depresión y reduce las necesidades de sueño. Estudios publicados recientemente en la University of Wisconsin Medical College y la universidad de Luisiana revelan que el BT-5 + también puede estimular el coeficiente intelectual. A los estudiantes se les ofrecieron sesiones de BT-5 + para reducir la ansiedad durante los exámenes finales. El regalo inesperado fue que el coeficiente intelectual aumentó de veinte a treinta puntos. La estimulación con el BT-5 + parece aumentar la eficacia neural, dicen los investigadores.

Nosotras, la familia y algunos amigos hemos probado el BT-5 + y lo recomendamos. Todos observamos un considerable alivio del estrés y una mayor energía.

(Al parecer, el auricular tiende a resbalar y a algunos no les ha gustado demasiado la sensación de «alfilerazos» de los electrodos.) Como vía rápida, fácil y sumamente eficaz hacia nuevos potenciales mentales, el BT-5 + es sin duda excelente.

El potencializador Graham

Usted sale precipitado de la oficina, temprano, el día que tiene programado negociar un importante contrato. Quiere empezar bien el trabajo del día. Pero, en lugar de releer serias cláusulas, se tumba en una cómoda tumbona y parece dormitar con la cabeza apoyada en una almohada. Muy lentamente, la tumbona parece estar levitando. Después, poco a poco, vuelve a bajar. En realidad, la tumbona está moviéndose lenta y suavemente en dirección contraria a las agujas del reloj unas diez veces y media al minuto. Hay un motor incorporado debajo de ella. Cerca de la almohada hay una caja que genera un campo electromagnético pulsátil. Mientras usted gira, se está moviendo dentro de este débil campo electromagnético. Usted parece calmado y profundamente relajado. Al cabo de unos veinte minutos, aquel hombro rígido o dolor de espalda han desaparecido. De repente se le ocurre una idea: una manera de cambiar una cláusula del contrato que ahorrará años de arduas discusiones. Se levanta de la tumbona y se despereza. Se siente calmado, pero con energía y centrado. Su mente y su memoria son claras y están aguzadas cuando se encamina a su escritorio. Esa tumbona no era una tumbona corriente. Era el potencializador Graham, un aparato que durante muchos años ha demostrado agudizar la eficacia mental, ofrecer nuevos potenciales mentales y liberar el estrés.

«Yo lo llamo un "desofuscador"», dice Chinmayee Chakrabarty, doctora en medicina del Montefiore Hospital del Bronx. Ella utiliza el potencializador Graham consigo misma. «Centra la mente –dice–, te ayuda a verte a ti misma y tu problema desde una nueva perspectiva.» Cree que su gran beneficio es la mejora en la claridad de pensamiento. «Parece ayudar a integrar la razón y la emoción. También produce un gran aumento de energía: piensas y trabajas de una manera más productiva, porque tu mente tiene esta nueva vitalidad y claridad.»

Michael Hutchison, que probó el potencializador y lo describió en su importante libro *Megabrain*, descubrió que «durante varios días, después de cada uso, me sentía fresco y parecía trabajar mejor y pensar más eficazmente, y también me sentía sorprendentemente enérgico y calmado».

El potencializador Graham ha sido beneficioso para la mente y la memoria durante dos décadas y tiene montones de datos que documentan sus efectos como estimulador de la mente y la memoria. Estudios independientes de este aparato demostraron que poseía unas capacidades espectaculares para mejorar y acelerar el aprendizaje. Los tests mostraron un gran salto en el ritmo de aprendizaje. No sólo estimula la eficacia del cerebro, sino que también le hace sentirse a uno bien.

«Por alguna razón, parece el estimulante del cerebro más revitalizador de todos», dice Robert Anton Wilson, autor de *Illuminati*. Wilson, como Hutchison, ha probado multitud de máquinas de nueva tecnología para poner la mente a punto. «He sentido efectos persistentes hasta dos o tres días después de cada uso.»

Tal vez hubiéramos negado algunas de las pretendidas capacidades del potencializador para revelar poderes mentales evolutivos, si no hubiéramos tropezado por casualidad con las primeras investigaciones. El inventor, David Graham, es un ingeniero electrónico canadiense de más de cuarenta años. Natural de la Columbia Británica, se graduó en la universidad de Alberta y siguió estudiando los campos magnéticos y el desarrollo humano en otras universidades de Canadá. Después de un trabajo de ocho años como asesor de dirección de empresas con el gobierno canadiense, montó su propio negocio en el campo de la tecnología del estrés y la investigación de la relajación, y abrió una oficina en Toronto donde una de las autoras reside a tiempo parcial.

Si su invento realmente era un estimulador del cerebro, la prueba última sería ver si podía estimular el poder mental no sólo de los sanos, sino de los que más lo necesitan: los que padecen daños en el cerebro y los minusválidos del aprendizaje. En los años setenta se puso en marcha un largo y ambicioso programa de investigación con más de mil quinientos niños retrasados o con lesiones en el cerebro, del área de Toronto. Durante unos cuantos meses, sólo se los trató con el invento de la tumbona giratoria, por entonces conocida como «Aparato Terapéutico Electromecánico». El doctor J. P. Ertl, un reconocido psicólogo canadiense, famoso por sus investigaciones pioneras de la relación entre el coeficiente intelectual y las ondas cerebrales, desarrolló un EEG especial para medir «los indicadores más sensibles del funcionamiento del cerebro». Estos tests objetivos se llevarían a cabo para ver si el aparato de Graham realmente estimulaba el poder mental, incluso en aquellos niños con alguna lesión cerebral.

Después de que se les tratara durante varios meses con el ATE Graham, el doctor Ertl completó unos tests cerebrales con ellos. La media que obtuvo de los cambios operados en cada sujeto fue de un enorme veinticinco por ciento de mejora. Los sujetos presentaron aumentos en las ondas alfa y transformaciones en el predominio hemisférico, de manera que el cerebro derecho y el cerebro izquierdo se equilibraron. La máquina de Graham, efectivamente, aumentaba lo que Ertl llama el «cociente de neuro-eficiencia», lo que daba una medida de la rapidez con que el cerebro absorbe información. La máquina «definitivamente favorece las ondas cerebrales», concluye Ertl. «Los cambios en los parámetros del EEG fueron de gran magnitud, coherentes, altamente significativos estadísticamente... Estoy satisfecho de que los cambios que se han observado en el EEG los haya producido el Aparato Terapéutico Electromagnético.»

Las cantidades de estadísticas que salen del ordenador de Ertl no explican la historia de lo que significa exactamente para el niño y la familia estimular el poder cerebral de los minusválidos mentales profundos. Bruce, de cinco años, sufría una lesión cerebral grave y era tan hiperactivo que tenía que llevar casco para protegerse la cabeza. Nunca dormía más de tres horas por la noche y, mientras sus padres descansaban, él se convertía en un monstruo destroza-hogar. Cuando despertaban, encontraban su casa hecha trizas. Después de cuarenta sesiones con la máquina Graham, el niño pudo dormir bien durante toda la noche. Su funcionamiento mental mejoró y tenía mejor coordinación motriz. La vida familiar volvió a la normalidad.

Josh, de cinco años, tenía un defecto genético en la sangre. No habló hasta los tres años y medio, tenía poca coordinación y no podía dominar aspectos del aseo personal como, por ejemplo, utilizar el cuarto de baño. En todas las demás áreas se le consideraba incapacitado para aprender. Después de treinta y una sesiones experimentó un repentino y rápido desarrollo del habla y la coordinación. Su funcionamiento mental dio un gran salto y por fin pudo cuidar de sus funciones básicas. Pudo aprender primero con sus padres y después con profesores.

Pat, que tenía doce años cuando comenzó los tratamientos, había sufrido una lesión cerebral grave a la edad de tres años. Era espástica y autista. Tenía problemas de coordinación del habla y se expresaba con palabras sueltas, incoherentes e inadecuadas. No podía andar sin ayuda. Dormía de doce a catorce horas al día y estaba totalmente encerrada en sí misma. Al cabo de cuarenta sesiones, empezó a expresarse de manera comprensible. Aumentaron su resistencia, vigor y energía. Podía andar y manejar mejor los utensilios. Las tensiones musculares excesivas desaparecieron por completo. Dormía menos y elevó el grado de concentración. Por primera vez en sus doce años de vida, la escuela para retrasados mentales a la que asistía la calificó de capacitada para aprender.

Stan tenía ocho años cuando inició el tratamiento con el aparato. Antes de las sesiones, sus padres habían advertido que hablaba sólo con las puertas y los gatos. Parecía feliz, pero no se relacionaba con otros niños y nunca había ido al colegio porque no hablaba con la gente. Después de cuarenta sesiones durante un período de veinte semanas, poco a poco empezó a comunicarse con su familia, a relacionarse con los demás y, después de empezar a ir a la guardería, los profesores observaron que había aumentado su capacidad de atención y mejorado su participación en clase.

Sterling, de diecinueve años, sufrió una lesión en ambos hemisferios del cerebro al nacer. Después de treinta y cinco sesiones, su mente y memoria mejoraron. Empezó a relacionarse con los demás. Es interesante decir que los tests de EEG no mostraron la lesión cerebral durante el tratamiento y después, sólo una ligera reproducción del funcionamiento defectuoso del cerebro.

Un niño de dos años con el síndrome de Down, después de un mes de tratamiento, desarrolló todas las respuestas de motricidad fina de un niño de dos años normal.

Éstos no son más que algunos de los casos que damos a conocer. Hubo auténticos «despertares» no sólo de niños con lesiones cerebrales, sino para todas sus familias. Conocimos a uno de los padres implicados en el programa de investigación, en una Conferencia de la Canadian Health Food Association en el Constellation Hotel de Toronto. Madre soltera de un niño muy retrasado, tenía que emplear cantidades enormes de su tiempo para ocuparse de él. Para llevarle a Toronto a los tratamientos con el aparato de Graham, tenía que recorrer ochenta quilómetros de ida y otros tantos de vuelta en cada viaje. «¡Pero vale la pena!», dijo con una sonrisa. Después de unas cuantas sesiones, el niño mostró mejoría. Al cabo de cinco meses de tratamiento, estaba transformado. Podía ocuparse de sus necesidades personales, su trabajo escolar mejoró, y también lo hicieron sus relaciones interpersonales. Aunque las sesiones habían terminado, siguió mejorando. Fue como un milagro en su vida, explicó la madre. Por fin, aliviada de la carga del cuidado constante que su hijo le exigía, tenía tiempo para sus propias relaciones interpersonales. Iba a casarse y esperaba con ganas tener una nueva vida.

Parece que el tratamiento de estimulación de la mente con la alta tecnología no sólo puede transformar la vida de los individuos retrasados mentales, sino que los efectos redundan en aquellos que los cuidan y rodean. Hace una década, el número de minusválidos del aprendizaje en Norteamérica se elevaba a once millones. En la actualidad es más alto. ¿Podrían los estimuladores de la mente transformar literalmente la vida de millones de personas?

Mientras seguían apareciendo resultados de las investigaciones, mostrando los asombrosos resultados que el aparato tenía en el cerebro lesionado y en los minusválidos del aprendizaje, Graham afinó su invento y su nombre. Exactamente,

¿cómo aumenta la inteligencia, acelera el aprendizaje y amplía la capacidad mental esta tumbona de aspecto sencillo?

El movimiento circular rítmico es la clave, cree Graham. Afecta a todos los fluidos del cuerpo (somos un noventa por ciento de fluido) y el movimiento tiene un efecto especial en el oído interno. El movimiento provoca señales eléctricas desde el oído interno y hace que los fluidos de los canales semicirculares viajen hasta el cerebelo, la parte posterior del cerebro que regula el equilibrio y la actividad motriz. El cerebelo tiene una red de conexiones con el sistema límbico (tan relacionado con las emociones, la memoria, el placer y el dolor) y con la neocorteza, la «gorra pensante». El movimiento, cree Graham, pone en marcha una actividad neural mayor en todas las partes del cerebro, estimulando las neuronas y encendiendo las redes neurales. Una espedie de máquina Nautilus para el buen estado de la mente y el cerebro trino, provocando conexiones entre ellas, ejercitando los tres segmentos al mismo tiempo.

«Esta actividad neural es de un tiempo poco común, pues no sólo estimula muchas partes diferentes del cerebro, sino que hace que las neuronas forjen nuevas conexiones. De modo que lo que la rotación realmente hace es alterar y aumentar el flujo de neuroelectricidad y productos neuroquímicos a grandes áreas del cerebro. Esto... produce un gran aumento de las capacidades de aprendizaje y motoras. El "ejercicio" tiene un efecto constructor del cerebro, igual que el ejercicio físico tiene un efecto constructor del cuerpo –dice Graham–. El movimiento es como un nutriente.»

El movimiento rítmico de las olas del océano y el fluido espinal cerebral humano tienen un promedio de diez a doce ciclos por minuto, y el aparato de Graham opera a un ritmo de aproximadamente diez ciclos y medio por minuto. La combinación de este ritmo primitivo y el movimiento ayuda a producir el efecto profundamente calmante que alivia el estrés. Al mismo tiempo, el débil campo electromagnético en el que uno se mueve interactúa con el campo eléctrico natural del cuerpo y lo altera. La acción del aparato de Graham se basa en el floreciente nuevo campo de la medicina bioeléctrica. Cambiando externamente la actividad eléctrica, se producen cambios químicos en el cerebro y el cuerpo. El potencializador produce un leve campo de ciento veinticinco hertzios que, según afirma Graham, es sumamente beneficioso. «De hecho, se produce una transfusión de energía –dice Graham–. El cerebro disfruta de un ejercicio altamente efectivo que mejora las respuestas neurales.» El campo se equilibra y refuerza donde es necesario. Graham tiene prueba de que, en las condiciones adecuadas, las células cerebrales pueden reproducirse igual que las otras células de nuestro cuerpo.

Clarence Cone, la pionera de la biología de la célula, mientras trabajaba para la NASA en el Cell and Molecular Biology Laboratory del VA Hospital de Hampton, Virginia, descubrió que es posible estimular la generación de las neuronas. El sistema patentado por Cone utiliza «cambios electromagnéticos directos en toda la superficie de la célula» para regenerar las células nerviosas.

La tumbona giratoria de Graham en un campo electromagnético débil imita los «movimientos de la Tierra». Al fin y al cabo, como señala Graham, «como seres humanos, experimentamos estas condiciones todo el tiempo al vivir en un astro que gira y se mueve a través de su campo electromagnético». La investigación que se realiza en la actualidad muestra que, cuando los humanos son sacados de los campos naturales de la Tierra, empiezan a mostrar anormalidades físicas y de conducta: fatiga, somnolencia, irritabilidad. Además de apartarnos de nuestros campos naturales, hemos añadido otros que resultan peligrosos: pantallas de ordenador irradiantes, campos perjudiciales de las torres de radio y televisión, y las líneas de energía eléctrica.

«¿Existe algún efecto secundario negativo en la utilización del potencializador?», preguntamos a Graham y a sus socios en los años ochenta, en su despacho de Toronto. Él nos respondió con montones de datos. En más de mil quinientas sesiones con quinientas personas en Toronto y Ottawa, durante un período de cuatro años, los informes indican que no se ha observado «ningún efecto secundario negativo».

Durante más de una década, hemos visto en diversas ferias y conferencias el potencializador en acción. Los usuarios, en general, salen calmados y profundamente relajados. Algunos nos dijeron que calmaba el estrés y aliviaba los dolores.

En un estudio estadounidense controlado, relacionado con la lectura, la ortografía y las matemáticas, tanto los sujetos sometidos a control como los sometidos a prueba recibieron veintiuna horas de tutoría del mismo instructor. Los sujetos a prueba efectuaron diez sesiones en el potencializador. Su capacidad para las matemáticas en particular aumentó. Tuvieron un dos mil ciento por ciento de aumento en el índice de aprendizaje, informa Graham. Huelga decir que los cuatro hijos del propio Graham, que han sido alimentados con estos aparatos giratorios, son extremadamente brillantes.

¿Se puede beneficiar cualquiera del potencializador? «¡Sin ninguna duda!», dice Graham. Al afirmar esto, se basa en años de pruebas que demuestran que su aparato ha ayudado a aumentar la neuroeficiencia. Además, también produce mejoras físicas, neurológicas y de aumento de la conciencia.

El famoso genetista canadiense doctor David Suzuki, ante el desastroso panorama al que se enfrenta la Humanidad, pregunta con desaliento: «¿Los límites del cerebro humano demostrarán ser fatales?».

El autor de *Megabrain*, Michael Hutchison, cree que la propia supervivencia humana puede que dependa de la capacidad de aumentar los poderes mentales humanos y así poder desarrollar nuevas estrategias para superar nuestra crisis actual. Según él, estas nuevas vías de alta tecnología para aumentar la capacidad del cerebro, que están proliferando, tal vez sean la respuesta. «El enriquecimiento mental, la estimulación del cerebro y la exploración de los potenciales de nuestra mente son... parte de un proceso social potencialmente beneficioso y determinante de la historia, un proceso que puede ampliar nuestro conocimiento y ayudar a determinar el futuro de la raza.»

Se puede acceder a los potencializadores de Graham a través de un creciente número de profesionales médicos en todos los Estados Unidos y Canadá. Los beneficios que proporciona en general incluyen: aliviar el estrés y el dolor, inducir la relajación y las emociones positivas, aumentar las capacidades de aprendizaje, la inteligencia y la creatividad, y mejorar el funcionamiento motor del cuerpo. Si los resultados positivos continúan, Graham cree que los beneficios para el individuo y la sociedad «pueden ir más allá de lo imaginable». En su opinión, podría conducir a un avance evolutivo para la Humanidad.

Baterías para la memoria y rejuvenecimiento

Se cuenta que los antiguos sacerdotes secretos de Egipto y el Tíbet conocían fabulosas técnicas para el rejuvenecimiento de la mente, la memoria y el cuerpo. Guardados tras un cristal en museos de antigüedades y bellas artes de todo el mundo, se pueden encontrar restos de lo que algunas personas creen que son estos extraordinarios aparatos antiguos para curar y rejuvenecer. Podrían calificarse de «objetos rituales» o incluso palos vril. Las pinturas y esculturas egipcias a veces también muestran a sacerdotes sosteniendo extrañas varas de carbono y de piedra imán, o palos vril, tubos de metal hechos de *electrinium*, una mezcla secreta de hierro, plata y cuarzo. Con la «fuerza vítica» o mayor vitalidad y energía nerviosa invocada con estos artilugios, se decía que se podía curar cualquier enfermedad. Casi se podía doblar la esperanza de vida. Se podía disfrutar de una mente y poderes mentales brillantes y de una ancianidad vigorosa. Se decía que estos antiguos sacerdotes habían descubierto el secreto del dominio total de la fuerza vital y podían utilizarla para restaurar y reequilibrar cualquier estado. ¿Hay algo de verdad en estas leyendas?

Lo que puede demostrar ser la historia de la recuperación de al menos parte de esta tecnología perdida de la curación, una tecnología que podía ser una ventaja para todos, empezó hace muchos años en Kentucky. Edgar Cayce, en sus *Readings* para pacientes distantes, empezó a describir los planos, la construcción y los usos de unos aparatos insólitos y aparentemente sin sentido. Afirmando que podía acceder al archivo akáshico y leer los datos almacenados en la memoria universal de la Humanidad, Cayce dictó instrucciones precisas para construir generadores de bioenergía. En las varas de carbono de los antiguos, el oro y la plata se encontraban entre los componentes básicos. Se modernizó el diseño. Hay que colocar dos barras de cinco pulgadas de acero al carbono en una lata o envase de cobre de dieciséis onzas. Separarlas por dos secciones de vidrio de un octavo de pulgada de grosor. Rodearlas completamente con carbono por los cuatro costados. Poner todo ello en carbón de madera dura triturado dentro del envase de metal. Y pasar un alambre a través de la jarra, que contiene una solución de oro o plata.

Una vez completo, el extraño aparato parecía una batería de linterna. Los dos alambres de la batería tenían que unirse al tobillo y la muñeca del paciente. Por último, colocar el aparato en una olla de hielo. El frío ayudará a instigar la circulación de la bioenergía que transportaría la fuerza vibratoria del carbono y el oro a la persona. El generador activaría entonces una potente fuerza de equilibrio que podría curar y restaurar la vitalidad a todas las células del cuerpo, explicó Cayce. «Hará revivir las fuerzas elementales que crean energías en el propio cuerpo», afirmó. Es «beneficioso para toda la fuerza humana de la vida, ¡bueno para todos! Puede mantener el cuerpo en casi perfecta armonía durante muchísimos días». El oro y la plata pasaban en forma vibratoria al cuerpo a través del generador, «casi puede prolongar la vida el do-

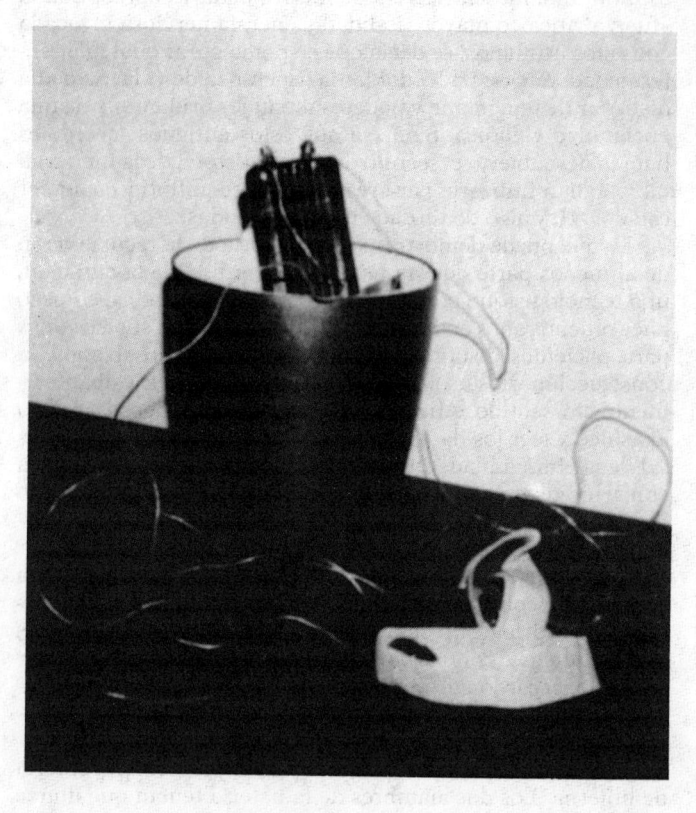

La biobatería de Edgar Cayce, elemento descuidado pero central en el sistema de salud holista de Cayce. Sesenta años de uso y la reciente investigación científica sugieren que funciona como Cayce decía. ¿Puede realmente restaurar la memoria y rejuvenecer la mente y el cuerpo?

ble», insistía Cayce. Para los que padecen pérdida de memoria, senilidad o daño cerebral, el aparato era excelente. Puede producir «casi un nuevo cerebro», decía él.

¿Cayce había revelado realmente los secretos de los antiguos, el dominio de la fuerza vital? ¿Era la legendaria «fuente de la juventud» una fuente de «vibraciones»? Los detectores para captar cualquier energía sutil o fuerza vibratoria generada por el aparato no existían en aquella época. La acupuntura y la energía chi eran desconocidas en Occidente, y mucho menos se conocían los escáneres para controlar la circulación de chi. Las pruebas de doble anonimato y los análisis de los cambios químicos inducidos en el cuerpo por la batería iban a surgir décadas más tarde. Fuera lo que fuese lo que hacía el aparato, se producían resultados absolutamente asombrosos en los pacientes.

En marzo de 1938, Florence Evans, de veintinueve años, natural de Toddesville, Kentucky, se estaba convirtiendo literalmente «en una piedra» con esclerodermia incurable. Tratada con la batería, nutrición y masaje, en mayo estaba totalmente recuperada. Hizo una sobresaliente carrera como organista. Sidney Kalugin de Jackson Heights, Nueva York, paciente de esclerodermia en 1968, fue, como se dijo, un verdadero «milagro andante» después de ser tratado con la biobatería. En 1972 estaba completamente curado y volvía a disfrutar de una vida activa.

Tony Castello, un niño de seis años inteligente y delgado, fue llevado a ver a Edgar Cayce en abril de 1930. No podía andar y su expresión oral era espasmódica y muy costosa. Tenía parálisis cerebral. Después de que le trataran con la batería, osteopatía y nutrición, al cabo de ocho meses de estar en el centro Cayce mostró una notable mejoría que prosiguió regularmente en casa.

En 1969, en Birgmingham, Alabama, el doctor John Peniel desarrolló una artritis reumatoide incurable que le postró en la cama. En 1972, después de utilizar el aparato de Cayce durante tres meses, volvía a levantarse.

Suzy Paxton, una joven de veinte años con un diagnóstico de neurastenia, también sufría de hiperactividad y falta de coordinación mental y motriz desde hacía quince años. En 1930, después de ocho semanas de tratamiento con la batería, se curó. Al año siguiente se casó, llevó una vida satisfactoria y en 1969 ya tenía siete nietos.

En la Association for Research and Enlightenment (A.R.E.) de Virginia Beach, hay historiales meticulosos de décadas de logros con los aparatos de bioenergía y volúmenes plagados de testimonios. Los historiales demuestran que los aparatos han ayudado a aliviar prácticamente todas las dolencias. Han restituido memoria, curado senilidad, vencido el abuso de drogas, el estrés, la hipertensión, la sordera y problemas de peso.

Han ayudado a curar toda clase de enfermedades graves desde el cáncer hasta la artritis y la parálisis cerebral. En los años setenta, nosotras, personalmente, fuimos testigos de una mujer que venció poco a poco una enfermedad terminal con el uso del aparato durante muchos meses.

La gran biblioteca de la A.R.E. alberga unas quince mil páginas de las *Readings* (lecturas) que Cayce daba a los pacientes mientras estaban en estado hipnótico. De las dos mil lecturas, cien tratan de la salud, y un veinticinco por ciento decía a los pacientes que utilizaran estos aparatos de bioenergía. En total, mil ciento cincuenta lecturas tratan de los aparatos de la bioenergía.

«Cayce hacía hincapié en estos aparatos con más firmeza que sobre cualquier otra cosa –dice Phil Thomas, un investigador de la salud de Ithaca, Nueva York–. Por mi examen de las lecturas, puedo afirmar con seguridad que los aparatos de Cayce son esenciales para su tratamiento de la enfermedad», recalca Thomas.

Las lecturas de Cayce exaltaban los grandes beneficios de estos rejuvenecedores: «Ayudan al cuerpo en todas las direcciones.» «Son necesarios para cualquiera que utilice mucho el cerebro». «Estaría bien que todo el mundo utilizara este aparato, pues el sistema mejoraría en todos los aspectos relacionados con el hecho de que el cuerpo se mantenga en armonía.» «Las vibraciones del aparato son buenas para todas las personas.»

ALIVIAR LA PÉRDIDA DE MEMORIA

Cayce prescribió los aparatos de la bioenergía en particular para casos relacionados con la pérdida de memoria. Ya se trate de amnesia, senilidad, deterioro mental (llamado más tarde enfermedad de Alzheimer), locura o de tumores y lesiones cerebrales, estos aparatos podían ser útiles, insistía él. El mal funcionamiento del cerebro que puede haber empezado muy pronto –mongolismo, retraso, falta de coordinación cerebral, parálisis cerebral– también podía aliviarse.

«¡La memoria nunca se pierde!», afirmaba Cayce. Sólo podía perderse nuestra habilidad de acceder a ella. Según él, atisbar en el interior de las víctimas de pérdida de la memoria con ojo de vidente era como ver una «centralita telefónica estropeada». En opinión de Cayce, los recuerdos están almacenados a salvo fuera del cuerpo físico. Restaurar la energía vital con baterías de bioenergía puede ayudar a restablecer nuestro sistema de comunicación con nuestros recuerdos, creía él.

Si un paciente sufría pérdida de memoria debido al deterioro del cerebro, o si la senilidad era causada por la vejez o enfermedad cerebral, las biobaterías utilizadas junto con osteopatía durante un curso entero de tratamientos podían prácticamente producir un nuevo cerebro, explicó él. Constantemente estamos reparando y sustituyendo las células de nuestro cuerpo. Utilizando la batería de bioenergía, las células repuestas están armonizadas con su pauta correcta. Era una manera mecanizada de hacer lo que Deepak Chopra logra con sonido y mantras. Incluso los sentidos debilitados del oído, la vista y el gusto en los ancianos podían restaurarse, afirmaba él. La biobatería podía proporcionar estabilidad y fuerza al sistema, y aportar la educada coordinación y resucitación. Podía reequilibrar, ecualizar, purificar.

La solución del rejuvenecimiento

Las diferentes soluciones para el frasco que conecta con la biobatería son muy importantes. Como sabían los antiguos, el oro y la plata son extremadamente beneficiosos para el cuerpo. Quizá resulten ser la quintaesencia del rejuvenecimiento. Recientemente, las inyecciones de oro han beneficiado a pacientes de artritis, pero el tratamiento tenía que ser controlado con gran cuidado porque existe el peligro de toxicidad. No estamos hechos para absorber o comer metal. Sin embargo, el oro transmitido al cuerpo a través de la biobatería es completamente inocuo. El cuerpo absorbe las vibraciones del oro y la plata, dice Cayce. Los metales no tienen que pasar a través de los órganos físicos de la asimilación. Cayce especificó que las soluciones de cloruro de oro y nitrato de plata son las mejores. El cloruro de oro es excepcional, en su opinión. «El cloruro de oro puede rejuvenecer cualquier órgano del sistema.» Podían alternarse el cloruro de oro y el nitrato de plata. «Suministrados de manera adecuada, la plata y el oro pueden casi doblar la vida», apuntó Cayce. ¿La legendaria fuente de la juventud consistía en las vibraciones del oro y la plata? ¿Los antiguos sabían extraer las vibraciones de los palos vril de oro y plata? ¿Las agujas de oro y plata de la acupuntura transmiten fuerza vibratoria?

Cayce dictó planos para un segundo tipo de batería de bioenergía llamada «Dispositivo de pila húmeda», o «Batería B», una batería de una sola pila. Dos polos (níquel y cobre) se suspenden en un frasco que contiene una solución líquida de agua destilada, sulfato de cobre, cinc en polvo y ácido sulfúrico. Esta batería genera una pequeña carga eléctrica. Unos alambres van desde los polos de la batería hasta el cuerpo del usuario. Igual que la otra batería, puede utilizarse con ella un frasco con la solución. La batería de pila húmeda también era prescrita para estados que iban desde la senilidad hasta tumores cerebrales, del retraso mental a la locura.

¿Una batería que genera buena suerte?

Soprendentemente, Cayce afirmaba que estas biobaterías podían dar buena suerte. Las biobaterías le ayudan a uno a centrarse y a sintonizar con la guía interior que puede ayudar en cualquier situación, observaba él. Los días en que uno utiliza la biobatería «resultarán ser, si se pueden calificar así, días de suerte, o los períodos en que existe un mayor asociación con las fuerzas creativas del cuerpo».

Cayce resaltaba con frecuencia que las vibraciones de la biobatería permiten a las personas comunicarse más fácilmente con la mente inconsciente. Esto hace más fácil acelerar la curación con afirmaciones positivas o alcanzar una meta deseada mediante visualización. Después de utilizar el aparato –decía–, podrían aparecer en los sueños respuestas a los problemas, soluciones creativas y decisiones afortunadas.

Con tantas ventajas, cabría pensar que las biobaterías de Cayce han alcanzado un amplio uso. Con tantas personas como hay en el mundo que sufren enfermedades mentales y físicas, y toxicomanías de toda clase, que podrían necesitar este tipo de regeneración, se podría pensar que los investigadores están investigando el rejuvenecimiento a través de las biobaterías. Pero, lamentablemente, igual que los hermosos palos vril de los egipcios, de oro y de plata, que hay en el Boston Museum of Fine Arts, las preciosas biobaterías también fueron descartadas como piezas de museo. Se publicaron incontables libros que resaltaban los remedios de Cayce, pero pocos mencionaban sus aparatos de bioenergía para rejuvenecer y restablecer la salud. Igual que los palos vril, pocos comprendían cómo y por qué funcionaban.

Además, los aparatos recibieron nombres inadecuados. Debido a las fuerzas vibratorias implicadas, Cayce los había apodado: «aparatos radiales-activos» o «aparatos radio-activos» o «dispositivos de impedancia». (Por supuesto, no tenían nada que ver con la «radioactividad» en el sentido que se entiende hoy.) Este nombre hizo sospechar a las autoridades. Según la ciencia de la época, los aparatos no hacían nada. Las autoridades atribuían las curaciones al efecto placebo. Durante años, los aparatos languidecieron en su sótano y sólo los que lo sabían se beneficiaban de sus poderes. Se convirtieron en un «regalo dejado en el umbral de la puerta y que nadie ha reclamado», dice Harvey Grady de la A.R.E. El investigador Phil Thomas se lamentaba: «Es como si la piedra angular de la filosofía de la salud holista de Cayce hubiera permanecido dormida».

Regenerar los regeneradores

Por fin, en los años ochenta, cuando los descubrimientos mundiales de la biomagnética, bioelectricidad, acupuntura, energías sutiles y medicina vibratoria abrieron totalmente nuevos horizontes para la curación y el rejuvenecimiento, las biobaterías de Cayce empezaron a contemplarse de una manera distinta. Los secretos largo tiempo buscados de las biobaterías empezaban al fin a ser desvelados.

En 1987, el Fetzer Energy Medicine Research Institute lanzó estudios rigurosos, científicos, en los que unos desconocían la opinión de los otros del aparato de Cayce. Los aparatos de Cayce que se utilizaban en los tests eran una versión de gran calidad y más desarrollada, llamada «Radiac» por Bruce D. Baar de Downington, Pennsylvania. Para descartar el efecto placebo, el instituto tenía aparatos falsos construidos a semejanza de los aparatos de Cayce. Ni los usuarios voluntarios ni el personal médico sabían cuál era cuál. Los análisis bioquímicos anteriores y posteriores fueron realizados por laboratorios independientes.

¿Conclusiones? Los tests mostraron que el aparato de Cayce auténtico poseía un efecto mensurable del sistema neuroendocrino humano. Los niveles de sangre del neurotransmisor dopamina aumentaron. Este neurotransmisor ayuda a hacer frente al estrés y es útil para la relajación y la circulación de la sangre, y mejora el control motor fino.

Harvey Grady, director de programas de investigación en la A.R.E. Clinic de Phoenix, Arizona, informa de que: «Los estudios realizados ofrecen resultados prometedores... el aparato de Cayce realmente funciona como sugieren las lecturas de su creador». Grady, que se lo autoaplicó durante mucho tiempo, dice que sus beneficios mejoran con el tiempo. Igual que una herencia no reclamada, afirma: «El aparato podría convertirse en un recurso para el mantenimiento de la salud como equilibrador de la energía del cuerpo y reductor del estrés...». La escritora Toni De Marco, que lo probó durante un mes de ajetreados viajes de negocios, dice que no sólo le alivió el estrés, sino que también le proporcionó una gran energía. El ingeniero aeroespacial James Beal, después de probarlo, lo tildó de «generador de armonía».

Bruce Baar, que ha investigado los aparatos de Cayce durante veintinueve años, nos dijo que él personalmente ha visto a individuos con problemas prenatales, como el mongolismo, llegar a recuperarse utilizando la batería más soluciones especiales. En los problemas de tan larga duración, el curso del tratamiento es lento, y en este caso se tardaron siete años.

La efectividad de las biobaterías de Cayce también está siendo investigada por Phil Thomas, de la U.S. Psychotronic Association. En su conferencia internacional de 1988, dijo que había construido y proporcionado biobaterías a dos cuadrapléjicos. ¿Podía ayudar a regenerar los nervios? Un hombre de veintisiete años, que había sufrido una lesión cerebral poco después de nacer, experimentó un lento y regular progreso con su aplicación. Al cabo de ocho meses, su madre dijo: «Es mucho más brillante ahora que antes. La memoria y la concentración están mejorando. Puede decir frases en lugar de fragmentos. Puede concentrarse en objetos e ideas que antes le habrían pasado inadvertidas. Ha mejorado un poco la función motriz de la mano izquierda». Un hombre de treinta y cinco años del Distrito de Columbia notaba que las sensaciones regresaban al centro de su cuerpo después de ocho meses de utilizar el aparato. Una mujer de cuarenta años, de Virginia Beach, que había padecido una grave artritis reumatoide durante ocho años, se levantaba, caminaba y no tomaba medicación después de seis meses de utilizar la biobatería. La hinchazón y el dolor habían desaparecido, afirmó.

Tom Johnson, de Virginia Beach's Heritage Store, un centro de recuperación de Cayce, nos dijo que había conocido a muchísimas personas que atribuyen su recuperación a los aparatos de Cayce. Él cree que las soluciones del frasco utilizadas con la biobatería «transmiten elementos al sistema corporal mediante vibraciones. Esto, al parecer, estimula el cuerpo para que produzca los elementos que necesita». Aparte del oro y la plata, las soluciones para problemas específicos incluyen tintura de hierro, espíritu de alcanfor o Atomidine (yodo).

Exactamente, ¿cómo funciona el aparato? Según Cayce, cuando la biobatería es colocada en hielo o agua fría, el acero al carbono se electroliza. La diferencia de temperatura pone en marcha una descarga. Ésta va desde el cuerpo al acero, al carbono y regresa de nuevo. El metal entonces produce un tipo de vibración electrónica que se convierte en una forma de movimiento vibratorio para las células del cuerpo. Cada átomo, elemento y órgano del cuerpo humano posee su propia vibración electrónica única. Cuando una célula o un órgano es deficiente en su capacidad de reproducir y mantener el equilibrio necesario para sostener su existencia física, carece de esta energía vibratoria. Estas deficiencias podían aparecer de muchas maneras, dijo Cayce, a través de heridas, enfermedades, mala eliminación de las toxinas, etc. La falta de equilibrio, dijo, causa un estado anormal en el cuerpo humano, y esa falta de equilibrio a su vez es causada por la falta de un elemento que produzca una vibración en cierta parte del cuerpo.

La posición de los cables de la batería se alterna. El primer día, el cable positivo va a la muñeca derecha y el negativo al tobillo izquierdo. Al día siguiente, el positivo a la muñeca izquierda y el negativo al tobillo derecho. Al tercer día, el positivo al tobillo izquierdo y el negativo a la muñeca derecha; al cuarto día, el positivo al tobillo derecho y el negativo a la muñeca izquierda; y se repite. La teoría de la acupuntura postula que se produce un intercambio de energía chi en las manos y los pies, exactamente donde Cayce dice que se coloquen los electrodos del aparato. Quizá la biobatería equilibra la energía chi, o incluso la genera. La acupuntura reequilibra la energía chi cuando hay demasiada en un lugar y poca en otro. La batería de pila húmeda, que en realidad genera electricidad, quizá funciona como una acupuntura electrónica.

Un médico de la universidad de Stanford, el doctor William Tiller, teoriza que los aparatos de Cayce equilibran el flujo de energía en el cuerpo a través de los meridianos, haciendo que la corriente eléctrica salga de algunos puntos de acupuntura y entre en otros. Las corrientes son menos de una millonésima de un amperio, dice. El doctor William McGarey, codirector de la A.R.E. Clinic, usuario desde hace mucho tiempo de la acupuntura, está de acuerdo con Tiller.

Décadas antes del descubrimiento del «cuerpo eléctrico», Cayce lo anticipó y diseñó un aparato que podía facilitar el uso del sistema eléctrico del cuerpo para poderse curar uno mismo. «Igual que una batería puede cargarse o descargarse, el cuerpo humano puede ser recargado por la producción de la coordinación mediante el aparato –dice Cayce–. Las vibraciones están controladas a través de la actividad del aparato... Éste toma energías en zonas del cuerpo, forma y descarga energías eléctricas que revivifican partes del cuerpo donde faltan energías acumuladas.» Aclaró que el aparato no es eléctrico en sí mismo, sino que funciona con las fuerzas eléctricas del cuerpo y las redistribuye y ecualiza. También hizo hincapié en que el aparato era totalmente inocuo. La batería de bioenergía debería utilizarse para el cuerpo «mientras esté vivo, pues siempre será beneficioso para él».

«Cuando el cuerpo está cansado, agotado o cuando existan perturbaciones en alguna parte del sistema, hay que utilizarlo de nuevo para conseguir los efectos deseados, permitir que el cuerpo descanse, producir mejores fuerzas digestivas y circulatorias y –sobre todo– una mejor coordinación en el sistema cerebroespinal y simpático.»

Los nuevos avances parecen respaldar a Cayce. En 1983, el distinguido radiólogo sueco doctor Bjorn Nordenstrom, del Karolinska Institute de Estocolmo, publicó un libro revolucionario: *Biologically Closed Electric Circuits: Clinical, Experimental and Theoretical Evidence for an Additional Circulatory System*. En él revela los resultados de décadas de investigación de su «asombrosa» teoría, según la cual existen circuitos eléctricos biológicamente cerrados en el cuerpo y tienen un papel clave en la salud y la curación. Los circuitos –descubrió– se podían conectar por heridas, infecciones, tumores o actividades normales de los órganos del cuerpo. Los voltajes se forman y fluctúan. Las corrientes corren por las arterias, venas y paredes capilares para equilibrar las actividades de los órganos internos. Las corrientes –dice– son la base de la curación y son críticas para el bienestar del cuerpo. Él también ideó una batería biológica. El doctor Nordenstrom ha documentado muchísimas curaciones con su batería que respaldan sus afirmaciones. En la actualidad, en todo el mundo, la ciencia de la electromedicina está resurgiendo.

Hace algunos años, estábamos grabando un programa de televisión en Washington, D.C. con el difunto Hugh Lynn Cayce, el hijo mayor de Edgar Cayce. Durante un descanso, se desabrochó la corbata y se aflojó el cuello de la camisa. «Miren –dijo, señalando un rectángulo de metal que llevaba al cuello con una cadena–. Es un trocito de acero al carbono –dijo–. Lo llevo para protegerme de los resfriados y mantener mi nivel de energía durante estas febriles giras de relaciones públicas.»

Encontramos detalles en la lectura número 1842: «Si la entidad lleva sobre su persona, o en su bolsillo, un metal que es el acero al carbono, éste prevendrá, ionizará el cuerpo –mediante sus vibraciones– para resistir el frío, la congestión...» y problemas de garganta. También existe un miniaparato que se puede llevar encima para cualquier emergencia. Ponga un trozo de acero al carbono de seis centímetros y medio cuadrados en una tira de alambre de cobre. «Cargue» el acero al carbono en una vasija de agua helada, y después pásese el alambre de cobre en torno a la cintura.

Con los años, hemos probado de vez en cuando la biobatería de tamaño normal. ¡Realmente alivia el estrés y la fatiga! Proporciona una concentración mental descansada y centrada. Con los años, nos estamos empezando a animar a probar la solución de oro para rejuvenecer.

Los aparatos de Cayce, con sesenta años de vida tras de sí, son los primeros candidatos para ser probados con las nuevas tecnologías de la energía sutil: detectores de meridianos de acupuntura Motoyama, aparatos de termoluminiscencia, exploraciones MEG y SQUID, fotografía de Kirlian y otras.

«¿Es posible que un concepto tan profundo y potencialmente inalcanzable como éste se haya dejado de lado todos estos años? –pregunta el investigador Phil Thomas–. ¿Es plausible que la piedra angular de la filosofía holista de Cayce pudiera permanecer dormida, mientras su legado es conocido por millones de personas? ¿Es éste el fragmento de información que podría reducir el dolor y el sufrimiento de los que padecen prácticamente todas las enfermedades conocidas?»

En cuanto a estas biobaterías que pueden «casi producir un nuevo cerebro», Cayce hizo predicciones. «Llegará un día en que muchos comprenderán e interpretarán debidamente.» Quizá ese día ya ha llegado.

Alta tecnología para la mente y la memoria

«Ahora mismo, tenemos una nueva tecnología para aumentar la conciencia, con rapidez y seguridad, sin ningún efecto secundario», dice el doctor Bob Beck. Parece que la revolución de la supermemoria tecnológica está aquí.

El impacto evolutivo de los aparatos como los ideados por Beck, Patterson, Wen, Graham y otros, acaba de empezar. El neurocientífico doctor Aryeh Routtenberg de la Northwestern University observa que las drogas que intensifican la catecolamina facilitan el aprendizaje, y los centros y vías de recompensa del cerebro también son los centros y las vías de la consolidación de la memoria. Routtenberg fue uno de los primeros en descubrir que la estimulación eléctrica provocaba la liberación de grandes cantidades de los neurotransmisores catecolamina (incluidas la dopamina y la norepinefrina). Éstos tienen un efecto sobre el cerebro similar a la cocaína, que también funciona estimulando las catecolaminas en las mismas zonas. El descubrimiento de Routtenberg ayuda a demostrar por qué el BT-5 + de Beck mejora la memoria y el aprendizaje. Cuando se aprende algo, concluye él, el que aprende es recompensando y la actividad de los centros y la vía de recompensa facilita la formación del recuerdo.

Las ratas del superaprendizaje: eso es lo que el doctor James Olds obtuvo ya en 1954 cuando también a él se le ocurrió la idea de estimular el cerebro con electricidad. Implantó electrodos en los centros del placer del cerebro de las ratas y podían estimularse ellas mismas presionando un pedal. Las ratas no cesaban de presionar esos pedales. Aprendieron laberintos con asombrosa rapidez y exactitud y pasaron, con altas calificaciones, tests de inteligencia y memoria para ratas. Veinte años más tarde, el misterio se resolvía: la electroestimulación producía endorfinas, que aumentaban el aprendizaje y la memoria. Routtenberg dice: «La mejora del aprendizaje puede deberse al hecho de que los animales se autorregulan la cantidad de estimulación, autorreforzando con ello su conducta».

El descubrimiento de aparatos que pueden estimular fácilmente las vías de la memoria y el aprendizaje del cerebro tiene aplicaciones asombrosas. Michael Hutchison, autor de *Megabrain*, dice que con sólo apretar un botón se puede aumentar la capacidad de pensar, absorber nueva información, combinar ideas de nuevas maneras, consolidar hechos en la memoria o recordar información ya almacenada en el cerebro. Los usuarios se conectarían a un sintonizador estimulador del cerebro o aparato de electroacupuntura, y después estudiarían mientras los niveles de endorfinas y péptidos son elevados.

«Creo que algún día las máquinas de la mente podrán verse como el equivalente del entrenamiento del cerebro de las máquinas Nautilus y Universal, los ergómetros y aparatos para remar y armatostes para esquiar campo a través –dice Hutchison–. No es difícil imaginar a serios atletas del cerebro poner en forma su materia gris bombeando péptidos y neurotransmisores.»

¿Cuánto podría usted mejorar su memoria? ¿Con cuánta rapidez podría aprender? Son preguntas de los años mil novecientos. El doctor Donald Kubitz de San Francisco, uno de los primeros médicos estadounidenses que estudiaron el trabajo del doctor Wen, creyó que la electroacupuntura podía no sólo ayudar a tratar a los adictos, sino también ayudar muchísimo a los niños autistas.

¿Podrían ciertos grupos utilizar estos aparatos para formar una élite poderosa? Por otra parte, los poderes de liberación de las adicciones que tenían estos aparatos, ¿podrían ayudar a eliminar el poder de los señores de la droga que controlan a amplias poblaciones y cantidades colosales de dinero? ¿Podrían rehabilitarse en días los bebés del *crac*? ¿Podrían estos dispositivos para mejorar el cerebro vencer la predisposición genética y cambiar el curso de la evolución humana? En un aspecto más próximo, ¿podrían estos renovadores de la mente ayudar a invertir el rendimiento escolar cada vez más deteriorado y el gran analfabetismo de Estados Unidos? ¿Podrían salvar a una población cada vez más gris de los sorprendentes costes en salud de una memoria débil? Por el momento, hay más preguntas que respuestas.

Después de investigar la gran cantidad de nueva tecnología HEAD, Robert Anton Wilson afirma: «Lo que más me preocupa es la dirección y aceleración de esta investigación... mis visiones de lo que se avecina me asustan». La cuarta generación de estas máquinas para la mente «marcarán el hito más importante en la evolución de este planeta».

LA ELECTRICIDAD DE LA MEMORIA

«Canto a la electricidad del cuerpo», escribió Walt Whitman hacia 1800. Se ha tardado más de un siglo en oír de nuevo su canción, *The Body Electric*, por la doctora Thelma Moss (la electricidad del cuerpo explorada a través de la fotografía de Kirlian) y el notable libro del doctor Robert O. Becker, también titulado *The Body Electric*, que engloba los principales descubrimientos acerca de los campos bioeléctricos. Parecía que no sólo el cuerpo, sino la electricidad de la mente y la memoria», podían ser «cantadas».

A principios de los años sesenta, Becker tenía la idea de que la propia conciencia estaba relacionada con una corriente eléctrica directa. Probando sus ideas con animales, observó que «cada alteración en un estado de conciencia podría asociarse con un cambio en la cantidad de corriente. Reducir el flujo de corriente, por ejemplo, reducía la excitabilidad, y aumentar la corriente eléctrica causaba excitación».

Unos cincuenta años atrás, antes del trabajo de Becker, el doctor Harold Saxton Burr, de la universidad de Yale, neuroanatomista reconocido internacionalmente, efectuó un importantísimo descubrimiento. Todos los seres vivos, desde el hombre a los ratones, desde los árboles a las semillas, están moldeados y controlados por los «campos electrodinámicos» que pueden medirse y trazarse con voltímetros modernos corrientes. Él consideraba que estos «campos L» o «campos de vida» (*L-fields* y *life-fields* respectivamente, en inglés) eran los esquemas básicos de la vida. Descubrió que enfermedades tales como el cáncer podían detectarse mucho antes de que se desarrollaran los síntomas usuales controlando los campos L. La curación de heridas, tanto internas como externas, podía controlarse mediante voltímetros de Burr. Y también podía hacerse con procesos como la ovulación, controlando simplemente un dedo de una mujer. Burr trazó una estructura de rejilla de estos puntos, eléctricamente importantes, que están en la superficie de los organismos vivos y los describe en su libro *Fields of Life*.

Los primeros investigadores de la URSS, como el doctor Alexander Gurvich y Semyon y Valentina Kirlian, también habían controlado estos campos electrodinámicos. Burr llegó a la conclusión de que esta matriz de energía modela las formas vivas de la materia. Estudiando huevos de rana, descubrió que la zona que proporciona el mayor voltaje siempre procedía del sistema nervioso de la rana. Existía una pauta distintiva de energías que más tarde formarían la gota de protoplasma en cada elemento del cuerpo físico. Poner una parte del huevo en una nueva posición no desorganizaba la forma final. Los campos de energía parecían controlar la materia en esta dimensión. Burr también estudió plantas, y encontró que el voltaje no sólo variaba con la luz del sol y la oscuridad, sino también con los ciclos de la luna y con las tormentas magnéticas y las manchas solares.

Un alumno de Burr, el doctor Leonard Ravitz, descubrió que los estados alterados de conciencia, desde unos grados de hipnosis hasta la ira o la serenidad, podían detectarse con su voltímetro. Incluso recordar una emoción como la pena mostraba un marcado cambio de energía. «Las emociones pueden equipararse con la energía», dice Ravitz, y también pueden hacerlo los recuerdos de las emociones. Después de investigar durante años la hipnosis con el voltímetro, Ravitz afirma que la profundidad de un trance hipnótico puede definirse electrométricamente. Los soviéticos han utilizado desde hace mucho tiempo este método instrumentado de hipnosis.

Burr creía que, igual que nuestro cuerpo y cerebro son mantenidos por campos electromagnéticos permanentes que moldean el material siempre cambiante de las células, a su vez estos campos también están influidos por los campos mayores del universo, «un nuevo enfoque de la naturaleza del hombre y su lugar en el universo».

Los soviéticos han investigado estos campos electrodinámicos durante décadas. Investigadores del Instituto de Fisiología Clínica de Kiev encontraron que los puntos de acupuntura de la piel cambiaban su potencial eléctrico cuando se producían erupciones en el Sol. Los gráficos de actividad en la mancha solar y los cambios en los ritmos eléctricos de la piel encajaban, aunque las partículas cósmicas emitidas por el Sol tardan dos días en llegar a la Tierra.

El doctor Becker creía que el campo bioeléctrico era no sólo la clave de los cambios en los estados de conciencia, sino también de la curación y regeneración de tejidos y órganos. Investigó la fuente y estructura de la red bioeléctrica que impregnaba el cuerpo, una especie de sistema de transmisión de datos. Como sus colegas de la URSS y China, se fijó en la acupuntura, que sostiene que la energía chi fluye por el cuerpo en los meridianos. El mapa de las vías corporales parece un plano del metro con diferentes paradas y cruces. Los desequilibrios y atascos en estas vías pueden causar enfermedades. Intentando trazar el mapa del sistema bioeléctrico, probó la conductividad eléctrica de los meridianos y puntos de la acupuntura. Tras extensos estudios, concluyó también que: «La estimulación eléctrica del completo campo eléctrico del cuerpo parecía tener profundos efectos en la mente, el cuerpo, las emociones y la conducta». Becker prosiguió y realizó un importante avance: utilizar la estimulación eléctrica de los campos del cuerpo para regenerar órganos.

Clarence Cone, en el Cell and Molecular Biology Laboratory del VA Hospital de Hampton, Virginia, confirmó que era posible estimular la regeneración de las neuronas en el cerebro mediante «cambios electromagnéticos directos en toda la superficie de la célula». La NASA patentó el descubrimiento de Cone y otros muchos científicos lo han confirmado.

Becker pronto fue arrastrado a un laberinto de fascinantes descubrimientos. El cerebro y el cuerpo se veían afectados dramáticamente por estímulos externos como el sonido, la luz y los campos electromagnéticos. Sus últimos hallazgos se revelan en *Cross Currents: The Perils of Electropollution – The Promise of Electromedicine*.

¿Su banco de memoria está en números rojos?

Si alguna vez se halla usted en números rojos en el banco de memoria y su cajero automático está funcionando mal, el olvido le puede venir por los sistemas de alta tecnología que le rodean. Si ciertas frecuencias de estimulación eléctrica pueden liberar neurotransmisores y hacerle inteligente, ¿emitir otros tipos de ondas de energía hacia usted podría agotar los neurotransmisores y volverle confuso y estúpido? Lamentablemente, la respuesta es sí. Y se sabe por estudios realizados en todo el mundo.

En el laboratorio de la marina de Pensacola, los científicos probaron la memoria a corto plazo mientras se irradiaba a los sujetos con un campo magnético de un gauss. A la frecuencia de potencia de sesenta hertzios y a la frecuencia de cuarenta y cinco hertzios, la memoria declinó. Los soviéticos probaron la frecuencia extremadamente baja (ELF, en inglés) magnética o campos eléctricos en animales y personas. Las ondas ELF producían hiperactividad y perturbaban las pautas del sueño. El biofísico R. A. Chizhenkov observó que el cerebro se vuelve desincronizado (bruscamente cambia su principal ritmo de EEG) durante unos segundos cuando cualquier campo eléctrico se conecta o desconecta. El hipotálamo del cerebro es un enlace crucial en la respuesta al estrés. Cualquier interferencia con él desbarata el pensamiento lógico y asociacional. En 1973, el doctor Z. Gordon y el doctor M. Tolgskaya de la Academia de Ciencias Médicas de la URSS descubrieron que dosis bajas de microondas cambiaban las células nerviosas del hipotálamo. Las células que secretaban neurotransmisores empezaron a atrofiarse al cabo de cinco meses. Los estudios de J. J. Noval mostraron que los campos eléctricos ELF afectaban a la acetilcolina, una sustancia extremadamente importante para la memoria. Otro trabajo soviético mostraba que otros dos neurotransmisores vitalmente importantes para la memoria, la norepinefrina y la dopamina, se reducían a niveles cerebrales que indicaban agotamiento de la corteza suprarrenal y sistema autonómico, como consecuencia de la radiación de microondas.

Esto no era más que el principio. El doctor Becker y otros descubrieron que una variedad de campos electromagnéticos artificiales en cualquier gran ciudad podían tener efectos desastrosos en la mente humana, la memoria y el cuerpo. Las potentes transmisiones desde las torres de televisión y radio, los cables eléctricos de alta tensión que cruzan el país, la radiación de los electrodomésticos como los hornos microondas, televisores, ordenadores... todo esto crea una especie de niebla electrónica que puede afectar a la memoria y provocar incapacidades de aprendizaje, deprimir el sistema inmunológico, causar enfermedades como cáncer y una variedad de desórdenes mentales y de conducta como depresión. Becker encontró que los campos magnéticos eran una media del veintidós por ciento más elevados en los hogares de víctimas del suicidio. Las áreas con los campos más fuertes contenían un cuarenta por ciento más de ubicaciones fatales que las casas elegidas al azar. Los estudios muestran que la exposición a campos electromagnéticos de nivel elevado agota el importante neurotransmisor de la mente y la memoria, la norepinefrina, lo cual puede producir depresión. El doctor Wendell Winters de la universidad de Texas, en San Antonio, informó en 1984 que los tumores de cáncer crecen el seiscientos por ciento más de prisa en un día de exposición directa a un campo de sesenta hertzios, la misma frecuencia que tienen nuestras líneas de energía eléctrica. Pocos son conscientes de qué vinculación subliminal tan precisa podemos tener con nuestros cables de electricidad. Se pidió a sujetos europeos y estadounidenses que cantaran una nota, cualquiera. En Europa, la mayoría cantó un sol sostenido, lo cual tenía relación con la frecuencia de la línea eléctrica local de cincuenta hertzios. En América, la mayoría cantó un si natural, relacionado con los sesenta hertzios de electricidad de allí.

En 1984, la World Health Organization de Génova manifestó oficialmente que: «La exposición a campos eléctricos ELF puede alterar los sucesos celulares, fisiológicos y de conducta. ... En la actualidad, los estudios sirven de advertencia para que se evite la exposición innecesaria a campos eléctricos». O, como tituló la revista *People* en noviembre de 1989: «¿Se siente fatigado y olvida las cosas? El cable eléctrico de la casa de al lado puede ser la causa».

PROTECCIONES PARA LA ELECTROCONTAMINACIÓN
Y LA NIEBLA DE LA MEMORIA

Los científicos están desarrollando escudos para protegernos de la perniciosa niebla electromagnética y estos escudos también pueden ayudar a despejar la niebla de la memoria. La Tierra misma tiene su propio campo magnético con oscilaciones de aproximadamente ocho ciclos por segundo. Becker dice que los humanos estamos hechos para vivir en este campo natural de la Tierra y que actúa como reloj biológico para nosotros. Si el cuerpo se enfrenta a campos electromagnéticos desconcertantes y al campo natural de la Tierra de ocho ciclos, tenderá a responder a su campo natural de ocho ciclos y rechazará los no saludables.

El doctor Patrick Flanagan y otros científicos han desarrollado pequeños aparatos que generan un campo de Tierra de ocho ciclos. En tests independientes realizados por el doctor Sheldon Deal, de la Swan Clinic de Tucson, Arizona, los sujetos eran irradiados con contaminación electromagnética confusa, insana. Los cambios en las energías bioeléctricas de sus cuerpos fueron controlados con aparatos de control de láser-acupuntura. Después, sin que los sujetos lo supieran, se conectaron los generadores de resonancia de la Tierra de ocho ciclos. Sus biocampos volvieron a la normalidad.

El doctor Flanagan sugiere que se mantenga un aparato de ocho ciclos a una distancia de entre noventa centímetros y un metro y medio si se vive en una ciudad o cerca de cables de energía eléctrica o emisoras de radio, o se trabaja con aparatos eléctricos u ordenadores. La diferencia horaria a menudo puede incluir niebla de la memoria. Una azafata de la TWA utilizaba el aparato de resonancia de la Tierra en los vuelos internacionales y dijo que se había librado de los problemas derivados del desfase horario.

En Toronto, el inventor e ingeniero eléctrico danés Niel Primdahl desarrolló el Relaxit, un generador de campo magnético de ocho ciclos similar. Tiene el tamaño de un paquete de cigarrillos y funciona con una batería de nueve voltios. Sus archivos rebosan de testimonios de personas que en otro tiempo se comían las uñas con avidez y ahora están calmadas y controladas. Además de proteger de la electrocontaminación, el aparato ha ayudado a vencer el insomnio, mareos, migrañas, calambres musculares y el estrés. Los tests realizados por el doctor Michael Persinger de la Laurentian University mostraron que el Relaxit proporcionaba un estado relajado.

Funciona a un nivel aproximadamente alfa. El aparato es capaz de «armonizar los ritmos a su estado relajado para que uno pueda volver a sentirse calmado», explica Primdahl. Para contrarrestar las situaciones que provocan tensión y la electrocontaminación, sugiere llevar el Relaxit en el plexo solar.

Nosotras hemos utilizado el Relaxit durante años y lo recomendamos. ¡También podrían hacerlo numerosos caballos de carreras! El aparato les calma los nervios. En el caso del héroe del Kentucky Derby, Sunny's Halo, también ayudó a curarle un tobillo herido. Cuando los primeros astronautas regresaron a la Tierra con graves problemas de salud, la NASA descubrió que éstos se debían a su aislamiento del campo magnético pulsátil de la Tierra. Ahora la NASA construye generadores magnéticos pulsátiles en todas las naves espaciales tripuladas para mantener un ambiente elctromagnético natural y saludable.

El doctor Andrei Puharich también ha inventado el Teslar, un pequeño generador de resonancia de la Tierra de ocho ciclos construido como un atractivo reloj de pulsera para que sea fácil de llevar a cualquier parte. Un chip magnético dentro del reloj, cerca de la batería, genera una señal de 7,83 hertzios que neutraliza las perjudiciales frecuencias ELF de la electrocontaminación y, según se afirma, refuerza el cuerpo. Los testimonios de aquellos que lo usan hablan de sentir menos fatiga, menos desfase durante los largos viajes en avión, y una sensación general de bienestar a la vez que menor irritabilidad. Para Wendy Fry, de Inglaterra, de dieciocho años, el *Teslar Shielding Device* (aparato protector Teslar) fue un regalo del cielo. Wendy tenía el oído ultrasensible. El ruido del tráfico, las radios y los televisores a todo volumen, etc., le producía terribles dolores de cabeza. El doctor John Lester descubrió que el reloj Teslar creaba un pequeño campo eléctrico alrededor de Wendy que la protegía de estas ondas eléctricas e interferencias. Seguía oyendo los ruidos, pero ya no sufría de dolor de cabeza. El doctor Glen Rein probó el Teslar en todas las culturas mientras estaba en el Standford University Medical Center y ha dado a conocer los resultados tan positivos que obtuvo.

El doctor Eldon Byrd, ex científico de la marina cuya especialidad era investigar los bioefectos de los campos de ELF, probó el Teslar utilizando un analizador de espectro de las grabaciones de EEG de un sujeto. Sus descubrimientos preliminares indican que «el instrumento protector parece bloquear las señales que pueden ser perjudiciales para el cuerpo;

produce una frecuencia beneficiosa y promueve un campo de energía ampliado en el sujeto que lo lleva. El instrumento protector Teslar funciona tal como se anuncia.»

Nosotras hemos probado relojes Teslar y los hemos encontrado útiles, en especial al trabajar con ordenadores. (Las correas del reloj tienden a estropearse rápidamente.)

Dado que la electrocontaminación tiende a desincronizar el cerebro, los aparatos y las cintas de casete que ayudan a resincronizar la actividad cerebral pueden ser una gran ayuda para contrarrestar la electroniebla. Por ejemplo, la música como la del superaprendizaje, que arrastra y sincroniza, puede ser muy útil.

Además, la electrocontaminación agota los neurotransmisores de los que depende la memoria. La investigación muestra que la exposición a campos electromagnéticos también agota las vitaminas, los minerales y las enzimas, daña las suprarrenales, afecta al equilibrio de sodio y potasio, al equilibrio hormonal y a la química de la sangre. Los nutrientes que reponen estas pérdidas pueden ser útiles escudos junto con los instrumentos protectores mencionados.

Con una radio de AM que funcione con batería puede realizarse una sencilla prueba para comprobar la electrocontaminación que hay en su entorno. Sintonice la radio entre dos emisoras y ponga el volumen al máximo. Mantenga la radio a treinta centímetros de un televisor, un ordenador o un horno de microondas y conecte el aparato. Compruebe el ruido. Aparte la radio del aparato hasta que el ruido desaparezca. La zona con ruido está electrocontaminada.

MINIGUÍA DE LA ALTA TECNOLOGÍA DE LA MENTE Y LA MEMORIA

Un alud de avances en el campo de las neurociencias ha conducido a otro alud de nuevos aparatos para controlar, alterar, mejorar o estimular el cerebro humano, la mente y la memoria. Desde 1986, cuando apareció *Megabrain*, de Hutchison, el número de nuevos aparatos se ha disparado. Algunos han salido de garajes y sótanos en todo el mundo, otros han aparecido gracias a investigadores, y otros de investigaciones científicas no secretas.

Hutchison tiene ahora un boletín nacional de consumo, *Mega Brain Report – The Neurotechnology Newsletter*, una organización y catálogo de márketing y un centro de investigación sin ánimo de lucro en San Francisco. Existen docenas de *mind spas* de costa a costa, y multitud de anuncios que prometen controlar, estimular o pulsar con modalidades teatrales: ondas de sonido rítmicas, luces estreboscópicas, colores intensos, *ganzfelds* electroluminiscentes, estimulación vestibular, privación sensorial, sobrecarga sensorial... o cargarle a uno con electricidad, o magnetismo... Prometen aprendizaje rápido, mejora de la memoria y la creatividad, la inteligencia, el bienestar, mayores poderes y estados de conciencia. La intensa competencia ha generado «guerras de luz y sonido», falsas afirmaciones, robos de tecnología, aparatos que funcionan mal. Para elegir entre las ofertas, he aquí una pequeña guía.

Los árboles genealógicos de estos aparatos pueden proceder del *biofeedback*, la terapia del sonido y la luz, la privación sensorial (tanques de flotación) o algo muy diferente.

Alpha-Stim (Estimulador Alfa)

Transmite una señal eléctrica única de la que se dice que produce un funcionamiento óptimo del cerebro, estimula la producción de endorfinas, aumenta la creatividad, la concentración y el funcionamiento mental. También ayuda a controlar y curar el dolor. Muy utilizado y recomendado por entrenadores y atletas para reducir el tiempo de rehabilitación.

Generador de señal binaural

Basado en los descubrimientos de Robert Monroe. Éste descubrió que las pulsaciones de sonido llamadas frecuencias de «golpe binaural» son el medio más eficaz de arrastrar ondas cerebrales y sincronizar los hemisferios cerebrales derecho e izquierdo. El generador de señal binaural (BSG, *Binaural Signal Generator*) transmite tonos agradables y favorece el aprendizaje. Ayuda a alcanzar un cuerpo relajado y una mente alerta.

I.S.I.S.

Ideado por el experto en mente y cuerpo Jack Schwarz. Utiliza la luz emitida a través de gafas para poner en marcha diferentes frecuencias de onda cerebral: beta (para preguntas, pensamiento), alfa (control del cuerpo/regulación/dolor), theta (trabajo con la mejora de la memoria y el aprendizaje, transpersonal), delta (armonía del cuerpo y la mente). El I.S.I.S. fotoconduce y sincroniza ambos hemisferios del cerebro en la frecuencia alfa. Produce un estado agradable de relajación y ayuda a aprender la regulación de la mente y el cuerpo. Un nuevo modelo añade sonido. Junto con los ejercicios especiales de entrenamiento desarrollados por Schwarz, el I.S.I.S. también puede permitir a los usuarios ampliar las percepciones visuales de los campos de energía sutil (auras). Nosotras hemos trabajado con el I.S.I.S. y lo recomendamos vivamente. Robert Anton Wilson viaja con un I.S.I.S. «Lo he encontrado notablemente eficaz cuando me siento tenso por tener que hablar demasiado en público. ... La gama alfa-theta parece eliminar siempre la tensión muscular que produce el cansancio con tanta eficacia como cualquier aparato neo-reichiano para trabajar el cuerpo... y puede llevarse de aeropuerto en aeropuerto.»

Endomax

Portátil y versátil. Funciona a través de dos electrodos unidos al mastoides. Proporciona cintas de sonido que contiene ocho frecuencias del que se sabe que estimula los neuropéptidos y se afirma que resitúa el cerebro para que opere con más eficacia. Robert Anton Wilson recomienda la cinta para el cansancio por el desfase horario en viajes largos.

Máquinas TENS *(Transcutaneous Electrical Nerve Stimulator)*

Ampliamente utilizadas en hospitales y clínicas para el control del dolor crónico. La estimulación eléctrica de las fibras nerviosas bloquea el dolor durante horas o días.

Mindgenic

Convierte un ordenador en una máquina para la mente. Este instrumento japonés permite la autorregulación de las frecuencias de las ondas cerebrales y las muestra en la pantalla del ordenador personal.

20
Armas de la memoria: descubrimientos secretos

Sonó el teléfono en la oficina ejecutiva de una agencia de modelos de Nueva York. La directora, una famosa chica rubia, escuchó atentamente la llamada. No era más que una serie de pitidos electrónicos rítmicos. Los extraños sonidos la pusieron en marcha instantáneamente. Pronto se encontró a bordo de un avión para San Francisco. De allí se dirigió a toda prisa a la consulta de un médico de Oakland. Varias horas más tarde, una mujer agresiva, de pelo oscuro, salió y subió a un coche. Su voz era profunda, estridente y dura al contestar las preguntas del doctor mientras éste la llevaba en el coche al aeropuerto.

«Aquí tiene su pasaporte», le dijo. El nombre que constaba en éste era Arlene Grant. La fotografía coincidía con su aspecto. Él le entregó un sobre grande que ella metió en su bolso. «Tomará el avión hacia Taiwan esta noche. Un hombre de negocios chino la recibirá en el aeropuerto. Él la vigilará mientras esté allí.»

Cuando Arlene aterrizó, un chino vestido de modo conservador se acercó a ella. La acompañó educadamente hasta su coche y la condujo a toda prisa hasta su hermoso pero algo institucional hogar, a treinta y dos quilómetros de Taipei, una finca con bosques. Arlene pasó varios días en esta lujosa finca. Fue a visitar lugares de interés, disfrutó de buenas comidas, y se sentía en forma y relajada en su vuelo de regreso a San Francisco. El médico se reunió con ella y la llevó a su despacho de Oakland. Ella le entregó el pasaporte de «Arlene», rollos de película, matrices de billetes de avión y la peluca negra. Él le dio «una inyección de vitaminas». Al día siguiente, ella tomó el avión para Nueva York.

El personal de la agencia de modelos se sintió aliviado cuando su jefa se instaló tras su escritorio. Se habían estado preguntando qué le había pasado durante su larga ausencia de una semana. Ella no les contó nada de lo que había visto en Taiwan. No podía. No recordaba en absoluto su viaje a la isla; creía que sólo había estado en San Francisco.

La radiante rubia era la famosa Candy Jones, importante modelo estadounidense en los años cuarenta y cincuenta, aparecida en incontables portadas de revistas y la estrella de una comedia de Broadway, *Mexican Hayride* de Mike Todd. Durante casi dos años, viajó por la zona en guerra del Pacífico, protagonizando *Cover Girls Abroad*. En los años sesenta, dirigía la conocida Conover Model Agency. Como locutora a tiempo parcial de la NBC, entrevistó a personas importantes como el mandamás del sindicato de camioneros, Jimmy Hoffa. Candy Jones se hallaba entre las celebridades, a menudo se la veía en galas y estrenos. Era invitada frecuente a las fiestas de la columnista Dorothy Kilgallen. En Washington, se relacionaba con los Nixon.

Paralelamente, durante doce años, y bajo la identidad de Arlene Grant, realizó también muchísimos viajes a Taiwan y a otros países del Oriente Lejano entregando información secreta. Pero de estos viajes no tenía conocimiento. Aunque era bella e inteligente, Candy Jones no era consciente de que llevaba una doble vida, no recordaba nada de sus aventuras como chica James Bond, no tenía idea de que llevaba una extraña existencia tipo Jekyll y Hyde. Su recuerdo de su vida como «Arlene Grant, espía» había sido borrado por completo. Mucho más asombroso era el origen de Arlene Grant.

Arlene era una personalidad múltiple creada artificialmente. El *alter ego* Arlene tenía su propio banco de memoria individual. Como la mayoría de personalidades «originales», Jones no tenía acceso a la memoria de su *alter*. Arlene era ruidosa, dura y sarcástica. Conocía a Candy y la calificaba de «sosa». Físicamente era fuerte y atlética. Arlene, pero Candy no. Había recibido una educación especial en Virginia. Había asistido a una escuela de espías. Había sido entrenada para la guerra de guerrillas, incendiar, las tácticas de búsqueda y otras cosas. Era necesario. En algunos de sus viajes secretos, Arlene había sido atrapada y torturada.

El médico de Oakland, que utilizaba el seudónimo Gil Jensen, era un operativo secreto de la CIA. Empleaba drogas para alterar la memoria de Candy Jones, e hipnosis para crear y entrenar una personalidad múltiple, Arlene Grant. Este Pigmalión de la personalidad múltiple creía que había creado lo último en el campo de la inteligencia, el espía perfecto. Hizo desfilar a Candy ante los jefazos de la CIA para mostrarles lo que había logrado.

«El hipnotismo en la guerra: el superespía», de *Hypnotism*, por la autoridad mundial doctor George Estabrooks, describe, en primer lugar, «cómo crear una personalidad múltiple» con su memoria separada. Después, dar la información secreta múltiple. La personalidad corriente es enviada a diversos lugares. No lleva documentos secretos. Sólo la señal hipnótica especial puede acceder a la personalidad múltiple que lleva a los datos secretos. Aunque la torturen, la personalidad A no puede acceder a la memoria de la personalidad B. Basándose en sus propios experimentos, Estabrooks, de la Colgate University, afirmó que el *alter ego* puede soportar mucho más la tortura de lo normal, con pocos efectos negativos. Además, Estabrooks descubrió que el *alter* podía ampliar la memoria. La personalidad sembrada podía memorizar volúmenes enteros y recordarlos.

Durante doce largos años, en los cincuenta y sesenta, Candy Jones llevó su asombrosa doble vida. Con frecuencia, Candy asistía a fiestas de celebridades, donde conversaba con los famosos de la política, el ejército, el teatro y los medios de comunicación. Después, Arlene era convocada por los extraños sonidos electrónicos que oía al teléfono. Arlene entregaba entonces información en un lugar secreto convenido. En caso de que interceptaran a Candy, no divulgaría nada, pues no tenía los datos. En la cima de la guerra fría, viejos amigos de Candy en el gobierno se habían acercado a ella para preguntarle si ayudaría a su país recibiendo y enviando correo «especial». Eso es todo lo que la consciente Candy sabía que hacía. El doctor Jensen era un viejo amigo que ella había conocido viajando por la zona del Pacífico en guerra con su espectáculo.

Más de una década después, como a menudo sucede con las personalidades múltiples, la personalidad de Arlene se hizo cada vez más fuerte y empezó a tomar el control en momentos inadecuados, incluso en su noche de bodas con su esposo Long John Nebel. Nebel, célebre locutor de Nueva York, se hallaba cenando con Candy en el restaurante de un patrocinador, cuando de pronto apareció Arlene y reconstruyó extrañas y violentas escenas de su pasado como espía. En ocasiones, durante estos recuerdos, incluso reaparecían en su piel señales de las torturas. Jensen no había creado al superespía perfecto. Nebel, asombrado al descubrir que su guapa esposa no sólo tenía una personalidad múltiple, sino que era espía –y una espía desagradable–, acudió a hipnoterapeutas, psiquiatras y expertos del espionaje. La increíble historia de Arlene Grant salió poco a poco a la luz y empezó a ser invalidada.

Se parecía a *El mensajero del miedo* (*The Manchurian Candidate*), la historia de Richard Condon, un sargento estadounidense capturado en Corea e hipnoprogramado para matar al ver la reina de diamantes en una baraja. Como es natural, Candy Jones quedó destrozada al descubrir que había estado compartiendo su cuerpo y su mente. Y, peor aún, el programa ordenaba a Arlene que se suicidara cuando ya no fuera útil. Al conocer el hecho, y con terapia, Jones escapó al plan (murió de causas naturales en 1989). Mucho antes, en 1976, regresó a los micrófonos y reveló su historia en numerosos programas de radio. En el interesante libro *The Control of Candy Jones* (*La manipulación de Candy Jones*), de Donald Bain, aparece un relato completo.

En 1963, Linda MacDonald ingresó en el famoso Allen Memorial Institute de la universidad McGill, en Montreal. Había dado a luz a cinco hijos, incluidos gemelos, en cuatro años, y se sentía exhausta. Sufría de depresión *post-partum* y tenía el nivel bajo de azúcar en la sangre. Inició una extraña terapia sin ningún consentimiento. MacDonald recibió más de cien tratamientos de electrochoque y fuertes drogas durante tres meses, drogas que probablemente incluían LSD. Unas extrañas cintas sonaban una y otra vez en su habitación dándole instrucciones, un tratamiento llamado conducción psíquica.

¿Resultado? Ya no podía recordar su nombre. Su esposo y sus hijos eran extraños para ella. No recordaba cómo se utilizaban un cuchillo y un tenedor. No sabía ni leer ni escribir. La memoria completa de MacDonald, su vida entera, había sido borrada totalmente.

En 1987, Linda MacDonald presentó una demanda contra el gobierno canadiense por la pérdida de veinticinco años de memoria. Ella y al menos otros cincuenta y tres pacientes, incluida la esposa de David Orlidow, miembro del parlamento canadiense, habían servido, sin saberlo, de conejillos de Indias en horribles experimentos de modificación de la memoria dirigidos por el doctor Ewan Cameron en el Allen Memorial Institute. Llevados a cabo a finales de los años cincuenta y principios de los sesenta, estos experimentos habían sido encargados y pagados por la CIA a través de un «frente», la Sociedad para la Investigación de la Ecología Humana. Otros nueve canadienses demandaron a la CIA por un millón de dólares cada uno por la pérdida de su memoria. Todos ellos, elegidos al azar y sin que se les hubiera hablado de experimentación, habían sufrido un tratamiento similar para borrarles la memoria y remodelar la personalidad. «Nuestra vida ha quedado destruida», alegaban. La CIA no admitió tener culpa, pero pagó cerca de un millón de dólares como indemnización.

El control de la memoria y la amnesia eran grandes metas de la CIA, afirma John Marcks, ex agente de la CIA y coautor de *The CIA and the Cult of Intelligence*. Con el nombre en clave de MK-ULTRA, la CIA llevó a cabo extraños experimentos con la memoria de miles de inocentes en todo el país en ciento ochenta hospitales, centros de investigación y prisiones. Estimulada por la guerra fría, temerosa de que los comunistas llevaran la delantera en la «guerra de la mente», la CIA utilizó LSD y otras drogas, privación sensorial, eliminación de modelos, lavado de cerebros, hipnosis y multitud de otros métodos de control mental. En 1976, el Senado investigó estas horrendas prácticas y acabó con el programa.

¿Qué armas de la memoria descubrió esta investigación estilo crimen de guerra? Dos, según el periodista James L. Moore, que recibió documentos de ex hombres de la CIA. Una era el control intracerebral radiohipnótico. La otra, la disolución electrónica de la memoria. Había documentación de que la personalidad múltiple sembrada artificialmente era en realidad una táctica del contraespionaje. Moore indica que el presunto espía/asesino es condicionado hipnóticamente y convertido en una personalidad múltiple. Este *alter* es controlado por el «sonido de un tono específico», y «puede situarse a una persona bajo este control... sin su conocimiento, programado para realizar ciertas acciones...» cada vez que oiga el tono. «Eficaz para toda una vida –señala Moore–, el control puede ser puesto en marcha semanas, meses o incluso años después de la primera hipnosis y programación.» Sonidos de frecuencia específica, emitidos por radio o teléfono, activan ciertas partes del cerebro, estimulando la memoria múltiple.

La segunda arma de la memoria –la disolución electrónica de la memoria, EDOM en inglés– implica a la acetilcolina química del cerebro que lleva impulsos eléctricos desde los sentidos al cerebro. La memoria requiere la grabación de estos impulsos eléctricos. La acetilcolina es la «instalación eléctrica». «Interfiriendo electrónicamente en el cerebro, la acetilcolina crea estática que bloquea la vista y el sonido. Entonces no se tendría memoria de lo que se ha visto u oído; la mente estaría en blanco.» Según Moore, documentos de la CIA indican que la EDOM puede bloquear por completo el acceso a la memoria o desmodularla para que los acontecimientos queden fuera de ella.

Desde el principio del espionaje, la memoria –su expansión, contracción, agotamiento– ha sido un importante punto de interés. Muchos espías han sido grandes estrellas de la memoria. El gran espía israelí Elie Cohen tenía una supermemoria fotográfica natural y en 1978 se reconoció que había sido la clave del éxito israelí en la guerra de los Seis Días. El espía Cohen sólo tenía unos minutos para recordar con precisión todos los detalles de una gran instalación que contenía la mayor parte de las armas enemigas. Lo hizo. La megamemoria es una necesidad cuando un agente se prepara para una misión en el extranjero. Debe conocer el idioma, memorizar el árbol genealógico de la nueva persona, su historial, cultura y profesión, y todos los detalles de su encargo. Una vez allí, con frecuencia necesita una memoria casi fotográfica cuando echa un vistazo a un papel que está boca abajo en el escritorio de un compañero. Un fallo de la memoria puede significar la muerte.

¿SUPERESPÍAS SOVIÉTICOS CON PERSONALIDAD MÚLTIPLE?

Vladimir Raikov llenaba la sala de cuadros de Rembrandt y de Rafael para que se manifestara el talento. Los estudiantes universitarios con personalidad múltiple creada artificialmente, igual que Candy Jones, no recordaban el tiempo que pasaban como maestros del Renacimiento. Siguiendo a los soviéticos, nosotras llamamos a esto reencarnación artificial (ver capítulo 15). La técnica de Raikov se parece al protocolo del doctor Estabrooks para crear personalidades múltiples. Al llegar a ser las técnicas de uso público, es muy difícil creer que otros científicos no estuvieran «encarnando» a talentos más tortuosos –versiones soviéticas de Candy Jones, superespías, asesinos– en personas corrientes que realizaban sus tareas de costumbre hasta que la «comunicación por radio biológica» ponía en marcha una misión. Si los soviéticos no tenían personalidades múltiples, los británicos, al parecer, sí las tenían. Sir William Stephenson, el hombre llamado «Intrépido», dijo a Jones que en la inteligencia británica él utilizaba agentes programados tal como ella lo estaba. W. H. Bowart, autor de

Operation Mind Control, se puso en contacto con algunos veteranos del Vietnam que, al parecer, habían sufrido una programación de personalidad múltiple.

El autor Donald Bain, junto con otros muchos, informa de que Lee Harvey Oswald, acusado de asesinar al presidente John F. Kennedy, pasó un tiempo en un instituto de modificación de la conducta en Minsk durante los años en que vivió en la Unión Soviética. Esto da pie a la teoría de la conspiración. Nosotras no tenemos respuestas. Una vez que se entiende la manipulación de la mente ejercida por todos lados en los años sesenta, es más fácil comprender cómo se podría dar un salto con la imaginación y acabar con la conspiración. La imaginación corrió más aún cuando Sirhan Sirhan, el asesino de Robert Kennedy, fue vinculado con la programación hipnótica. Una muerte curiosa merece que se mencione. Inmediatamente después de que la periodista Dorothy Kilgallen entrevistara a Jack Ruby, después de que éste matara a Oswald, y afirmara que tenía pruebas para «hacer volar por los aires el caso JFK», fue hallada muerta. Muerte accidental, afirmó el forense. Pero olvidó mencionar qué accidente hizo que faltaran sus ficheros. Kilgallen era una de las amigas íntimas de Candy Jones, amiga a la que el *alter ego* Arlene probablemente denunció.

La electrocorriente de la conciencia

En Moscú observamos que los soviéticos habían llegado a la alta tecnología con la hipnosis, viéndola como fenómeno energético que influía en las muchas energías del cuerpo: bioeléctrica, biomagnética y bioplásmica, la energía chi de la acupuntura. Idearon detectores para controlar estas señales y determinar la profundidad y tipo de trance. Controlando las energías del cuerpo por hipnosis o por máquinas electrónicas, podían afectar a la conciencia, la memoria y la conducta.

Durante treinta años, los investigadores soviéticos han utilizado una ayuda eficaz e indetectable para producir hipnosis, un campo de frecuencia extremadamente baja pulsada en lugar del estroboscopio destellante utilizado en los Estados Unidos. En 1983, el doctor Ross Adey del Loma Linda VA Hospital mostró una máquina Lida soviética y demostró su efecto. La Lida electrónica fue utilizada por interrogadores con prisioneros de guerra, sin que éstos lo supieran, para provocar el trance y capturar información de sus memorias. Provocar el trance facilitaba mucho el acceso a su memoria, aceleraba el recuerdo y estimulaba la sumisión.

Al trazar los mapas de los campos bioeléctricos del cuerpo, los soviéticos descubrieron que despertar la conciencia misma es una función de las corrientes directas que van de los polos negativos a los positivos en el cerebro, un flujo central de delante a atrás en la cabeza. Haciendo pasar una corriente de bajo voltaje a través de la parte delantera del cerebro hasta la posterior, se puede cancelar la corriente normal de conciencia que despierta y dejar inconsciente a una persona. Ésta no recordará lo que está ocurriendo. Con ello también se puede anestesiar por completo a una persona. Las posibilidades especulativas son suficientes para producir un gran contento incluso en las personas más frías.

Los soviéticos habían descubierto lo que el doctor Robert Becker, del Syracuse VA Hospital, iba a confirmar décadas más tarde. La anestesia química, la anestesia por acupuntura y la anestesia hipnótica funcionan de la misma manera. Invierten las polaridades de la «electrocorriente de conciencia» del cerebro.

Públicamente, los soviéticos lanzaron su «máquina de electrosueño», llamada a menudo el «arma del sueño», para ser utilizada para la anestesia quirúrgica, relajación terapéutica y terapia de sueño. Como es evidente, el uso secreto de este eliminador de la conciencia no se hizo público, pero sin duda sería un «arma» útil.

Además del electroeliminador, los soviéticos descubrieron que los campos magnéticos fuertes también pueden interrumpir la «corriente de conciencia» del cerebro y dejar inconscientes a personas y animales. Becker hizo el mismo descubrimiento. Las grabaciones de EEG de la anestesia magnética y química eran idénticas.

Pronto Becker se halló también sobre la pista de la naturaleza electromagnética de la hipnosis. También él desarrolló instrumentos para controlar la hipnosis y la sugestión. Cuando el cliente entraba en trance profundo se producía un cambio eléctrico. (El potencial negativo en la parte frontal de la cabeza bajaba a cero.) Con la hipnosis y la sugestión podía cambiar los potenciales de corriente directa del cuerpo. Eso hacía que el dolor aumentara o se redujera. Se puede hacer lo mismo con los campos eléctricos o magnéticos. La hipnosis y los campos electromagnéticos funcionaban de la misma manera. La autosugestión para curarse también funciona así, dice Becker. Altera los electropotenciales del cuerpo. Lo contrario también podría funcionar, alterar los campos y producir pérdida de memoria y conducta anómala. Hay que preguntarse con cuánta frecuencia eran requeridos los campos al crear personalidades múltiples, para dejar en blanco y mezclar la memoria.

Una razón por la que la electroeliminación no nos pareció extraña es que estábamos familiarizadas con el experimento modelo de la *psi* soviético. Realizada por un fisiólogo famoso en todo el mundo, fomentada por montañas de informes publicados, repetida incansablemente durante cincuenta años, la «hipnosis telepática» estaba bien arraigada en la URSS décadas atrás. Normalmente esta actuación telepática se producía de habitación a habitación, pero a veces a más de cientos de quilómetros. Los experimentadores intentaron implantar la sugestión subliminal en la memoria de los sujetos y al final estos investigadores también trabajaron con campos electromagnéticos supuestamente clasificados de secretos.

Armas de la memoria y control mental

El embajador de EE.UU. Walter Stoessel regresó a casa procedente de Moscú sintiéndose mal. Tenía constantes dolores de cabeza, los ojos inyectados en sangre y le costaba concentrarse. Las pruebas confirmaron una rara enfermedad de la sangre, similar a la leucemia. Sus dos predecesores también habían vuelto a casa enfermos y posteriormente murieron de cáncer. El personal de la embajada de los EE.UU. tampoco se encontraba bien. Padecían de dolores de cabeza y visión turbia. No podían concentrarse ni recordar bien. Los médicos hallaron problemas en los glóbulos blancos.

Stanley Gottlieb, el director del programa MK-ULTRA de la CIA, declaró ante el Congreso que, cuando Richard Nixon y su partido se hallaban en la URSS en 1971, mostraron una conducta anómala que incluía depresión y llanto. Desde principios de los años sesenta hasta principios de los ochenta, los soviéticos bombardearon la embajada de EE.UU. en Moscú con radiación de microondas que incluía frecuencias que afectan a la mente, la memoria y la salud. Bowart informa de que los propios estudios de los soviéticos muestran microondas que pueden alterar las ondas cerebrales, causar alucinaciones y drásticos cambios perceptuales, incluida una pérdida del sentido del tiempo.

En 1975, una potente señal empezó a pulsar hacia nosotros desde siete colosales radiotransmisores situados en la URSS. Estas transmisiones se hicieron famosas como las transmisiones del pájaro carpintero, y pulsaban ondas ELF. La transmisión, entre 3,26 y 17,54 megahertzios, se pulsaba a varios ritmos de onda cerebral clave, en especial seis hertzios y once hertzios. Estas ondas ELF específicas pueden afectar a las personas de modo negativo. El pájaro carpintero aparentemente estaba instalado para comunicarse con los submarinos o satélites espías, pero muchos creían que sus principales efectos secundarios eran intencionados.

El pájaro carpintero causaba periódicamente graves apagones de radio en todo el mundo. Sus ondas ELF se mezclaban con la contaminación electromagnética de la atmósfera superior de la Tierra y se sospechaba que provocaban importantes perturbaciones atmosféricas. Cuando las ondas ELF viajaban y fluctuaban sobre ciertas partes de Estados Unidos, en particular Eugene, Oregón, a veces causaban problemas en la mente, la memoria y la salud. Afectaban a la concentración, la capacidad de tomar decisiones y la coordinación. Causaban confusión mental, irritación y ansiedad. La gente se quejaba de presión y dolor de cabeza. Sentían agudos zumbidos en los oídos.

Raymond Damadian, del Downstate Medical Center de Brooklyn, que patentó el escáner de resonancia magnética nuclear, afirma que las emisiones soviéticas están pensadas para producir resonancia magnética nuclear en el tejido humano. Estas emisiones también pueden aumentar la niebla invisible de electrocontaminación que ya existe e incrementar el daño a la mente, la memoria y la salud. Como si se tratara de algún malévolo mensaje subliminal, al parecer hay campos de los que no somos conscientes que enturbian nuestra memoria y capacidad mental y deterioran nuestros sistemas inmunológicos.

Una sencilla prueba en el laboratorio Pensacola de la marina demostró la vulnerabilidad de la mente a la interferencia electromagnética. Se pidió a los sujetos que sumaran series de cinco números de dos dígitos. Se les irradió un campo magnético de un gauss, la misma fuerza que se encuentra cerca de los cables de electricidad de alto voltaje y los calentadores eléctricos del hogar. Las puntuaciones volvieron a la normalidad cuando se eliminó el campo. Los campos electromagnéticos cerca de instalaciones de radar (por ejemplo, aeropuertos o instalaciones militares) son más fuertes y presumiblemente poseen un efecto aún más nocivo sobre la capacidad mental.

Cuando se producen erupciones solares, se forman grandes tormentas magnéticas que cambian los campos magnéticos de la Tierra. Estos cambios producen una conducta anormal en los humanos y los animales. Parecen empujar a algunas personas desde el borde del precipicio. Becker examinó la admisión de veintiocho mil pacientes en ocho hospitales psiquiátricos durante más de cuatro años. Comparó el estudio con los datos de sesenta y siete tormentas magnéticas sucedidas durante el mismo período. Después de las tormentas magnéticas, un mayor número de personas necesitaron hospitalización. Becker cree que las tormentas influyen en la corriente eléctrica de la conciencia en el cuerpo.

Cosmobiología es el nombre soviético de esta ciencia. En los años sesenta, investigadores del Instituto de Fisiología Clínica de Kiev descubrieron que, cuando se producen erupciones solares, las tormentas magnéticas resultantes afectan a la mente, la memoria y el tiempo de reacción, e incluso pueden causar apoplejía. Los reflejos se hacen más lentos y los accidentes de tráfico se cuadriplican.

¿El Sol puede afectar a la memoria? ¿Las erupciones solares pueden estimular los recuerdos de viejos errores, rencores o enemistades? Cuando el Sol se enfurece y los campos magnéticos inundan la Tierra, ¿se agitan acaso los recuerdos de injusticia y represión? Sí, dice el doctor Alexander Chijevski, y su «sí» deriva de amplias investigaciones que abarcan milenios. Revoluciones, guerras, conflictividad política, grandes migraciones, epidemias; todo ello parecía correlacionarse con el ciclo de las manchas solares de once años y medio. Chijevski, el padre de la cosmobiología soviética, dijo que los cambios políticos se producen con mayor facilidad cuando el Sol se crispa. Las espectaculares perturbaciones del Sol en 1917 coinciden con la revolución rusa. «Si existen situaciones injustas, éstas se agravan por un torrente de radiaciones que ayudan a activar los acontecimientos», declaró Chijevski. Los descubrimientos de Becker ayudan a confirmar cómo estos cambios de campo magnético afectan a las electrocorrientes de la conciencia.

Las investigaciones de Chijevski, publicadas en *The Sun And Us* e *In the Rhytm of the Sun*, y que revelan cómo el Sol puede afectar a la mente y la memoria y así alterar la historia política, le fueron recompensadas con más de veinte años en un campo de prisioneros de Siberia. Vivió hasta 1964 para ver la cosmobiología establecida científicamente. Había predicho un cúmulo de tumultuosos acontecimientos políticos de 1989 a 1991. Cuando las manchas solares alcanzaron la más alta actividad en ciento cincuenta años, los ciudadanos de la Europa Oriental y diversas regiones soviéticas se vieron inundados por los recuerdos de horrores pasados, situaciones de injusticia y represión. Grandes poblaciones se levantaron para luchar contra la opresión y cambiaron la historia de la noche a la mañana. Toda la Europa del Este se vio alterada. La Unión Soviética amenazaba con desmoronarse por culpa de la conflictividad étnica. En Centroamérica y Haití, los dictadores fueron derrocados. Incluso el tranquilo Canadá respondió a las potentes radiaciones solares. «Yo recuerdo» es el eslogan que llevan las placas de matrícula de Quebec. Y en 1990 recordaron: viejas injusticias, errores y heridas. Quebec amenazaba con dividir el Canadá. En el Oriente Medio, muchos musulmanes recordaron el dictado religioso de unirse como nación e hicieron caso de la llamada a una guerra santa en el golfo Pérsico.

LAS TORMENTAS MAGNÉTICAS ARTIFICIALES Y LA MEMORIA

La KGB y los militares son plenamente conscientes de cómo las tormentas electromagnéticas afectan a la conducta humana y la mente, la memoria y la salud. ¿Qué le sucedería a la memoria si se irradiara a alguien con tormentas electromagnéticas creadas de modo artificial? ¿Y qué pasaría con las ondas electromagnéticas de ultra y ultra alta frecuencia –microondas–, que van desde ciclos de quinientos millones por segundo (quinientos megahertzios) hasta la frecuencia de la luz visible? ¿Podrían ser desestabilizadoras de la memoria? ¿Podrían ser productoras invisibles de amnesia, el arma de la memoria preferida de los operadores secretos? ¿Podrían los terroristas irradiar estas ondas a grupos étnicos seleccionados para producir cambios en la memoria, confusión, irritación, alucinaciones, cambios de percepción, enfermedad, depresión, conducta criminal, pérdida de sentido del tiempo?

En 1984, el centro de radiobiología de Varsovia descubrió que las microondas irradiadas a las personas causaban pérdida de memoria, lesiones cerebrales y problemas de salud. En América, la Duke University informó que irradiar microondas de diez mil microvatios hacía más lentos a los electrones del cerebro y disminuía su energía. De forma muy similar, el doctor Ross Adey registró cambios químicos en el cerebro causados por microondas que afectaban a todas sus funciones. Las microondas se relacionan con la definitiva pérdida de memoria, la enfermedad de Alzheimer. Monos expuestos continuamente a microondas desarrollaron síntomas cerebrales característicos de la enfermedad de Alzheimer, según el doctor Sam Koslov de la Johns Hopkins University. Otros animales sometidos a dosis bajas de radiación de microondas mostraron un gran descenso de los neurotransmisores esenciales para la memoria. Las ratas del laboratorio del doctor Richard Lovely de la universidad de Washington fueron sometidas siete horas diarias, durante tres meses, a irradiaciones con microondas: se volvieron lentas en el aprendizaje. El doctor Allen Frey descubrió que los rayos de microondas pulsados aumentaban la permeabilidad de la barrera de la sangre al cerebro, lo que permitía que penetraran las drogas, las bacterias y el veneno. Todos estos recientes descubrimientos acerca de las microondas ayudan a explicar por qué la KGB irradiaba microondas a la embajada de los EE.UU. en Moscú. Ellos lo habían descubierto décadas antes.

Frey también descubrió un tipo de permeabilidad mucho más intrigante. Si se pulsan microondas de trescientos treinta a tres mil megahertzios a un ritmo específico, la gente puede oírlas. Aparece como un zumbido, un siseo, un chasquido. Las perciben, incluso los sordos, en la región temporal del cerebro cerca de las orejas. Si se toman las vibraciones de sonido de una palabra y se crea un audiograma de microondas pulsadas, las palabras, códigos o instrucciones podrían ser irradiados directamente al cerebro de alguien a distancia. El doctor J. C. Sharp del Walter Reed Army Institute of Research se convirtió en sujeto de prueba. Oía y comprendía palabras emitidas por microondas. Los espías como James Bond podrían haber vuelto loco a un enemigo con «voces» o entregar secretos o instrucciones a agentes con un rayo dirigido al cerebro.

En el Loma Linda VA Hospital, Ross Adey demostró que las microondas moduladas pueden aplicar pautas eléctricas específicas en partes del cerebro, y esculpiendo estas ondas incluso se podrían producir respuestas condicionadas en personas y animales. El doctor José Delgado, director durante quince años del Centro Ramón y Cajal, el principal laboratorio neurofisiológico español, estudió el impacto de frecuencias específicas de campos magnéticos en la conducta y las emociones de monos, sin utilizar electrodos implantados ni receptores de radio; simplemente campos magnéticos de ELF de baja potencia, con los que Delgado podía hacer que los monos se durmieran al recibir esa orden, o provocar una conducta extraña, maníaca. La editora de *Omni*, Kathleen McAuliffe, que vio algunos de estos experimentos secretos, dice que los monos parecían juguetes electrónicos a pilas, pues repetían interminablemente la misma acción.

Los recientes experimentos no secretos revelan que los soviéticos intentaron provocar trances hipnóticos en personas utilizando sólo microondas. Tenían «programadores» de microondas de igual manera que programadores de ordenador. Las personas no sabían que estaban siendo irradiadas o que entraban en trance. Intentaban que los «rayos de información» borraran y falsificaran la memoria de los sujetos.

Ciertas toxinas generadas por bacterias y virus pueden dañar en gran medida la memoria y la mente. Las bacterias y virus se multiplican más de prisa y crecen con más fuerza en campos magnéticos específicos. Como había señalado el cosmobiólogo soviético Chijevski, los ciclos, que se producen de modo natural, de gran actividad de las manchas solares, coinciden con períodos de gran proliferación de enfermedades entre plantas, animales y humanos. El cólera, la difteria y la fiebre tifoidea se volvían más virulentas cuando había tormenta en el Sol. La famosa gripe pandémica de 1918 se produjo durante una gran actividad solar. Las bacterias y los virus se reproducían intensamente durante la gran actividad solar y las tormentas electromagnéticas. El famoso astrónomo británico sir Fred Hoyle confirmó que las pandemias virales y los máximos solares han coincidido durante cientos de años. El concepto podía utilizarse como otra arma contra la memoria. El soviético Yuri Udintsev descubrió que un campo magnético de doscientos gauss, cincuenta hertzios, podía hacer que las bacterias fueran un quinto más fuertes. En un sistema de armas contra la memoria, los campos magnéticos podrían utilizarse para dar potencia a los virus y bacterias destinados a la guerra biológica, o las víctimas podrían ser irradiadas con campos para hacerlas más vulnerables a los virus, o ambas cosas. A la inversa, un sistema de defensa implicaría campos que le hacen a uno menos vulnerable.

En 1968, científicos de Moscú nos dijeron que su amplia investigación en los campos electromagnéticos habían indicado con precisión qué frecuencias son beneficiosas y cuáles son perjudiciales. Ciertos campos magnéticos pulsados aceleran la curación, otros aumentan la percepción humana, la telepatía y la clarividencia, afirmaron. En aquella época, el espionaje psíquico se tomaba en serio en Moscú. Era la principal razón por la que el gobierno financió la investigación de la *psi*. Los soviéticos creían que irradiar ondas de confusión y ansiedad a ciertos individuos clave podría proporcionarles grandes ventajas sobre sus competidores en unas cuantas áreas, desde el comercio de artículos de consumo hasta los deportes y los acuerdos políticos. Se decía que los campeones del encarnizado deporte cerebral del ajedrez eran el objetivo de los rayos de radiación secreta. El desertor Boris Spassky afirmó que había perdido el campeonato mundial de ajedrez frente a Bobby Fischer porque estaba siendo bombardeado con rayos de confusión que afectaban a la memoria. Gary Kasparov y Anatoly Karpov se han quejado repetidamente de que se les dirigen energías sutiles para interrumpir la concentración y desbaratar la memoria.

Los investigadores estadounidenses doctor Andrei Puharich y doctor Bob Beck confirmarían más adelante que existen frecuencias de campo electromagnético exactas que causan depresión o conducta provocativa, así como frecuencias positivas que pueden aliviar el estrés, ayudar a la concentración y hacerle sentir bien a uno.

Igual que los asombrosos misiles de alta tecnología y las «bombas inteligentes» utilizadas en la guerra de Oriente Medio, los militares han trabajado simultáneamente en armas de alta tecnología contra la memoria, igualmente perfeccionadas.

Después de años de investigación electromagnética, Becker advierte: «El arma última es la manipulación de nuestro ambiente electromagnético. Nos enfrentamos aquí con el descubrimiento científico más importante: la naturaleza de la vida». Su reciente libro *Cross Currents* revela algo de las armas de defensa electromagnéticas occidentales desarrolladas por los militares. Éstas van desde el EMP (*Electromagnetic Pulse*, Pulso Electromagnético) al GWEN (*Ground-Wave Emergency Network*, Red de Emergencia de Onda Terrestre). También existe el sistema de *High-Power Pulse Microwave*, Onda de Pulso de Alta Energía. Todas las armas contra la mente y la memoria de campo electromagnético son silenciosas e imperceptibles. Una recopilación realizada por la fuerza aérea, en 1982, de la biotecnología señala que los sistemas serían utilizados para enfrentarse con grupos terroristas, control de multitudes, control de seguridad y técnicas antipersonal en la guerra táctica. Serían utilizadas para producir de leve a grave desbaratamiento fisiológico, distorsión perceptiva o desorientación.

¿Qué podemos hacer con relación a estas inquietantes nuevas armas contra la mente y la memoria? Becker dice: «La única defensa es un público informado».

# CUARTA PARTE

21
La experiencia de tránsito a la muerte: ¿una ventana en la memoria?

Con cierto grado de ironía, el doctor «Smith», cirujano pediátrico, observaba a algunos de sus colegas médicos salir de estampida del quirófano, probablemente yendo a comprobar su seguro por accidente, pensó. Después, se volvió a su paciente, que estaba sobre la mesa de operaciones y vio que la niña empezaba a recuperarse de la anestesia. Después se fijó en su propio cuerpo. Se hallaba desplomado en el suelo al lado de la mesa de operaciones, con el escalpelo en la mano. El doctor Smith estaba clínicamente muerto. Cuando se inclinaba sobre la paciente para realizar la primera incisión, había sufrido un ataque al corazón. Sus colegas estaban tratando de resucitarle.

Ahora llevaban su cuerpo a la sala de urgencias. Empezó a darse cuenta de que se hallaba fuera de su cuerpo y que flotaba cerca del techo. Atisbando por encima del hombro de su colega, leyó su presión sanguínea: 40 y 20. Después, perdió el interés por el equipo de reanimación. Su atención se dirigió hacia un túnel. Pronto avanzaba en espiral por el túnel a gran velocidad, viajando hacia una luz brillante y agradable que había a lo lejos. Él quería desesperadamente llegar a aquella luz benéfica. De pronto, volvió a estar en su cuerpo. Y en esta dimensión.

«Mi vida no ha vuelto a ser la misma –cuenta después de haber estado tan cerca de la muerte–. Nada en este mundo parece importante en comparación con lo que experimenté.» Fue tan decisivo para este cirujano, que escribió un informe que hizo público, anónimamente pero en persona, en la Conferencia de la International Association for Near-Death Studies celebrada en Filadelfia en 1989.

En las últimas dos décadas, los avances de la resucitación han iniciado algo auténticamente nuevo bajo el sol, una experiencia con efectos transformadores, que cambian la vida, en más de ocho millones de estadounidenses. Suspendidos entre la vida y la muerte durante unos minutos, regresan con recuerdos brillantes de experiencias notables y notablemente similares. Igual que los astronautas del siglo veinte contemplan el universo desde una perspectiva totalmente nueva, los que experimentan el tránsito de la muerte disfrutan de una nueva perspectiva, ampliada, en las dimensiones de la vida y, más en particular, del alcance de la memoria. Los siguientes relatos, recopilados por Raymond Moody, doctor en medicina, y el psicólogo doctor Kenneth Ring, dos de los principales investigadores de este campo, son típicos de la experiencia de tránsito a la muerte (NDE, Near-Death Experience) y de la comprensión de la memoria que aporta.

Tom Sawyer de Rochester, Nueva York, se hallaba bajo un camión, para repararlo, cuando los soportes cedieron y quedó aplastado. Aparentemente estaba muerto, pero un equipo médico intentaba reanimarle. De repente, Sawyer se encontró fuera de su cuerpo, avanzando por un túnel para encaminarse a «esa luz blanca o blanco-azulada de lo más magnífico, radiante, hermosa, brillante...». Tenía un brillo extraordinario, añadió, pero no me dolían los ojos. «Lo siguiente que percibí es la maravillosa sensación de esta luz... Es casi como una persona. No es una persona, pero es un ser de alguna clase. Es una masa de energía... Después, la luz inmediatamente se comunica contigo... es una sensación de amor puro, auténtico... La segunda experiencia, más magnífica... es que te das cuenta de que de repente estás en comunicación con el conocimiento absoluto, total.»

Cuando Sawyer se fundió con este ser de luz, le pareció como si una enorme cantidad de conocimiento le fuera impartido. La experiencia transformó su vida. Regresó de la muerte clínica con un fuerte deseo de estudiar: ciencia, historia antigua, parapsicología, cosmología. Mecánico de toda la vida y persona que jamás se había terminado un libro, Sawyer sorprendió a su familia ingresando en la universidad para estudiar física y matemáticas. Empezó a preguntar a la gente por la teoría cuántica de Max Planck, diciendo que sentía una gran necesidad de leer acerca de esa teoría. Cuando por fin comprendió los conceptos de Planck, Sawyer los relacionó inmediatamente con la comprensión que de manera tan misteriosa había captado durante su experiencia de tránsito a la muerte. Después de su viaje interdimensional, Sawyer también empezó a sentir habilidades *psi* latentes.

Al otro extremo del continente, en California, Janis estuvo a punto de morir en un accidente de coche. Después de girar a través de un túnel, se encontró con una luz, una luz brillante, dorada, potente. Una sensación de paz, de regreso al hogar, de calidez, de amor y aceptación por parte de este ser luminoso la engulló. La entidad luminosa le preguntó telepáticamente: «¿Estás preparada para quedarte?». Antes de decidirse, Janis experimentó un recuerdo panorámico. «Mi vida entera pasó por mi cabeza, así, en un instante. Cronológicamente. Con precisión. Yo era espectadora.» Fue como pasar un vídeo en cámara rápida. «Y después de que toda mi vida pasara por delante de mí, en blanco y negro, *zoom*... y pasó a tener color.»

Hank también estuvo a punto de morir en un accidente de coche en Virginia, en 1975. De repente se encontró en una gran habitación con entidades intensamente luminosas, tan brillantes, que inundaban la habitación de luz, calidez y amor. Cuando le preguntaron si se quedaría, también Hank tuvo un recuerdo completo de su vida. «Fue como si supiera todo lo que mi cerebro había almacenado. Todo lo que sabía, desde el principio de mi vida... Tuve un conocimiento claro y completo de todo lo que me había sucedido en la vida, incluso cosas sin importancia... todo, lo que en aquel momento me hizo comprenderlo mejor.» Las entidades también percibían su historial. Hank sentía que conocía el objeto de la vida en la dimensión terrestre: comprender, aprender y amar. «Y para comprender que cada acto que se comete en la vida queda grabado y que, aunque en aquel momento uno no le haga caso, más adelante siempre aparece.»

Jayne Smith, de Filadelfia, estuvo a punto de morir de parto en 1952. Se sentía como si estuviera en una niebla y supiera que había muerto, pero estaba viva. En la niebla apareció una luz que se hizo cada vez más brillante. La luz parecía acunarla; la sensación se hizo cada vez más extáticamente gozosa. «Si se tomaran las mil mejores cosas que le han sucedido a uno en la vida y se multiplicaran por un millón, quizá se podría tener una idea de lo que es esa sensación.» Telepáticamente, repasó toda su vida. Después preguntó a la entidad luminosa: «¿Cómo funciona todo el asunto?». Le contaron los secretos de la vida y la muerte y el universo, y acontecimientos que iban a suceder que tenían sentido, afirmó ella, en aquel momento. «Yo sabía que era algo que siempre había conocido pero logrado olvidar.»

Darryl se electrocutó en 1971 cuando un rayo cayó sobre su casa. Estuvo nueve minutos sin pulso ni respiración. Con la vida pendiente de un hilo, dice que encontró un ser de luz radiante lleno de «amor puro y sobrecogedor» y después su vida pasó ante él. «Lo que ocurrió fue que sentí todas las emociones que había sentido en mi vida.» Le mostraron cómo aquellas emociones afectaron a su propia vida y a la de otros. «Me había portado muy mal», admite. Años más tarde, todavía intentaba mantener sus relaciones desde esta nueva perspectiva. Los adultos que experimentan el tránsito a la muerte ven la película total de su vida desde el nacimiento a la muerte o a la inversa. Algunos ven los recuerdos en segmentos. En lugar de ver los recuerdos de manera desapasionada, algunos pueden revivirlos. «Todo lo que había sucedido en mi vida estaba grabado», afirman constantemente. Otros ven una repetición de un recuerdo global, los recuerdos de la Tierra desde el principio de su existencia.

Los niños no es probable que hayan leído literatura psicológica o que hayan oído hablar de personas que, en estado de transición a la muerte, han salido de su cuerpo. Sin embargo, en el borde de la muerte, incluso los niños pequeños afirman que también ellos abandonan el cuerpo físico, viajan a través de un túnel, se encuentran con un ser de luz y con amigos o parientes fallecidos, eligen regresar y vuelven a su cuerpo. El doctor Glenn Gabbard, de la Menninger Foundation, cuenta el caso de un chiquilllo de dos años que mordió un cable eléctrico. Los historiales médicos indican que no respiró ni le latió el corazón durante veinticinco minutos. El niño se recuperó y más tarde contó a su madre: «Entré en una habitación... Había una luz muy brillante... Había un hombre muy agradable que me preguntó si quería quedarme allí o regresar contigo... Yo quería estar contigo y volví a casa». Falta un elemento importante en la experiencia de los niños: la memoria panorámica, lo cual es comprensible. No han vivido lo suficiente para desarrollar un historial.

La investigadora de la Eastern Illinois University la doctora Barbara Walker presenta el caso de un niño de siete años que se cayó de un puente de piedra y se golpeó la cabeza con una roca dentro del agua. Permaneció diez minutos sumergido antes de ser rescatado. Estuvo en coma cuatro días. Cuando recobró el conocimiento, dijo que había estado flotando en el aire sobre el puente, observando a los del equipo de salvamento zambullirse en su busca. Habló de lo que había sucedido, cosas que no podía haber visto mientras estaba bajo el agua. Penetró en un túnel oscuro con nubes blancas, y vio una luz. Su perro, Andy, que había muerto cuando el niño tenía tres años, se precipitó por el túnel y le lamió las manos y la cara saludándole con alegría. El gato de la familia, Abby, que había sido atropellado, también le saludó, afirmó el niño. Lo siguiente que recordaba era que estaba en el hospital.

Aunque parezca un serial de Hollywood, los investigadores consideran que el hecho de ser saludado por parientes, amigos o animales domésticos fallecidos, durante una transición a la muerte, forma parte del prototipo universal de esa experiencia. Recientemente se ha descubierto que incluso los niños que rozan la muerte pueden tener una experiencia de este tipo que sigue casi el mismo modelo que la de los adultos. Los bebés que han estado a punto de morir, parece que lo recuerdan claramente y describen el hecho cuando tienen edad para hablar.

Caleidoscopio de la memoria

Después del recuerdo panorámico, algunos protagonistas de estas transiciones a la muerte tienen otra experiencia sorprendente y, también, notablemente similar. Llegan a una «ciudad de luz». La víctima de electrocución, Darryl, se encontró de pie junto a una alta catedral hecha de luz. Los bloques del edificio «parecían hechos de plexiglás. Eran cuadrados, tenían volumen». Eran transparentes, y en el centro de cada uno había luz dorada y plateada. Esta catedral radiante «estaba hecha literalmente de conocimiento. Era un lugar para aprender... Empecé a ser bombardeado con datos... literalmente toda la información... venía hacia mí de todas direcciones». Era como una corriente de agua en la que cada gota era una pieza de información. La información pasó por delante de él como si su cabeza se hallara en la corriente.

Darryl no es la única persona que ha llegado a esta «ciudad». Stella, de Carolina del Norte, «murió» de una gran hemorragia después de ser operada en 1977. Cuenta que le pareció viajar en un rayo láser de luz hasta llegar a una inmensa ciudad flotante también de luz. Los edificios eran de bloques cristalinos con un resplandor dorado. «Había un conocimiento que va más allá de todo lo que pudiera describir... y oía hablar idiomas... idiomas que jamás había oído y podía entenderlos... Había mucho más...» Ella quería desesperadamente quedarse y experimentarlo.

Después de veinte años de investigar a personas que habían experimentado este tránsito, Raymond Moody, psiquiatra y autor de libros prominentes como *Life After Life*, *Reflections of Life After Life* y *The Light Beyond*, resume la secuencia básica de la experiencia: 1. Sensación de estar muerto. 2. Experiencia de estar fuera del cuerpo. 3. La experiencia del túnel. 4. Encuentro con una luz brillante. 5. Encontrarse con poderosos y amorosos «seres de luz» y amigos, parientes y animales domésticos muertos luminiscentes. 6. La «revisión de la vida» o recuerdo panorámico. 7. Desgana a regresar. 8. Una sensación de entrar en una base diferente de tiempo, espacio y conocimiento. 9. Transformación y pérdida del miedo a la muerte.

Esta pauta básica del tránsito a la muerte ha sido explicada por cientos de miles de personas de docenas de países, por personas de todas las edades, de todas condiciones de vida y creencias. Un estudio realizado por Gallup en 1982 mostró que ocho millones de estadounidenses habían tenido una experiencia similar al borde la muerte. Recientemente, George Gallup, Jr. elevó la cifra a más de veintitrés millones. Las grandes posibilidades de reanimar a una persona en todo el mundo están elevando aún más esta cifra. Las últimas estimaciones indican que el cuarenta por ciento de pacientes «resucitados» han tenido una experiencia de este tipo. La doctora Elisabeth Kübler-Ross fue la primera doctora en medicina que habló públicamente del tránsito a la muerte y documentó el fenómeno en sus libros.* La investigación pionera de Kübler-Ross, Moody y Ring fue seguida por años de investigaciones realizadas por multitud de profesionales. Se ha fundado la International Association for Near-Death Studies (IANDS), que publica una revista y celebra una conferencia anual, muy concurrida. La cantidad de informes de tránsito a la muerte en todo el mundo ha quedado documentada en innumerables libros, ensayos científicos, artículos y programas de televisión. Se han examinado a fondo todos los argumentos que tachan dicha experiencia de alucinación, realización de deseos, sueños, síntomas provocados por productos químicos, lesiones cerebrales, locura, mentiras, e incluso de interferencia satánica o complejo mesiánico. Actualmente, los investigadores se centran en la importancia de la experiencia. ¿Cómo afecta a las perso-

---

* Ediciones Grijalbo ha publicado de esta autora el título *Sobre la muerte y los moribundos*, Barcelona, 1989.

nas en aquellos momentos o años más tarde? ¿Qué puede indicarnos respecto a nuestros recuerdos?

En *Heading Toward Omega: In Search of the Meaning of the Near-Death Experience*, el doctor Kenneth Ring señala que los individuos que tienen esta «experiencia trascendental» experimentan profundos cambios de valores. Aumenta la autoestima. También el amor, la compasión y su conciencia espiritual. Existe la tendencia a prestar menos atención a las empresas materialistas y a dedicar más atención a aliviar el sufrimiento humano. «La experiencia de transición a la muerte es en esencia una experiencia espiritual que sirve de catalizador para despertar y desarrollarse –dice Ring–. Después, la gente tiende a manifestar una variedad de capacidades psíquicas que son parte inherente de su transformación.» Además del recuerdo total de su vida pasada, muchos tienen visiones del futuro durante su experiencia de casi muerte. Cosa curiosa, tienden a ser similares; prevén una catástrofe mundial, una guerra, y después una era de renovación cultural y cooperación mundial.

Esta experiencia tiene una vibrante importancia personal para los que han pasado por ese túnel de luz y han experimentado directamente el reino trascendental, supersensible, del que casi todos dicen que amplió su visión de la vida y apreciación de la memoria. ¿Este fenómeno tiene una mayor importancia? ¿Están estos crecientes millones fermentando nuestra sociedad? ¿Se han convertido, como algunos creen, en una potente fuerza evolutiva que presiona para romper las viejas creencias opresivas y abrir nuevas perspectivas en la naturaleza multidimensional de la vida? La perspectiva cósmica que recuerdan los que regresan a la vida, ¿es, como algunos creen, necesaria para ayudar a prepararnos para cambios culturales y físicos radicales? El doctor Ring cree que los miles de personas recién despertadas son una «especie de vanguardia». Al hacerse más amorosos y compasivos, se convierten en «prototipos de una nueva Humanidad, custodios adecuados de nuestro futuro».

Phyllis Atwater, de Boise, Idaho, tuvo tres experiencias de transición a la muerte en 1977. Impulsada a comprender el recuerdo de sus experiencias, entrevistó a cientos de otras personas que también habían pasado por ello. Su clásico libro pionero, *Coming Back to Life*, tiene una perspectiva única. La muerte para los que experimentan la casi muerte es un aumento de las frecuencias de energía, cree ella. Han sido expuestos a fuertes dosis de elevadas energías: «La Fuerza».

Prácticamente todos señalan esta sensación de aceleración de frecuencia cuando avanzan en espiral por el túnel oscuro hacia la luz. Las consecuencias deberían contemplarse en términos de energía. Los efectos pueden incluir: visión cambiada del cuerpo y la realidad física (el cuerpo se lleva puesto como una chaqueta); una sensación de inexistencia de tiempo (nuevas funciones de la memoria, recordar el futuro); desorientación en el tiempo y el espacio; mayores percepciones (Atwater dice que veía las células internas del cuerpo y que oía los pensamientos de la gente; otros percibían una sustancia como una tela de araña que lo conectaba todo, lo vivo y lo no vivo, formando una reluciente red); mayores habilidades psíquicas (campos de energía de elevado poder, capacidad de curar); transformación espiritual; dificultades en la comunicación y las relaciones. Se puede tardar años en integrar las consecuencias, pero, como cada vez hay más millones de personas que resuenan a este paradigma diferente de lo que son los humanos, se avecina una revolución mundial, afirma Atwater.

También revela otro de los puntos constantes que se aprecia en los que experimentan la transición a la muerte. «Casi todas las personas regresan sabiendo que el tiempo no existe. Regresan sabiendo que el tiempo es una cuestión de conciencia; el pasado y el futuro son en realidad cualidades de la percepción.» Los que pasan por una experiencia de este tipo no tienen sentido del tiempo. Como consecuencia de ello, muchos sufren otra extraña consecuencia: «recuerdan» el futuro. Atwater llegó a contemplar la «memoria del futuro» como un proceso en el que el tiempo y el espacio se funden. Estos presucesos eran mucho más fuertes que la sensación de *déjà vu*. Iban desde fragmentos hasta largos acontecimientos futuros. Por ejemplo, muchos «recordaban» haber visto tropas y tanques estadounidenses dispuestos en el Oriente Medio. Otros «recordaban» cambios climatológicos y catástrofes naturales.

Memoria y mente, ¿fuera del cuerpo?

La experiencia de transición a la muerte revela cosas nuevas acerca de la memoria y las expresa en voz alta y clara. Lo más evidente es que los que la experimentan la recuerdan aunque el cuerpo esté «desconectado». No tienen un recuerdo débil o confuso. Es un recuerdo coherente, lúcido, detallado, congruente y superpotente. Es un recuerdo que se convierte en una línea de demarcación en la vida de algunas de las personas que han pasado por ello, como si su identidad hubiera sido dividida en dos personas diferentes, «antes» y «después» del recuerdo. Es un recuerdo tan potente, que exige que se cuente, a pesar del ridículo y la incredulidad. El persistente relato del recuerdo incluso ha llevado a algunos al manicomio. «No podía olvidarlo –dicen–. Me perseguía.» «Regresaba una y otra vez.» Algunos creían que contar su recuerdo transformativo y su mensaje ayudaría a revolucionar la sociedad.

Durante la permanencia fuera del cuerpo, las personas que han experimentado la transición a la muerte afirman que sienten como un centro móvil de la conciencia. Atwater señala, respecto al momento de morir: «La mayor sorpresa es comprender que todavía eres tú. Todavía puedes pensar, todavía puedes recordar...». Los que la experimentan codifican el recuerdo no sólo de la agradable luz al final del túnel. Recuerdan detalles de hechos y acontecimientos que sucedían en este mundo, cerca y lejos del cuerpo que han dejado atrás. El doctor Smith recordó con toda exactitud y detalle lo que había sucedido en el quirófano, incluso el descenso de su presión sanguínea mientras yacía inconsciente y moribundo. El doctor Walker descubrió que el niño de siete años que había estado a punto de ahogarse tenía una visión a vista de pájaro de las desesperadas actividades de rescate en el puente mientras su cuerpo yacía bajo el agua. Existen incontables casos, documentados con minuciosidad, de los «resucitados» que asombran a médicos y a los que los rodean con su clara exposición de lo que la gente hacía y decía mientras los rescataban, incluidas actividades que no podían ver desde la perspectiva de su cuerpo moribundo. La memoria, al parecer, puede trabajar muy bien sin la ayuda del cerebro. En realidad, según afirman algunas personas de las que han regresado, parece resonar más poderosamente por sí misma. Moody informa de una mujer ciega de setenta y ocho años que tuvo una experiencia de este tipo durante su ataque al corazón y reanimación. Después, lo describió todo como si lo hubiera visto, incluido el traje azul del médico. De manera similar, el cardiólogo doctor Michael Sabom cita el caso de un soldado con graves heridas producidas por la explosión de una trampa que le perforó los tímpanos y le quemó los ojos. Pasó semanas sin poder ver. No obstante, después de su experiencia de transición a la muerte, describió con detalle lo que había visto mientras flotaba en el aire sobre el campo de batalla y sobre la mesa de operaciones. Más tarde, identificó la voz del médico que había oído durante la operación.

Los que experimentan la casi muerte no sólo recuerdan los acontecimientos producidos en el lugar, sino que sobre todo pasan por la experiencia casi universal de la memoria panorámica, un extraordinario caleidoscopio de recuerdos de la vida de uno, a todo color y en tres dimensiones, aunque el cerebro y el cuerpo estén «cerrados». Esto es memoria fotográfica y una clase de recuerdo total que ni siquiera la superestrella de la memoria, Veniamin, el hombre que lo recordaba todo, podría igualar. Suena como la revisión final y aporta nueva profundidad al significado de la memoria. ¿Se derivará de esto la idea del Día del Juicio Final? Si realmente es así, por algún motivo se cambió el significado. Según millones de personas que han experimentado la transición a la muerte, la memoria no presenta pruebas ante un juez, sino que, al parecer, se abre para que cada uno realice su propio juicio y reflexión.

«Todo mi cuerpo está en mi mente, pero no toda mi mente está en mi cuerpo.» Es una afirmación que al experto en mentecuerpo Jack Schwarz le gusta repetir con frecuencia. Schwarz explica que el cuerpo es como una yema de huevo, que flota en la clara de huevo cósmica que contiene nuestra mente individual. Según él, la mente opera fuera y dentro del cuerpo. El cuerpo y el cerebro son como un ordenador; la mente y la memoria son como el *software*.

«La mente puede funcionar sin la ayuda del sistema nervioso.» Ése es el precepto básico de la psicología del yoga hindú, dice el autor Yogy Swami Akhilananda. La mente controla el cerebro, el instrumento físico a través del cual se expresa. La electricidad viaja a través de cables, pero la electricidad y los cables no son idénticos. «De manera similar, la mente en su funcionamiento, consciente o no, no puede identificarse con el instrumento a través del cual funciona o se expresa.»

Swami Rama, fundador del Himalayan Institute, ha confundido a los médicos, en particular en la Menninger Foundation, demostrando cómo la mente puede controlar y reordenar la materia y los sistemas del cuerpo. Él también mantiene que la conciencia y el sistema nervioso son entidades plenamente separables, y con su colega Rudolph Ballentine, doctor en medicina, explica en *Yoga and Psychotherapy* que esta separación es la base de la psicoterapia oriental.

Los pensadores occidentales también han visto el cerebro y la mente y la memoria como entidades separadas. El filósofo francés Henri Bergson lo resumió de modo brillante en *Matter and Memory:* «... cualquier intento de sacar la memoria pura de una operación del cerebro revelaría ... una ilusión radical. ... Una imagen en sí misma, el cuerpo no puede almacenar imágenes, ya que él forma una parte de las imágenes; y por esto es una empresa quimérica intentar localizar la percepción pasada o incluso presente en él... no están en el cerebro, es él el que está en ellas».

Un avance que se está realizando ha hecho posible que cualquiera intente ver por sí mismo si la mente y la memoria pueden funcionar fuera del cuerpo durante esta vida. Hace varios años, el ingeniero y ejecutivo de la radio Robert Monroe, mientras dormía, se dio cuenta de repente de que estaba flotando por encima de su cuerpo. Estaba cerca del techo, aterrorizado. Pronto descubrió que podía salir de su cuerpo a voluntad, y despegar para correr aventuras que describió en *Journeys Out of the Body* y *Far Journeys*. Recibiendo poca ayuda por parte de los científicos a los que acudió, pero impulsado a comprender el fenómeno, fundó el Monroe Institute of Applied Sciences, en Virginia. Allí, Monroe y algunos investigadores descubrieron que, utilizando el Hemi-Sync, un sistema de pautas de sonido especiales grabadas, era posible entrenar a otros para que tuvieran la experiencia de salir del cuerpo. Los graduados incluyen a muchos profesionales eminentes, como la doctora Kübler-Ross. En la actualidad, como se menciona en el capítulo 11, el Hemi-Sync ha sido desarrollado para ayudar a la gente a alcanzar un «estado mejor» que les permita enfrentarse a los asuntos de este mundo. No obstante, en el corazón de las investigaciones de Monroe y los talleres del Instituto persiste la idea de ayudar a los «viajeros» a desarrollar la capacidad de explorar las realidades no físicas, a «salirse del tráfico local y viajar a diferentes estados», dice Monroe.

En palabras que parecen repetir las de los que experimentan la transición a la muerte, Monroe describe cómo el yo consciente con una mente y memoria en pleno funcionamiento sale de la forma física, y con otro «cuerpo» propio viaja gracias al poder del pensamiento a lugares lejanos y cercanos. Al principio, la mayoría de la gente no perciben más que una «negrura dimensional». Después aprenden a ver, moviéndose al final hacia una zona brillantemente iluminada, el hogar natural, dice Monroe, del segundo cuerpo. A medida que la gente se siente cómoda en estos estados alterados, pueden viajar al espacio sin límites, pueden viajar en el tiempo, observarse a sí mismos como jóvenes o viajar al futuro. Igual que los que experimentan la casi muerte, los exploradores que salen de su cuerpo cambian su relación con el tiempo y con la muerte, afirma Monroe. También ellos regresan creyendo que la muerte física es una transición natural. Afirman que pierden una vieja carga, lo que les permite vivir la vida al máximo, pues ya no temen perderla. De manera similar, los que pasan por una experiencia de este tipo le pierden el miedo a la muerte. Según Moody, todo el que lo experimenta se hace consciente de que la vida, el amor y el conocimiento continúan en otra dimensión.

Durante la caleidoscópica revisión de la memoria, el «ser de luz» ayuda al individuo a ver cada acto de su vida y sus efectos, tanto inmediatos como a largo plazo. La revisión sitúa los hechos y consecuencias de la vida de una persona en una perspectiva más amplia; es como ver la propia vida desde una atalaya. Como en la obra *Our Town*, de Thornton Wilder, donde la heroína muerta participa en la reconstrucción de los sucesos clave de su vida, y también de la vida de la ciudad; el pasado es visto con ojos diferentes, a veces más compasivos.

Phyllis Atwater indica que ella revivió su vida –cada pensamiento, cada palabra, cada acto– más sus efectos sobre todas las personas que se hallaban dentro de su esfera de influencia, incluso desconocidos transeúntes, más el efecto de cada pensamiento, palabra y acto en el tiempo, las plantas, animales, suelo, árboles, agua, aire. «Fue revivir toda mi *Gestalt** como Phyllis.» Ningún detalle quedó fuera, le pareció a ella. Ningún *lapsus linguae*, error o accidente quedó sin relatar. Ella estaba asombrada y abrumada. ¡Todo grabado, recordado, explicado! Todo pensamiento, palabra y acto parecía salir y tener vida propia. «Era como si se viera en una especie de amplio mar o sopa de residuos de energía y ondas de pensamiento de cada uno, y cada uno fuera responsable de sus aportaciones y de la calidad de los "ingredientes" que añade. No era san Pedro... era yo quien me juzgaba.»

Algunas personas que han experimentado el tránsito a la muerte dicen que el ser de luz les dijo que, cuando uno muere, no deja de aprender. Todo lo que está en la memoria se puede llevar. Una mujer le contó al doctor Moody que el lugar en que se encontró era una gran universidad donde perseguían apasionadamente el conocimiento. Vio a personas enzarzadas en intensas discusiones acerca del reino que los rodeaba. Un hombre descubrió que, si simplemente pensaba en algo que quería aprender, al instante aparecía como si la información estuviera disponible en «manojos de pensamiento».

* Palabra alemana que significa «conjunto de experiencias».

Muchas personas regresan del tránsito con una terrible necesidad de aprender, como si la experiencia provocara la necesidad de apoderarse de esa sensación de comprensión que acompañaba a la luz, de volver a comprender «lo que siempre he sabido pero había olvidado». Parecen captar la condición de relación y totalidad del universo. A muchos les ha proporcionado un intenso apetito de comprender la física y la metafísica.

George Lucas, creador de *La guerra de las galaxias*, estuvo cerca de la muerte. Aunque no fue consciente de dicha experiencia en aquellos momentos, en su memoria dejó huella y mostró los clásicos síntomas, dice Atwater. De joven, su familia le consideraba un rebelde. No hacía nada, no era deportista ni estudiaba. Cuando iba al instituto, sufrió un espectacular accidente de coche. Estuvo entre la vida y la muerte durante tres días, y permaneció hospitalizado durante tres semanas más. Regresó a casa completamente cambiado. Era casi como si se hubiera convertido en otra persona, según su familia. Se volvió muy filosófico. Creía que se había salvado para llevar a cabo una misión especial que todavía tenía que cumplir. Parecía estar imbuido de una misteriosa «fuerza», según su padre. Se lanzó a aprender. Tenía unas metas concretas. Ingresó en una escuela superior y después en la University of Southern California's Film School. «Que la *Fuerza* esté contigo», así como una nueva visión de la espiritualidad, se convirtió en el centro de sus películas.

A Elizabeth Taylor, un experiencia similar le proporcionó una profunda fuente de fuerza espiritual. Taylor, que estuvo a punto de morir de neumonía en Londres, en 1961, habló de ello en 1990. «Tuve una experiencia de tránsito a la muerte; salí de mi cuerpo, pero nadie hablaba de ello treinta años atrás, porque, si lo hacías, te tomaban por loca.» Taylor vio el túnel y la luz y a una persona fallecida que la hizo regresar. «Es extraordinario. Tan vivo.»

Memoria multidimensional y un cuerpo de energía

Los viajeros de Monroe recuerdan bien lo que les ocurre mientras supuestamente se mueven por un universo interdimensional. Su testimonio y el de millones de personas que han experimentado un tránsito a la muerte es que la memoria es multidimensional; puede separarse del cuerpo. Además del cerebro y la parte física del cuerpo, algo más en nosotros debe de estar imbuido de memoria. Al parecer, somos criaturas multidimensionales, y la vida y la memoria tienen más dimensiones de las que las filosofías actuales tienen en cuenta. Si una memoria puede vivir felizmente fuera del cuerpo físico, ¿qué es lo que la contiene? ¿Qué aparece como ese centro móvil de la conciencia? El alma o el espíritu son los términos occidentales tradicionales para ese algo. En términos orientales más precisos, el doctor Shafica Karagulla, el neurocirujano que utilizaba a videntes en sus operaciones, habría dicho que la memoria vive en los cuerpos sutiles.

Algunas personas que han experimentado el tránsito a la muerte repiten una antigua descripción del vehículo que las transporta más allá del cuerpo. Muchos dicen que sienten como si estuvieran en el interior de un cuerpo más fino, un campo elíptico o una nube de luz de color. Un hombre dijo a Moody que él estudió sus manos en este estado. Vio que estaban compuestas de luz con estructuras pequeñísimas en ellas. Vio espirales de huellas dactilares y tubos de luz en sus brazos. Moody resucitó a una mujer después de una parada cardíaca; ésta contó que había estado en un cuerpo diáfano. No quería volver, dijo, y cuando Moody empezó a introducirle una aguja en el cuerpo, ella le agarró para detenerle, pero su mano le atravesó el brazo. Muchos de los que experimentan estos tránsitos narran la frustración de alargar los brazos a parientes sólo para pasar a través de ellos. Una mujer se vio a sí misma dentro de una burbuja azul. Algunos viajaban en un cuerpo de energía duplicado durante la experiencia y eran vistos físicamente y reconocidos cuando «visitaban» a amigos o parientes. A algunos les parecía que se hallaban en un campo de energía de chispas de luz. Casi todos notaban que este centro de energía móvil era más grande que su cuerpo físico, y cuando les hacían revivir, sentían la necesidad de encogerse o estrujarse para volver a meterse en el cuerpo.

Memoria: ¿dónde está y qué es?

La teoría esotérica europea sostiene que cada uno de nosotros tiene un cuerpo sutil llamado el cuerpo etérico que subyace e interpenetra en todo átomo, molécula y célula del cuerpo físico, y está directamente relacionado con el sistema nervioso, al que controla y activa. Supuestamente, la memoria tiene su hogar en este cuerpo. Es una idea común; de Europa a África y Asia, las enseñanzas de los antiguos hablan de un cuerpo luminoso, a menudo descrito como un campo como de telarañas de luz, como una red de millones de brillantes fibras ópticas. Varias energías sutiles circulan por este cuerpo, y todas las experiencias, pensamientos y emociones de uno quedan registradas en su sustancia. El subconsciente horada esta red para traer recuerdos a esta vida, y este cuerpo de memoria le acompaña a uno a la vida siguiente.

Pero, exactamente, ¿cómo funciona la memoria? ¿Cuál es el mecanismo preciso de codificación y de acceso a las huellas memorísticas? Recuperar este secreto podría ayudarnos a recuperarnos de una especie de pérdida de memoria en masa. De todos los datos esotéricos, la antigua tradición de la sabiduría del Pacífico, aislada durante siglos en el sistema hawaiano Huna, revela uno de los relatos más claros, más específicos, menos confusos de las energías sutiles y un posible paradigma esotérico para el funcionamiento de nuestra memoria. Según Huna, existe un campo de memoria universal hecho de una sustancia llamada *aka*, que interpenetra en el universo entero así como en cada átomo y célula de todos los seres vivos. Todos los seres vivos tienen un cuerpo de aka hecho de esta sustancia universal. Los kahunas, practicantes de Huna, lo describen como un cuerpo reluciente hecho de una fina red de hebras de luz.

En Huna, este cuerpo de aka registra los recuerdos, los guarda y también transmite energía. Exactamente, ¿cómo se guardan los recuerdos? Huna explica que existe una energía sutil, poderosa, que circula por el cuerpo de aka, llamada *mana* (equivalente a chi). El mana que ellos especifican puede ser de tres clases, lleva los pensamientos, las emociones, las acciones y las imágenes como modelos de impulso y los imprime en la sustancia de registro de aka como recuerdos. Para recuperar éstos, el mana debe acceder al aka. La cantidad de energía mana que un pensamiento o una emoción recibe, determina la facilidad con que puede ser recordado. Los acontecimientos traumáticos son registrados con mucho mana y por eso pueden irse recordando. El mana, como chi, puede estimularse y equilibrarse mediante el oxígeno, la comida, el sonido, la luz, el magnetismo, etc. Las formas de pensamiento, imágenes y emociones quedan grabadas en el aka en manojos o racimos de energía, dice Huna. Muchas personas que han experimentado un tránsito a la muerte indican que han visto información en «manojos». Atwater observó que sus pensamientos flotaban como burbujas durante su experiencia, y las centró en figuras y formas.

El cuerpo de aka, una reluciente telaraña de luz por la que circula mana, puede recibir, asimilar y transmitir datos desde un universo de fuentes, dice Huna. También es el medio de comunicación de la *psi*. A través del aka universal estamos todos unidos, las plantas, los animales, las personas, el universo. Los que experimentaron la transición a la muerte también se vieron a sí mismos unidos a través de una sustancia, como una telaraña, a todos los seres vivos. La telepatía y la clarividencia funcionan a través del campo de la memoria, dice Huna.

Durante el sueño, y en otras ocasiones, por accidente o gracias a un entrenamiento, este cuerpo de aka puede separarse del cuerpo físico y viajar como un centro móvil de la conciencia, afirman. En la muerte, el cuerpo de aka, con las huellas de los recuerdos de toda la vida de un individuo, se dice que sale y pasa a una dimensión de otra frecuencia. Para resumir, el cuerpo de aka es como un disco compacto en el que se graban los recuerdos, y la energía mana es como el rayo láser del reproductor de discos compactos que vuelve a pasar los recuerdos.

Un cuerpo reluciente y libre, el dominio de la memoria y las energías sutiles que dan vida cargadas de datos... ¿son algo más que metáforas? Milenios de tradición en el mundo dan fe de ellas, las personas con poderes psíquicos afirman verlas y utilizarlas, y parecen estar implicadas en la experiencia de los recuerdos de antes de nacer y en la de tránsito a la muerte de los campos de memoria total y bancos de datos codificados con luz. Edgar Cayce sostenía que estas energías serían pronto descubiertas y se inventarían instrumentos para controlarlas. Los misteriosos campos de energía de la memoria podrían hacerse accesibles.

Si el paradigma de la memoria de Huna es correcto y la energía mana/chi es el medio por el que almacenamos los recuerdos, accedemos a ellos y los manipulamos almacenados en la sustancia aka, entonces cabría esperar que se realicen grandes avances en la estimulación, equilibrio o manipulación de la energía mana/chi. Éste parece ser el caso de muchos de los descubrimientos de la memoria que aparecen en este libro. Modalidades que estimulan la energía chi han producido un inesperado aumento de la memoria. Aparatos como el BT-5 + estimulan los puntos de la acupuntura para excitar la memoria; nutrientes como el germanio, considerados ricos en chi, estimulan la memoria; el sonido de alta frecuencia y la música que estimula la energía chi como la acupuntura sónica, estimulan la memoria; la biobatería de Cayce repone y equilibra la energía chi para estimular la memoria; los «recuerdos lejanos» de vidas pasadas regresan mediante un nuevo método de acupuntura; los ejercicios para respirar, como los del superaprendizaje, estimulan la memoria; la visualización con todos los sentidos que infunde imágenes con energía estimula la memoria. A la inversa, desbaratar la circulación de la energía chi y agotar esta energía a través de los campos magnéticos y ciertas clases de radiaciones pueden desorganizar la memoria e incluso causar amnesia. ¿Es correcta la idea de Huna de la memoria? ¿Existe alguna prueba científica de ella?

Nuestros campos bioenergéticos y la memoria

Mientras los estadounidenses que experimentaban el tránsito a la muerte sufrían una transformación a través de una exposición a las energías sutiles, algo extraño sucedía en el campo científico en la URSS. «El descubrimiento de la energía que hay detrás de los sucesos psíquicos será más importante que el descubrimiento de la energía atómica.» Éstas eran las palabras de uno de los científicos más respetados de la Unión Soviética, el fisiólogo doctor Leonid Vasiliev. Los principales biofísicos, biólogos, físicos y fisiólogos se sumergieron en la exploración de las energías. Las energías de la acupuntura, los campos de fuerza de los maestros del Qi Gong, las energías que hay tras la telepatía, la psicoquinesis y el tercer ojo, todas ellas se convirtieron en proyectos de investigación prioritarios. En las principales publicaciones científicas hicieron su aparición de manera regular los artículos que hablaban de los campos de energía llenos de datos que interpenetran los sistemas vivos: chi, prana, bioplasma.

«¡Todos generamos luz!» El famoso científico ruso Alexander Gurvich empezó la caza en los años treinta, cuando, después de años de experimentación, anunció que todos los seres vivos irradian una energía más poderosa que la luz ultravioleta que nos irradia procedente del Sol. Fue necesario que transcurrieran décadas y se inventaran los detectores de luminiscencia, amplificadores de luz sensible (multiplicadores fotoelectrónicos) para que los biólogos de todo el mundo pudieran ver la luz. El doctor Boris Tarusov, presidente de biofísica de la universidad estatal de Moscú, descubrió que las plantas, los animales y los humanos irradiamos luminiscencia ultradébil. ¿Por qué relucimos? En los años setenta, Tarusov y sus colaboradores demostraron que las plantas y las personas registraban y almacenaban datos de memoria en estos campos de energía. Emitimos señales luminosas de información. Las plantas, al menos, podían «hablar» con estas señales de luz. ¿Qué tenían que decir? Recientemente, el Instituto Bielorruso de Física descodificó esta luz de las plantas: contenía la memoria almacenada de los códigos genéticos completos de la planta. ¿Es este campo luminoso lo que los kahunas ven como el cuerpo de aka, el brillante almacén de la memoria? ¿Algún científico ha hallado una energía circulante que pudiera corresponderse con el mana?

El físico-químico alemán doctor Fritz-Albert Popp, del laboratorio de biofísica de Worms, anunció en *Cell Biophysics* su descubrimiento de que las células vivas de ADN emiten luz coherente, como luz de láser, hecha de biofotones. En Dayton, Ohio, el ingeniero físico nuclear doctor Gianni Dotto descubrió que la espiral de ADN es un emisor y antena en miniatura que transmite en la gama de dos megaciclos. Las células hacen rebotar estas señales como un radar, detectan el eco y se reequilibran para mantener la salud de la célula, afirma. Las falsas señales pueden conducir a células mutadas. El doctor Dotto patentó unos sintonizadores para ayudar a mantener las células en equilibrio, lo que parecía un acercamiento instrumentado a los esfuerzos del doctor Deepak Chopra para recorregir las pautas de la memoria de las células con la frecuencia del sonido. El doctor Herbert Phol, de Stillwater, Oklahoma, también confirmó estas minúsculas señales de radio que emitían las células. En Moscú, el doctor Alexander Dubrov se acercó a fenómenos similares; luminiscencia, sonido de alta frecuencia y posiblemente otras energías emitidas por las células. Jack Schwarz dice que el trabajo de Dubrov parece una descripción científica de las energías que llevan datos que él ve por medio de la videncia, y que circulan por los pacientes como los que él diagnosticó con exactitud en la Menninger Clinic.

En Novosibersk Science City, el doctor Vlail Kaznachaev llevó a cabo unos experimentos, por los que fue galardonado, que mostraban una clase de información transportada por la radicación que penetraba en el cuerpo. Puso células enfermas en una botella de cuarzo tapada, cultivos sanos en otra, y las colocó una junto a otra. Las células sanas pronto presentaron síntomas de la enfermedad que afectaba a las células que estaban tras la pared de cuarzo. También ellas enfermaron y murieron. No fue como coger un virus en el sentido corriente.

Largos experimentos demostraron que la información que llevaba la luz transmitía la enfermedad vírica de una colonia de células a otra. ¿Puede alguna enfermedad nacer realmente de los códigos de memoria que lleva un rayo? La enfermedad puede ser transmitida a distancia por la luz, informó el equipo de Kazanachaev. Ganaron uno de los más prestigiosos galardones de la URSS por este trabajo. Las consecuencias, las inicuas y otras, son asombrosas.

Entretanto, el doctor H. von Rohracher descubrió en la universidad de Viena que nuestra piel irradia sonido, que se refleja en ella como en un radar. Grabó microvibraciones sónicas de la piel humana que incluso revelaban los cambios de pensamiento. En Inglaterra, Hugo Zucarelli descubrió que nuestros oídos irradian rayos de sonido como un radar. Como hemos mencionado, este radar-oído holográfico se convirtió en la base de todo un nuevo proceso de grabación llamado «holofonía». Al mismo tiempo, científicos de Japón, que investigaban a una persona con poderes psíquicos, Matsuaki Kiyota, descubrieron que ésta irradiaba ondas de sonido microacústicas con datos codificados en ellas.

Los científicos han descubierto cosas insospechadas de las energías conocidas, luz y sonido que destella hacia y desde el cuerpo. ¿Encontraron alguna otra energía? En el Beijing Institute of High Energy Physics, el doctor Hsu Hung-Chang instaló detectores fotocuánticos y otros alrededor de un maestro de Qi Gong. Le pidió que se concentrara y emitiera energía chi. Los detectores del doctor Hsu reaccionaron, recogiendo pulsaciones claras. En Japón, el doctor Hiroshi Motoyama dedicó años a desarrollar complicados detectores informatizados para controlar y descodificar la energía chi. En la actualidad, estas máquinas se utilizan ampliamente allí. En el Bio-Quantum Lab de Palo Alto, California, el doctor Glen Rein, en experimentos controlados, está explorando «otra» energía no hertziana que tiene un asombroso efecto sobre los sistemas vivos.

A medida que los científicos sondean más, parece que existen extensas pruebas de que los seres vivos poseen radiaciones de energía, emisiones llenas de información, datos memorísticos que se reciben, se guardan y se transmiten. Cada vez hay más pruebas de «espectáculos de luz y sonido» complejos que salen de nuestro cuerpo, emisiones de datos codificados. La investigación parece confirmar que la «sopa de información» vista por los que experimentan el tránsito a la muerte realmente existe.

Hace unos años, en Moscú, el doctor Viktor Adamenko, amigo nuestro, nos entregó una de las fotos más extrañas que jamás habíamos visto. Parecía una hoja reluciente con una luminosa aurora boreal de colores. «Mirad más de cerca –nos dijo–. Parte de la hoja se ha cortado.» En la foto, la hoja entera todavía estaba, pero la parte que había sido cortada tenía un aspecto más débil, como una telaraña. ¡Estábamos contemplando el fantasma de una parte de la hoja! ¿Estábamos viendo el cuerpo etérico de la hoja? Era una foto Kirlian de una hoja, que revelaba el mismo campo luminoso de datos que el que recogían los detectores de luminiscencia. Excepto que aquí el campo estaba ampliado. Era una foto del bioplasma, el cuarto estado de la materia, como lo llamaron los físicos de la univesidad de Kazakhstan, quienes descubrieron los mecanismos de su funcionamiento. Han descubierto que todos los seres vivos tienen un cuerpo de bioplasma que interpenetra en el físico. Todos tienen energía bioplásmica circulando dentro de ellos. En los humanos, se ven cascadas de luces de colores –el bioplasma– derramándose del cuerpo, datos codificados con luz que pueden revelar el estado de salud de uno, las emociones y reacciones a la música e incluso las manchas solares. Si usted se borrara la huella dactilar con papel de lija, la foto de Kirlian seguiría mostrando el modelo de energía de dicha huella almacenado en sus campos. La energía matriz ayudaría a su dedo a curarse reconstruyendo el mismo modelo único. El cuerpo bioplásmico se revelaba en ambas fotos y al mover las fotografías parecía haber una copia de la materia.

Las fotos de Kirlian del cuerpo humano mostraban claramente los puntos de la acupuntura, supuestos centros de energía chi, contra esta matriz de energía luminosa. Se mostraban como puntos radiantes de energía. Estimulando estos puntos con láseres, los biofísicos podían seguir la pista de esta energía que circulaba por los meridianos. Podían detectar los bloqueos en los que tanto han insistido los acupunturistas. Las fotos de Kirlian de la muerte de plantas y animales mostraban el bioplasma abandonando la materia física. Las fotos de Kirlian de curaciones documentadas revelaron algo nuevo. Cuando las manos radiantes del sanador pasaban por encima del cuerpo del paciente, lo que se transmitía al paciente era información codificada, un modelo de recuerdo corregido, se podría decir, para las células del paciente. Como postulan todas las tradiciones antiguas, la energía sutil, como el chi, se ve reforzada por la respiración, los alimentos, el sonido, la música o la sugestión mental. Las fotos de Kirlian de esta energía bioplásmica mostraron cambios importantes cuando la persona efectuaba ejercicios de respiración profunda, comía alimentos diferentes, oía diferentes sonidos y música o era hipnotizada o anestesiada. ¿Estábamos viendo en las fotos de Kirlian los campos de energía que son el almacén real de la memoria humana, el cuerpo de aka, el cuerpo etérico?

Hoy en día, científicos de todo el mundo han copiado el trabajo soviético y lo han llevado más allá. También ellos han fotografiado los «fantasmas» de hojas y la circulación de la energía bioplásmica. ¿Los que han experimentado el tránsito a la muerte encontrarían que esto coincide con lo que vieron en su viaje interdimensional? Algunos científicos también han tenido experiencias de este tipo, lo que les ha proporcionado una nueva perspectiva de la investigación. ¿Estamos más cerca de una tecnología que puede autentificar el testimonio de millones de personas en cuanto a que la memoria está almacenada en un campo de energía que es parte de un campo móvil de la conciencia? Parece que empiezan a existir pruebas de ello. Huna sostiene que el reluciente cuerpo de aka que codifica nuestra memoria está incorporado en un «cuerpo» más grande de memoria, memoria planetaria, que lo impregna todo. En física ha vuelto la idea de un campo de energía que lo impregna todo, que lo unifica todo, que lo registra todo. Lo que antes se llamaba el éter, ahora se denomina un «mar neutrino». El distinguido filósofo y físico doctor Jean Charon tiene otro nombre para ello. Él llama mneumónico a este campo universal, y según él, impregna todas las cosas y es un archivo permanente de la memoria.

Memoria divina

La grabación total y constante de cada nanosegundo de toda la vida, incluida la de la Tierra, a la que aluden las personas que experimentan el tránsito a la muerte, es descrita en textos antiguos del Tíbet, Egipto y la India. También se trata de la antigua idea de la «memoria divina», la «nousfera» o el «archivo akáshico». *Akasha* es una palabra sánscrita que se refiere a la sustancia primordial, refiriéndose a la «luz que no brilla» o a la luz negra de la radiación. *Nou*, en egipcio, también significaba la materia prefísica. El banco de datos cósmico de la totalidad de los sucesos universales se conceptualizó como grabado en un «éter sutil», una especie de medio invisible, no manifestado, que lo impregna todo y a través del cual la *kasha*, o la luz visible, pasa por todo el espacio como manifestación de vibración. No sólo la memoria de cada individuo forma parte del archivo akáshico, sino que se supone que éste capta toda la escena, cada instante planetario.

Este archivo akáshico es a lo que muchas personas dotadas acceden para obtener datos detallados acerca del pasado de una persona. Edgar Cayce explicó en una ocasión cómo utilizaba la memoria del mundo para reunir información exacta y demostrable acerca de personas a las que no conocía ni había visto nunca. Para hacer una lectura, Cayce se situaba primero en estado inconsciente o de trance hipnótico. Después se sentía a sí mismo viajar fuera del cuerpo. Él era un pequeño centro móvil de conciencia. Había un túnel oscuro lleno de humo y niebla. «Sólo había una línea recta, directa y estrecha frente a mí, como un rayo de luz blanca. Mientras seguía el rayo de luz, el camino empezó a hacerse más claro...» También percibió figuras en la sombra en el oscuro túnel. «A pesar del estrecho camino que había frente a mí, seguía avanzando en línea recta...» Había cada vez más luz. Vio colores, oyó música y vio edificios. «Por fin, llegué a una colina, donde había un monte y un templo. Entré en el templo y encontré en él una habitación muy grande, muy parecida a una biblioteca. Allí estaban los libros de las vidas de las personas, pues las actividades de cada persona, al parecer, se anotaban. Y yo simplemente tenía que sacar el libro del individuo del que buscaba información.»

Existen evidentes similitudes con las experiencias del tránsito a la muerte, y el propio Cayce opinaba que se parecían a lo que sucede al morir. La conciencia y la memoria sobreviven, dice Cayce, pues no dependen de las coordenadas de la Tierra. Una entidad retiene después de la muerte «el recuerdo total de sus experiencias mundanas guardadas ahora en su banco de memoria», afirmó.

«La mente consciente recibe la impresión desde fuera y transmite todo pensamiento al subconsciente, donde permanece... –decía Cayce–. La mente subconsciente está en comunicación directa con todas las otras mentes subconscientes», explicó. Puede interpretar la información recibida y transmitir datos a través de este campo de memoria que lo engloba todo. Sintonizando con otras mentes subconscientes, Cayce afirmaba que también podía recoger datos que estaban almacenados en la memoria de otras personas.

Existen individuos con poderes psíquicos que también han

afirmado acceder a este banco de datos cósmico y a menudo observan que este amplísimo cuerpo de datos –que empieza en el nacimiento del tiempo– puede ser difícil de traducir en términos comprensibles para nosotros en la actualidad. En su libro *Cosmic Memory*, el filósofo y profesor alemán Rudolf Steiner describe su lectura del archivo akáshico. Él sostenía que había penetrado en la Humanidad a partir de la prehistoria. Desde esta visión de conjunto, viendo largas tendencias y corrientes, Steiner, en los años veinte, predijo que estaban a punto de producirse cambios evolutivos en los humanos: una visión transformada de sí mismos, muy aumentada por los poderes mentales y psíquicos, y un papel menguante de los géneros. En la actualidad, los que han experimentado el tránsito a la muerte y otros muchos están empezando a sufrir este cambio transformador.

En lugar de acceder a la memoria del mundo que lo engloba todo, algunas personas sensibles afirman concentrarse en la memoria de los acontecimientos incrustada en los objetos –un anillo, un reloj o una fotografía–, lo que conocemos como psicometría. En la universidad de Utrecht, el doctor Willem Tenhaef estaba realizando experimentos en psicometría cuando entregó a una persona con poderes psíquicos un sombrero hallado en el escenario de un asesinato. Este sujeto y otros muchos del laboratorio de Tenhaef «leyeron» el objeto, sintonizando, supuestamente, con las huellas de la memoria única que había en él. Las personas con poderes psíquicos leyeron datos, claves, en ocasiones un acontecimiento completo en la memoria del objeto, haciendo famoso en todo el mundo el laboratorio de Tenhaef por ayudar a la policía a resolver crímenes.

Tiempo y memoria

«¡El tiempo mismo es una forma de energía!», nos explicó el astrofísico soviético, conocido internacionalmente, doctor Nikolai Kozyrev. Nos encontrábamos en Leningrado, en el prestigioso observatorio Pulkovo. En un artículo científico que sacudió a la comunidad de astrofísicos, Kozyrev había dicho: «Deberíamos estudiar las propiedades del tiempo para encontrar la fuente que mantiene el fenómeno de la vida en el mundo». Kozyrev, con el pelo blanco, irradiaba una serena espiritualidad a pesar de los años pasados en un campo de prisioneros estalinista.

«El tiempo aparece inmediatamente en todas partes –decía–. Las propiedades alteradas de cierto segundo de tiempo aparecerán al instante en todas partes a la vez. El tiempo nos une a todos y a todas las cosas del universo.»

Sostenía la idea de que el tiempo tiene densidad. Nuestros pensamientos afectan a esta densidad del tiempo, nos dijo. Esto no era simple especulación. Durante años había realizado cuidadosas pruebas con aparatos por él perfeccionados para controlar el funcionamiento de lo que llamaba «tiempo». Algunos experimentos implicaban giroscopios como el de color verde mar que tenía sobre el escritorio.

«¿Qué es lo que afecta a esta densidad del tiempo?», preguntamos. Sus pruebas demostraban que la densidad del tiempo podía cambiar con las tormentas y los cambios climatológicos. La gravedad también cambia la energía del tiempo, dijo. Cuando ocurre algo que altera la densidad del tiempo, explicó Kozyrev, la energía del tiempo permanece codificada mucho más en algunas cosas que en otras.

El tiempo también tiene un «modelo de flujo», según Kozyrev. Los sistemas giratorios hacia la izquierda tienen un flujo de tiempo positivo: entra más energía. Los sistemas que giran hacia la derecha tienen un flujo de tiempo negativo. El tiempo fluye en una dirección, del pasado al futuro. Una vez que una planta crece a partir de una semilla, no puede volver a ser semilla otra vez directamente. En cierto sentido, en opinión de Kozyrev, el tiempo se podría considerar receptividad.

Según las leyes de la física, todos los procesos del universo deberían pararse (entropía). Sin embargo, dice Kozyrev, el universo brilla con inagotable variedad, no la muerte térmica y radioactiva. ¿Cuál es la causa de la energía estelar? Él cree que es una energía de tiempo que lo impregna todo. Los científicos del observatorio astrofísico de Crimea y en otras partes están controlando sistemas de estrellas para demostrar las teorías de Kozyrev. Edgar Cayce explicó una vez que el archivo akáshico de la memoria «está escrito en la madeja del tiempo y el espacio».

Desde que el doctor Kozyrev murió, su investigación prosigue en observatorios desde Latvia hasta Armenia y por el biofísico soviético doctor Viktor Adamenko, quien ayudó en los principios de la fotografía de Kirlian. Adamenko abandonó la URSS para dirigir un laboratorio en la universidad de Atenas, Grecia. Más importante aún, las fotografías de Kirlian muestran la misma energía que los «detectores de densidad del tiempo» de Kozyrev revelan, nos dijo. Como se ha observado, la fotografía de Kirlian parece mostrar campos de energía que codifican la memoria. Viendo las mismas energías desde una perspectiva universal, ¿encontró Kozyrev realmente el campo de la memoria que lo impregna todo y lo llamó tiempo?

En diciembre de 1989, científicos japoneses publicaron en *Physical Review Letters*, importante publicación de física, que ellos, al igual que el doctor Kozyrev, también detectaban cambios en la energía de giroscopios giratorios. La rotación en dirección contraria a las agujas del reloj provocaba pérdida de peso. Ellos lo llamaron energía «antigravedad».

¿Pueden los instrumentos interceptar la memoria cósmica?

Cuando los que han experimentado la casi muerte nos dicen que vieron una repetición de su vida entera como si ésta hubiera estado grabada, ¿cómo sabemos que era entera o grabada? No lo sabemos. El recuerdo panorámico en la experiencia de tránsito a la muerte sólo dura minutos de tiempo corriente. Quizá sólo parece que todos los detalles estuvieran grabados y se volvieran a ver. Pero si pudiéramos encontrar pruebas objetivas de que se produce un proceso de grabación continuo en la naturaleza, no sólo se corroborarían dichas experiencias, sino que ello nos proporcionaría la llave maestra para comprender nuestra memoria. ¿Los instrumentos podrían recoger estas mismas «grabaciones» de la memoria?

¿Pueden crearse aparatos que accedan a los sistemas de energía donde la memoria está almacenada y leer realmente el contenido de nuestra memoria? ¿Podrían los aparatos captar recuerdos pasados? ¿Podríamos incluso descodificar la memoria universal, el archivo akáshico? Hasta hace poco, los expertos en la mente y el cuerpo como Jack Schwarz eran necesarios para leer y descodificar los datos almacenados en los campos de energía humana. El genio de la electricidad doctor Charles Steinmetz estaba convencido de que podía crearse un aparato para descodificar las huellas de la memoria y volver a verlas. Supuestamente, trabajaba en este proyecto cuando murió. En la actualidad, han aparecido numerosos aparatos que pueden ser candidatos a capturar las energías de la memoria. Muchos de ellos suenan a ciencia ficción, pero la memoria quizá se acerque más a la ciencia ficción de lo que creíamos.

Según antiguas teorías del yoga y la acupuntura, el prana y el chi nutren la conciencia, la memoria y la vitalidad del cuerpo. Se dice que chi es la energía que codifica la memoria en una matriz sutil. Podemos obtener chi con la respiración, la comida, la bebida, el sonido, la música y quizá los aparatos de baterías de Cayce. Cuanta más energía chi tengamos en el campo de la memoria, mejor se supone que será nuestra memoria.

El doctor Hiroshi Motoyama, científico con doctorados en psicología, fisiología y filosofía, después de décadas de investigación en Japón, inventó un aparato electrónico asistido por ordenador, el AMI, que mide y descodifica la energía chi que fluye por los meridianos del cuerpo de la acupuntura. El AMI lee los puntos y meridianos de la acupuntura a través de veintiocho electrodos unidos a puntos de los dedos de las manos y los pies. En comparación con los impulsos nerviosos, el chi viaja despacio, dice Motoyama, de doce a cuarenta y siete centímetros por segundo. El AMI descodifica las señales de chi para diagnosticar las condiciones de los órganos internos, detectar tendencias específicas a alguna enfermedad, estados mentales y emocionales, estados hipnóticos y meditativos, y más. El equipo de Motoyama se utiliza actualmente a menudo en Japón para revisiones médicas anuales y se emplea en la clínica A.R.E. de Arizona. En una reciente conferencia médica internacional se anunció un auténtico progreso: las exploraciones CAT pueden dar imagen a la circulación de chi. Los doctores J. C. Arris y P. de Vernejoul, de la universidad de París, inyectaron indicadores radioactivos en los meridianos para confirmar las pautas de viaje axial y lento del chi.

El doctor Motoyama, a quien conocimos en Canadá, también creó otro monitor que muestra los cambios en los siete chakras de los centros de energía del yoga. Los sentimientos y las actitudes emocionales irradian desde estos centros, dice, y la máquina los detecta. Cree que estos aparatos «demuestran de manera concluyente que el ser humano es algo más que un cuerpo y un intelecto limitado».

Según él, los meridianos de la acupuntura son el vínculo entre los chakras y nuestro sistema nervioso físico. El chi media entre las energías mental y física. Al parecer, deberíamos contemplar el chi para comprender la curación mental o incluso el efecto de placebo. Opina que sus aparatos pueden al final clarificar la «relación de la conciencia con la materia». Pueden mostrar de manera precisa cómo los recuerdos se codifican en el campo de la memoria. Motoyama también cree que el chi de una persona interactúa con el de otras personas y seres vivos. El geólogo soviético doctor V. Neumann insiste en que su investigación muestra que los meridianos de acupuntura del cuerpo también resuenan con una red de energía estructural en el cosmos, y los científicos soviéticos creen que han trazado el mapa de las frecuencias de esta red cósmica. ¿Pueden los aparatos del doctor Motoyama ayudar a revelar la interrelación de las personas y el cosmos como lo ven los que experimentan el tránsito a la muerte? ¿Detectarían algo cuando los que recibían entrenamiento en el Monroe Institute afirmaban que se elevaban fuera del cuerpo en un centro móvil de conciencia?

«Creo que estoy camino de capturar una porción de "la memoria del mundo".» Es lo que afirmó el doctor Genady Sergeyev, importante fisiólogo soviético del Instituto Uktomski, un laboratorio militar de Leningrado. Sergeyev, a quien conocimos en Moscú, autor de textos muy respetados acerca del cerebro e investigador de las radiaciones de la energía sutil humana, dice que todos los objetos cercanos a una persona absorben las energías que ésta irradia y son cambiados por ellas. Piensa que los objetos se convierten en grabadoras magnéticas naturales. Sergeyev ha inventado un escáner que, según él, recoge estos cambios en objetos tocados por las personas. Un ordenador efectúa la descodificación. Funciona como una forma instrumentada de psicometría. Los lugares donde se ha producido violencia pueden descodificarse fácilmente, dice, porque ha descubierto que las emociones básicas como el miedo y la ira son las más fáciles de descodificar. Si es cierto que se pueden recapturar huellas de la memoria del pasado, se obtendría una poderosa arma para resolver crímenes y una gran ayuda en la exploración mineral y arqueológica.

INSTRUMENTOS QUE RASTREAN LA MEMORIA A TRAVÉS DEL TIEMPO Y EL ESPACIO

«Resultados sorprendentes» es lo que los científicos soviéticos obtuvieron cuando utilizaron detectores para rastrear el pasado. En el campo de batalla de Borodino, donde Napoleón efectuó su ataque sobre Moscú, los detectores arqueológicos soviéticos descubrieron asombrosas anomalías, cavernas secretas y tumbas de soldados franceses desconocidas hasta entonces. En la antigua finca del zar Boris Godunov (1552-1605), verificaron datos de fuentes polacas que hasta entonces habían sido consideradas incorrectas por los historiadores rusos.

¿Una varilla detectora puede ser una máquina de la memoria? Alguna energía del detector cambia cuando se camina sobre el terreno y los movimientos específicos de la varilla o el péndulo simplemente hacen visible este cambio inconsciente. Son señales de que reaccionan a las emanaciones de objetos de oro, petróleo o arqueológicos que se hallan a un nivel profundo. Los soviéticos han estudiado los detectores durante décadas y los utilizan mucho en geología. La capacidad de detección, sin embargo, no se acaba ahí. Algunos detectores también pueden captar señales del mapa de una localización como si de alguna manera estuvieran penetrando en el campo de la memoria de los minerales o los objetos.

Una forma de detector amplificada electromagnéticamente puede adentrarnos en el terreno de la recuperación de la memoria cósmica. La patente estadounidense número 2482773, «Detección de emanaciones de materiales y medición de los volúmenes de ellos», fue concedida a T. Galen Hieronymous, un ingeniero electricista estadounidense, el 27 de setiembre de 1949. Utilizando el aparato para penetrar en un campo de datos que lo engloba todo, Hieronymous afirmaba que podía observar información acerca de personas, cosechas e incluso insectos a cualquier distancia. Siguió el estado fisiológico de los astronautas estadounidenses de los Apolos 8 y 11, en los viajes lunares, y sus datos coincidían con la telemetría de la NASA. Como hemos indicado, las personas y toda la materia emiten radiación constantemente. La detección con instrumentos sostiene que hay una frecuencia de radiación específica para cada cosa y cada persona. La radiación de cada persona es única, está sintonizada con su propia frecuencia específica en el campo de energía mneumónica. Sintonizando esta frecuencia única a través de la resonancia del sonido, se efectúa el contacto y se pueden obtener los datos y la información desde grandes distancias mediante un detector biológico, el operador humano del aparato. La detección con instrumentos añade energías electromagnéticas para amplificar la respuesta del operador/detector y hacerlas más precisas. Hieronymous llamó «elóptica» (electricidad más óptica) a la energía que lleva los datos. Podía enfocarla con lentes, refractarla con prismas, implantar sus efectos en película.

Hace años, en Inglaterra, conocimos a George De La Warr y a su esposa, Marjorie, en sus laboratorios de Oxford. Ellos también trabajaban en la detección con instrumentos o «radiónica». Igual que los científicos Dubrov, Dotto y otros, De La Warr creía que irradiamos energías de sonido, una especie de radar microacústico ultrasónico que rebota y resuena en un campo de memoria que lo impregna todo. Los aparatos amplifican las respuestas del detector. Era como ser un operador radioaficionado en la banda de microsonido. Para enviar la señal, se pasa una mano por un panel de la máquina. El aparato amplifica la microacústica, energías como de radar que emanan de la piel y las células. Cuando el radar de uno sigue al objetivo, la piel registra un «*stick*» en el panel. Toda la materia se encuentra en constante estado de vibración. Después de años de experimentación, De La Warr reveló índices de vibraciones microacústicas ultrasónicas de diferentes sustancias. (Antiguos textos mayas también hablan de estas frecuencias.) «Marcando» o «sintonizando» la frecuencia de una planta específica en el aparato de radiónica, se podría estar en comunicación resonante con ella a través del campo de memoria que todo lo registra. Se podría explorar la salud de la planta a distancia. El aparato también podría emitir el tratamiento así como remodelar el campo de memoria de la planta. Los instrumentos de De La Warr fueron objeto de controversia, por decir lo mínimo, y en Bretaña se discutieron públicamente. Sin embargo, durante años, fueron utilizados para tratar animales, plantas y personas. Utilizando sus detectores a distancia como una especie de sonar, De la Warr tuvo un gran éxito: pudo detectar la fuente de un veneno químico que hacía enfermar el ganado, un problema que había desconcertado a los expertos británicos porque el veneno, fluoracetamida, es uno de los más difíciles de detectar. La radiónica sigue siendo practicada en Europa y el Reino Unido, mientras que en los Estados Unidos se extiende en secreto (ver *Recursos*). Puede que, algún día, ciertos datos documentados de la radiónica, que se remontan a cien años atrás, proporcionen una prueba instrumentada de la existencia de un campo de memoria que todo lo impregna. De La Warr nos mostró su controvertida «cámara del tiempo y el espacio». Era ciencia ficción de altura. Con este aparato radiónico experimental, su equipo afirmaba haber fotografiado plantas, animales y personas a distancia. De La Warr creía que estaban sintonizando con el campo mneumónico que interpenetra en la vida, y que fotografiaban materia prefísica. ¿Estaban obteniendo las energías entéricas que almacena la memoria? Tomando una fotografía a distancia de una mujer que estaba en Irlanda, el laboratorio confirmó que estaba embarazada, y controló el desarrollo del feto a base de fotos. Se les pidió que fotografiaran una vaca enferma a distancia. La cámara reprodujo un objeto de metal y una piedra dentro de la vaca. Cuando el veterinario operó al animal, los objetos se encontraban en el lugar indicado. De vez en cuando, el equipo afirmaba cruzar huellas de memoria pasada, el tiempo de floración de una planta muerta, por ejemplo. Al igual que si se tratara de una cámara detectora, utilizaron el aparato para buscar agua en Oriente Medio. Se ha dicho que localizaron exactamente un suministro de agua subterránea e incluso evaluaron su calidad. Necesitaron doce mil exposiciones.

Los relatos de la cámara de De La Warr parecen increíbles, y quizá lo son, o quizá este emprendedor equipo de marido y mujer aprendió de alguna manera cómo sintonizar con un campo universal de datos y recuperar información. Los De La Warr no vivieron para ver la cámara perfeccionada que utilizarían más de unos cuantos operadores. Hoy en día, algunos instrumentos de De La Warr se hallan en Kentucky, donde se utilizan para diagnosticar y tratar algunos de los caballos de carreras ganadores. La pionera de la radiónica estadounidense Ruth Drown también creó una cámara para la memoria. La principal practicante, France Farrelly, tiene los planos. En lugar de estar relegados por la ciencia, se podrían estudiar este cúmulo de datos experimentales procedentes de los detectores y la radiónica y reunidos en el mundo, ya que forman un conjunto de pruebas de la existencia y las propiedades de un campo mneumónico, el campo de energía de la memoria.

Cronovisor

El monje benedictino padre Pellegrino Ernetti, profesor de música antigua en Venecia, en el conservatorio Benedetto Marcello, ha creado un aparato llamado cronovisor, el cual, según afirma él, puede recapturar el pasado. Ernetti, que tiene en la actualidad más de setenta años, trabajó con el profesor portugués De Matos y doce físicos para desarrollar el aparato. En Europa, el profesor Ernetti es considerado un investigador serio, dice el autor francés Robert Charroux. El cronovisor está basado en el principio de que las ondas de luz y sonido, una vez generadas, siguen viajando por el universo. Ernetti dice que es posible reconstruirlas. Su aparato incluye un oscilógrafo catódico que utiliza las desviaciones de una corriente de electrones. Empleando su extenso conocimiento de los armónicos del sonido procedente de textos antiguos, comprendió que, cuando las ondas de sonido se subdividen en armónicos, cada uno tiene unas características únicas que pueden ser rastreadas.

Se sabe que las emisiones de televisión continúan en el espacio, y en ocasiones, gracias a alguna racha de suerte en la ionosfera, la gente puede ver un viejo programa espontáneamente en el televisor. ¿Cree Ernetti que las «emisiones» humanas (como las emisiones de ondas de radio y de luz-láser, también humanas, descubiertas por los doctores Popp, Poh y Dubrov) siguen viajando por el universo? «Cada ser humano –declara Ernetti– traza, desde que nace hasta que muere, un doble surco de luz y sonido. Esto constituye su señal de identidad individual. Lo mismo ocurre con un acontecimiento, la música, el movimiento. Las antenas utilizadas en nuestro laboratorio nos permiten "sintonizar" estos surcos: imagen y sonido.» Interceptando las transmisiones de todos los seres vivos, él cree que puede reconstruir acontecimientos pasados. Afirma haber reconstituido la pronunciación exacta de lenguas antiguas, una obra en latín arcaico, *The Thyestes*, una tragedia de Quintus Ennius (Roma, 169 a. de C.), y diversos sucesos religiosos. (¿Ciertos tipos de fantasmas pueden ser repeticiones espontáneas de estas emisiones de la memoria?)

Como él es monje, el aparato del profesor Ernetti y detalles acerca de éste permanecen en manos de la Iglesia, lo cual está bien para Ernetti, a quien le preocupa que el aparato pudiera ser utilizado con no muy buenos fines por espías o incluso los «Rona Barretts» de los archivos akáshicos. (¿La policía secreta tendría que desarrollar «trituradores de la memoria cósmica»?)

Con tantos científicos que se acercan al espectro de los cuerpos sutiles y las energías, las telarañas luminosas donde se dice que reside la memoria, es posible que algún día, pronto, alguien –si no el profesor Ernetti– realice un progreso decisivo con una cámara de la memoria cósmica o un vídeo cósmico. Quizá las claves del testimonio dado por incontables personas que han experimentado la casi muerte, acerca de cómo nuestra memoria individual está grabada en el archivo universal, al final nos conducirán a una apertura instrumentada del archivo akáshico, nuestro banco de memoria cósmico.

22
Recuerdos lejanos: ¿pueden cambiar esta vida?

En la puerta de una casa con ladrillos color turquesa de la aldea de Taktser, en el Tíbet, los padres de un niño de dos años saludaron a varios hombres e inmediatamente los condujeron a los alojamientos de los criados donde su hijo estaba jugando. El chiquillo se precipitó al más anciano, quien iba vestido de criado, y se subió a su regazo. Tocando las cuentas para rezar que llevaba el anciano, el niño dijo:

–Me gustaría tener eso.

–Lo tendrás, si puedes adivinar quién soy –respondió el anciano.

–Eres un lama del monasterio de Sera –dijo el niño.

–¿Quién es el amo del monasterio?

–Losang –contestó el niño de dos años.

Todo el día, los hombres de más edad interrogaron y observaron al niño. Cuando se disponían a marchar, él les pidió acompañarlos. Los hombres volvieron varias veces para efectuar cautelosas observaciones y pruebas especiales. Por fin, el anciano reveló que en realidad era un lama disfrazado. El niño había superado todas las pruebas: había identificado pertenencias específicas, había revelado conocimientos secretos. Antes de que muriera el decimotercer Dalai Lama del Tíbet, dejó indicaciones respecto a dónde y cuándo renacería y con qué padres. Todos los datos coincidían. El niño de dos años era la reencarnación del Dalai Lama.

Una caravana de cincuenta personas y trescientos cincuenta caballos y mulas transportaron al niño a Lhasa. El decimocuarto día del primer mes del año del Dragón de Hierro

(1940), el chiquillo ascendió al Trono del León del Tíbet y se convirtió en el decimocuarto Dalai Lama. Seis millones de seguidores tibetanos creen que es la última encarnación de la línea de líderes espirituales tibetanos, que se remonta a 1391. A diferencia de sus predecesores, el chiquillo tuvo que efectuar un largo viaje desde su casa color turquesa. Él es el Dalai Lama que en la actualidad vive en los Estados Unidos y que recientemente ganó el Premio Nobel de la Paz.

A través de la memoria lejana, evidentemente, el asesinato saldrá, y en Agra, India, así lo hizo con un giro que ni siquiera Agatha Christie habría previsto. El niño de seis años Titu Singh apareció en un tribunal de justicia de Agra y convenció a las escépticas autoridades de que era la reencarnación de una víctima de asesinato. Exigió que el asesino fuera juzgado. Titu nombró a su asesino y describió cómo le había disparado mientras trabajaba en su tienda de radios en Agra. Mostró a los investigadores señales en el cráneo que coincidían con los puntos donde la bala había entrado y salido en la cabeza del hombre muerto. Reveló detalles íntimos de su vida de casado con su anterior esposa, Uma. Convenció a su padre de la vida anterior, con recuerdos que sólo ellos compartían. Cuando Titu, de seis años, fue llevado a la tienda de radios, que se hallaba a veintiocho quilómetros del pueblo donde residía a la sazón, conocía todos los detalles de la tienda y comentó los cambios recientes. Tuvo un emotivo encuentro con los dos hijos y ancianos padres del hombre asesinado.

«Es el caso más notable de reencarnación que jamás he visto», dice el doctor N. K. Chadha, parapsicólogo de la universidad de Delhi. Debido a que la policía estuvo involucrada, es uno de los casos mejor documentados de aparente reencarnación. La BBC encontró el asunto tan irresistible, que realizó un documental acerca de Titu, que tenía el recuerdo de una venganza.

Durante los pasados veinticinco años, el doctor Ian Stevenson, catedrático de psiquiatría en la universidad de Virginia, ha estado investigando a niños que afirman tener recuerdos de vidas pasadas. Su libro *Children Who Remember Previous Lives*, de 1987, es un estudio erudito y metódico de más de dos mil casos de éstos ocurridos en todo el mundo. Él cree que los recuerdos de la reencarnación pueden explicar pautas de conducta inusuales en niños, no atribuibles a la genética o al entorno.

En Inglaterra, Dorothy Eady, de tres años, fue declarada oficialmente muerta. Una hora más tarde, se hallaba incorporada y jugando como si nada hubiera ocurrido. Pero sí había ocurrido algo extraordinario. Entonces estaba llena de recuerdos de la vida de una enigmática mujer llamada Omm Sety, una egipcia que vivió tres mil años antes y que fue el amor apasionado de un faraón. Su historia se desvela en la intrigante biografía de Jonathan Cott titulada *The Search for Omm Sety*.

Desde Platón a Tolstoy, pasando por el general George Patton, muchos famosos no sólo han creído, sino que han proclamado tener recuerdos de vidas anteriores. Patton estaba convencido de que había sido un guerrero romano en una vida pasada, y mientras dirigía sus tropas en Italia y Francia, tuvo recuerdos detallados del terreno. ¿Y los niños prodigio como Mozart, que componía música a los cuatro años, y Pascal, que señaló los principios geométricos a los once? Algunos creen que la explicación está en los recuerdos del pasado.

La reencarnación es un importante principio religioso en todo el mundo, y sus seguidores se cuentan por millones, si no por miles de millones. Algunos dicen que formaba parte de las primeras creencias cristianas. Al menos se conocía, pues en 325 el emperador Constantino declaró oficialmente que la reencarnación era una herejía cristiana (se rumoreaba que ni él ni su poderosa emperatriz Teodora podían soportar la idea de volver como un ser de menor importancia). *The Case for Reincarnation*, de Joe Fisher, y *Reincarnation – an East-West Anthology*, de Heand y Cranston, revelan algo de la historia. Herejía que se castigaba con la muerte, durante siglos, el concepto de la reencarnación se mantuvo vivo sólo por los grupos herméticos secretos de los países cristianos. Hoy en día los recuerdos lejanos vuelven a abrirse paso.

En 1956, *The Search for Bridey Murphy*, de Morey Bernstein, desconcertó a Estados Unidos con su relato de un ama de casa de Colorado quien, hipnotizada, recordó una vida anterior en Irlanda. Con la agitación de una nueva era, la reencarnación empezó a difundir la idea que la gente tenía de sí misma y la búsqueda potencial de sus recuerdos.

Uno de los principales agitadores fue Edgar Cayce, quien se sorprendió de la idea. En la vida corriente, se adhirió a los principios cristianos ortodoxos que él enseñaba en la escuela dominical. En trance, Cayce revelaba lecturas «herejes» de una vida pasada ante cientos de interrogadores. Sus *Readings* revelaban una amplia red de transferencias de entidades reencarnacionales de todo el mundo de un área de tiempo a otra (ver capítulo 24). Él mantenía que estamos muy influidos por los recuerdos de las vidas pasadas, tanto si somos conscientes de ellos como si no. Su rastreo de la memoria de cada cliente sacado de los «archivos akáshicos planetarios» parecía demostrar que las acciones de vidas pasadas afectan a lo que nos está sucediendo ahora y a las elecciones que efectuamos. Era probable que la gente realizara diferentes combinaciones de relaciones con las mismas personas que habían conocido antes, dijo. Un esposo en una vida anterior podría volver como hijo, una madre como hija, y así sucesivamente. Como la mayoría de las filosofías de renacimiento, la de Cayce incluía el karma, la «responsabilidad» de una vida a otra. «El karma es memoria», decía Cayce. El libro *Edgar Cayce on Reincarnation*, de Noel Langley, publica docenas de casos típicos.

Volúmenes de información canalizada como el material de Seth dictado a través de la escritora Jane Roberts avivó el interés. Seth mantenía que nuestros conceptos del tiempo y el espacio son inexactos, y enseñó que la naturaleza de la personalidad humana no es lineal, sino multidimensional, y que las llamadas «vidas pasadas» coexisten en una dimensión del hiperespacio.

Recuerdos lejanos que liberan

¿Por qué todo le sale bien o le sale mal? ¿Por qué tiene usted tendencia a sufrir ciertas enfermedades o adicciones? ¿Por qué tiene talentos espectaculares o aparentemente insignificantes? Y las relaciones o los asuntos financieros, ¿por qué siguen ciertas pautas? Si realmente se pudieran recuperar los recuerdos del «ex gran Yo» (como en *On A Clear Day You Can See Forever*) con todas las hebras kármicas, se tendría sin duda alguna una vida más fructífera, más segura, al comprender por qué se ha elegido realizar ciertos «proyectos». Recordar el gran diseño de uno sería un uso eminentemente práctico de la memoria. Pero la reencarnación no está demostrada en nuestra era científica. Se ha convertido en otro borde de ataque en la revolución de la supermemoria. Tanto si las vidas pasadas son reales como imaginarias, miles de personas están experimentando en todo el mundo los beneficios de «recordarlas». Se está produciendo un auténtico avance de la memoria en el teatro de la conciencia. Los terapeutas utilizan esta técnica de la memoria «porque funciona». Con los recuerdos lejanos a mano, los clientes afirman realizar mejoras aceleradas en la carrera profesional, las relaciones, la salud, y poseer una sensación de propósito, por mencionar algunas cosas. ¿Cómo se apodera uno de estos recuerdos? Las vías incluyen la hipnosis, las drogas, la meditación, lecturas psíquicas o canalizadas, astrología hindú de vidas pasadas y lo último: la acupuntura.

Utilizando la hipnosis, la psicóloga clínica doctora Edith Fiore se situó entre las primeras de un creciente número de terapeutas que investigan en profundidad las vidas pasadas de las personas. Fantasía o no, tras un viaje por un extenso sendero de la memoria, los clientes a menudo regresaban sin problemas. Los resultados eran demasiado asombrosos para no compartirlos, y Fiore publicó *You Have Been Here Before*. El doctor Brian L. Weiss publicó recientemente sus casos en *Many Lives, Many Masters*. Doctor en medicina formado en Yale, catedrático de psiquiatría del Mount Sinai Medical Center de Miami, Weiss también descubrió inesperadamente el tratamiento con técnicas para la memoria lejana excepcionalmente efectivas. Sus colegas tal vez se maravillaron, pero el método poseía tal potencial curativo, que parecía poco ético no dar a conocer sus observaciones. Weiss está formando a otros miembros del personal clínico para ayudar a que los pacientes se remonten a recuerdos liberadores.

Mucho antes, en los años cuarenta, el doctor Dennies Kelsey, psicoanalista inglés, descubrió el efecto liberador de los recuerdos lejanos. La esposa de Kelsey, Joan Grant, era una famosa autora británica, y poseía poderes psíquicos. Grant echaba una mirada clarividente a las supuestas vidas pasadas de los pacientes y le daba a Kelsey datos que, reales o imaginarios, resultaban ser sorprendentemente útiles en el tratamiento. Joan Grant dijo que sus siete novelas históricas, de gran éxito, eran en realidad autobiografías sacadas de las vidas que ella había vivido en Egipto y el Oriente Medio. Cosa curiosa, los detalles de fondo de libros como *The Eyes of Horus* fueron desenterrados y validados por arqueólogos después de que las novelas de Grant estuvieran en las librerías. ¿Su explicación? «Los recordaba.» Con el título de su biografía de esta vida, *Far Memory*, Grant estableció un nuevo término.

Richard Gerber, doctor en medicina, describe «el ciclo cósmico de la regeneración y el renacimiento» en su *Vibrational Medicine*. Él ve el Yo global como un árbol cósmico, como si la pauta de cada alma fuera una flor que florece en sus ramas. Cada flor está en constante comunicación con el árbol, ya que éste se alimenta a través de la «vitalidad de la savia de un tronco y sistema de raíces comunes». Él cree que la entidad humana es una conciencia colectiva multidimensional de muchas encarnaciones individuales, un ser que crece y se ramifica con muchas venas sutiles de intercomunicación. La recuperación de recuerdos lejanos, afirma Gerber, presenta poderosas nuevas opciones para curar a nuestra sociedad y a nosotros mismos.

La psicóloga doctora Helen Wambach estaría de acuerdo. Utilizando la hipnosis, ella suscitó y analizó intensamente más de mil recuerdos de vidas pasadas. Ninguno de sus sujetos recordaba haber sido el Napoleón o la Cleopatra que los periódicos sensacionalistas describen. Recordaban las vidas más o menos usuales que cabría esperar en una muestra normal de personas tomadas al azar. Reflexionando sobre sus recuerdos nuevos y antiguos, cerca de la mitad creían que habían elegido renacer como parte de un programa de aprendizaje espiritual. Wambach cree que las encarnaciones anteriores podrían ayudar a explicar las perturbaciones emocionales que existen. La vida pasada, una vez ha aflorado a la superficie, ha sido muy curativa, afirma. La terapia de las vidas pasadas podría ser especialmente útil en ciertas situaciones, como el proceso que experimentan los transexuales al efectuar la transición a un cuerpo diferente.

«En la actualidad –a diferencia de otros tiempos, incluso recientes–, la gente recuerda cada vez más las experiencias de vidas pasadas –observa William McGarey, doctor en medicina–. En el campo de la curación, no se puede provocar un auténtico cambio a menos que se tenga en cuenta la experiencia de la vida actual que uno atraviesa durante el período de muchas reencarnaciones...»

Jack Schwarz, director de la Aletheia Foundation, durante dos años de regresión hipnótica, experimentó el recuerdo de una vida como un bereber en el año 550 a. de C. Se requirió la presencia del psicólogo Ahmed el Senussi, de Ojai, California, para actuar de intérprete del dialecto bereber de las montañas que Schwarz hablaba, que no se oía desde el año 300 a. de C. Pero Schwarz advierte una cosa. Es posible que resonemos sucesos del pasado, dice. Pero no necesariamente tienen que ser nuestras propias vidas pasadas. Rupert Sheldrake aventura una idea similar. La resonancia con formas mórficas o campos de memoria es una interpretación alternativa a la reencarnación.

Recordar vidas pasadas mediante la acupuntura

Las formas mórficas, si es cierta la teoría, son una manera de que la memoria sea transmitida de generación en generación. Diversas tradiciones tienen otras ideas, aunque no necesariamente incompatibles, acerca de dónde se pueden encontrar los recuerdos del Yo. Textos de yoga antiguos enseñan que residen en uno de los cuerpos sutiles, el «cuerpo causal», que transmite las semillas del karma que fructificarán en las vidas presentes y futuras. Según el yogui I. K. Taimni, en *The Science of Yoga*, todos los yoguis de un orden elevado pueden ponerse en contacto con sus «vehículos causales» y llegar a conocer sus propias vidas anteriores y las de otros.

Históricamente, el prana, como se llama a la energía sutil en la tradición india, conecta con los cuerpos sutiles. De manera similar, la sabiduría china sostiene que los campos de energía chi graban en el cuerpo físico el recuerdo de los acontecimientos multiencarnacionales que el Yo ha experimentado. Físicamente, esto podría verse en el extraño fenómeno del «tejido de la memoria», el cual encuentran los hipnotizadores. Las personas que sufren una regresión en la edad, por ejemplo, desarrollarán en realidad señales físicas de una herida de tiempo atrás. Una quemadura a los cinco años de edad podría resurgir de repente con ampollas reales, lo cual induce al experto en hipnosis doctor John London a pensar que existe un almacén de la memoria vinculado a las células de nuestro cuerpo. Con su acupuntura de la «ventana al cielo», Chris Griscom extiende esa idea en «cuerpos» múltiples y de múltiples vidas.

Uno de los problemas con nosotros y nuestro mundo, afirma Griscom, es que estamos cargados de traumas emocionales de otras épocas, que se adhieren a nuestro cuerpo emocional como una especie de *«stickum»*. Podemos atascarnos en un bache en esta vida con el equipaje de la vieja memoria. La conciencia es el primer paso para liberarse. Lo mismo ocurre con el viejo equipaje de otras vidas, dice Griscom. La aventura empieza aceptando la multidimensionalidad de uno y la ilusión de la naturaleza lineal del tiempo. La acupuntura, descubrió ella, puede pinchar la ilusión y provocar una explosión de recuerdos.

Shirley MacLaine, una de las primeras clientas de Griscom, describe esta explosión creativa de recuerdos en *Bailando en la luz*. En la «acupuntura de las ventanas al cielo», se sitúan finas agujas de oro o plata en el área del tercer ojo, en el centro de la frente, o en los puntos galácticos de alrededor de las orejas, o en los clásicos puntos de los meridianos psíquicos en los hombros. En ocasiones, se utilizan puntos en mitad del pecho y los de debajo de la barbilla, justo encima de la garganta (llamados clásicamente puntos de «control de la multitud»). Cuando las agujas de Griscom movieron las energías de su cuerpo, durante once días MacLaine pareció volver a vivir íntimamente vidas pasadas. Al parecer, contactó con una poderosa dimensión de un Yo Superior.

«¿Cómo deshacerse del mal y los criminales que hay en el mundo?», preguntó ella al Yo Superior. Dales poder con la revelación de los vínculos espirituales de los individuos, fue la respuesta. MacLaine sintió que desprendía una gran cantidad de *stickum* mientras volaba a través de horas de experiencias y recuerdos, como en una película, que delineaban el significado de los conflictos con sus padres, ex-marido, amante, hijo, hermano, recuerdos que se movían como las variaciones musicales de muchos temas, tecleando las transformaciones una multitud de tiempos y países desde el desierto de Gobi hasta Rusia. La acupuntura pareció desplegar en el ojo de la mente pautas de memoria previamente encerradas en las energías sutiles y las células físicas del cuerpo. MacLaine sintió que las agujas de oro y plata la catapultaban a saltos cuánticos hacia la comprensión espiritual y la autotransformación.

Mientras se escribía este libro, Griscom realizaba sesiones diarias con un grupo internacional de preparadores en su Light Institute de Galesteo. En lugar de agujas, utilizan acupresión y masaje de energía de luz. Una de las autoras fue a este instituto. Al pensar en ello, lo más interesante de todo, con respecto a las supuestas vidas pasadas que desarrolló, es que le anunciaron este libro. Temas que no conocíamos particularmente, temas que salieron meses después al escribirlo, se presentaron con variados disfraces históricos y perspectivas. Por ejemplo, una «vida» que se haría particularmente nítida más tarde, apareció en lo más reñido de las toscas escuelas de la memoria hermética del Renacimiento, sistemas de los que habíamos oído hablar pero que todavía no habíamos investigado. Si esto era una vida vivida o, como Schwarz o Sheldrake podrían decir, una «resonancia» que esa memoria recogió porque estábamos sintonizando con la madre Mnemosina, es una pregunta sin respuesta.

Griscom mantiene que el conocimiento de estos viejos recuerdos provoca un verdadero cambio molecular en el cuerpo, un cambio que libera energía y un gozoso flujo de existencia. Algo se está tramando en nuestro tiempo, que impulsa a la gente a buscar los recuerdos lejanos. Si son reales o no, parece no venir al caso. No importa qué método de acceso a ellos se utilice, se trata de una aventura de la memoria que aporta una nueva alegría de vivir.

23
Memoria después de la muerte

El doctor Julian Burton y su esposa se hallaban con unos parientes en casa, en California. Él estaba en la cocina cortando una piña para tomar como postre. «¿Dónde está la fuente?», preguntó a su esposa. Ella había salido un instante de la cocina, y cuando él se volvió para preguntar de nuevo, vio a su madre de pie a su lado. Ella había muerto seis meses antes.

«Era perfectamente visible, con un aspecto estupendo y con unos diez años menos que cuando murió. Vestía una túnica azul claro transparente, adornada con marabú, que yo jamás había visto –cuenta el doctor Burton–. ¡Mamá!, exclamé. Ella sonrió, y después se disolvió. No desapareció, se disolvió.»

Burton sintió un enorme peso. Al día siguiente telefoneó a su hermana y le relató el incidente. Ella se echó a llorar. ¿Por qué su madre no la había ido a visitar también a ella? «¿No me crees?», le preguntó él. «Sé que es cierto», respondió su hermana. Poco antes de que su madre muriera, habían ido de compras y la anciana se había probado un vestido azul pálido exactamente igual al que Burton describió. Estaba maravillosa con él, dijo la hermana, pero decidió que no quería gastarse doscientos dólares.

La experiencia ejerció un profundo efecto en Burton. Decidió volver a la universidad, a la edad de cuarenta y dos años, y doctorarse en psicología. ¿Su tesis? «Visitas» de los muertos.

En Londres, en octubre de 1930, Eileen Garrett, mujer de negocios y escritora de prestigio –y una de las personas con poderes psíquicos sometida a más pruebas en todo el siglo–, recibió una visita inesperada. Era una presencia que afirmaba ser el comandante de vuelo H. C. Irwin, capitán del dirigible británico R101. El dirigible se había estrellado cerca de París a causa de una fuerte tormenta dos días antes. Casi todos los que iban a bordo, cuarenta y seis pasajeros y la tripulación, murieron. Irwin se hallaba entre los muertos. Con prisas, el supuesto Irwin le contó a Garrett los detalles completos de por qué se había estrellado el aparato. «Todo el dirigible era... demasiado para la capacidad del motor. La elevación útil, demasiado pequeña. La elevación en bruto se calculó mal... El elevador se atascó. La cañería del aceite se obturó...» Aunque la señora Garrett no sabía nada de la mecánica de los dirigibles, había cantidades de datos técnicos, incluso detalles de navegación y topografía. Expertos del Royal Airship Works de Bedford lo calificaron de «documento asombroso», lleno de información confidencial.

En el extremo más lejano de la revolución de los recuerdos, lo último incalificable en los círculos intelectuales –la muerte– se está discutiendo después de una interrupción de cien años. A mediados de los años ochenta, un grupo importante se reunió en Washington, D.C., bajo el patrocinio del Institute of Noetic Sciences y la Office of Smithsonian Symposia. El senador Claibourne Pell inició la idea, el obispo episcopaliano John Spong ayudó, y la univesidad de Georgetown ofreció sus instalaciones. Distinguidos científicos y estudiosos plantearon, como lo expresó el doctor Willis Harman, la pregunta «torpe» de «la supervivencia y la conciencia». ¿Sobrevivirá uno? Para muchos, eso significa: ¿sobrevivirá la memoria de uno? Asistentes que pertenecían a diversas disciplinas coincidieron en su mayor parte en que, de una manera u otra, es razonable apostar por alguna clase de supervivencia.

La doctora Candace Pert habló de psiconeuroinmunología y describió los muchos y nuevos descubrimientos acerca de la complejidad del sistema de comunicación interna del cuerpo. «Actualmente es posible concebir la mente y la conciencia como una emanación del tratamiento de la información emocional –dijo– y como tal, la mente y la conciencia parecerían ser independientes del cerebro y el cuerpo.» ¿Y la supervivencia? «La materia no puede crearse ni destruirse, y quizá la información biológica no puede desaparecer con la muerte y debe ser transformada en otro campo.» Pert, la científica, concluye: «¿Quién puede racionalmente decir que es "imposible"?».

Los archivos de las sociedades de investigación de *psi* en todo el mundo rebosan de miles de casos de personas que dicen haber visto, oído o soñado que estaban en comunicación con los muertos. Describen al muerto como en posesión de su memoria y a menudo capaz de comunicar datos complicados, como en el caso de la señora Garrett. Hasta hace poco, quizá la mejor indicación de que la memoria sobrevive procedía de los experimentos de «correspondencia cruzada» de la British Society for Psychical Research a principios de este siglo. El supuesto comunicador del más allá era el respetado erudito clásico F. W. H. Myers, fundador de la sociedad. El experimento funcionaba como un rompecabezas. Diferentes mediums en dos continentes recogían fragmentos de mensajes. Igual que las piezas de formas extrañas de un rompecabezas, sólo tenían sentido cuando encajaban. Incluso entonces a mucha gente no les sonaba de nada. Lo que por fin apareció fueron pasajes extremadamente oscuros de la literatura griega y romana, la especialidad de Myers. Estos largos experimentos sugieren, como dijeron los investigadores, que Myers y su memoria sobrevivieron.

En los años ochenta fue ideado un experimento igualmente ingenioso por el doctor Wolfgang Eisenbeiss, asesor de inversiones suizo, investigador del *psi*... y amante del ajedrez. Eisenbeiss trabajó con un medium que se suponía estaba en contacto con Geza Maroczy, un campeón húngaro de ajedrez que murió en 1951. El maestro fallecido respondió correctamente las preguntas usuales referentes a su vida, relatando incluso movimientos que había hecho en campeonatos en los que había participado muchos años atrás. Interesante, quizá, pero, como en la mayoría de estos ejemplos, apenas hay pruebas de nada. Si realmente era Maroczy, ¿por qué no jugar una partida con alguien de su categoría? Como el famoso gran maestro Viktor Korchnoi, alguien con quien ni el medium, que no sabía ajedrez, ni el aficionado Eisenbeiss pudieran jugar. Korchnoy y el «espíritu» accedieron y prepararon una partida auténticamente a larga distancia. Treinta movimientos y tres años más tarde, el difunto no cedía.

Un estudio llevado a cabo en 1987 por el National Opinion Research Council de la universidad de Chicago reveló que casi la mitad de todos los adultos estadounidenses (cuarenta y dos por ciento) creen que han estado en contacto con alguien que ha muerto, en general, un cónyuge o hermano. Un equipo de la universidad de Carolina del Norte, conducido por el doctor Richard Olson, encontró que el sesenta y cuatro por ciento de las viudas de dos asilos de Asheville al menos habían «sentido una o dos veces como si estuvieran en contacto con alguien que había muerto»: el sesenta y ocho por ciento vieron a una persona muerta, el cincuenta por ciento la oyeron, el veintiuno por ciento la tocaron, el treinta y dos por ciento sintió la presencia, el cuarenta y seis por ciento una combinación, y el dieciocho por ciento había hablado con el difunto. Describieron sus encuentros como algo útil, que no les provocaba miedo. El doctor Andrews Greeley, sacerdote-sociólogo, destacó en *American Health*: «Lo que ha sido "paranormal" no sólo se está volviendo normal en nuestra época, sino que también puede ser bueno para la salud». Señala que millones de personas han sufrido experiencias profundamente espirituales, desde el tránsito a la muerte hasta el viaje fuera del cuerpo, pasando por encuentros transformadores con los muertos. «Todas esas personas.... pueden tener un efecto perdurable en el país», dice Greeley.

«*Gedenke, Ich Bin*»; «sólo piense: soy»

La evidencia de que la memoria puede cruzar la frontera de la muerte fue anecdótica hasta que se produjo un descubrimiento tecnológico. Fue Thomas Edison quien empezó a trabajar con instrumentos para comunicarse con los muertos. Muchas personas razonables creen que la visión de Edison empezó a llevarse a cabo hace treinta años con una máquina que el gran inventor no creó: la grabadora. Si están en lo cierto, éste es el descubrimiento por excelencia, la sensación del siglo, aunque, a menos que forme usted parte de un pequeño grupo autoseleccionado, probablemente nunca ha oído hablar de personas que recogen voces de los muertos en sus grabadoras. ¿Voces de los muertos? Suena a fantasía sensacionalista. Los que no están implicados directamente no saben qué hacer cuando se encuentran con la evidencia, y en general hacen mutis, convirtiendo este descubrimiento en algo cómico y cósmico al mismo tiempo.

En 1959, Friedrich Jurgenson, eminente realizador de cine sueco, a quien el Vaticano eligió para documentar la vida del papa Pablo VI, estaba escuchando unas cintas de reclamos de pájaros que había grabado en un bosque sueco. Para su asombro, oyó voces que discutían en noruego sobre los reclamos de los pájaros. ¿Una emisión de radio extraviada? El hombre escuchó algo más. Se oían otras voces, algunas que le parecían familiares. Se dirigieron a él por su nombre. Afirmaron ser los muertos. Incluso oyó en la cinta lo que creyó que era la voz de su madre fallecida con un mensaje personal. Empezó a experimentar. Pronto Jurgenson tenía grabaciones de cientos de voces, afirmando todas ellas que eran personas fallecidas. Nacían los «fenómenos de voz electrónica» (EVP, en inglés).

En Europa, otros investigadores se unieron a la grabación

de fenómenos de voz, entre ellos el doctor Konstantine Raudive, conocido psicólogo, profesor, escritor y alumno de C. G. Jung; Theodor Rudolph, ingeniero de alta frecuencia de Telefunken, en Ulm, que había trabajado con pioneros del radar como Messerschmitt; y un físico suizo, el doctor Alex Schneider. Otro suizo, el reverendo padre Leo Schmid, conocido teólogo, recibió permiso de sus superiores para grabar en su iglesia. Obtuvo diez mil fragmentos de voces extrañas, incluida, creyó él, la de su fallecido monseñor. El cofundador del Jung Institute, el doctor Gebhard Frei, primo del papa Pío XII, anunció que las posibilidades de los fenómenos apuntaban a que las voces pertenecieran a «personalidades trascendentales». El escritor soviético Valery Tarsis, autor de *Ward Seven*, también experimentó. Él creía que había captado las voces del difunto Boris Pasternak, quien comentó el trabajo que Tarsis estaba realizando en aquella época. Incluso los ingenieros y oficiales de la NASA investigaron en silencio las voces electrónicas en Alemania.

¿Qué hacían? Para el experimento muy limitado, simplemente se pone en marcha una grabadora junto con una fuente de ruido, el siseo entre emisoras en el dial de la radio, el ruido de una máquina del sueño, etc. Se pide una comunicación, después se espera en silencio mientras la cinta virgen funciona unos diez minutos. Al reproducirla, a veces se oye algo que no debería oírse. Voces.

El doctor Raudive, tras una intensa investigación de las cintas de Jurgenson, dedicó todo su tiempo a la investigación de los fenómneos de voces electrónicas a partir de 1965. Pronto tuvo más de cien mil frases pronunciadas por voces enigmáticas en las cintas. Al principio, los mensajes estaban comprimidos, raras veces tenían más de diez o doce palabras sobre un fondo de estática. Uno de los más claros es una voz femenina que exclama: «Gedenke, Ich Bin!» ¡Sólo piense: soy! Como es típico, se dirigían a Raudive por su nombre completo o su diminutivo, Kosta. Normalmente, hablaban a doble velocidad y con ritmo. Había que aguzar el oído para percibirlos, como cuando se intenta captar lo que alguien dice en una conexión telefónica muy mala. Cuando Raudive publicó sus hallazgos en *Breakthrough*, también se publicó una grabación de las voces. Otras miles se unieron a los controvertidos experimentos. Peter Bander, el editor británico de Raudive, estaba tan asombrado, que hizo algo insólito en un editor: inició su propia investigación y al final publicó un libro sobre las inexplicables voces que él mismo había reunido. ¿De dónde procedían las voces? ¿Por qué se oían? Algún sacerdote británico creyó que no deberían oírse. «¿Cómo podemos detenerlas?», preguntaban.

Las voces siempre se grababan en cintas salidas de fábrica. Hombres, mujeres y niños hablaban en fragmentos apresurados. Las voces se identificaban a sí mismas, daban nombres y la ciudad de origen. Se dirigían a las personas que había en la habitación por su nombre. Al final, respondían a preguntas y comentaban los detalles de la habitación –incluso la ropa que los interrogadores llevaban– y discutían los tecnicismos de la transmisión. Esto desconcertaba a los críticos que habían insistido en que las voces eran simples fragmentos de emisiones de radio perdidas captadas por error. Los medios de comunicación británicos y europeos emitieron grabaciones de voces electrónicas. El interés era tan intenso, que los programas duraban más tiempo del previsto. Cientos de personas empezaron a esperar pacientemente con grabadoras y a intentar mejorar el equipo.

El ingeniero electrónico austríaco Franz Seidl creó instrumentos que mejoraban la claridad de las transmisiones. Las extrañas voces empezaron a ser útiles. Los padres de una muchacha desaparecida apelaron a Seidl. Unas voces aparecieron en la cinta dando información acerca de su paradero. Útiles o no, las voces seguían sin tener motivo alguno para estar allí.

Bellin & Lee, Ltd., de Enfield, Inglaterra, llevaron a cabo experimentos dentro de laboratorios blindados con radiofrecuencia utilizados por los militares británicos. Ninguna señal emitida podía penetrar en la instalación. También en este caso aparecieron voces paranormales en las cintas. Investigadores de todos los campos estudiaron las increíbles voces; ingenieros de sonido, físicos, especialistas eléctricos, parapsicólogos, radiofonistas, sacerdotes, incluso el Vaticano se interesó por ello. Los fenómenos de las voces electrónicas fueron estudiados con minuciosidad por algunos de los mejores laboratorios y expertos de Europa. (Existe una gran cantidad de documentación e investigación publicada, en particular de Alemania. Ver *Referencias*.) Nadie ha podido explicar las voces. Las voces mismas no cesan de manifestar que son «los muertos».

Tecnología para la impresión de la voz y memoria después de la muerte

¿La voz de una persona grabada cuando estaba viva coincidía con la voz paranormal que afirmaba ser esa persona?

Diversos investigadores analizaron las voces con detalle en espectrógrafos de sonido y osciloscopios. Utilizaron la más reciente tecnología para impresión de la voz para someter a prueba voces individuales grabadas por Otto Koenig. Las impresiones de la voz son tan individuales como las huellas dactilares. La supuesta impresión de la voz después de la muerte de un individuo se comparaba con las impresiones de la voz de esa misma persona antes de morir. ¡Coincidían! «Es una prueba contundente», dice Sarah Estep, fundadora de la American Association for Electronic Voice Phenomena. Antes de equiparar las impresiones de la voz, había que establecer las identidades de los comunicadores después de la muerte equiparando recuerdos.

Varios años después de la muerte de Raudive, Koenig se hallaba en una reunión de quinientas personas en Fulda, Alemania. Se grabó una voz en alemán distorsionado que decía: «¡Los muertos os saludan!» Una mujer del público preguntó por Raudive. Al cabo de unos segundos, una voz aguda, que hablaba despacio, respondió «Raudive». Reproducida a mayor velocidad, la tecnología de la impresión de la voz demostró que coincidía con la voz de Raudive antes de morir.

En una ocasión, Koenig oyó inesperadamente en su cinta la voz de un amigo íntimo, Walter Steinoekel, que a la sazón se hallaba hospitalizado. Quince minutos más tarde, la esposa de Steinoekel le llamó y le comunicó que su esposo había muerto... hacía quince minutos. Después de esto, Koenig logró grabar conversaciones de dos minutos con, según cree él, el fallecido pero no desaparecido Walter. La voz coincidía en dialecto y tono. En 1983, radio Luxemburgo invitó a Koenig a celebrar una sesión de grabación supervisada radiada. Se oyeron voces, precisas, fuertes, claras y sin ruidos. La respuesta fue tan grande, que los fenómenos de voces electrónicas se hicieron regulares en radio Luxemburgo.

Igual que otros del mismo campo que están técnicamente adelantados, Koenig fue mucho más lejos de la simple utilización de una grabadora. Grababa con equipo electrónico ultrasónico y también añadió un monitor para la energía chi, la cual él afirmaba que mejoraba la recepción de la voz y la calidad de las grabaciones (ver el trabajo de Motoyama).

Sarah Estep, maestra de escuela jubilada, de Maryland, se interesó por el fenómeno de las voces después de leer nuestro *Handbook of Psi Discoveries*. Grabó durante seis días y no logró nada. Aburrida, pidió: «Por favor, decidme cómo es vuestro mundo». Al reproducir la cinta, una voz clara respondía:

«Belleza». Estep quedó enganchada. Oyó otras voces que le ordenaban: «No abandones. Sigue adelante». Algunos experimentadores han tenido que esperar pacientemente durante meses antes de captar una voz. Lentamente, los problemas de transmisión de Estep se solucionaron. Las voces se hicieron más fuertes, más claras, con más tono. Cuando murió su tía Jane, intentó seguir un contacto mediante la grabadora, y cuenta que en la cinta aparecieron diversas voces. «Ella está aquí.» «Ahora muy bien. ¡Adelante, habla!» Luego, una voz que Estep dice era la de su tía Jane, dijo: «Estoy bien. Ahora vuelvo a estar aquí».

En 1982, Estep fundó la American Association for Electronic Voice Phenomena (AAEVP). Ha estimulado incansablemente a cientos de personas de todo el mundo para que se unan en la investigación y sin egoísmo ha intentado aliviar a los apesadumbrados que parecían recurrir a ella a cualquier hora del día y de la noche. Hay que hacer notar que, en lugar de ganar dinero con sus esfuerzos, los que experimentan con las voces gastan gran parte del suyo propio en cintas y equipo. La AAEVP publica un boletín y celebra una conferencia anual. Recientemente, Fawcett publicó *Voices of Eternity*, de Estep, acerca de sus aventuras cósmicas mientras estaba sentada en su oficina con la grabadora.

En una de las conferencias de Estep en Maryland, conocimos al doctor Ernst Senkowski, investigador alemán, ingeniero electricista y profesor de física en el Bingen Technical College de Mainz, quien ha grabado voces durante años. Oímos algunas de sus grabaciones y aprendimos más acerca de la tecnología que hay detrás de ellas, y de los raros caminos de estas voces imposibles. A menudo, las voces se encuentran en la cara inversa de las cintas, donde no deberían estar, así como en la cara de grabación. Senkowski pasó cintas en las que niños muertos en accidentes de coche respondían a las preguntas de sus padres. También parecía haber reuniones con animales domésticos de la familia, pues se oía algún ladrido de vez en cuando.

Si sólo una persona o cincuenta captaran las voces, el asunto sería más sencillo. Se podría decir que es un engaño o un fraude. Pero estas voces imposibles han sido captadas por miles de personas y al parecer podrían hacerlo millones si estuvieran dispuestas a sacrificar el tiempo necesario. Nadie parece haber sacado provecho de ello, al menos en el sentido mundano. Mercedes Shepanek, esposa de un oficial naval de alto rango y escéptica al principio, nos contó sus propios experimentos con voces electrónicas, en los que había grabado docenas de voces inexplicables que le hablaban directamente a ella, haciéndole reexaminar sus opiniones sobre la vida y la muerte. No se convirtió en una «auténtica creyente» ni salió corriendo a vociferar por las calles. Lo que hizo fue ampliar el sentido de su propio ser, su propia memoria y cuán lejos puede extenderse.

En la actualidad, en Luxemburgo, Jules y Maggie Harsch-Fishbach, de Herperange, tienen uno de los más avanzados centros de grabación de Europa. Jules, abogado del departamento de justicia de Luxemburgo, y Maggie, maestra de escuela, empezaron a grabar con los rudimentos dados en nuestro manual. Después de varias sesiones, apareció una voz que decía ser un técnico. Les dio datos complejos sobre cómo realizar mejoras técnicas.

«Nos asombró con su excepcional conocimiento de la electrónica, la física, las matemáticas, la astronomía, las ciencias naturales y acerca del futuro y el pasado», cuenta Maggie. El «técnico» les instruyó para montar dos complejos sistemas electrónicos; uno, un sistema de dos direcciones que permite la conversación de un lado a otro y con volumen más fuerte durante la grabación. El otro, utiliza la complicada tecnología telefónica europea.

El doctor Ralf Determeyer, ingeniero de Alemania Occidental, preguntó al técnico si las voces electrónicas podían ayudar a la paz mundial. «Es el instrumento más importante para despertar la conciencia humana del sueño del amanecer. Realizarlo supone puentes y constructores de puentes entre vuestro mundo y el mundo del espíritu», fue la respuesta. A veces el técnico, como un Edgar Cayce electrónico, proporcionaba útiles consejos médicos: un té medicinal especial que ayudaba a recuperarse a la víctima de un ataque de apoplejía, una medicina específica para los problemas de espalda que demostró ser eficaz.

¿Cómo les habla? El técnico les explicó que las personas que están «al otro lado» tienen que imprimir sus pensamientos a través de un sistema que crea oscilaciones y después atraviesa un puente repetidor para poder ser captado en nuestras grabadoras de cinta magnética. Dijo que utilizaba algo como una máquina traductora informatizada que contenía las sílabas y los fonemas de todos los idiomas. Tiene que utilizar el vocabulario del sistema para expresar lo que quiere decir. Les sugirió que leyeran *The Seth Material*, de Jane Roberts, para comprenderlo mejor.

Cuando Sarah Estep visitó a los Harsch-Fishbach en Luxemburgo, se oyó una voz que decía ser Konstantine Raudive con un mensaje de siete minutos. «Más allá del mundo astral [existe] otra gama de experiencia, la mental, y más allá otras de naturaleza aún más fina responden a aspectos aún más espirituales de la conciencia. Todos estos índices de vibraciones penetran unos en otros del mismo modo que los sólidos, los líquidos y los gases están presentes todos en una esponja llena de agua.»

Recordando la investigación de Raudive en esta vida, la voz prosiguó: «Algunas veces, las voces que capturé eran más reales que la gente que me rodeaba, y entonces se convertían en fantasmas que se movían, desapareciendo como neblinas estivales... No tengáis miedo de la muerte. No es el fin, sino una transición a un mundo mejor».

VÍDEOS DE «LOS DEL MÁS ALLÁ»

El simpático inspector de bomberos retirado Klaus Schreiber, de Aache, Alemania, se reunió una tarde con tres amigos para jugar a las cartas como solían hacer. ¿Por qué no intentar grabar esas voces de las que habían oído hablar? Montaron la grabadora, preguntaron y escucharon. ¡Al reproducir la cinta, oyeron unas voces claras que se dirigían a ellos por el nombre, les hablaban directamente a ellos! Los tres amigos de las partidas de cartas huyeron, y jamás volvieron a reunirse. Pero Schreiber, fascinado, siguió con las grabaciones. En la cinta, claramente, se hallaba la voz, decidió él, de su joven hija Karin, que había muerto trágicamente a los diecisiete años. La voz recordó hechos ocurridos durante sus últimos días de envenenamiento en la sangre y tranquilizó a Schreiber diciéndole que ahora estaba completamente bien.

«Si pones el VCR y el *camcorder* tal como te indicamos, podremos enviarte imágenes de vídeo», se supone que le dijo ella. Lo que ocurrió a continuación aportó una prueba más de los fenómenos de voces electrónicas o de lo increíble, según se mire. Según varios relatos, Schreiber montó un complicado sistema para su *camcorder* y VCR en el sótano de su casa. Cuando reprodujo el vídeo, había imágenes de Karin. Eran como fotos fijas que vibraban y que poco a poco cobraron forma en la pantalla. Al final aparecieron más «habitantes del más allá»: su madre Katharina, su primera esposa Gertrude, su segunda esposa Agnes y otros a quienes no conocía.

Trabajando con Martin Wenzel, ingeniero, Schreiber fue mejorando el equipo. Al vídeo se le añadió sonido. Un día, oyó: «¡Estoy en el vídeo! ¡Llámame Kosta!». Una imagen de Konstantine Raudive cobró forma y permaneció en la pantalla del televisor durante ciento treinta y siete segundos.

PROGRAMA DE TELEVISIÓN MULTIDIMENSIONAL
CON PARTICIPACIÓN DEL PÚBLICO POR TELÉFONO

Rainer Holbe, conocido locutor de la televisión de Luxemburgo, creó un programa «multidimensional de participación por teléfono» para destacar a los «habitantes del más allá». Schreiber instaló su equipo en el estudio y mostró su trabajo a un fascinado público de la cadena de televisión RTL PLUS. Después, el invitado Ernst Senkowski reveló sus experiencias con la tecnología de los fenómenos de las voces electrónicas. Habló de una voz que afirmaba ser un ingeniero de Hamburgo muerto en 1959, quien le dio instrucciones a través de las cintas para telefonear a su viuda, le dio el número de teléfono y le pidió que le dijera que el mensaje era para «el enanito». Senkowski lo hizo. La esposa quedó asombrada, y le dijo que se trataba de un apodo familiar muy íntimo que sólo conocían ella y su esposo. En otro caso, la voz de una mujer remarcó en la cinta de Senkowski: «Hoy lleva usted una cadena de oro alrededor del cuello, no de plata. Le he estado observando». Era cierto, dijo él; solía llevar una cadena de plata. Las voces nos han demostrado «ingenio, personalidad, memoria y una mente activa –dice Senkowski–. Están tan "vivos" ahora como cuando tenían cuerpo físico».

El locutor Holbe, después de una posterior investigación en 1987, escribió *Pictures From the Land of the Dead*, que incluía la investigación de Schreiber y más de dos docenas de fotos. El físico Senkowski elaboró un apéndice con detalles de las especificaciones tecnológicas. El libro del propio Senkowski ha sido publicado recientemente y detalla la investigación que está en marcha en la actualidad sobre el fenómeno.

El doctor Walter Uphoff, profesor emérito de la universidad de Colorado, presidente del New Frontiers Center, y un erudito investigador bilingüe de los fenómenos de las voces electrónicas, presentó el trabajo de Schreiber en la Conferencia Internacional de Psicotrónica de 1988, celebrada en Carrollton, Georgia, y a la que asistieron científicos de más de una docena de países, incluida la Unión Soviética. En Georgia, contemplamos vídeos de Schreiber unas cuantas veces, vimos caras que parecían formarse lentamente y oímos a científicos discutir diversos puntos técnicos que ellos consideraban iban en contra de la idea de que los vídeos fueran falsos.

Esto no es más que una pequeña muestra de más de tres décadas de investigación del fenómeno de las voces electrónicas. ¿Qué se puede decir? La aparición del vídeo en este campo parece dejar más espacio para el fraude, aunque lo más asombroso de estos fenómenos es que no existe ningún establecimiento académico; todos, desde amas de casa hasta profesores de física, parecen tener igual oportunidad y aprenden por sí mismos. Cualquiera con una mente razonablemente abierta, más una buena dosis de paciencia y entrega, puede intentar demostrarse a sí mismo que la memoria sobrevive. Es el reino de los aficionados, en el verdadero sentido de la palabra, los que aman el campo que han elegido. Es una investigación democrática y, en ese sentido, similar al esfuerzo de Rupert Sheldrake para abrir un poco las puertas de la investigación, cuando invita a realizar competiciones para encontrar los mejores experimentos que demuestren su teoría mórfica.

Igual que en la investigación del tránsito a la muerte, la atención de hoy respecto a los fenómenos de las voces electrónicas se centra en lo que las voces dicen, más que en intentar demostrar o desaprobar los fenómenos. Los datos transmitidos son sorpendentemente coherentes en todo el mundo. La naturaleza de la conciencia, la memoria y el universo descritos es similar al material canalizado, como el que aparece en los libros de Seth de Jane Roberts. La complejidad de los datos filosóficos y técnicos transmitidos ha aumentado con regularidad. A diferencia del material canalizado a través de mensajeros humanos, con «canalización electrónica» el mensaje y el medio no se mezclan. Si la corriente falla y no se recibe nada, la grabadora no ofrece ningún mensaje que colme las expectativas. No está distorsionado por el ego, los prejuicios filosóficos o la necesidad de ganar dinero. Los fenómenos de las voces electrónicas no perjudican a la salud de quien los recibe, como ha ocurrido con alguna canalización. Durante más de treinta años, estas voces supuestamente imposibles han ido llegando con creciente fuerza, claridad y urgencia. Guste o no, es dudoso que las emisiones puedan detenerse.

Cien años atrás, los estadounidenses aguzaban el oído para captar débiles voces que les llegaban por primitivos teléfonos. ¿Nos hallamos actualmente en una situación similar, mientras miles de personas aguzan el oído para captar a través de sus grabadoras las primeras transmisiones de voces que se dirigen a ellos desde el «siguiente mundo»? ¿Se ha realizado por fin el sueño de Edison? Prueba de que al menos «algo» está ocurriendo es el intrigante hecho de que las instrucciones técnicas que las voces han dictado parecen funcionar; las transmisiones han ido mejorando. ¿Deberíamos contemplar la tecnología –sorpresa, sorpresa– para tener la prueba definitiva de la supervivencia de la memoria individual y la conciencia?

Muchos, como Dylan Thomas, se han enfurecido ante la muerte de su padre; él escribió: «No entres suavemente en esa buena noche. / Brama, brama contra la muerte de la luz». ¿Podríamos ahora, con la nueva tecnología de los fenómenos de las voces electrónicas, encontrar más reconfortante acompañar a un ser querido por esta fase de un viaje que prosigue?

Otto Koenig hizo precisamente eso en Alemania. Llevó su equipo al hospital donde su amiga Anna K. se hallaba moribunda. Ella le pidió que la grabara en su lecho de muerte. Los médicos y enfermeras accedieron al experimento. Cuando el oscilógrafo no mostró ondas cerebrales, el médico declaró muerta a Anna. Koenig conectó el equipo de grabación. Transcurrió media hora. Luego, al cabo de otros diez minutos, se oyó un sonido. Según los informes publicados, Koenig, el médico y la enfermera oyeron claramente la voz de Anna que decía: «Veo mi cuerpo...». Para estar seguro de que no era casualidad, Koenig probó la voz, igual que había probado todas las otras voces que recibía, con la tecnología ultrasónica de la impresión de la voz. Las huellas de antes de morir y de después de morir coincidían.

¿Realmente se la puede llevar uno consigo? ¿La memoria sobrevive sin el cuerpo? ¿Y las personas en suspensión criónica o en coma? ¿También podrían ser contactadas mediante el fenómeno de las voces electrónicas? Nada puede detener una idea cuya hora ha llegado. Nada puede encender los fuegos artificiales de una idea cuya hora no ha llegado a la mente colectiva. Los fenómenos de las voces electrónicas están esperando en el umbral. Las voces no se marchan. Siguen hablando en el campo izquierdo, sumándose a la posibilidad de que la memoria sobrevive. ¿Trompetas y redobles de tambores? Quizá sea mejor quedarse con el enfoque práctico de la filósofa teosófica Alice Bailey, quien en 1936 predijo que se produciría contacto electrónico entre «lo visto y lo no visto», en *Esoteric Psychology*. «Por fin se establecerá comunicación y se reducirá a una verdadera ciencia –predijo Bailey–. La muerte perderá sus terrores, y ese miedo particular acabará. Quizá se está acercando el día en que sepamos verdaderamente que la memoria no hallará fin.»

24
Recordar quiénes somos

«Tiempos inmemoriales», los llaman los autores Louis Pauwels y Jacques Bergier. «La memoria persistente», lo llama el autor Charles Berlitz. Para Rudolf Steiner era la «memoria cósmica» y para Richard Heinberg son murmullos muy hondos en la mente de una «edad dorada». Se llame como se llame, flotando en el borde del recuerdo humano se halla un antiguo y acosador recuerdo de «días mejores». Los murmullos son cada vez más altos, más persistentes, como evocados por hordas de artefactos anómalos que han empezado a aflorar a la superficie, como si Mnemosina estuviera agitando el mayor de todos los recuerdos, el recuerdo que podría transformar la raza igual que la memoria transforma a los que experimentan el tránsito a la muerte.

Siguiendo la pista de estos vestigios en *Memories and Visions of Paradise*, Richard Heinberg descubrió una coherencia inusual. En casi todas las culturas del planeta, se encuentran mitos, leyendas y cuentos tribales de cómo la Humanidad se originó en un mundo de paz, abundante y de poder milagroso. Es la historia del Jardín del Edén, aunque muchos relatos hablan de una vida mucho más complicada que la que disfrutaron Adán y Eva. Al final, según cuentan las historias, se produjo algún fallo o error catastrófico y los humanos se vieron obligados a luchar y trabajar. Por fin, las historias se convierten en un círculo vicioso pues se encuentran –también en casi todas las tribus y sociedades de la Tierra– antiguas leyendas o textos que detallan un cataclismo purificador que ha de llegar y que traerá el florecimiento de una nueva Edad de Oro. «Gran parte de la vitalidad y atractivo de la mejor literatura de nuestra civilización y muchas de sus inspiradoras teorías sociales y experimentos parecen derivar de estos misteriosos recuerdos y visiones del Paraíso», dice Heinberg.

¿Es exacto nuestro recuerdo humano colectivo? ¿Hubo una Edad de Oro, existió una Caída, sucedieron catástrofes mundiales dentro del alcance de la memoria humana? «De todos los mitos del mundo, el de un diluvio universal es, sin duda, el más extendido –señala Francis Hitching–. La idea de que una gran inundación destruyó a casi toda la Humanidad, o al menos a una parte considerable de ella, se encuentra en prácticamente todos los países.» Para su libro *The Misterious World*, Hitching examinó viejos textos, incluidos algunos tan venerables como los indios *Mahabharata* y *Ramayana* y el códice maya para recopilar un mapa de ochenta y tres relatos de inundación en todo el globo. En todo el mundo, los relatos siguen la misma pauta: un líder de una raza recibe avisos del desastre; se producen perturbaciones cósmicas, seguidas por inundaciones; algunos escapan en barcas o suben a las montañas; pájaros o animales son enviados como «exploradores de la inundación»; al final, los grupos llegan a tierra firme, normalmente una montaña, y encuentran a otros supervivientes; se reconstruyen las sociedades en condiciones devastadoras.

Desde el recuerdo del mito hasta el material científico, se encuentra un registro de un cataclismo. Por ejemplo, el profesor Frank C. Hibben, en *The Lost Americans*, presenta evidencia clara de que hace doce mil o catorce mil años los mamíferos fueron diezmados en las tres quintas partes de la superficie terrestre, congelados a la velocidad de la luz. En Estados Unidos murieron cuarenta millones. «Esta muerte fue catastrófica y completa... de proporciones tan colosales, que es asombroso de contemplar», dice Hibben. En Alaska, «parece como si el mundo entero de las plantas y animales vivos de repente se hubiera congelado en una cruel charada». En el Yukon, «las pruebas de violencia son tan evidentes como en los campos de concentración de Alemania. Estos montones de cuerpos de animales u hombres no se producen por medios naturales corrientes». En Siberia, científicos soviéticos encontraron la misma devastación, siendo su mayor prueba un enorme mamut congelado de pie, con un puñado de violetas que todavía le colgaba de los colmillos.

Las pruebas tangibles de que Gaya ha sufrido muchos cambios catastróficos se acumulan. Para dar sólo unos ejemplos, en 1963, el geólogo soviético doctor M. Klionova comunicó que rocas a seis mil seiscientos pies bajo el océano en las Azores habían existido hace diecisiete mil años en la atmósfera.

La arena de la playa, formada sólo a lo largo de las costas, ha sido hallada a miles de pies en el fondo del Atlántico medio junto con restos de plantas de agua fresca. En Bimini, los exploradores fotografían continuamente artefactos sumergidos, columnas y aparentes caminos. Sombras de la Atlántida. Al otro lado de la Tierra, George Cronwel afirma que el carbón y la antigua flora hallada en la isla Rapa Iti, en la Polinesia francesa, «proporcionan un testimonio irrefutable de que había un continente en esa parte del océano», sombras de Mu, la tierra del Pacífico perdida. El códice maya Troano fija la fecha del último cataclismo que deshizo las tierras en el año 9937 a. de C. Platón, al escribir sobre la destrucción final de la Atlántida, da la misma fecha. Cada vez es más segura la apuesta de que sucedió algo tremendo.

El desastre, sin embargo, no da a los recuerdos inmemoriales su energía. Lo que persiste así son los recuerdos confusos de un lugar mejor y una manera mejor, de una perfección civilizada a la que estamos empezando a acercarnos. ¿Materialización desplazada, deseos inconscientes del seno materno o de una infancia perdida? Quizá, aunque, contrariamente a la creencia general, sólo estamos empezando a aprender cómo ha sido la vida en este planeta nuestro. No hace mucho tiempo, los occidentales, al menos, creían que la Tierra sólo tenía cuatro mil seis años de antigüedad; en la actualidad, situamos su edad en miles de millones y la aparición de humanoides en millones.

Hasta este siglo, los estudiosos no cruzaron la puerta con lord Carnarvon para empezar a reclamar las glorias de Egipto.

Hasta la última década, el doctor Stephen Schwartz, en el proyecto Alejandría, no combinó equipo de alta tecnología con personas de grandes poderes psíquicos para encontrar por fin la sede de la legendaria Biblioteca de Alejandría, la tumba de Alejandro y restos del faro de Pharos, una de las siete maravillas del mundo antiguo. Éstas forman el material de los recuerdos conocidos. Muchas reliquias extrañas están apareciendo, una multitud de objetos crípticos que resuenan a los recuerdos inmemoriales de maravillosos tiempos perdidos. «¿La ciencia moderna está atrapando el conocimiento antiguo?», pregunta la respetada arqueóloga Zecharia Sitchin en *Genesis Revisited*.

RECUERDO DE «COSAS» PASADAS Y DEL FUTURO

La galería de cosas que «no deberían estar ahí» está cada vez más abarrotada. Anomalías de la prehistoria y de la historia están apareciendo a un ritmo acelerado, quizá porque ahora poseemos tecnología para encontrarlas y comprenderlas.

Algunas de las mejor conocidas incluyen:

• Baterías eléctricas de dos mil años de antigüedad, descubiertas en Bagdad, que eran utilizadas para electroplastia; qué más, se pregunta uno. Las réplicas funcionaron. En Egipto, los grabados en las paredes de tumbas de Dendera muestran aparatos que se parecen de modo desconcertante a aislantes eléctricos y luces eléctricas.

• Un artefacto de oro de mil años de antigüedad, procedente de una tumba colombiana, que al principio se creía era un pájaro o un pez, más tarde se descubrió –tras extensos cálculos realizados por el notable zoólogo Ivan Sanderson– que tenía los atributos de un aparato de ala delta como el SAAB sueco. Un antiguo modelo de planeador fue desenterrado cerca de la pirámide de Saqqara en Egipto. En 1979, en Mysore, India, se tradujo por fin un texto prehistórico. Resultó tratar de aeronáutica (la aeronáutica de Vymaanika-Shaastra), lo que sorprendió a todos salvo a los estudiosos de los textos indios antiguos, que contienen cientos de referencias a máquinas voladoras y su uso.

• Un aparato metálico hallado por buscadores de esponjas en Grecia data del año 65 a. de C. Derek de Solla Price, del Institute for Advanced Study de Princeton descubrió que se trataba de un ordenador análogo básico ideado para acortar los cálculos astronómicos.

• Tejidos superiores al material actual de paracaídas hallados en tumbas antiguas de Nazca, Perú, junto con alfarería que muestra balones de aire caliente volando, y «hoyos para quemar» con los que se conseguía el aire caliente necesario. Los pilotos de globo Woodman y Knott volaron con éxito en una réplica, el Condor I, por encima de Nazca, famosa por sus extrañas marcas, líneas y diseños de criaturas, tan enormes que sólo son comprensibles desde el aire.

• Mapas antiguos, en particular el famoso Piri Reis Map, una copia de 1513 de un mapa más antiguo que presenta con exactitud las costas de las Américas, las montañas de Suramérica y las costas y el interior de la Antártida. Parte de la topografía de la Antártida, aún bajo el hielo, sólo se comprobó después de descubrir estos mapas.

● Pruebas agrícolas, que incluyen el difundido plátano sin semillas. Actualmente, la fruta sin semillas requiere ingeniería genética.

● Técnicas de construcción precisas. Las piedras de revestimiento de 1 metro cuadrado, aproximadamente, de la Gran Pirámide encajan tan bien, que las rendijas entre ellas miden menos de 37 milímetros. La misma precisión se halla en las ruinas peruanas; 37 milímetros es menos que el margen de error en la ensambladura de todas las importantes baldosas que recubren nuestra lanzadera espacial.

● Lentes de visores del siglo octavo a. de C., expuestas en el museo Británico.

● Avanzados conocimientos astronómicos hallados en sociedades remotas. Las tribus dogonas del Sáhara del Sur compartían su antiguo y correcto conocimiento de la diminuta estrella Sirus B dos décadas antes de que los astrónomos por fin la fotografiaran en 1970. Los pigmeos ituri de África central conocen las lunas de Saturno. De la antigua Samoa a Japón, desde la nación Navajo hasta el Perú pre-incaico, hasta las tribus bereberes y Grecia, nuestros antepasados parecían tener la fijación de las Pléyades, una mancha de un grupo de estrellas a quinientos años luz. Todos las llamaban las siete hermanas, vírgenes o diosas, aunque a simple vista sólo pueden verse seis. En la Bretaña antigua, Julio César observó a los druidas que habían memorizado veinticinco mil efemérides en verso que daban la ubicación de los planetas durante cientos de años.

● Pirámides halladas en todo el mundo que incluyen conocimientos avanzados de geometría, matemáticas, astronomía, geografía y quizá espectros de «otras» energías.

● Se ha demostrado que las grandes obras de ingeniería megalítica, como Carnac en Bretaña, Newgrange en Irlanda y Stonehenge en Inglaterra, tuvieron arquitectos sumamente complicados. Comparten una geometría común, alineaciones astronómicas y unidades de medida. Casi todas se hallan cerca de anomalías magnéticas o «lugares sagrados», y a menudo se ha visto que emiten formas de radiación y ultrasonidos pulsados. Todas están siendo estudiadas por científicos reconocidos que postulan que existe un sistema mundial de red megalítica, un amplificador, creen algunos con razón, de las energías cósmica y terrestre.

Como los crocos en primavera, están surgiendo al azar cosas anómalas en un amplio período de tiempo para reforzar los recuerdos inmemoriales de una herencia más bella que la que encontramos en nuestros libros de historia. Son testigos de un descubrimiento asombroso realizado por el doctor R. A. Schwaller de Lubicz, uno de los más interesantes egiptólogos del siglo. Cuanto más se remonta uno en la ciencia, la medicina, las matemáticas y la astronomía egipcias, descubrió él, más avanzadas están. Lubicz concluyó que la civilización egipcia debía de descender de una cultura anterior aún más desarrollada, una cultura que él asoció con las leyendas de la Atlántida y de la Edad de Oro. Otros ven Egipto como el heredero de Sumer, una cultura en el horizonte de la historia que acabamos de empezar a ver, una cultura que, al parecer, nació de la nada.

Otro arqueólogo, un auténtico Indiana Jones llamado David Childress, busca por toda la tierra y bajo las aguas para recapturar restos de civilizaciones sumamente evolucionadas. Un resto, la ciudad sumergida de Nan Moda, en Pohnpei, en las islas Carolina, abarca veintiocho quilómetros cuadrados. Childress es uno de los pocos que exploran esta vasta «ciudad de los dioses» sumergida. Dotado de la resistencia de un triatleta y una mente enciclopédica, combina la leyenda local, las enseñanzas esotéricas y la teoría científica para evaluar los lugares cercanos. Si encuentra usted placer en maravillarse, consulte sus libros: *Anti-Gravity and the World Grid*, más una serie llena de aventuras: *Lost Cities and Ancient Mysteries of...* (*Ciudades perdidas y antiguos misterios de ...*), la mayoría de lugares conocidos y desconocidos del planeta, pues existen docenas y docenas de civilizaciones perdidas (ver *Referencias*).

Realizando pesca submarina en las calles acuosas de Nan Modal, Childress descubrió petroglifos (¿qué dicen?) y también se puso a reflexionar sobre cómo habían colocado en su lugar los bloques de construcción de sesenta toneladas cuando la ciudad se hallaba a pleno sol. La leyenda local dice que «flotaron» en el aire de un extremo de la isla al otro. ¿Podían haber «flotado», especula él, gracias al uso de frecuencias de sonido entre ondas de radio cortas y radiación infrarroja, haciendo que los bloques de basalto cristalizados perdieran su peso?

¿Y las famosas «estatuas andantes» de la isla de Pascua?

A menudo vemos fotografías de unas estatuas solitarias contemplando el vacío mar, pero Childress hace hincapié en que hay cientos de estatuas de trescientas toneladas en la isla de Pascua, y algunas han sido elevadas verticalmente para ser colocadas en huecos de los acantilados. La memoria de los nativos insiste en que las estatuas «caminaron» hasta sus lugares. ¿Eran los caminantes una raza ultra-alta de la que el soviético doctor Alexander Kondratev escribe en *Riddles of Three Oceans*? Estudiando los textos rongo-rongo de la isla de Pascua, encontró relatos de gente grande que destruyó su continente en el Pacífico y huyó a la isla, llevando consigo la magia de la tecnología.

Ahora que estamos mejor preparados para reconocer lo que se encuentra –la reliquia no es un fetiche religioso, sino un ordenador análogo–, el exótico pasado de Gaya parece estar aflorando a la superficie en todas partes. También está apareciendo en el interior de la psique.

Regreso al futuro

«En la Atlántida, cuando hubo el rompimiento de la tierra, hasta lo que se llamaba la tierra maya o lo que es ahora Yucatán, la entidad fue lo primero que cruzó el agua en el aeroplano o maquina aérea de aquel período.»

Con estas lecturas de la vida en el pasado, Edgar Cayce asombró a sus clientes en los años treinta y cuarenta. Dijo a cientos de ellos que, sellados como una cápsula de desconexión temporizada en su memoria, había recuerdos de vida en un continente perdido que en otro tiempo se había enorgullecido de poseer espectaculares maravillas tecnológicas y un orden social maravillosamente armonioso. Según *Readings* de Cayce, la codicia y la corrupción consumieron esta poderosa civilización. Hacia el final, los científicos desalinearon los megapoderosos generadores de energía de la Atlántida. La energía suelta, y los cambios a gran escala en el sistema solar, produjeron un cataclismo colosal. Previendo el desastre, los habitantes de la Atlántida enviaron colonizadores en aviones y barcos a Suramérica, Egipto, Europa y América. Allí, los ingenieros montaron instalaciones para ayudar a los refugiados, para volver a sembrar la civilización y conservar el conocimiento y los archivos de su moribunda tierra. Las pirámides y estructuras megalíticas eran partes de este antiguo sistema planetario, afirmaba Cayce.

Cayce es uno de muchos que han hecho de la historia de la Atlántida parte de nuestra cultura; surgen relatos de textos respetados de los antiguos, recogen detalles en los complejos escritos de místicos como Rudolf Steiner y la fundadora de la teosofía Helena Blavatsky, y siguen su curso en las películas de terror del viernes por la noche. ¿Qué clase de gente retrata este ubicuo cuento? Al principio –se supone que la Atlántida existió en tres largos períodos– los habitantes de la Atlántida eran de un solo sexo y habitaban cuerpos más diáfanos que los nuestros. Al final, se dividieron en macho y hembra, y vivían en relucientes ciudades de canales y exuberantes jardines, donde disfrutaban de una edad dorada del arte, la ciencia y la educación. Tenían cosas análogas a nuestra tecnología, desde los láseres hasta la fontanería, del teléfono a la televisión. Dominaban la fuerza de la vida, pues perfeccionaron la genética, la reproducción clónica, la fertilización *in vitro* y la cosmobiología. En su declive, mezclaron células humanas y animales para criar horribles híbridos que utilizaban como esclavos. Hicieron florecer la agricultura utilizando energía telúrica y de sonido. Como nosotros, estaban en posesión de armas definitivas de destrucción. (Cosa curiosa, los escritos antiguos del *Mahabharata* describen lo que parece claramente que son explosiones atómicas durante grandes guerras prehistóricas.)

A medida que avanza la historia, los habitantes de la Atlántida tenían muchas cosas que nosotros no tenemos. La inteligencia y la memoria espectacular eran cosas normales y permitían la comunicación con los que se hallaban en la otra vida y en otras dimensiones. Vivían cientos de años en buenas condiciones, utilizando el sonido, el color, los cristales, los campos electromagnéticos y otras energías, y trataban el cuerpo matriz sutil para conservar la salud. Para dar energía a su mundo, descubrieron la energía limpia, energía libre que concentraban mediante enormes redes.

Muchas de estas legendarias maravillas no nos parecen tan lejanas hoy en día como cuando Blavatsky habló de ellas en los años mil ochocientos y Cayce en los años treinta, antes de los láseres, la energía nuclear y la manipulación genética. Otras habilidades de los habitantes de la Atlántida inimaginables hace sólo dos décadas están apareciendo ahora: el uso de la electromagnética, el sonido y las energías sutiles para curar, las experiencias fuera del cuerpo, estados de autocontrol de la conciencia, el uso del sonido en agricultura. Al parecer, estamos llegando a la leyenda. En cierto sentido, Cayce lo predijo. A medida que los descubrimientos tecnológicos o la «recuperación» aumenten, dijo, los datos sobre la Atlántida empezarán a aflorar a la superficie. Previno a los clientes de que se encontrarían con situaciones que resonaban con su pasado de habitantes de la Atlántida. Hoy en día, unos veinticuatro millones de estadounidenses creen en la reencarnación y muchos afirman recordar vidas en la antigua Atlántida. Y tenemos canalizadores en abundancia, y una de las cosas interesantes respecto a ellos es con cuánta frecuencia sus enseñanzas coinciden. También aquí se habla de provocar recuerdos antiguos, de personas codificadas hace muchísimo tiempo que de repente toman conciencia, recuerdan una herencia divina y comprenden los poderes de antepasados extraordinarios. Cosa interesante, muchas voces canalizadas afirman proceder de ese lejano grupo de estrellas, las Pléyades, que tanto atrajeron al mundo antiguo. (Es comprensible, según la leyenda Navaja, pues, según ésta, la Humanidad descendió a la Tierra desde las Pléyades.) Si no otra cosa, por lo menos se está produciendo un fenómeno social.

El recuerdo del mito raramente es literal. La cara interior de las cosas tiene maneras curiosas de llamar nuestra atención. Los terapeutas de la vida pasada utilizaban la técnica porque funciona; de manera similar, quizá algo está utilizando la «técnica» de la Atlántida sobre todos nosotros. La verdad que hay en el núcleo de la leyenda de la Atlántida puede decirnos simplemente que no sólo descendemos de los troglodits. Sin descubrir, existirían un recuerdo expansivo y uno aleccionador. ¿O es algo más, una prestidigitación en el supuesto ahora eterno? ¿Son recuerdos del futuro? ¿Es la historia de una semilla evolutiva del Paraíso plantada al comienzo, que crece para convertirse en flor? Cualquiera que sea la clase de recuerdo que se abre paso, todas las maravillas no han sido contadas. A medida que la antigua leyenda se hace más popular, el rostro de un nuevo mito aparece por el horizonte, literalmente, en Marte.

Lo que parece ser una cara esculpida, de un quilómetro y medio de longitud, que se parece a la Esfinge, fue fotografiado en la región Cydonia de Marte por la sonda Viking de la NASA. Algunas de las mejores mentes del mundo del espacio se han interesado por el rostro que aparece en Marte. En sí misma, la cara sería asombrosa; lo que la hace apasionante es que parece estar acompañada de pirámides y un sinfín de edificios. El análisis por ordenador de alta resolución parece mostrar que se trata de un complejo artificial, es decir, que alguien lo construyó. Las estructuras principales están alineadas –igual que las estructuras megalíticas de la Tierra– con las líneas de salida del Sol del solsticio de verano y de invierno. Las proporciones matemáticas son las mismas que las de los «lugares sagrados» de la Tierra.

Es un rostro que agita recuerdos inmemoriales aún más profundos que los de los continentes perdidos; la idea persistente de que los «dioses» o el hombre descendieron del espacio. «Todos somos niños perdidos de las estrellas», como escribió el poeta A. E. El asesor de ciencias espaciales Richard Hoagland, que organizó el estudio científico de la cara, no puede resistir la tentación de especular un poco también. Eones atrás, ¿era Marte un campamento base de algunos viajeros de las estrellas, un hogar temporal mientras sembraban su raza en la Tierra?, se pregunta. Hoagland llega a presentar suficientes claves eruditas de textos antiguos de los sumerios y los egipcios, tanto de contenido como de etimología, para avivar la fantasía de cualquiera. Por ejemplo, *El-Kahir*, la palabra árabe de El Cairo, sede de la pirámide más famosa y la Esfinge, significa... Marte. Remontándose a tiempos inmemoriales, Hoagland escribe: «En estos vislumbres arquetípicos, sombras que se mueven en las neblinas procedentes de un tiempo perdido para siempre para la palabra escrita, existe la sugestión... de una extraordinaria resolución del último dilema de encontrar una imagen de nosotros mismos... en Marte».

Todo ello tiene los elementos necesarios para resultar un mito de nuestros tiempos. «La cara es uno de los pocos comodines de la baraja humana –señala el antropólogo Richard Grossinger–. Tiene el potencial de... transformarnos.» Pronto, los astronautas, o con más probabilidad cosmonautas soviéticos, comprobarán la cara de Marte personalmente. Aunque sólo sea un montón de rocas, quizá lo que es más importante es que ha surgido una idea en un horizonte lejano. Los recuerdos inmemoriales están desprendiéndose de un foco geocéntrico y moviéndose hacia fuera. Si la cara es real, la raza humana de la Tierra, como un creciente número de individuos, puede empezar a recuperar recuerdos de antes de anoche y del nacimiento. Sea lo que sea, en lo que se refiere a los mitos, la cara de Marte puede ayudarle a uno a despegar de la Tierra y elevarse como los antiguos globos de aire caliente sobre Nazca para tener una perspectiva más amplia. Una visión más encumbrada podría invertir la respuesta típica de los que oyen hablar de la cara. «Ah, quieres decir que bajaron y nos sacaron del fango.» En lugar de identificarnos con la parte inferior de la ecuación, podríamos empezar a pensar: «*Nosotros* bajamos».

25
Apertura del palacio de la memoria universal

«La Humanidad está a punto de hacer saltar los circuitos de su amnesia.» De todas las predicciones milenarias, la idea prestada de los antiguos mayas puede ser la que está más cerca del blanco. Se dice que los matemáticos, los astrólogos y los astrónomos mayas poseían un elevado grado de conocimiento del universo. Sus construcciones, como la pirámide escalonada de Yucatán, El Castillo, que sigue siendo un calendario meticuloso y reloj solar, demuestran la precisión de sus cálculos. Supuestamente, estos antiguos científicos calculaban mirando el futuro, y llegaron a la conclusión de que ahora se produciría una revolución de la memoria.

¿Por qué ahora? Porque, según José Argüelles, los mayas imaginaron ciclos, y determinaron que hacia nuestra era la pauta evolutiva de la Humanidad estaría desincronizada y necesitaría corregir la memoria. Previeron una sociedad altamente tóxica, informa él, la gente enferma y problemas en la Tierra, lo cual suena familiar. Como respuesta, la gente «destapará niveles más profundos de la memoria». Empezaremos a recordar quiénes somos, de dónde venimos, cómo llegamos aquí y por qué. Supuestamente, la difusión del recuerdo culminará en el 2012, o eso espera Argüelles. Sin la corrección, no se predice ninguna fase siguiente de evolución. ¿Recordar o ser recordado? Es una curiosa predicción que se hace cada vez más tentadora. La gente está reordenando, despertando de una larga amnesia cultural en toda la Tierra.

Cuando el mago de la memoria Giulio Camillo despertó, también lo hizo una multitud de personajes cargados de información, saludándose unos a otros en las largas sombras de los matices y los corredores de la relación que llenaban su palacio de la memoria. Cuando nosotras empezamos a despertar en nuestro viaje de cinco años a través del dominio de Mnemosina, mientras examinábamos y efectuábamos exploraciones a veces subterráneas de cientos de investigadores, los muros del viejo palacio de la memoria volaron por los aires. Encontramos que la memoria brotaba de sus compartimientos, la memoria informaba al cuerpo humano, sin límites de tiempo y espacio, un poder unificador y transformador: la memoria en el centro mismo de la revolución de la conciencia anunciada tanto tiempo atrás. La memoria en el centro no es una idea nueva.

«La vida es esa propiedad de la materia por la que puede recordar, la materia que puede recordar está viva», escribió el filósofo Samuel Butler en los años mil ochocientos setenta. Unos años más tarde, como Rupert Sheldrake señala, Butler fue más allá: «No puedo concebir ninguna materia que no pueda recordar un poco...». Esta observación del siglo diecinueve corresponde al siglo veintiuno. Lo que aparece es una visión del universo más cerca del corazón que la vieja imagen mecanicista. Lo que se está revelando es una compañía más cerca de nosotros que nuestra respiración. Justo a tiempo, pues, como Argüelles dice: «Cuando la Luz golpea, la Oscuridad se hace fuerte».

La memoria: compañera en tiempos difíciles

La memoria posee poderes únicos para ayudarnos a encontrar nuestro camino en tiempos difíciles. La continuidad y la confianza en sí misma son los dones estabilizadores de Mnemosina. A la vez, sus juicios creativos pueden llevarnos por avenidas de cambio para formar lo nuevo que surgirá de lo viejo.

Las claves para aprender de prisa, reforzar la memoria, convertir la memoria subliminal y los poderes vivos de la imaginación en canales positivos se hallan en los sistemas maestros para la memoria. El gingko, la L-glutamina, docenas de sustancias prometen una mayor lucidez para jóvenes y viejos. Sólo hemos empezado a conectar las máquinas para la mente; algunos creen que la técnica «señalará el hito más importante en la evolución del planeta». Y si el doctor Ernest Rossi tiene razón, comprender cómo la memoria que depende del estado teje la sustancia de nuestras vidas puede empezar a hacernos salir de nuestros males. Cuando por fin nos acerquemos a nuestra inteligencia innata, cuando reordenemos, el buen sentido nos indicará que podemos dirigir nuestras vidas desde dentro, en lugar de ser dirigidos desde fuera.

La revolución de la memoria ha provocado en algunos un hondo sentido de pertenencia y conexión. Contemplando su experiencia de tránsito a la muerte, Patricia Bahr dice: «Nos encaminamos hacia una probabilidad de un salto cuántico en la conciencia, donde todos los seres recordarán quiénes son realmente y podrán comunicarse a un nivel en el que conocerán la verdad de otros...». Con memoria panorámica, los que han experimentado el estado de transición a la muerte se vuelven conscientes de lo íntimamente que están enredados con la vida completa, lo muy ligados que están a otros. La victimización de los otros puede verse como la victimización del yo.

También despiertan a otra cosa. El psicólogo Richard Chamberlain, que empezó por el extremo opuesto del espectro con el recuerdo de antes de nacer, lo expresa así: «El hecho de que incluso las actividades más avanzadas de la memoria puedan ocurrir sin el cuerpo o el cerebro significa que la memoria es nuestra fiel y constante compañera en un largo viaje». Un viaje muy largo. A medida que se extienden los puntos de vista y los datos se acumulan no sólo procedentes de personas que han experimentado el tránsito a la muerte sino de muchos que experimentan la revolución de la memoria, crecen las cifras de los que han ganado el mayor sentido de estabilidad que se puede tener. La vida es una continuidad, creen ellos, la muerte no es un callejón sin salida.

Sin embargo, todos sabemos que la idea de causa no física –o simplemente lo no físico– todavía provoca la risa disimulada en sectores de la intelectualidad y los medios de comunicación. Aunque cada vez más pensadores se alinean con Sheldrake, aunque setenta años de investigación intensiva no han encontrado el punto exacto del cerebro donde se guarda la memoria, la ortodoxia no puede contemplar su idea de que el cerebro es análogo a un aparato receptor de televisión, un aparato de sintonización para captar la memoria almacenada fuera de él en una dimensión no física.

Chamberlain apunta al exceso de preocupación por los parámetros físicos del cerebro y la investigación fragmentada. «Esta amnesia científica para el recuerdo del nacimiento, el seno materno y vidas pasadas –uno de los pecados de la ciencia– ha retrasado el descubrimiento de quiénes somos realmente», arguye. Si está en lo cierto, cuando se efectúe ese descubrimiento, ¿veremos la «limpieza» pronosticada por todos los antiguos mitos? *Los miserables*, recién despertados, no están exactamente bramando a través del palacio de la memoria, derribando lo viejo y lo establecido. Sin embargo, el hecho de que varios cimientos están temblando es aparente.

Para el historiador Morris Berman, «la sociedad ha alcanzado los límites de su aprendizaje del viejo paradigma, y gran parte de ella está ahora en medio del análogo social de la locura o la creatividad; eso es re-creación». La salida de la tierra yerma, explica en *The Reenchantment of the World*, está en recuperar lo que la Humanidad ha olvidado o reprimido, y en el redescubrimiento de la interconexión; en nuestros términos, en la manera en que reúne recordar y reordenar.

Que nos acercamos a alguna clase de revolución –llámese conciencia o memoria–, parece probable. El conocido médico y escritor Brugh Joy predice «una revolución de proporciones asombrosas. ... Percibo el acercamiento de un terremoto psicológico cuya magnitud no ha sido experimentada en la conciencia humana durante milenios...».

El sofrólogo suizo doctor Raymond Abrezol dice que no es una revolución sino, literalmente, una «re-evolución», lo que se avecina. El psicólogo británico Peter Russell, autor de *The Global Brain*, cree que «la Humanidad podría hallarse en el umbral de un salto evolutivo, un salto que se podría producir en un instante de tiempo evolutivo, un salto de los que se producen una vez en mil millones de años».

«Es una revolución. No hay que confundirse –escribe Phyllis Atwater, que tuvo una experiencia de tránsito a la muerte–. Es una revolución de la conciencia. Y es verdaderamente mundial. ... Está sucediendo, con o sin el permiso de nadie. Alguien ha querido ver esta revolución como el resurgimiento de la divinidad.»

Teilhard de Chardin, quizá el primero en este siglo que señaló que se estaba formando esta evolución, observó que «la conciencia de cada uno de nosotros es la evolución mirándose a sí misma y reflejándose en sí misma». Ése parecería ser el salto: a partir de ahora, la evolución no es automática, sino consciente. Como dice Arthur Young, otro profundo estudioso de la evolución, la elección ha entrado en la ecuación, nuestra elección. Nuestra «fiel compañera» podría hacer mucho para informar a esa elección.

Revolución es una palabra fuerte. En tiempos difíciles, puede ser mejor utilizar términos más ligeros. Estamos cambiando los paradigmas, las visiones del mundo, se nos dice. De ahí deriva toda la fricción, pues, cuando el nuevo paradigma surge, el viejo se resiste. Es una resistencia con un perfil conocido; el Estado parece montado por los recuerdos dependientes del «estado» en más de un aspecto. El microcosmos refleja el macrocosmos, la memoria que los magos enseñaron, y muchas de las percepciones de la investigación de la memoria podrían utilizarse para facilitar el cambio y permitir el nuevo y saludable crecimiento en el grupo, así como en el individuo.

¿Y si miráramos nuestros dogmas, desde el estado a la educación, la medicina para resolver conflictos, a través de la cada vez más amplia perspectiva de la memoria dependiente del estado? ¿Qué nuevas soluciones, qué nuevas avenidas de transformación podrían abrirse? Y existe el arte de crear recuerdos futuros. Recuerdos futuros, memorias mejores pueden cobrar forma, ser imaginadas, recibir energía para cualquier cosa: grupos, instituciones, la propia Tierra. Éstas son sólo dos de entre muchas posibilidades. Si comprendemos que la memoria es inherente a la naturaleza, cree Sheldrake, surgirán nuevas maneras de pensar «mejor adaptadas a la vida en un mundo que vive en presencia del pasado, y también está viviendo en presencia del futuro, y abierto a la creación continua».

La memoria en el centro de un nuevo paradigma

La experiencia personal, la información, fragmentos de datos de todas partes están añadiendo nuevas facetas a nuestro panorama de la memoria. Los que están relacionados con ella probablemente estarán de acuerdo con la mayoría de las cosas que se dicen a continuación: el ser y la conciencia de uno están dentro de un campo mneumónico multidimensional, que lo abarca todo y lo unifica todo. La memoria adopta formas físicas y está íntimamente relacionada con la enfermedad y la salud. La memoria vive fuera de nuestras dimensiones y no existe la muerte. La muerte es un cambio de frecuencia en el campo de la memoria. El verdadero origen y poder de uno reside más allá del reino físico. A través del campo de la memoria, uno está vinculado con todas las personas, animales, plantas, la tierra, el universo mismo. Diversas capacidades humanas reprimidas, como una mayor percepción sensorial –telepatía, clarividencia, premonición–, funcionan a través del campo de la memoria. Finalmente, todo lo que uno hace es «recordado», por lo cual Edgar Cayce insistía en que «el karma es memoria». La nueva visión de la memoria plantea una intrigante cuestión. ¿Podría el campo mneumónico que todo lo abarca resultar ser el unificador buscado durante tanto tiempo, que vuelve a unir lo físico y lo metafísico, el intelecto y el espíritu, el ser y la naturaleza?

Nosotras investigamos un mito de Mnemosina y por fin encontramos, al menos, las semillas contraculturales de uno en la antigua historia maya. Una en particular, es sorprendentemente contemporánea. Los mayas creían que la memoria se componía de pautas básicas de resonancia. En su *The Mayan Factor*, Argüelles indica que ellos creían que estas pautas resonantes formaban un enorme circuito de memoria como un gran número ocho horizontal, que conectaba el pasado, el presente y el futuro. Para Argüelles, esto es una explicación de la sincronicidad y quizá una abertura a los viajes en el tiempo. Y una abertura a algo más espléndido, si llegamos a comprender la memoria como un modelo unificador central de resonancia, predice Argüelles. «A través de este conocimiento, si se hace sonar como los tonos sonoros de la sincronización colectiva, el palacio de la memoria universal se abrirá.»

Los mayas predijeron que una sacudida de energía galáctica coincidiría con la abertura de la memoria universal. Cosa interesante, un satélite japonés ha detectado recientemente un raro estallido de energía de un quasar en nuestra galaxia, que los científicos dicen que es igual a un millón de años de luz solar.

El antiguo palacio de la memoria se ha convertido en algo verdaderamente inmenso, dinámico, que se expone siempre, lo cual se parece mucho a la vida misma. Y la vida debería valer la pena vivirla. Una y otra vez, mientras clasificábamos investigaciones de la memoria muy dispares, tropezamos con lo mismo, una insistencia en el necesario surgimiento ahora de lo que Chris Griscom llama «una nueva frecuencia», lo que otros muchos llaman felicidad, gozo. Con una nota de gozo, podríamos alterar un poco la letra de una canción de Leonard Cohen, para cantar: la memoria está viva. La memoria nunca muere. ¡La magia está viva!

Apéndice A
Tres pasos hacia el superaprendizaje

Cómo hacer el curso

1. Si trabaja usted solo, grabe en una cinta el material clave que quiere grabar en la memoria:

Organice los datos en fragmentos de cuatro segundos. Cuando grabe, repita cada fragmento tres veces. Si lo desea, siga un ciclo de entonación para los tres: hable con normalidad, después suavemente, confidencialmente, y después con autoridad. Siga repitiendo el ciclo.

Mida el paso de su lectura. Hable durante cuatro segundos, esté callado cuatro segundos, hable cuatro segundos, calle, y así sucesivamente.

Para mantener el ritmo, cómprese una cinta de cronometraje o hágasela usted mismo. Por ejemplo, dé un golpecito con un lápiz sobre la mesa cada cuatro segundos. Puede escuchar esto con auriculares si no quiere que el ruido quede grabado en la cinta.

Realice sesiones de unos dieciocho a veinte minutos.

2. La única otra cosa que necesita es la música especial. Varias cintas comerciales han sido secuenciadas específicamente para el superaprendizaje. Consulte la Bibliografía.

O puede hacérsela usted mismo. Utilice los movimientos largos de las composiciones barrocas, preferiblemente en tiempo de 4/4, interpretadas a unas sesenta pulsaciones por minuto. Tendrá que escuchar varias interpretaciones porque los diferentes directores de orquesta dirigen las mismas piezas en tiempos diversos.

Reúna unos veinte minutos de música barroca lenta, termine con dos o tres minutos de música barroca rápida, alegre.

3. Antes de empezar su sesión para la memoria, relaje el cuerpo y calme la mente. Realice un precalentamiento con algunas sugestiones positivas. Reexperimente por un momento una época en que tuvo un gran éxito.

La primera vez, lea en silencio el material junto con la cinta para la memoria.

Procure contener el aliento cuando se dice algo, y expire e inspire durante las pausas. Si esto le distrae, respire rítmicamente.

Una vez terminada la lección, cierre los ojos y relájese. Vuelva a poner la misma lección, pero esta vez con el apoyo de la música especial para el superaprendizaje en otro aparato reproductor.

Al principio, haga las sesiones cortas. Recuerde que el efecto es como de bola de nieve.

Ésta es una descripción muy somera. Para una mejor comprensión del sistema, incluidos trucos del oficio sobre cuántos datos cabrán en una lección, o cómo aprender idiomas y material más largo, pruebas para hacerse uno mismo, etc., véase el libro *Superaprendizaje* o bien material de los *Recursos*.

Apéndice B
Trucos para la memoria

Para recordar listas al azar

Para recordar largas listas de cosas, sepárelas en grupos más pequeños. 1194827691 parece formidable; (119) 482-7691, no. Una lista del mercado formada por brécoli, mantequilla, mondadientes, queso, manzanas, servilletas de cóctel, leche, lechuga, toallitas de papel y cebollas es más fácil de recordar por grupos: brécoli, lechuga, cebollas, manzanas; leche, mantequilla, queso; mondadientes, toallitas de papel, servilletas de cóctel. Se pueden idear diferentes maneras de agrupar objetos dispares.

Otra manera de recordar cosas al azar es realizar un dibujo cómico mental. Digamos que las tareas son: arreglar un reloj, comprar alpiste, recoger un vestido en la tintorería, comprar perros calientes, ir a correos, encontrar un limpiaventanas. Un perro caliente gigantesco con una gorra de cartero se encorva tras el volante de un camión de reparto de correo, corre y consulta su enorme reloj de bolsillo una y otra vez, ansioso por repartir el correo a tiempo. El perro caliente aparta los ojos de la calle demasiadas veces, se estrella contra una tintorería y sale catapultado del camión y va a parar a las hileras de ropa. Ahogado en el vestido rojo, sale corriendo de la tienda, perseguido por el tintorero. Desesperado, el perro caliente salta sobre un canario que pasa, un gigantesco canario amarillo brillante, y se van volando por la calle para desaparecer entrando por la ventana abierta de un alto edificio de apartamentos...

Esta clase de historia puede seguir indefinidamente. La clave consiste en que sea realmente extravagante, inesperada, violenta, tonta. O, si le apetece, utilice las imágenes en las que nuestros más eruditos antepasados creían ciegamente; se las ha llamado escabrosas; en realidad, muchas imágenes de la memoria eran escatológicas y pornográficas.

Para recordar números

Puede valer la pena emplear tiempo en confeccionar sus propias imágenes para los números del uno al diez. Pueden utilizarse para recordar imágenes en orden o como pequeños bocadillos de historieta para recordar números. Un método común es utilizar objetos que rimen: uno-tuno, dos-tos, tres-gres. Elija objetos concretos que pueda visualizar fácilmente. El experto en aprendizaje Tony Buzon sugiere utilizar objetos que se parezcan al número: 1 = una pluma, 2 = un cisne. Funciona mejor si cada uno busca los suyos propios. Elija su sistema y utilícelo siempre.

Otro método es asignar imágenes de personas que uno conoce a los números; quizá una jerarquía familiar: abuelo, abuela, madre, padre, hermanos, primos. También se pueden ordenar objetos o hechos en el propio cuerpo. El número uno está sobre la cabeza, el dos en la frente, y así sucesivamente.

Para recordar números de teléfono

Si está usted loco por los anagramas, intente una maniobra que divierte a algunas personas. Para los números de teléfono de algunos países en que aparecen letras, pruebe a formar palabras con ellas, o incluso frases, preferiblemente que se refieran al propietario del número; cuanto más extravagantes sean, mejor se recordarán.

Si es usted una de las pocas personas que se toman en serio lo de memorizar largas listas de números, utilice un código alfabético. Uno fácil es asignar diferentes consonantes a los números del cero al nueve. Digamos por ejemplo que tiene usted un número que, en su sistema de consonantes, se convierte en: KTSLRMTBKS. Las vocales son libres. ¿Qué frase puede formar? Por ejemplo: «Katy tira su libro rojo mientras toma bocadillos de ketchup sabrosos». Con un poco de práctica, se puede convertir en un prodigio y asombrar a sus amigos recitando largas series de números.

Para recordar nombres

Si de verdad quiere recordar el nombre de todo el mundo, preste atención, interésese por la persona, déle un prolongado apretón de manos y repita el nombre en voz alta. Si eso es aburrido, conviértalo en un juego; piense en cuántas asociaciones creativas y descabelladas puede hacer.

Si un extraño tiene el mismo nombre que un amigo, una celeridad o incluso la marca de un producto, utilícelo como gancho, asócielos.

Algunos nombres tienen imágenes claras. Otros requieren un poco de creatividad para que se puedan recordar mejor.

Se pueden utilizar palabras extranjeras. Una mujer llamada Rue podría evocar una calle parisina, o el doctor Weissberg una montaña blanca.*

En general, hay que crear una pequeña historia. Tomemos por ejemplo los nombres de este libro; el mago de la memoria Metrodorus trae a la mente la imagen de una amiga llamada Doris contoneándose en el metro. El biólogo Glen Rein puede ser imaginado sentado en una verde cañada bebiendo vino del Rin de una enorme botella decorada con una pintoresca imagen del Rin. ¿Difícil? Sí, pero la energía que se gasta buscando una asociación ayuda a grabar el nombre. Lo único que se necesita es una o dos pistas para estimular más tarde la memoria.

Y, por supuesto, ayuda a asociar el nombre con la persona. La mayoría de expertos en memoria sugieren que se adopte el ojo de un caricaturista y se concentre uno en los rasgos más destacados de una persona, normalmente en el rostro: cejas pobladas, nariz afilada, labios carnosos. Relacione uno o más rasgos con el nombre de la historia. Aunque, normalmente, cuando se ha imaginado el nombre, se tiene bastante bien grabada la cara en la mente.

Para recordar hechos

En 1492, Colón surcó el océano. Desde mucho antes de 1492, los estudiantes han aprendido versos y rimas para grabar hechos en la mente. Haga rimas, ponga música conocida a los datos. Siguiendo este principio, una de las autoras estudió la carrera de biología con placeres como las hormonas humanas cantadas a ritmo de una conocida canción.

---

* La traducción de este apellido alemán es precisamente «Montaña blanca».

En su *Active Learning: Rapping'and Rhymin'*, Rosella Wallace presenta la respuesta correcta cuando alguien pregunta qué estados limitan con los Grandes Lagos. Diga: *I'm no wimp!* En otras palabras, Illinois, Michigan / Nueva York, Ohio / Wisconsin, Illinois, Minnesota, Pennsylvania. El libro de Wallace está lleno de trucos mnemotécnicos.

Para temas complejos, hay que recurrir, al menos un poco, a la mnemotécnica clásica descrita en el capítulo 13. Sitúe en su casa imágenes de lo que necesita recordar; los cuartos de baño, la cocina y el garaje son particularmente útiles ya que tienen multitud de objetos de los que colgar imágenes. Organice y separe los temas. Cada habitación de la casa puede contener un aspecto de la bioquímica. Los lugares conocidos del vecindario, árboles, parques, casas, tiendas, paradas de autobús, pueden ser sedes de los datos de la historia de China. Todos tenemos multitud de puntos si pensamos en ello: tiendas conocidas, la iglesia, el hogar de parientes y amigos, escuelas, campamentos, clubes, lugares de recreo de nuestra infancia, etcétera.

La memoria automática

Aproveche las costumbres. Por ejemplo, deje siempre las llaves de la casa y las llaves del coche en el mismo sitio. Desarrolle hábitos «mecánicos»: designe un sitio cerca de la puerta donde siempre deje lo que se lleva por la mañana; devuelva siempre la linterna, el talonario de cheques, los papeles de los impuestos, etc., al mismo cajón. Asocie recordatorios a las actividades profundamente arraigas; cepillarse los dientes puede recordarle: «Con quién tengo que hablar hoy o a quién tengo que telefonear». El café de después del desayuno significa tomarse las vitaminas.

Compruebe el índice de los muchos estimulantes de la memoria que aparecen en este libro, desde la corriente de imágenes hasta las pistas y la música especial. Después de todo esto, quizá lo que más puede añadir viveza a su memoria es utilizarla. Confíe en ella. Empiece con cosas pequeñas. Deje su lista en casa y llévese las imágenes al supermercado. Pida a su memoria que le recuerde que ha de telefonear a tía Betty el sábado, quizá tenga que unirlo a una actividad del sábado. O pídale a su memoria que mañana le despierte a las siete y media. Cuanto más interés tiene uno, más se pregunta y se cuestiona; cuanto más se complace uno en el milagro siempre cambiante de la vida, más fuerte es la memoria.

Recursos y bibliografía

CAPÍTULO 1

Se puede obtener más información sobre muchos temas que aparecen en este libro en estas fuentes que recomendamos:

Association for Research & Enlightenment, Box 595, Virginia Beach, VA 23451. (804) 428-3588. Fundada por Edgar Cayce, cuota $30, matrícula $15 para nueve meses; incluye revista, proyectos de socio, tomar prestados los *Readings*, catálogo de la librería, más datos sobre grupos regionales de los Estados Unidos y el extranjero, conferencias. A destacar la biblioteca de Virginia Beach, VA.

Association for Transpersonal Psychology, Box 3049, Stanford, CA 94309. (415) 327-2066. Cuota $65, que incluye boletín y publicación bianual.

Brain/Mind Bulletin, Box 42211, Los Angeles, CA 90042. Mensual, $35. (800) 533-mind. Fundado por la escritora Marilyn Ferguson; también ofrece excelentes paquetes por temas.

Institute of Noetic Sciences, Box 909, Sausalito, CA 94966. (800) 525-7985. Fundado por el astronauta Edgar Mitchell. Cuota $35, que incluye publicación, boletín, informes especiales de noticias de ciencia, datos sobre conferencias y programas de viaje.

The Quest: A Quarterly Journal of Philosophy, Science, Religion & Arts. Box 270, Wheaton, IL 60189. (708) 665-0230. Publicación teosófica, trimestral, $14. Asimismo, datos para pedir prestados libros de metafísica por correo.

CAPÍTULOS 2 y 3

Recursos

Superlearning Inc. 450 Seventh Ave., Suite 500, Nueva York, NY 10123. (212) 279-8450. Catálogo gratuito. Pedidos por correo de cintas y materiales producidos bajo la dirección de Ostrander y Schroeder. *Superlearning*.* Libro de tapa dura: $14,95. Cinta 101: Ejercicios de relajación más veinte minutos de música barroca especial para el superaprendizaje: $14.

Cinta 102: Guía para producir su propio curso de superaprendizaje: $10,95.

Cinta 103: Cinta de música sola, música barroca lenta especial para acelerar el aprendizaje y estimular la memoria: $14.

Learn How To Learn: «Taller» grabado y folleto de Ostrander y Schroeder: $9,95.

Especial: Encargue las cintas 101 y 103 por $27,95 y recibirá gratis el libro *Superlearning*. $3 primer artículo, $0,75 por cada uno adicional.

También disponible: Superaprendizaje de frases en idiomas extranjeros, revisión de matemáticas, cintas para niños. Mensajes subliminales para superaprender y material relacionado. Pida información gratuita.

En Canadá: Libros y cintas de superaprendizaje de Ostrander Associates, 1290 W. 11 Ave., Suite 105, Vancouver, BC, Canadá V6H 1K5. (604) 736-5287.

The Society for Accelerative Learning & Teaching (SALT), 3028 Emerson Ave. S., Minneapolis, MN 55408. Sociedad profesional, publicación trimestral, boletín, conferencias internacionales, directorio, conexiones.

Se pueden obtener resúmenes de artículos de *Journal SALT* desde 1976 a través de la base de datos informática nacional ERIC. Pueden encargarse ejemplares impresos por el número ERIC del Center for Applied Linguistics, 3520 Prospect St. NW, Washington DC 20007.

Doctora Rosella Wallace, Box 57, Anchor Point, AK 99556. Asesoría, formación de profesores, talleres.

También disponible: *Active Learning: Rappin' & Rhymin'*, libro y cinta $9,95 cada uno, más $2,50 ship/hand. Upbeat Publishing, P.O. Box 70, Anchor Point, AK 99556.

Brian Hamilton, CSW, 460 West 24 St. Suite 1C, Nueva

---

* Hay versión en castellano: *Superaprendizaje*, Ediciones Grijalbo, Barcelona, 1980.

York, NY 10011. (212) 807-8810. Talleres de superaprendizaje para estudiantes y formación de profesores, algunos individuales de carácter terapéutico. También enseña red de apoyo.

Bruce Tickell Taylor, Accelerative Tutoring & Transformations Institute, 45350 Ukiah St., Mendocino, CA 954670. (707) 937-4591. Conferencias, planes de aprendizaje intensivo, red internacional.

Libros del doctor Donald Schuster: *Research into Mind*, Box 8987 Welch Station, Ames, IA 50010. *Powerlearning System*, Dr. Don Lofland, 638 Escalona Dr., Santa Cruz, CA 95060. Lenguaje, negocios, formación de estudiantes y profesores.

Lorne Cook, Sound Learning Systems, 32 Hedgewood Dr., Unionville, Ontario, Canadá L3R 676. (416) 477-3816. Talleres para profesores y estudiantes de todas las edades, distribución de materiales de superaprendizaje.

Mankind Research Unlimited, Inc., Dr. Carl Schleicher, President, 1350 Apple Av. Silver Spring, MD 20010. (301) 587-8686. Materiales para aprendizaje intensivo incluidos los especiales para ciegos y para alfabetismo.

Karen Sands, Futureworks, 63 Green St. Suite 205, Nueva York, NY 10012. (212) 431-5590. Preparadora para negocios y educadores, asesora en mejora continua y márketing.

Al Boothby, 1254 Sunland Vista, Sacramento, CA 95631. Asesor de educación, enseñanza, asesoramiento individual.

International Language Services, Inc., 17041 Prairie Lane, Minneapolis, MN 55346. (612) 934-5678. Enseñanza intensiva y viajes al extranjero para aprender lenguas.

Doctora W. Jane Bancroft, universidad de Toronto, Scarborough College, West Hill, Ontario, Canadá MIC 1A4. Asesora internacional sobre superaprendizaje. Conferencias.

Bibliografía

Altorfer, Otto, «Mobilizing "Reserve Energy" at Work: a Composite of Common Learning Elements». *Journal of the Society for Accelerative Learning and Teaching (SALT)*, vol. 10, n.° 4.

Croucher, Charles y Hope, «Accelerated Learning in Japanese», *Incorporated Linguist*, 1981.

Dineen, Janice, «Superlearning: Relaxation, Baroque music key to new teaching», *The Toronto Star*, nov. 22, 1988.

Erskine, Ron, «A Suggestopedic Math Project Using Nine Learning Disabled Students», *Journal SALT*, vol. 11, n.° 4.

Hallmark, C.L. «Superlearning Presentation», *OF0704 AT & T*, 1990.

Hand, James, y Barbara Stein, «The Brain & Accelerative Learning», 3.ª parte, *Journal SALT*, vol. 11, n.° 4.

Lozanov, Georgi, *Suggestology and Outlines of Suggestopedy*, Gordon and Breach, Nueva York, 1978.

–, «Problems of Suggestology», *Proceedings of the First International Conference on Suggestology*, Sofía, 1971.

Ostrander, Sheila, y Lynn Schroeder, *Superlearning*, Nueva York, Delacorte, 1979, Delta, 1981.

Ostrander, Sheila y Lynn Schroeder, editor de *The ESP Papers: Scientists Speak Out from Behind the Iron Curtain*, Bantam, Nueva York, 1976.

–, *Learn How To Learn*, Audio Renaissance, Los Angeles, 1990. Cinta.

Prichard, Allyn, «College Developmental Mathematics», *Journal SALT*, vol. 11, n.° 3.

–, Schuster, D., J. Gensch, «Applying SALT to Fifth Grade Reading Instruction», *Journal SALT*, vol. 5, n.° 1.

–, y Jean Taylor, *Accelerating Learning: The Use of Suggestion in the Classroom*, Academic Therapy Press, Novato, California, 1980.

–, «Adapting the Lozanov Method for Remedial Reading Instruction, *Journal SALT*, vol. 1, n.° 2.

Render, Gary, y Lynn Anderson, «Superlearning & Retention», *Journal SALT*, vol. 11, n.° 3.

Schuster, Donald, «Using Accelerative Learning in a Large University Class for Teaching Pascal Computer Language», *Journal SALT*, vol. 11, n.° 4.

Schuster, D.H., y C.E. Gritton, *Suggestive Accelerative Learning Techniques*. Gordon & Breach, Nueva York, 1986.

–, y Locky Schuster, «Educating the Children of Changing Cultures», *Journal SALT*, vol. 13, n.° 1.

Seki, Hideo, «Alpha Brain Wave Formation by Sine Wave Stereo Sounds», *Journal SALT*, vol. 13, n.° 3.

–, «Japanese Language & SALT», *Journal SALT*, vol. 12, n.° 3/4.

–, «Application of SALT Method to a Large Number of Students», *Journal SALT*, vol. 6, n.° 4.

Taylor, Bruce T., «An Attempt to Transform International Education», *Journal SALT*, vol. 11, n.° 4.

–, «Low Budget Introduction of Elementary Accelerative Mathematics», *Journal SALT*, vol. 9, n.° 2.

Walker, Ann, «Implementing Whole-Brain Methods for Reading Instruction», *Journal SALT*, vol. 13, n.° 3.

Wallace, Rosella, *Active Learning: Rappin' and Rhymin'*, Upbeat Publishing, Anchor Point, Alaska, 1990.

CAPÍTULO 4

Bibliografía

Bower, G. H., «Mood & Memory», *American Psychologist*, vol. 36, 1981.
–, y E. R. Hilgard, *Theories of Learning*, Prentice-Hall, Nueva York, 1981.
«Emotional Quality of Memory Can Be Altered by Changing Facial Expression», *Brain/Mind Bulletin* (14-febrero-1983).
Erickson, Milton, y Ernest Rossi, *The Collected Papers of Milton H. Erickson on Hypnosis*, Irvington, Nueva York, 1980.
Fisher, R., «Arousal-Statebound Recall of Experience», *Diseases of the Nervous System*, vol. 32, 1971.
Laird, James, John Wagner y otros. «Remembering What You Feel: Effect of Emotion in Memory», *Journal of Personality and Social Psychology*, vol. 42:646, 1982.
«Memory: It Seems a Whiff of Chocolate Helps», *New York Times* (10-julio-1990); ver también *Journal of Experimental Psychology: Learning, Memory and Cognition*, julio 1990.
Rossi, Ernest, *The Psychology of Mind-Body Healing*, W. W. Norton, Nueva York, 1986.
Sheldrake, Rupert, *The Presence of the Past*. Times Books, Nueva York, 1988.
–, *A New Science of Life: The Hypothesis of Formative Causation*, Blond, Londres, 1985.
–, y D. Bohm, «Morphogenetic Fields and the Implicate Order», *ReVision*, n.° 5, 1982.

CAPÍTULO 5

Recursos

Progressive Awareness Research Inc., Box 12419, Las Vegas, NV 89112. Empresa de Eldon Taylor, diversos estudios de investigación de la percepción subliminal y programas experimentales especiales. Asimismo, en la misma dirección, The International Society of Peripheral Learning Specialists. Socios profesionales y corporativos. Boletín, revista de investigación.

Bibliografía

Antel, M., «The effect of subliminal activation of sexual and aggressive drive derivatives on literary creativity», *Dissertation Abstracts International* (microfilms univ. n.° 70-03033), vol. 30, 1969.

Ariam, Sima, y Jerome Siller, «Effects of subliminal oneness stimuli in Hebrew on academic performance of Israeli high-school students: Further evidence on the adaptation-enhancing effects of symbiotic fantasies in another culture using another language», *Journal of Abnormal Psychology*, vol. 91 (5), 1982.

Barratt, P. E. H., y J. M. Herd, «Subliminal conditioning of the alpha rhythm», *Australia Journal of Psychology*, vol. 16, 1964.

Becker, H. C., y K. D. Charbonnet, «Applications of subliminal video and audio stimuli in therapeutic, educational, industrial and commercial settings», Eighth Annual Northeast Bioengineering Conference, M. I. T., 1980.

–, y N. H. Glanzer, «Subliminal communication: Advances in audiovisual engineering applications for behavior therapy and education», *Proceedings of the 1978 Institute of Electrical and Electronics Engineering, Region 3 Conference*, 1978.

Black, R. W., y W. Bevan, «The Effect of subliminal shock upon the judged intensity of weak shock», *American Journal of Psychology*, vol. 73, 1960.

Bryant-Tuckett, Rose, y Lloyd Silverman, «Effects of the Subliminal Stimulation of Symbiotic Fantasies on the Academic Performance of Emotionally Handicapped Students», *Journal of Counseling Psychology*, vol. 31, 1984.

Cheek, David, «Unconscious Perception of Meaningful Sounds during Surgical Anesthesia as Revealed under Hypnosis», *Journal of Clinical Hypnosis*, vol. 1:101, 1959.

Cook, H., «Effects of subliminal symbiotic gratification and the magic of believing on achievement», *Psychoanalytic Psychology*, vol. 2 (4), 1985.

Cuperfail, R., y T. Keith Clarke, «A New Perspective of Subliminal Perception», *Journal of Advertising*, vol. 14, n.° 1.

Dixon, Norman, F., «The conscious-unconscious interface: Contributions to an understanding», *Archiv für Psychologies*, vol. 135 (1), 1983.

–, *Preconscious Processing*, Wiley, Nueva York, 1981.

–, «Subliminal perception and parapsychology: Points of contact», *Parapsychology Review*, vol. 10 (3), 1979.

–, *Subliminal Perception: The Nature of a Controversy*, McGraw-Hill, Londres, 1971.

Flanagan, Patrick, «The Neurophone, Principles of Operation», *Flanagan Research*, Novato, California, 1984.

Goldstein, M. J., y D. Davis, «The impact of stimuli registering outside of awareness upon personal preferences», *Journal of Personality*, vol. 29, 1961.

Goleman, Daniel, «Research Probes What the Mind Senses Unaware», *New York Times* (14-agosto-1990).

Hayden, Brian, y Robert Silverstein, «The effects of tachistoscopic oedipal stimulation on competitive dart throwing», *Psychological Research Bulletin*, universidad de Lund, vol. 23 (1), 1983.

Kazhinsky, B. B., *Biological Radio Communication*, Springfield, VA: Clearinghouse for Federal Scientific and Technological Information, AD 415-676, abril 1963.

Key, Wilson, *The Clam Plate Orgy*, Signet, Nueva York, 1981.

–, *Media Sexploitation*, Signet, Nueva York, 1978.

–, *Subliminal Seduction*, Signet, Nueva York, 1974.

McGinley, L,. «Uncle Sam believes message about mom helps calm nerves», *Wall Street Journal* (1-enero-1986).

Morrison, Andrew P., «Reflections on "Unconscious oneness fantasies"», *International Forum for Psychoanalysis*, vol. 1 (2), 1984.

Packard, V., *The Hidden Persuaders*, Affiliated Publishers, Nueva York, 1957.

Palmatier, J. F., y P. H. Bornstein, «Effects of subliminal stimulation of symbiotic merging fantasies on behavioral treatment of smokers», *Journal of Nervous and Mental Disease*, vol. 168, 1980.

Parker, Kenneth A., «Effects of subliminal symbiotic stimulation on academic performance: Further evidence on the adaptation-enhancing effect of oneness fantasies», *Journal of Counseling Psychology*, vol. 29 (1), 1982.

«Recent Studies Show Strong Role For Unconscious In Everyday Life», *Brain/Mind Bulletin* (5-marzo-1984).

Romberg, L., *Workings of Your Mind*, Audio Cybernetics, Burlington, 1973.

Shevrin, H., «Evoked potential evidence for unconscious mental processes: a review of the literature», *International Symposium on the Unconscious*, Tbilisi, URSS, 1979.

Shurtman, Robert, y otros, «On the activation of symbiotic gratification fantasies as an aid in the treatment of alcoholics», *International Journal of the Addictions*, vol. 17 (7), 1982.

Silverman, L. H., «A comprehensive report of studies using the subliminal psychodynamic activation method», *Psychological Research Bulletin*, universidad de Lund, vol. 20 (3), 1980.

–, y P. Candell, «On the relationship between aggressive activation, symbiotic merging, intactness of body boundaries and manifest pathology in schizophrenics», *Journal of Nervous Mental Disease*, vol. 150, 1970.

–, H. Klinger, L. Lustbader, J. Farrel, y A. Martin, «The effects of subliminal drive stimulation on the speech of stutterers», *Journal of Nervous Mental Disease*, vol. 155, 1972.

–, Frank M. Lachmann, y Robert H. Milich, «Unconscious oneness fantasies: Experimental findings and implications for treatment», *International Forum for Psychoanalysis*, vol. 1 (2), 1984.

Silverman, L. H., y otros, «Effect of subliminal stimulation of symbiotic fantasies on behavior modification treatment of obesity», *Journal of Consulting Clinical Psychology*, vol. 46 (3), 1978.

«Subliminal messages: Subtle Crime Stoppers», *Chain Store Age*, julio 1986.

Taylor, Eldon, *Subliminal Learning, An Eclectic Approach*, Just Another Reality Publishing, Salt Lake City, 1988.

–, *Subliminal Technology*, Just Another Reality Publishing, Salt Lake City, 1987.

–, *Subliminal Communication*, Just Another Reality Publishing, Salt Lake City, 1986.

Tharp, Paul, «Shopping Will Get Homier Feel», *New York Post* (27-febrero-1990).

Tyrer, P., y otros, «Treatment of agoraphobia by subliminal and supraliminal exposure to phobic cine film», *The Lancet* (18-febrero-1978).

«Unconscious Interpretation Precedes Seeing», *Brain / Mind Bulletin* (15-marzo-1976).

Westerlundh, Bert, «The motives of defence: Percept-genetic studies: I. Shame», *Psychological Research Bulletin*, universidad de Lund, vol. 23 (7), 1983.

Zuckerman, S. G., «An experimental study of underachievement: The effects of subliminal merging and success-related stimuli on the academic performance of bright underachieving high school students», *Dissertation Abstracts International*, vol. 41 (12-B), 1981.

CAPÍTULO 6

Recursos

Doe Lang, Charismedia, 610 West End Av., Nueva York, NY 10024. (212) 362-6808. Asesor de oratoria, entrenamiento del habla, presentación carismática. Cintas y libro; también disponible en Superlearning Inc.

Foundation for Mind Research y The Mystery School, Box 3300, Pomona, NY 10970. Dirigida por la doctora Jean Houston, desarrollo humano y estudios espirituales.

Mead Institute, 325 W. 101 St., Nueva York, NY 10025. (212) 666-5036. Fundado por la doctora Elaine de Beauport. Talleres, entrenamiento del cerebro trino e inteligencia múltiple.

Bibliografía

Abrezol, Raymond, *Adventuring With The Brain*, Superlearning Inc., Nueva York, 1987. Cinta.

«Breath technique selectively activates hemispheres», *Brain / Mind Bulletin*, vol. 13, n.° 4 (4-enero-1988), *Brain / Mind Bulletin*, vol. 4, n.° 17 y *Science*, 204:1326.

Dotto, Lydia, «REM Sleep: 40 Winks Are Worth Remembering», *The Globe & Mail* (24-marzo-1990).

de Beauport, Elaine, *Your Multiple Intelligences, New Access Routes into the Three Brains*, Nueva York.

Durden-Smith, Jo, y Diane de Simone, «Interview, Jerre Levy». *Omni*, enero 1985.

Gazzaniga, M., *The Social Brain: Discovering the Networks of the Mind*, Basic Books, Nueva York, 1985.

Gray, William, ed., *Theory and the Psychological Sciences*, Intersystems, Seaside, California, 1980.

Goleman, Daniel, «Studies Offer Fresh Clues To Memory», *New York Times* (27-marzo-1990).

Hand, James, y Barbara Stein, «The Brain & Accelerative Learning», 3.ª parte, *Journal SALT*, vol. 11, n.° 4.

Hooper, Judith, «Want to keep your brain from aging? Lead a more exciting infancy», *Wholemind*, julio 1988.

Lorber, John, «The Disposable Cortex», *Psychology Today*, abril 1981.

Lang, Doe, *The Charisma Book*, Wyden Books, Nueva York, 1980.

MacLean, Paul, «A Mind of Three Minds: Educating the Tri-

bune Brain», *Education And The Brain*, University of Chicago Press, Chicago, 1978.
–, «The Imitative-Creative Interplay of Our Three Mentalities», *Astride the Two Cultures: Arthur Koestler at 70*, H. Harris, ed., Hutchinson, Londres, 1976.
«New Theory: Feelings Code, Organize Thinking», número especial, *Brain/Mind Bulletin* (18/29-marzo-1982).
Schwarz, Joel, «Training Memory», *Omni*, marzo 1988.
Shannahoff-Khalsa, David, «Rhythms and Reality: the Dynamics of the Mind», *Psychology Today*, sept. 1984.
«Thought, Concentration, and Memory, A New Look at the Edgar Cayce Readings», *Commentary*, diciembre 1986.
«Thought, Concentration, and Memory», Virginia Beach, VA.: *Association for Research and Enlightenment*, Archivo circulante.

CAPÍTULO 7

Recursos

Doctora W. Jane Bancroft, asesora internacional.

Eli Bay, Director, Relaxation Response Ltd. 858 Eglinton Ave. West, Toronto, Ontario, Canadá M6G 2B9. (416) 789-7261. Asesoría, control del estrés para corporaciones, gobierno, individuos. Libros y cintas. En los Estados Unidos, las cintas de relajación de Bay están disponibles en Superlearning Inc.

Lisa Curtis, Presidenta de International Sophrology Institute, 381 Park Av. South, Suite 1519, Nueva York, NY 10016. (718) 849-9335. Conferencias sobre «convertir el estrés en energía», salud óptima, logro de metas. Cinta disponible en Superlearning Inc.

Elizabeth Reudy, M. A., asesoría y entrenamiento individual para problemas de memoria y aprendizaje en general, pero en especial para matemáticas y actuación. Contacto: Ivy Stone en la Fifi Oscard Agency, 19 West 44 Street, Nueva York, NY. (212) 764-1100.

Bibliografía

Bancroft, W. Jane, «Yoga Factors in Accelerative Learning», *Journal SALT*, vol. 8, n.º 3.
–, «The Tomatis Method & Suggestopedia, A Comparative Study», *Journal SALT*, vol. 7, n.º 1.

–, «The Lozanov Method and its American Adaptations», *The Modern Language Journal*, 1978.
–, «Sophrology & Suggestology», *Journal SALT*, vol. 4, n.° 2.
Begley, Sharon, «The Search for the Fountain of Youth», *Newsweek* (5-marzo-1990).
Felix, Uschi, «Student Attitutes Towards the Use of Music & Mind-Calming», *Journal SALT*, vol. 12, n.° 3/4.
Goleman, Daniel, *The Meditative Mind*, Tarcher, Los Angeles, 1988.
–, «Concentration Is Likened To Euphoric States Of Mind», *New York Times* (4-marzo-1986).
«How-to Instructions Inhibit Optimal Performance?», *Brain / Mind Bulletin*, vol. 7, n.° 13 (2-agosto-1982).
Huxley, Laura, *The Timeless Moment*, Celestial Arts, Millbrae, CA, 1968.
Jacobson, Edmund, *Progressive Relaxation*, University of Chicago Press, Chicago, 1933.
Reudy, Elizabeth, *Where Do I Put The Decimal Point?* Nueva York Holt, 1990, Avon, 1991.
Sacks, Oliver, «Neurology and the Soul», *New York Review of Books* (22-noviembre-1990).
Schultz, J., y W. Luthe, *Autogenic Training: A Psychophysiological Approach in Psychotherapy*, Grune & Stratton, Nueva York, 1959.
Selye, Hans, *The Stress of Life*, McGraw-Hill, Nueva York, 1976.

CAPÍTULO 8

Recursos

The Institute in Culture and Creation Theology, Holy Names College, 3500 Mountain Blvd. Oakland, CA 94619. (415) 436-1046. Dirigido por Matthew Fox. También su revista *Creation*, 160 Virginia St. #290, San José, CA 95112. (408) 286-8505. Bimensual, $20.

Dr. Teri Mahaney, Supertrining Press, 133 E. de la Guerra, Suite 409, Santa Barbara, CA 93101. (800) 762-9937. Conferencias, talleres; el libro incluye guiones para autograbación; también, cintas de música de fondo sugestiva.

NeuroLinguistic Programming. Información sobre centros, talleres, entrenamiento en diversas localidades: (317) 636-6059.

Bibliografía

Bandler, Richard, *Using Your Brain–For A Change*, Real People Press, Moab, Utah, 1985.
–, y John Grinder, *ReFraming*, Real People Press, Moab, Utah, 1982.
Borysenko, Joan, *Guilt is the Teacher, Love Is the Lesson*, Warner, Nueva York, 1990.
Caycedo, Alphonso, *Le Professeur Caycedo, Père de la Sophrologie, Reconte sa Grande Aventure*, Retz, París, 1978.
–, *La India de los Yoguis*. Editorial Andes Internacional, Barcelona, 1977.
Fox, Matthew, *Original Blessing*, Bear & Co., Santa Fe, 1983.
Mahaney, Teri, *Change Your Mind*, Supertraining Press, Santa Barbara, 1989.
«Proverbs That Go With Heart Trouble», *Science Digest*, abril 1982.
«Unhappy Anniversary», *Psychology Today*, octubre 1985.

CAPÍTULO 9

Recursos

Rebirthing International (800-641-4645, ext. 232); International LRT, Box 1465, Washington, CT 06793. Rebirthing Centers (disponibles en casi todas las ciudades de EE.UU., ver directorios de nueva era): programas que ayudan a recordar y explorar los recuerdos del nacimiento y de antes de nacer.

California Institute of Transpersonal Psychology, y Spiritual Emergency Network (de Stan Grof) (40 centros en todo el mundo). 250 Oak Grove Av., Menlo Park, CA 94025. Ayuda con la exploración de la memoria profunda y la integración.

Hawaiian Prenatal Cultural Center. P.O. Box 727, Molokai, HI 96748.

Bibliografía

Abrezol, Raymond, *Sophrologie et Évolution–Demain L'Homme*, Éditions du Signal, Lausanne, Chiron, París, 1986.
«Born Under Water», *Northern Neighbors*, abril 1987.
Chamberlain, David, *Babies Remember Their Births*, Tarcher, Los Angeles, 1988.

–, «The Outer Limits of Memory», *Noetic Sciences Review*, otoño 1990.
Clark, Seward, y Bailey, «Giving Birth Underwater», *Newsweek* (16-enero-1984).
Dansby, B., «Underwater Birth», *Life Times*, 1986/87.
Grof, Stanislav, *Realms of the Human Unconscious*, Dutton, Nueva York, 1976.
Haver, D., «What Is Water Birth?», *Life Times*, n.° 4.
«Hypnotized Children Recall Birth Experiences», *Brain / Mind Bulletin*, enero 1981.
Odent, Michel, «Birth Under Water», *The Lancet* (24/31-diciembre-1983).
Poole, W., «The First 9 Months of School», *Hippocrates*, julio / agosto 1987.
Rauhala, A., «Suicide by Teen-agers Linked to Difficulties During Birth Process», *The Globe & Mail* (31-octubre-1987).
Sidenbladh, Erik. *Water Babies*. St. Martin's Press, Nueva York, 1986.
«Social Character May Be Set By Birth Practices», *Brain / Mind Bulletin* (25-enero-1982).
Tomatis, Alfred, *L'oreille et le langage*, Éditions du Seuil, París, 1978.
–, *L'oreille et la vie*, Éditions Robert Laffont, París, 1977.
Verny, Thomas, y J. Kelly, *The Secret Life of the Unborn Child*, Dell, Nueva York, 1982.
«Water for Life and Health», *Northern Neighbors*, agosto 1989.
Weintraub, P., «Preschool?» *Omni*, agosto 1989.
Wyllie, Timothy, «Waterbirthing: Where the New Master Come In», *Metapsychology*, invierno 1987.

CAPÍTULOS 10 Y 11

Recursos

Sound Therapy, St. Peter's Press, Box 190, Muenster, Saskatchewan, Canadá SOK 2YO. Para cassettes de *Sound Therapy* (terapia de sonido) de alta frecuencia. El juego básico de cuatro casetes metálicos de noventa minutos en frecuencias ascendentes que constituye el programa puede adquirirse por $200 más $10 para gastos de envío. *Sound Theraphy for the Walkman*, el libro de Pat Joudry, cuesta $10. Un catálogo indica otras cintas.

Centre Tomatis, 68 Blvd. de Courcelles, 75017 París, Francia. Tratamiento para problemas de oído y dislexia.

Scientific Enterprises, Inc. 708 119 Lane, Blaine, MN 55435. Cintas de casete de los sonidos de alta frecuencia de Carlson para el crecimiento intensivo de plantas. También se puede adquirir un equipo para plantas y un vídeo.

Bibliografía

Bancroft, W. Jane, «The Tomatis Method and Suggestopedia: A Comparative Study», *Journal SALT*, 1982.

Bloom, Pamela, «Soul Music», *New Age Journal*, marzo/abril 1987.

«French Research Links Hearing to Body Dynamics», *Brain/Mind Bulletin*, Theme Pack, vol. 8.

Chang, S. T., *The Complete Book of Acupuncture*. Celestial Arts, Berkeley, California, 1976.

Halpern, Steven, y L. Savary, «Tools for Transformation», *New Realities*, verano 1985.

–, *Sound Health: The Music and Sounds That Make Us Whole*, Harper and Row, San Francisco, 1985.

«Hearing Deficits May Be Source of Confusion That Causes Dyslexia», *Brain/Mind Bulletin*, Theme Pack, vol. 8.

«High Frequency Sound and Hormone Sprays: A Solution to World Hunger?», *New Frontiers Center Newsletter*, primavera/verano 1984.

«"Holophonic" Sound Broadcasts Directly to Brain», *Brain/Mind Bulletin*, Theme Pack, vol. 8.

Joudry, P. *Sound Therapy for the Walkman*, Steele and Steele, St. Denis, Sask, 1984.

–, «Sound Therapy Documentary». St. Peter's Press, Muenster, Sask. Cinta.

Martin, S., y C. Isaacson, «Are You Wired for Sound?», *Here's Health*, noviembre 1985.

McGarey, W., *The Edgar Cayce Remedies*, Bantam, Nueva York, 1983.

«MEG's Localize Vision, Epilepsy», *Brain/Mind Bulletin*, vol. 9, n.° 16 (1-octubre-1984).

Pillai, Patrick A., *Sonapuncture-Acupuncture Using Intrasound*, Electro-Medica, Toronto, 1990.

«Sound and Nutrients in Agriculture», *Acres, USA*, noviembre 1984.

Tomatis, Alfred, *Vers l'écoute humaine*, Les Éditions ESF, París, 1974, vols. 1 y 2.

–, *L'oreille et le langage*, Éditions du Seuil, París, 1978.
–, *L'oreille et la vie*, Éditions Robert Laffont, París, 1977.
–, *Éducation et dyslexie*, Les Éditions ESF, París, 1978.
Revue Internationale d'Audiopsychophonologie.
«The Noise/Disease Effect», *Frontiers of Science*, vol. IV, #2, mayo/junio 1982.
MacIvor, V., y S. LaForest, *Vibrations*, Weiser, Nueva York, 1979.

MÚSICA PARA SUPERAPRENDIZAJE

Recursos

Superlearning Inc., 450 Seventh Ave., Suite n.º 500, Nueva York, NY 10123. Ostrander Associates, 4325 Steeles Ave. West, Suite 410, Downsview, Ontario, Canadá M3N 1V7. Se pueden adquirir las cintas de la música para el superaprendizaje preparadas por las autoras; música de sesenta pulsaciones por minuto de compositores contemporáneos para utilizar con el sistema *Superlearning*; cursos y materiales de aprendizaje respaldados por la música del *Superlearning*.

Bibliografía

Maleskey, G., «Music That Strikes A Healing Chord», *Prevention*, octubre 1983.
Ostrander, S., y L. Schroeder, *Superlearning*, Delacorte, Delta, Dell, Nueva York, 1979.

MÉTODO MUSICAL DE SOFROLOGÍA PARA LA MEMORIA

Recursos

Superlearning Inc. Programas de sofrología del doctor Raymond Abrezol y cintas de música de sofrología (*Turning Sound*) disponibles en Estados Unidos.
Collège International de Sophrologie Médicale, 50 avenue de la Gare, CH-1003, Lausana, Suiza, e International Sophrology Institute, 419 Park Av. South, Nueva York, NY 10016. Materiales adicionales de sofrología.

Bibliografía

Abrezol, Raymond, *Sophrologie Dans Notre Civilization*, Inter-Marketing Group, Neuchâtel, Suiza, 1973.
–, *Vaincre par la Sophrologie (Become A Winner With Sophrology)*, Diffusion Soleil, Chêne Bourg, Ginebra, Suiza, 1983.

PULSACIONES PARA VENCER EL ABURRIMIENTO

Bibliografía

Edrington, Devon, «A Palliative for Wandering Attention», Tacoma, Washington, 1985.
–, «Hemi-Sync: Treatment for Wandering Attention», conferencia presentada por el Monroe Institute for Applied Sciences, Faber, VA (11-agosto-1984).
–, «Neomorphosis: The Art of Radical Change», Tacoma, Washington, 1984.
–, «Binaurally Phased Sound in the Classroom», Tacoma, Washington, 1985.
–, y C. Allen, «1984-1985 EEG Experiments with Binaurally Phased Audio Stimuli», Tacoma, Washington, 1985.
Morris, S.E., «The Facilitation of Learning», Madison, Wisconsin, 1985.
Oster, Gerald, «Auditory Beats in the Brain», *Scientific American*, septiembre 1973.
Pawelek, Y., y J. Larson, «Hemispheric Synchronization and Second Language Acquisition», *Education Services Division*, Fort Lewis, Washington.

CAPÍTULO 12

Recursos

Sophrology Institute, del doctor Raymond Abrezol, avenue de la Gare 50, 1003 Lausana, Suiza. Sofrología para los deportes, la salud, la vida creativa. Cintas de Abrezol en inglés disponibles en Superlearning Inc. Para información sobre sofrología en inglés, ponerse en contacto con el International Sophrology Institute.

International Imagery Association, P.O. Box 1046, Bronx, NY 10471. Conferencias, talleres; *Journal of Mental Imagery*, editada por el doctor Akhter Ahsen. También se hallan disponibles los libros y cintas de Ahsen sobre las imágenes introductorias y avanzadas.

Vera Fryling, médico. Cintas sobre imágenes y autogenia disponibles en Superlearning Inc.

Doctor Win Wenger. Libros y datos de taller disponibles en Psychegenics Press, P.O. Box 332, Gaithersburg, MD 20877. En la misma dirección: información sobre CELT, una enciclopedia planeada de técnicas mejoradas de aprendizaje. También *How to Increase Your Intelligence*, de Wenger, en United Educational Services (800) 458-7900.

Bibliografía

Abrezol, Raymond, *Win With Sophrology*, Diffusion Soleil, Chêne Bourg, Ginebra, Suiza, 1983.
–, *Sophrologie dans Notre Civilization*, Inter Marketing Group, Neuchâtel, 1973.
–, *Winning Stance*, Superlearning Inc., New York, 1988. Cinta.
Frankel, Victor, *Man's Search For Meaning*, Touchstone, Nueva York, 1984.
Fryling, Vera, «*Survival, Creativity and Trascendence*», Superlearning Inc., Nueva York, 1986. Cinta.
«Image Memory Pegs Aid Language Recall», *Brain/Mind Bulletin*, 1979.
Luria, Alexander, *The Mind of a Mnemonist*, Basic Books, Nueva York, 1968.
McNeill, Barbara, «Beyond Sports: Imaging in Daily Life», *Newsletter IONS*, verano 1985.
Sparrow, Scott, «Mental Practice Improves Peformance», *Perspective*, mayo 1984.
Wenger, Win, *Beyond Teaching & Learning*, United Educational Services, East Aurora, Nueva York, 1987.
–, «Dual-Plane Awareness Techniques Other Than Lozanov's, for Accelerating & Enriching Training & Learning», *Journal SALT*, n.° 3/4, 1987.

CAPÍTULOS 13 y 14

Bibliografía

Ad Herrenium, Tr. Harry Caplan, Loeb Classical Library, Nueva York, 1968.

Dictionary of Mnemonics, Eyre Metheun, Londres, 1972.
Hersey, G.L., *Pythagorean Palaces: Magic and Architecture in the Italian Renaissance*, Cornell University Press, Ithaca, 1976.
Mead, G. R. S., *Thrice Great Hermes*, John Watkins, Londres, 1906.
Plato, *The Encyclopaedia of Platonic Philosophy*, American Classical College Press, Nueva York, 1989.
Powell, James N., *The Tao of Symbols*, Quill, Nueva York, 1982.
Shear, Jonathan, «Maharishi, Plato and the TM-Sidhi Program on Innate Structures of Consciousness», *Metaphilosophy* 12:1, 1981.
Smalley, Beryl, *English Friars and Antiquity in the Early Fourteenth Century*, Oxford University Press, Oxford, 1960.
Sorabji, Richard, *Aristotle on Memory*, University Press of New England, Hanover, NH, 1972.
Spence, Jonathan, D., *The Memory Palace of Matteo Ricci*, Penguin Books, Nueva York, 1985.
Yates, Frances, A., *The Rosicrucian Enlightenment*, Ark, Nueva York, 1986.
–, *The Art of Memory*, University of Chicago Press, Chicago, 1966.
–, *Giordano Bruno and the Hermetic Tradition*, University of Chicago Press, Chicago, 1964.

CAPÍTULO 15

Recursos

Society for the Study of Multiple Personality & Dissociation, c/o programa para desórdenes disociativos. Rush Presbyterian-St. Luke's Medical Center, 600 South Pauline, Chicago, IL 60612.

Bibliografía

Allison, Ralph, *Minds in Many Pieces*, Rawson Wade, Nueva York, 1980.
Bearhs, John, *Unity and Multiplicity*, Brunner Mazel, Nueva York, 1983.
Cochran, Tracy, «Multiple Personality Twins», *Omni*, diciembre 1986.
Damgaard, Jacqueline, «The Inner Self Helper», *Noetic Sciences Review*, invierno 1987.

Gilman, Robert, «Memory and Morphogenetic Fields», *In Context*, verano 1984.

Hartley, Robert, «Imagine You're Clever», *Journal of Child Psychology*, vol. 27, n.° 3, 1986.

Keyes, Daniel, *The Minds of Billy Milligan*, Bantam, Nueva York, 1981.

Mahlberg, A., «Evidence of Collective Memory», *Jorunal of Analytical Psychology*, vol. 32, 1987.

«Multiple Personality No Longer Considered Rare», *Brain/Mind Bulletin*, noviembre 1988.

«Multiple Personalities Proof of Brain's Versatility», *Brain/Mind Bulletin* (3-octubre-1983).

Myers, F. W. H. *Human Personality and Its Survival of Bodily Death*, Longmans Green, Londres, 1907.

O'Reagan, Brendan, y Thomas Hurley, «Multiple Personality», *Investigations, Institute of Noetic Sciences*, vol. 1, n.° 3/4, 1985.

Raikov, Vladimir, «Reincarnation by Hypnosis», *The ESP Papers: Scientists Speak Out*, Bantam, Nueva York, 1976.

–, «Reincarnation by Hypnosis», *Science and Religion*, n.° 9, Moscú, 1966.

–, y V. Adamenko, «Questions of Objective Research of Deep Hypnotic States», *Therapy of Mental Disease*, Society of Neuropsychiatrists, Sechenov Medical Institute, Moscú, 1968.

Ross, Colin, *Multiple Personality Disorder: Diagnosis, Clinical Features and Treatment*, Wiley & Sons, Nueva York, 1989.

Schreiber, Flora, *Sybil*, Warner, Nueva York, 1974.

Sperling, J., y W. Wolensky, «Superlearning: Can it be Effectively Adapted to Technical Education?», IBM *Technical Report*, 00.3014.

Taylor, Eugene, *William James on Exceptional Mental States*, Scribners, Nueva York, 1983.

Tennaeff, Willem, «Psychoscopy», *Pursuit*, vol. 21, n.° 4, 1988.

Virato, Sw., «An Interview with Rupert Sheldrake», *New Frontier*, abril 1988.

CAPÍTULOS 16 y 17

Recursos

Hay médicos que practican la medicina holista y clínicas alternativas en todos los Estados Unidos; compruebe los directorios locales. Aquí reseñamos los que se mencionan en el texto.

Aletheia Psycho-Physical Foundation, Jack Schwarz, director, 1809 North Highway 99, Ashland, OR 97520. (503) 488-0709. Entrenamiento de la salud personal, sistemas de energía humana y autorregulación, talleres, publicaciones.

American Holistic Medical Association, 4101 Lake Boone Trail, Suite 201, Raleigh NC 27607. (919) 787-5146.

Ayurvedic Medicine. Maharishi Ayurveda Association of America. Box 282, Fairfield, IA 52556. (515) 472-8477, para información sobre centros y tratamiento.

Creighton Health Institute, 275 Elliot, Menlo Park, CA 94025. (415) 327-6166. Ayuda a los que padecen cáncer.

Ahmed Elkadi, M.D., director del Akbar Clinic and Resource Institute, Panama City Clinic, 236 South Tyndell Parway, Panama City, FL 32404. (904) 763-7689. 24 horas. Tratamiento holístico.

Foundation for the Advancement of Innovative Medicine, Box 338, Kinderhook, NY 12106. (800) 462-FAIM. Trabajo de profesionales y profanos en grupo para difundir datos y proteger la medicina alternativa y nutricional de los ataques de la ortodoxa. Simposiums, publicación; cuota: indiv. $25, prof. $125.

International Society for the Study of Subtle Energies and Energy Medicine. Boletín, talleres, conferencias. Honorarios profesionales $35. Ponerse en contacto con Penny Hiernu, directora ejecutiva, ISSEEM, 356 Goldco Circle, Golde, CO 80401.

Subtle Energies: An Interdisciplinary Journal of Informational and Energetic Interactions. Trimestral, $35, en la anterior dirección.

The Light Institute of Galisteo, Rt, 3, Box 50, Galisteo, NM 87540. (505) 983-1975. Chris Griscom, director. Cursos intensivos individuales, libros y cintas disponibles.

Science of Mind Magazine, Box 75127, Los Angeles, CA 90075. Mensual, $18.

Bernie Siegel, M.D., ECaP (Exceptional Cancer Patients), 1302 Chapel St. New Haven, CT 06511. (203) 865-8392. Grupos de apoyo, amplio directorio de programas de apoyo y curativos en toda la nación, cintas y libros.

STEPS, 263A Cumberland, San Francisco, CA (415) 864-6518. Rama del Creighton Institute, para dar fuerzas a personas que son seropositivas (SIDA).

Third Opinion: An International Directory to Alternative Therapy Centers for the Treatment and Prevention of Cancer, por John Fink, Avery Publishing Group, 1988. No se habla de méritos, sino que es una guía para los tratamientos alternativos y bancos de datos de EE.UU. y del extranjero.

United Church of Religious Science, Office of Ecclesiastical Affairs, 3251 W. Sixth St., Los Angeles, CA 90020. (213) 388-2181. Datos sobre iglesias, grupos de estudio nacionales e internacionales.

World Research Foundation, 15300 Ventura Blv., Suite 405, Sherman Oaks, CA 94103. (818) 907-5483. Banco de datos por ordenador de los últimos progresos médicos en todo el mundo. Investigación por honorarios nominales, biblioteca abierta al público.

Bibliografía

Achterberg, Jeanne, *Imagery Healing*, New Science Library, Boston, 1985.

Bronson, Matthew, «Healing With Mind and Heart», *Magical Blend*, n.° 23, 1989.

Caycedo, Alphonso, *Progress in Sophrology*, Emerge, Barcelona, 1969.

Chopra, Deepak, *Quantum Healing*, Bantam, Nueva York, 1990.

Davrou, J., y F. LeClerq, *The Astonishing Possibilities of Your Memory Through Sophrology*, Retz, París, 1982.

–, *Sophrotherapy: Psychotherapeutic Application of Sophrology*. Retz, París, 1982.

Evans, F., «Expectancy, Therapeutic Instructions and the Placebo Response», L. White et al., eds. *Placebo: Theory, Research and Mechanism*, Guilford Press, Nueva York, 1985.

Gagnon, T., y G. Rein, «The Biological Significance of Water Structured with Non-Hertzian Time Reversed Waves», *Journal of the U.S. Psychotronics Association*, 1991.

Graves, Florence, «The High Priest of Healing», *New Age Journal*, mayo/junio 1989.

Griscom, Chris, *Time Is An Illusion*, Fireside, Nueva York, 1988.

–, *Ecstacy Is A New Frequency*, Bear & Co., Santa Fe, 1989.

–, *Desert Trilogy: Chris Griscom Interviewed by Bianca Pace on Sexuality, Healing, Radiation*. Cosmic Renaissance Foundation, 1988. Serie de cintas.

«Harvard Tests Mother Theresa Effect», *Brain/Mind Bulletin* (29-julio-1985).

Holmes, Ernest, *The Science of Mind*, Dodd Mead, Nueva York, 1938.

Karagulla, Shafica, *Breakthrough to Creativity*, De Vorss, Los Angeles, 1967.
–, y Dora Kunz, *The Chakras and The Human Energy Field*, Quest Books, Wheaton, Illinois, 1989.
Langer, Ellen J., *Mindfulness*, Addison-Wesley, Nueva York, 1989.
Murphy, Michael, «Dimensions of Healing», *Noetic Sciences Review*, otoño 1987.
O'Regan, Brendan, «Barriers to Novelty: Can Energy Medicine Come of Age?», *Noetic Sciences Review*, 1989.
–, «Spontaneous Remission: Studies of Self-Healing», *Noetic Sciences Review*, primavera 1988.
–, «Positive Emotion: The Emerging Science of Feelings», *IONS Newletter*, 1984.
Parsons-Fein, Jane, «Interview with Ernest Rossi, Ph.D.», *NY-SEPH Newsletter*, septiembre 1988 y noviembre 1989.
Pert, Candace, «Neuropeptides: The Emotions and Bodymind», *Noetic Sciences Review*, primavera 1987.
–, Ruff, M., R. Weber y M. Herkenham, «Neuropeptides and their Receptors: A Psychosomatic Network», *Journal of Immunology*, vol. 135, n.° 2.
Rein, Glen, «Psychoenergetic Mechanism for Healing with Subtle Energies», *Mechanisms of Psychic Perception*, J. Millay, S.-P. Sirag, eds.
Rossi, Ernest, *Psychobiology of Mind-Body Healing*, Norton, Nueva York, 1988.
Siegal, Bernie, *Peace, Love and Healing*, Harper & Row, Nueva York, 1989.
Simonton, C., S. Simonton y J. Creighton, *Getting Well Again*, Tarcher, Los Angeles, 1978.

CAPÍTULO 18

Recursos

International Academy of Nutrition and Preventive Medicine, P.O. Box 5832, Lincoln, NE 68505.

Linus Pauling Institute of Science and Medicine, 440 Page Mill Road, Palo Alto, CA 94396.

The Academy of Orthomolecular Psychiatry – Huxley Institute for Biosocial Research, 900 N. Federal Hwy., Suite 330, Boca Raton, FL 33432.

Canadian Schizophrenia Foundation, 7375 Kingsway, Burnaby, B.C., Canadá V3N 3B5.

People's Medical Society, 462 Walnut St., Allentown, PA 18102. (Organizaciones populares para información acerca de la libertad de elección en el cuidado de la salud.)

Price-Pottenger Nutrition Foundation, P.O. Box 2614, La Mesa, CA 92041. (Registro de profesionales de la salud con tendencias nutricionales.)

Vean los recursos para la salud adicionales que siguen.

ALIMENTOS PARA EL CEREBRO Y COLINA Y LEICITINA

Bibliografía

Bland, Jeffrey, *Choline, Lecithin, Inositol and Other «Accessory» Nutrients-The Exciting New Uses of Powerful Nutrients for People With Special Needs*, Keats Publishing, Inc., New Canaan, Connecticut, 1982.

Bell, Stuart, «Phosphatidyl Choline-Aids in the Fight Against Neurological Disorders and Aging», *Let's Live Magazine*, Los Angeles, abril 1982.

Huerner, Richard, «Brain Food-Neurotransmitters Make You Think», *Let's Live*, diciembre 1981.

Pearson, Durk, y Sandy Shaw, *Mental Alertness*, International Institute of Natural Health Sciences, Inc., Huntington Beach, California, 1981.

«Phosphatidyl Choline-The Power Base of Lecithin», Biosource, Del Mar, California.

Pines, Maya, «Food *Does* Affect Your Brain», *Reader's Digest*, noviembre 1983.

Yepsen, Roger, Jr., *How To Boost Your Brain Power, Achieving Peak Intelligence, Memory and Creativity*, Rodale Press, Emmaus, 1987.

GINKGO

Bibliografía

Chatterjee, S.S., y B. Gabard, «Protective effect of extract of Ginkgo Biloba and other hydroxyl radical scavengers against hypoxia», Eighth Intenational Congress of Pharmacology, Abstract 866, Tokio, 1961.

Chatterjee, S.S., y B. Gabard, «Studies on the mechanism of action of an extract of Ginkgo Biloba», simposium, 1982.

Gebner, B., A. Voelp y M. Klasser, «Study of the long-term action of a Ginkgo Biloba extract on vigilance and mental performance as determined by means of quantitative pharmaco-EEG and psychometric measurements», *Arzneim Forsch* 35: 1459-65, 1985.

Hindmarch, I., y Z. Subhan, «The psychopharmacological effects of Ginkgo Biloba extract in normal healthy volunteers», *International Journal of Clinical Pharmacology*, Res. 4: 89-93, 1984.

Hoffmann, D., «A New Paradigm of Western Herbal Medicine», 1987.

Huber, W., y P. M. Kidd, «Ginkgo Biloba extract, a critical assessment», HK Biomedical, Berkeley, California, 1988.

McQuade, A., «What is Ginkgo Biloba», *Health World*, Burlingame, California, julio/agosto 1988.

Murray, Michael, «Ginkgo Biloba: "The living fossil"», *Phyto-Pharmica Review*, vol. 3, n.° 6, noviembre 1990.

–, «Ginkgo Biloba Extract: Is Europe's most popular medicine a miracle drug?», *Phyto-Pharmica Review*, vol. 3, n.° 6, noviembre 1990.

Schaffler V. K., y P. W. Reeh, «Double-blind study of the hypoxiaprotective effect of a standarized Ginkgo Biloba preparation after repeated administration of healthy volunteers», *Arzneim-Forsch*, 35: 1283-6, 1985.

Vorberg, G., «Ginkgo Biloba Extract (GBE): A long-term study of chronic cerebral insufficiency in geriatric patients», *Clinical Trials Journal*, 22: 149-57, 1985.

L-GLUTAMINA

Bibliografía

Elwood, C., *Feel Like A Million!*, Pocket Books, Nueva York, 1965.

Fredericks, C., *Psycho-Nutrition*, Berkeley Books, Nueva York, 1988.

Hoffer, A., *Orthomolecular Psychiatry*, D. Hawkins y L. Pauling, eds., Freeman and Co., San Francisco, 1973.

Rogers, L. L., y R. B. Pelton, «Effect of Glutamine on IQ Scores of Mentally Deficient Children», *Texas Reports on Biology and Medicine*, vol. 15, n.° 1, 1957.

«Sweet Remembrances», *Science News* (22-septiembre-1990).

Williams, R., *Nutrition Against Disease*, Bantam Books, Nueva York, 1971.

L-FENILALANINA Y DLPA

Bibliografía

Garrison, R., *Lysine, Tryptophan and Other Amino Acids-Food For Our Brains... Maintenance for our Bodies*, Keats, New Canaan,, Connecticut, 1982.

DLPA in the Nutritional Control of Arthritis and Chronic Pain, Nutrition News, Pomona, California, 1983.

«Lack of Endorphins in Alcoholics Can Be Corrected», *Brain/Mind Bulletin*, vol. 9, n.º 8 (16-abril-1984).

Mark, V., y J. Mark, *Brain Power*, Houghton Mifflin, Nueva York, 1989.

Pearson, D., y S. Shaw, *Life Extension – A Scientific Approach*, Warner Books, Nueva York, 1982.

L-TIROSINA, VASOPRESINA, ARN-ADN

Bibliografía

Banderet, L. E., y otros, «A Preliminary Report on the Effects of Tyrosine Upon Altitude and Cold-Induced Stress Responses», U. S. Army Research Institute of Environmental Medicine, Natick, Massachusetts, 1988.

«Brain Peptide Vasopressin Offers Clue to Depression», *Brain/Mind Bulletin*, Theme Pack n.º 9, vol. IV.

Eisenberg, Jacques, y otros, «A Controlled Trial of Vasopressin Treatment of Childhood Learning Disorder», *Biological Psychiatry*, vol. 19, n.º 7, 1984.

Gelenberg, A., «Tyrosine for the Treatment of Depression», *American Journal of Psychiatry*, 147:622, mayo 1980.

Goldberg, I., «Tyrosine in Depression», *Lancet*, 364, agosto 1980.

Purser, J., «Treatment of Hayfever in General Practice», *Current Medical Research Opinion*, 556, 1976.

Growdon, J. H., y R. J. Wurtman, «Dietary Influences on the Synthesis of Neurotransmitters in the Brain», *Nutrition Review*, 37:129, 1979.

Miller, A., «A Comparative Trial in the Treatment of Hayfever», *Clinical Allergy*, 556, 1976.

Goleman, D., «Food and Brain: Psychiatrists Explore Use of Nutrients in Treating Disorders», *New York Times* (1-marzo-1988).

Pearson, D., y S. Shaw, *Life Extension*, Warner Books, Nueva York 1982.

Pearson, D., y S. Shaw, «How To Prevent Jet Lag», *Anti-Aging News* (13-febrero-1981).

Pines, Maya «Food *Does* Affect Your Brain», *Reader's Digest*, noviembre 1983.

Stein y otros, «Memory Enhancement by Central Administration of Norepinephrine», *Brain Research*, 84:329-335, 1975.

Weingartner, H., y otros, «Effect of Vasopressin on Human Memory Functions», *Science*, 211:601-603.

OCTACOSANOL

Recursos

Naseer, Ahmad, c/o Ontario's Common Ground Magazine, 320 Danforth Ave., Suite 204, Toronto, Ontario, Canadá M4K 1P3. 416-964-0072. Información referente al octacosanol y niños autistas.

Bibliografía

Fredericks, Carlton, *Nutrition, Your Key to Good Health*, London Press, Hollywood, California, 1964.

–, «Nutrition For the Damaged Brain», *Let's Live*, mayo 1984.

Fieldman, Anita, «Octacosanol – The Big Word That Causes Controversy», *Whole Foods*, Hester Communications, febrero 1982.

Naseer, Ahmad, «Autism – One Man's Story About Overcoming an "Incurable" Illness», *Ontario's Common Ground Magazine*, Fall 1990.

GERMANIO

Recursos

Doctor Parris Kidd, ex director, Germanium Institute of North America, c/o HK Biomedical Inc., 1200 Tevlin St., Berkeley, CA 94706.

Importante: no ingerir jamás germanio inorgánico, del tipo metálico utilizado en los transistores. Esta forma es venenosa. El doctor Asai tardó años en crear una forma de germanio orgánica, inocua.

Bibliografía

Asai, Kazuhiko, *Miracle Cure, Organic Germanium*, Japan Publications, Tokio y Nueva York, 1980.
Kamen, B., *Germanium, A New Approach to Immunity*, Nutrition Encounter, Larkspur, California, 1987.

HIPEROXIGENACIÓN

Recursos

La terapia de la hiperoxigenación. En algunos establecimientos de alimentos de régimen se puede adquirir peróxido de hidrógeno comestible (diluido a niveles terapéuticos, 1/2 de uno por ciento). (Los que no son comestibles tienen otros ingredientes adicionales.) Utilizar sólo unas gotas en al menos seis onzas de agua pura de manantial o jugo. Puede beberse o frotarse en la piel. (Atención: si no está diluido, puede quemar, y cuando se bebe puede provocar náuseas.) La fórmula del doctor Donsbach de H_2O_2, Superoxy, puede adquirirse en cinco sabores y contiene áloe para impedir las náuseas. Oxy Toddy contiene H_2O_2 comestible diluido junto con áloe, vitaminas, minerales y veintidós aminoácidos. El doctor Farr sugiere firmemente que se tomen las vitaminas antioxidantes A, C y E y enzimas antioxidantes como el H_2O_2 para contrarrestar el radical hidroxilo que produce el proceso. El ginkgo también es un excelente antioxidante para tomar con el H_2O_2. Para tomar un baño, seis onzas fluidas de H_2O_2 comestible para una bañera llena. El H_2O_2 también es ideal para la purificación de la piscina y el *jacuzzy*. Existe gel de peróxido para la piel. Los dentistas recomiendan desde hace tiempo el bicarbonato de sosa y el peróxido de hidrógeno para limpiar los dientes. También existe en el mercado una nueva fórmula, Peroxyl, para enjuagues bucales. Personalmente, preferimos los más seguros suplementos de electrolitos de oxígeno y hemos obtenido resultados mejores con ellos. Un suplemento de oxígeno no tóxico, EQ 02, se puede adquirir en Pure Action, Lynnwood, WA 98046; AEROX, Box 3052, Iowa City, IA 52244.

Information Resources Hyper-Oxygenation, McCabe, ed., 99-RD1, Morrisville, Nueva York 13408.
International Bio-Oxidatin Medicine Foundation, P.O. Box 61767, Dallas/Fort Worth, TX 75261.
Hospital Santa Monica, Rosarito Beach, México.
International Ozone Association, 83 Oakwood Ave., Norwalk, CT. 06850.
Artzlich Gesellschaft für Ozontherapie, Stuttgart, Alemania.
Clinica Medica de Ozone Therapie, Baja California, México.
Waves Forest, Newsletter-NOW WHAT, P.O. Box 768-OT, Monterey, CA 93942.
ECHO Newsletter, Box 126, Delano, MN 55328.
«Search for Health», APW, Box 3052, Iowa City, IA 52244.
Rex Research, Box 1258, Berkeley, California 94701.
Izone International, 470 Granville St., 1027, Vancouver, B. C., Canadá, V6C 1W3.
Medizone International, 123 East 54 St., 2B, Nueva York, NY 10022.

Bibliografía

Berkowsky, B., «Bio-Available Oxygen», *Health Store News*, febrero/marzo 1989.
Bradford, R., y M. Culbert, «Perils of H_2O_2 Overuse», Townsend Newsletter for Doctors, n.° 49-8707.
Clifford, D., y J. Repine, «Hydrogen Peroxide Mediated Killing of Bacteria», *Molecular and Cellular Biochemistry*, n.° 49, 143-149, 1982.
Crook, W., «Yeast Can Affect Behavior and Learning», *Academic Therapy*, vol. 19, n.° 5, mayo 1984.
–, *The Yeast Connection*, Professional Books, Jackson, Tennessee, 1986.
Donsbach, K., *Hydrogen Peroxide-H2O2*, Hospital Santa Monica, Rosarito Beach, México, 1989.
Farr, D., *The Therapeutic Use of Intravenous Hydrogen Peroxide*, International Bio-Oxidative Medicine Foundation, Dallas, Texas.
Forest, W., «Cancer, AIDS Cured by Hyperoxygenation?», *Life Times*, n.° 4.
–, «Hyperoxygenation-AIDS, Cancer Cured By», *Health Freedom News*, junio 1988.
Khoudary, Kevin, «The Power of Ozone», *Water Technology*, mayo 1986.

McCabe, E., *Oxygen Therapies*, Energy Publications, Morrisville, Nueva York, 1988.
«Medical Applications of Ozone», International Ozone Association, Norwalk, Connecticut.
Naj, A.K., «Water Standards of U.S. Questioned: Microbe Is Cited», *Wall Street Journal* (2-mayo-1989).
Philpott, W., y D. Kalita, *Brain Allergies: The Psycho-Nutrient Connection*, Keats, New Canaan, Connecticut, 1980.
Silversides, A., «Acid Rain-Alzheimer's Link Suspected», *Globe & Mail, Toronto* (20-mayo-1987).
Thomson, Bill, «Do Oxygen Therapies Work? The AIDS-Ozone Connection», *East-West*, septiembre 1989.

ABC DE LA MEMORIA – MINERALES Y VITAMINAS

Bibliografía

Adams, R., y F. Murray, *Improving Your Health With Niacin*, Larchmont Books, Nueva York, 1978.
Cheraskin, E., W. M. Ringsdorf, y A. Brecher, *Psychodietetics*, Stein & Day, Nueva York, 1974.
Davis, A., *Let's Have Healthy Children*, Signet, Nueva York, 1972.
Fredericks, C., *Psycho-Nutrition*, Berkley Books, Nueva York, 1988.
Malevsky, Gale, «Boost Yur Brainpower», *Prevention*, enero 1985.
Mark, V. y J., *Brain Power, A Neurosurgeon's Complete Program to Maintain and Enhance Brain Fitness Throughout Your Life*, Houghton Mifflin, Nueva York, 1989.
Martin, P., «Mentally Ill Children Respond to Nutrition», *Prevention*, febrero 1974.
Mindell, E., *Vitamin Bible*, Warner Books, Nueva York, 1981.
Murray, F., «Niacin Therapy: Physicians Report Results», *Better Nutrition*, octubre 1985.
Sheinkin, D., M. Schachter y R. Hutton, *Food, Mind and Mood*, Warner Books, Nueva York, 1980.
Mann, J., *Secrets of Life Extension*, Bantam Books, Nueva York, 1982.
Williams, R., *Nutrition Against Disease*, Bantam, Nueva York, 1973.
Wilson, Eugene, «How To Improve Your Memory», *Health Freedom News*, marzo/abril 1990.
Wolf, R., «Brains Work Better With Vitamin C», *Prevention*, septiembre 1973.

CAPÍTULO 19

Recursos

ELF Coccon International, Route 1, Box 21, St. Francisville, IL 62460.

Essentia, 100 Bronson Ave., Suite 103, Ottawa, Ontario, Canadá K1R 6G8. BT-5+ y otros aparatos e información.

American Association of Acupuncture and Oriental Medicine, 50 Maple Place, Manhasset, NY 11030.

Acupunture Foundation for Canada, 10 St. Mary Street, Toronto, Ontario, Canadá M4Y 1P9. Información.

Bibliografía

Beck, Robert, «BT+5 Plus... The Alternative», ELF Cocoon, St. Francisville, Illinois, 1985. Cinta y folleto.

Beck, Robert, «Bibliography of Cranial Electro-Stimulation», ELF Cocoon, St. Francisville, Illinois, 1985.

Chang, S., *The Complete Book of Acupuncture*, Celestial Arts, Berkeley, California, 1976.

«Cranial-Electrical Stimulation: reduces anxiety and depression», *Focus on Alcohol and Drug Issues*, Hollywood, Fla., vol. 6, n.° 1, enero/febrero 1983.

Lerner, Fred, «The Quiet Revolution: Pain Control and Electromedicine», *California Health Review*, abril/mayo 1983.

Maleskey, Gale, «Electricity's Healing Potential», *Prevention*, noviembre 1985.

McAuliffe, Kathleen, «Brain Tuner: The Black Box-Secret Drug Treatment of Rock Superstars», *Omni*, enero 1983.

Patterson, Margaret, *Addictions Can Be Cured*, Lion Publishing, Berkhamstead, Inglaterra, 1975.

–, *Getting Off The Hook*, Harold Shaw Publishers, Wheaton, Illinois, 1983.

–, «Electro-Acupuncture in Alcohol and Drug Addictions», *Clinical Medicine*, vol. 81, octubre 1974.

–, «Effects of Neuro-Electric Therapy (NET) in Drug Addiction: an Interim Report», *U.N. Bulletin on Narcotics*, octubre/diciembre 1976.

–, «Neuro-Electric Therapy: Are Endorphins Involved?», *Mims Magazine*, septiembre 1981.

Schmitt, R., y otros, «Cranial Electrotherapy Stimulation Treatment of Cognitive Brain Dysfunction in Chemical

Dependence», *Journal of Clinical Psychiatry*, 45:60-63, 1984.
Smith, R.B. y E. Day, «The effects of cerebral electrotherapy on short term memory impairment in alcoholic patients», *International Journal of Addiction*, 12:575-582, 1977.
Taub, Harald, «Addicts Are Cured With Acupuncture», *Prevention*, septiembre 1973.
Wen, H.L. y S.Y. Cheung, «Treatment of drug addiction by acupuncture and electrical stimulation», *Asian Journal of Medicine*, 9:138-41, 1973.

EL POTENCIALIZADOR GRAHAM

Recursos

David Graham, 2823 E. Malapai, Phoenix, AZ 85028. Información sobre el potencializador de Graham. Laboratorios STARR (Stress Technology and Relaxation Research), P.O. Box 22165, Phoenix, AZ 85028. Máquinas giratorias con sonido calmante.

Mega Brain Report, boletín de neurotecnología, Box 2744, Sausalito, CA 94965.

Bibliografía

Clark, D. L., y otros, «Vestibular Stimulation Influence on Motor Development in Infants», *Science*, vol. 196 (10-junio-1977).
Ertl, J. P., «Louisiana Study of Learning Potential by Brain Wave Analysis», Louisiana State Dept. of Education, junio 1976.
–, «Electromechanical Therapeutic Apparatus», Neuro Models Limited (7-marzo-1978).
Graham, D. J., «The Effects of the E.T.A. on the Electrical Activity of the Brain», David John Institute, Toronto, 1979.
–, «Summary of Findings: The Effects of the ETA on Brain Dysfunctioning», David John Institute, Toronto, 1979.
–, «A New Model for Medicine – The Electro-Magnetic Man», David John Institute, Toronto, 1979.
–, «Electromechanical Therapeutic Apparatus», David John Institute, Toronto, 1979.
Hutchison, Michael, *Megabrain*, William Morrow, Nueva York, 1986.

—, «Mind Expanding Machines: Can the Graham Potentializer Do For The Brain What Nautilus Does For the Body?», *New Age Journal*, julio/agosto 1987.

Kantner, R. M., y otros, «Effects of Vestibular Stimulation on Nystagmus Response and Motor Performance in the Developmentally Delayed Infant», *Physical Therapy*, vol. 56, n.º 4, abril 1976.

Llaurado, J. G., y otros, «Biologic and Clinical Effects of Low-Frequency Magnetic and Electric Fields», Charles C. Thomas, Springfield, Illinois, 1974.

Wilson, Robert Anton, «Adventures With Head Hardware», *Magical Blend*, julio 1989.

BATERÍAS PARA LA MEMORIA Y REJUVENECIMIENTO

Recursos

Bruce D. Baar, 1645 Farnham Lane, Downington, PA 19335; The Heritage Store, Box 444, Virginia Beach, VA 23458-0444; Joseph Myers, Route 5, Box 257, Lexington, NC 27292. Aparatos de Cayce, planos y suministros.

A.R.E. Clinic, 4018. 40 th. St., Phoenix, AZ 85018.

A.R.E., Box 595, Virginia Beach, VA 23451. Información sobre el aparato de Cayce y su empleo.

Superlearning Inc., 450 Seventh Ave., Suite 500, Nueva York, NY 10123. Información sobre la batería para la memoria.

Bibliografía

Carter, M. E., y W. McGarey, *Edgar Cayce on Healin*, Paperback Library, Nueva York, 1972.

Grady, Harvey, «The Cayce Impedance Device-A Gift On The Doorstep», *Venture Inward*, mayo/junio 1989.

Karp, Reba Ann, «Edgar Cayce Cures Still Baffle Science», *Fate*, febrero 1976.

Layne, Meade, *Vitic: Vitality From Carbon and Magnets*. BSRF, Garberville, California, 1989.

McGarey, W., *The Cayce Remedies*. Bantam, Nueva York, 1983.

Myers, Joseph, *The Radio-Active Appliance for Physical, Mental, Spiritual Regeneration*, Lexington, N.C., 1969.

Taubes, Gary, «An Electrifying Possibility-A Swedish Radiologist Posits An Astounding Theory: The Human Body Has The Equivalent of Electric Circuits», *Discover*, abril 1986.

Thomas, P., «Why The Wet Cell»; Proceedings, U.S. Psychotronics Assn., diciembre 1988.

–, «Edgar Cayce and the Wet Cell»; Proceedings, U.S. Psychotronics Assn., diciembre 1988.

Turner, G. D. y M. G. St. Clair, Virgina Beach, VA.: «Individual Reference Files of Extracts from the Edgar Cayce Records», 1970.

ALTA TECNOLOGÍA PARA LA MENTE Y LA MEMORIA

Recursos

Aletheia, 1809 N. Highway 99, Ashland, OR 97520 I.S.I.S., aparatos e información.

ELF Coccoo and Essentia (reseñado anteriormente). Tienen relojes Teslar y otros aparatos.

Electro Medica, 32 Goodmark Place, Rexdale, Ontario, Canadá M9W 6J4. Para Relaxits, máquinas TENS, Sonafons (acupuntura sónica) y otros equipos e información.

Western Educational Systems, 3734 71st Avenue West, Tacoma, Washington 98466. *Binaural Phasers*.

Inner Technologies, 51 Berry Trail, Fairfax, CA 94930. Catálogo de máquinas para la mente.

Management Work Co., Eternal Nishiya, 46 Banchi, Nishi 21 Chome, Odori, Chuo-ku, Saporo, Japón. «*Mindgenic.*»

Bibliografía

Becker, Robert O., «Electromagnetic Fields-What You Can Do», *East West*, mayo 1990.

«Feeling Fatigued and Forgetful? The Power Line Next Door May be the Source of Your Burnout», *People Magazine* (27-noviembre-1989).

Hooper, Judith, y Wick Teresi, *Would The Buddha Wear A Walkman?*, Simon & Schuster, Nueva York, 1990.

Huebner, Albert, «Healing Cancer with Electricity», *East West*, mayo 1990.

Leviton, Richard, «Current Affairs: Electro-Magnetism», *East West*, mayo 1990.

Paros, Lawrence, «The Technology of Consciousness», *Common Ground of Puget Sound*, primavera 1990.

«Power Play», *Discover Magazine*, diciembre 1989.

Puharich, Henry K., «Method and Means For Shielding A Person From The Polluting Effects of Extremely Low Frequency (ELF) Magnetic Waves and Other Environmental Electro-Magnetic Emissions and Pollution», U.S. Patent n.º 616-183 (1-junio-1984).

Rein, Glen, «Biological Interactions With Scalar Energy-Cellular Mechanisms of Action», Intl. Psychotronics Assoc., diciembre 1988.

Johns, B., «Sunny Takes a Rest», *Toronto Sun* (16-junio-1983).

CAPÍTULO 20

Bibliografía

Alpert, Ya., y D. Figel, *Propagation of ELF and VLF Waves Near the Earth*, Institute of the Earth's Magnetism, Ionosphere and Radio Wave Propagation, USSR Academy of Sciences, Moscú, 1970; Plenum Press, Nueva York, 1971.

Bain, D., *The Control of Candy Jones*, Playboy Press, Chicago, 1976.

Beck, R. C., «Extreme Low Frequency Magnetic Fields Entrainment: A Psychotronic Warfare Possibility?», *Association for Humanistic Psychology Newsletter*, abril 1978.

Becker, Robert, *The Body Electric*, William Morrow, Nueva York, 1984.

–, *Cross Currents: The Perils of Electropollution-The Promise of Electromedicine*, Tarcher, Los Angeles, 1990.

Blumenthal, S., «Mind Wars-The CIA's Secret Acid Test», *New Age*, enero 1978.

Bowart, W. H., *Operation Mind Control: Our Secret Government's War Against Its Own People*, Dell, Nueva York, 1978.

Brodeur, P., *The Zapping of America*, Norton & Co., Nueva York, 1977.

–, «Annals of Radiation-The Hazards of Electromagnetic Fields», *New Yorker* (19-junio-1989).

Chijevski, A. L., «L'action de l'activité périodique solaire sur les phénomenes sociaux», Traité de Climatologie Biologique et Médicale, Masson, París, 1934.

–, *The Sun and Us*, Moscú, 1969.

–, y Y. Shishina, *In Rhythm of the Sun*, Nauka, Moscú, 1969.

Cruickshank, J., «Brainwashing-Ottawa Sued Over Its Role in Psychiatric Experiments», *Toronto Globe & Mail* (23-diciembre-1987).

Ebon, M., *Psychic Warfare: Threat or Illusion?*, McGraw-Hill, Nueva York, 1983.

«Electrifying Effect: Overview of EM Research», *Brain/Mind Bulletin*, octubre 1988.

Hilts, P., «Study Says Electrical Fields Could Be Linked To Cancer», *New York Times* (15-diciembre-1990).

McAuliffe, Kathleen, «The Mind Fields», *Omni*, febrero 1985.

Ostrander, S., y L. Schroeder, *Psychic Discoveries Behind the Iron Curtain*, Prentice-Hall, Englewood Cliffs, New Jersey, 1970; Bantam, 1971.

–, *Astrological Birth Control*, Prentice-Hall, Englewood Cliffs, New Jersey, 1972.

Paul, B., «Men Exposed to Electromagnetic Fields In Study Have Slower Motor Response», *Wall Street Journal* (6-diciembre-1989).

Peick, E., «A Way to Peace, Through ELF Waves», *Journal of Borderland Research*, marzo/abril 1983.

Stevens, W., «Scientists Debate Health Hazards of Electromagnetic Fields», *New York Times* (11-julio-1989).

Strauss, S., «Research Finds Sunspots Are Nothing to Sneeze At.», *Toronto Globe & Mail* (25-enero-1990).

Vienneau, D., «Ottawa Paid For '50's Brainwashing Experiments, Files Show», *Toronto Star* (14-abril-1986).

CAPÍTULO 21

Recursos

International Association for Near-Death Studies (IANDS), c/o University of Connecticut Health Center, Department of Psychiatry, Farmington, CT 06032. También, P.O. Box 7767, Filadelfia, PA 19101.

Publicación: *Vital Signs*.

International Foundation for Survival Research, Inc., P.O. Box 291551, Los Angeles, CA 90029. The Monroe Institute, Route 1, Box 175, Faber, VA 22938. Entrenamiento de la conciencia móvil.

A.R.E., 215 67th St., Virginia Beach, VA. Material de Cayce.

The Radiance Technique Assn. Intnl., Box 40570, St. Petersburgo, FL 33743-0570. Aplicaciones de la energía sutil a la salud. Publica un periódico.

United States Psychotronics Association (USPA), 2141 Agatite, Chicago, IL 60625. Información sobre la investigación de la energía sutil.

The Planetary Association for Clean Energy, Inc., 191 Promenade du Portage, Suite 600, HULL, Quebec, Canadá J8X 2K6. (Fundada por el senador canadiense Chesley Carter, presidente, Canadian Senate Committee on Health, Welfare and Science.) Información sobre la nueva ciencia de la energía sutil.

Radionic Association, Witney St., Burford, Oxon, Inglaterra. Información y publicación trimestral. Ver también ISSEEM.

Bibliografía

Adamenko, Viktor, «The Problem of Time and Psi», International Psychotronics Assn., 1988.
Atwater, P. M. H., *Coming Back To Life: The After-Effects of the Near-Death Experience*, Nueva York, 1988.
Bassior, J. N., «Astral Travel», *New Age Journal*, noviembre/diciembre 1988.
Berendt, Joachim-Ernst, *Nada Brahma-The World Is Sound*, Destiny Books, Rochester, 1987.
Blavatsky, H. P., *The Secret Doctrine*, Theosophical Publishing, Wheaton, Illinois, 1966.
Byrd, Eldon, «The De La Warr Camera: Theory of Operation, History and Implications», USPA, Pleasant Grove, Utah, 1990. Cinta.
Charroux, Robert, *The Mysterious Past*, Futura Publications, Londres, 1974.
Chijevsky, A., *Terrestrial Echoes of Solar Storms*, Edit. Myal, Moscú, 1976.
Cayce, Hugh-Lynn, *Venture Inward: The Incredible Story of Edgar Cayce*, Harper & Row, Nueva York, 1964.
Davis, A. R., y W. Rawls, *Magnetism and Its Effects on the Living System*, Exposition Press, Hicksville, Nueva York, 1974.
Davidson, John, *Subtle Energy*, C. W. Daniel, Saffron Walden, Inglaterra, 1990.
Delawarr, George, y L. Day, *Matter In The Making*, Vincent Stuart, Londres 1966.
Dubrov, A., «Geomagnetic Fields and Life», *Geomagnetobiology*, Plenum Press, Nueva York, 1978.

«Electronic Device Reads Acupuncture Meridians», *Brain/Mind Bulletin* (14-diciembre-1981).

Ford, A., *The Life Beyond Death*, Berkley, Nueva York, 1971.

Fortune, D., *Through The Gates of Death*, Aquarian Press, Wellingborough, Northamptonshire, Inglaterra, 1968.

Goodavage, J., «The Incredible Hieronymus Machine», *Saga*, septiembre 1972.

Goncharov, N., y otros, «Is The Earth A Huge Crysal?», *Khimia y Zhizya Journal*, n.º 3, Moscú, 1974.

Greeley, A., «Mysticism Goes Mainstream», *American Health*, enero/febrero 1987.

Greyson, B., y C. Flynn, *The Near-Death Experience: Problems, Prospects, Perspectives*, C. C. Thomas, Springfield, Illinois, 1984.

Gris, H., y W. Dick, *The New Soviet Psychic Discoveries*, Prentice-Hall, Englewood Cliffs, New Jersey, 1978.

Hieronymus, Sarah, y Jack True, «Eloptic Instruments», USPA, Pleasant Grove, Utah, 1990. Cinta.

Hills, C., *Supersensonics*, University of the Trees, Boulder Creek, California, 1975.

Jones, L., «Elizabeth Triumphant», *People* (10-diciembre-1990).

Kaznacheyev, V., y otros, «The Role of Superweak Light Flows in Biological Systems», *Bioenergetika i Biologischeskaya Spektrofotometriya*, Nauka, Moscú, 1967.

Kenyon, J., *Acupuncture Techniques*, Healing Arts Press, Rochester, 1988.

King, Serge, *Mastering Your Hidden Self*, Theosophical Publishing House, Weaton, Illinois, 1985.

Kozyrev, N., «Possibility of Experimental Study of the Properties of Time», Joint Publications Research Service, NTIS, Springfield, VA, 1968.

–, «Time As Physical Phenomenon», en «Modeling and Forecasting in Bioecology», Latvian State University, Riga, 1982.

«Living Cells Emit Light, German Scientist Reports», *Brain/Mind Bulletin* (19-agosto-1985).

Long, Max F., *The Secret Science Behind Miracles*, DeVorss & Co., Santa Monica, 1948.

«Luminescence Spectrum To Guide Plant Breeders», *Soviet Science and Technology Almanac*, Novosti, Moscú, 1985.

«Machines Hint At Existence of Subtle Energies», *Brain/Mind Bulletin* (14-diciembre-1981).

MacIvor, V., y S. LaForest, *Vibrations-Healing Through Color, Homeopathy and Radionics*, Weiser, Nueva York, 1979.

McEwen, E., «Citizens of the Cosmos: Life Between Death and Rebirth», *Venture Inward*, julio/agosto 1989.

Mishlove, J., *Roots of Consciousness*, Random House, Nueva York, 1975.

Monroe, Robert, *Journeys Out Of The Body*, Doubleday, Nueva York, 1971.

–, *Far Journeys*, Doubleday, Garden City, Nueva York, 1985.

«Robert Monroe: Update on Journeys Out of Body», *Brain/Mind Bulletin* (26-marzo-1984).

Moody, R., *Life After Life*, Mockingbird Books, Atlanta, 1975.

–, y P. Perry, «The Light Beyond», *New Age Journal*, mayo/junio 1988.

Motoyama, Hiroshi, «The Motoyama Device: Measuring Psychic Energy», The Unesco Press: *Impact of Science on Society*, vol. 24, n.° 4, 1974.

–, *Science and the Evolution of Consciousness*, Autumn Press, Brookline, Massachusetts, 1978.

–, *Theories of the Chakras*, Theosophical Publishing, Wheaton, Illinois, 1981.

«Near-Death Experiences Defy Single Explanation», *Brain/Mind Bulletin* (14-septiembre-1981).

Neal, V., y S. Karagulla, *Through the Curtain*, DeVorss & Co., Marina del Rey, California, 1983.

Neumann, V., «Framework of the Universe», *Tekhnika-Molodiezhi*, n.° 9, Moscú, 1973.

Ostrander, S., y L. Schroeder, *Psychic Discoveries Behind The Iron Curtain*, Prentice-Hall, Englewood Cliffs, New Jersey, 1970.

–, *Handbook of Psychic Discoveries*, Berkley, Nueva York, 1974.

–, *Psychic Discoveries Behind the Iron Curtain-Audio Update*, Audio Renaissance Tapes, Los Angeles, 1989.

Ostrovsky, B., «Why Does A Cell Emit Light?», *Znanyiye Sila*, n.° 9, 1967.

Powell, A. E., *The Astral Body*, Theosophical Publishing, Wheaton, Illinois, 1927.

–, *The Etheric Double*, Theosophical Publishing, Wheaton, Illinois, 1925.

Rama, S., R. Ballentine y S. Ajaya, *Yoga and Psychotherapy-The Evolution of Consciousness*, Himalayan International Institute, Honesdale, Pa., 1976.

Ray, B., *The Reiki Factor*, Radiance Associates, St. Petersburg, Fla., 1983.

Rein, Glen, «Psychoenergetic Mechanism for Healing with Subtle Energies», *Mechanisms of Psychic Perception*, J. Millay and Sirag, S-P. Forthcoming.

Ring, K., *Life at Death*, Coward, McCann & Geoghegan, Nueva York, 1980.

–, *Heading Toward Omega: In Search of the Meaning of the Near-Death Experience*, Morrow, Nueva York, 1984.

Roberts, J., *The Nature of Personal Reality: A Seth Book*, Prentice-Hall, Englewood Cliffs, New Jersey, 1974.

–, *Seth Speaks: The Eternal Validity of the Soul*, Prentice-Hall, Englewood Cliffs, New Jersey, 1972.

Rogo, Scott, «The Near-Death Experience», *Fate*, octubre 1989.

Sabom, M., *Recollections of Death*, Harper & Row, Nueva York, 1982.

Sampson, Catherine, «Chinese Revive Ancient Taoist Healing Rituals», *Toronto Globe & Mail* (18-mayo-1990).

Schwarz, Jack, *Human Energy Systems*, Dutton, Nueva York, 1980.

Sergeyev, G., «Magical Crystal», *Niodiolia Journal*, n.º 36, Moscú, 1978.

Steiner, Rudolf, *Cosmic Memory*, Harpers, Nueva York, 1959.

Swami Akhilananda, *Hindu Psychology*, Branden Press, Boston, 1946.

Taimni, I. K., *The Science of Yoga*, Theosophical Publishing, Wheaton, Illinois, 1975.

Tenhaef, W., «Proscopy», *Pursuit*, 4.º trimestre, 1988.

Tansley, David, *Subtle Body*, Thames and Hudson, Londres, 1977.

Tocquet, R., *Votre Memoire*, Éditions Dangles, St. Jean-de-Braye, Francia, 1981.

Uphoff, Walter, *Mind Over Matter*, New Frontiers Center, Oregon, Wisconsin, 1980.

White, John, y S. Krippner, *Future Science*, Doubleday, Nueva York, 1977.

White, Stewart E., *The Unobstructed Universe*, Dutton, Nueva York, 1940.

CAPÍTULO 22

Recursos

Light Institute, Route 3, Box 50, Galisteo, NM 87540. Programas de Griscom para recuperar recuerdos de vidas pasadas mediante acupuntura. (Ver también Recursos, capítulos 17 y 19.)

Bibliografía

Armstrong, P., «Reincarnation: Contemplating the Wheel of Life», *The New Age Connection*, Winnipeg, Canadá, invierno 1989/90.

Chang, Stephen, *The Complete Book of Acupuncture*, Celestial Arts, Berkeley, California, 1976.

Cott, Jonathan, *The Search for Omm Sety*, Doubleday, Nueva York, 1987.

Grant, Joan, *Eyes of Hours*, Avon, Nueva York, 1942.

–, *Far Memory*, Avon, Nueva York, 1969.

Griscom, Chris, *Ecstasy is a New Frequency*, Bear & Co., Santa Fe, NM, 1987.

–, *Time Is An Illusion*, Simon and Schuster, Nueva York, 1989.

Into The Unknown, Reader's Digest Association, Pleasantville, Nueva York, 1989.

Langley, Noel, *Edgar Cayce on Reincarnation*, Paperback Library, Nueva York, 1967.

MacLaine, Shirley, *Dancing in the Light*, Bantam, Nueva York, 1985. (Hay versión castellana: *Bailando en la luz*, Plaza y Janés, Barcelona, 1990.)

Roberts, Jane, *The Seth Material*, Prentice-Hall, Englewood Cliffs, New Jersey, 1970.

Rogo, Scott, «Other Lives Than This», *Fate*, junio 1988.

CAPÍTULO 23

Recursos

American Association for Electronic Voice Phenomena, 726 Dill Road, Severna Park, MD 21146. (301) 647-8742. Boletín acerca de la investigación en todo el mundo, información, cintas de EVP e instrucciones.

New Frontiers Newsletter, Fellowship Farm, Route 1, Oregon, WI 53575. Informes sobre la investigación del momento en todo el mundo.

Bill Weisensale, P.O. Box B-Q, Barstow, CA 92312. Instrucciones para la investigación EVP.

METAscience Foundation, P.O. Box 737, Franklin, NC 28734. Información sobre supervivencia y comunicación.

MTFD Group for Transcommunication, Herderstrasse 19, D-6000, Frankfurt del Main 1, Alemania. Investigación e información. Boletín (en alemán).

Bibliografía

Bander, Peter, *Carry On Talking*, Colin Smythe, Gerrards Cross, Inglaterra, 1979.

Bender, Hans, «The Phenomena of Friedrich Jurgenson-An Analysis», *Journal of Paraphysics*, vol. 6, n.° 2, 1972.

Burton, J., «Contact with the Dead: A Common Experience?», *Fate*, abril 1982.

Estep, Sarah, *VCoices of Eternity*, Fawcett, Nueva York, 1988.

Fuller, John, *The Ghost of 29 Megacycles*, New American Library, Nueva York, 1986.

Gardner, Alex, «Chess With A "Dead" Partner», *Pursuit*, 4.° trimestre, 1988.

Holbe, Rainer, *Bilder aus dem Reich der Toten: Die paranormalen Experimente des Klaus Schreiber*, Verlag Knaur, Munich, 1987.

Jurgenson, Friedrich, *Sprechfunk Mit Verstorbenen (Radio-Link With the Beyond)*, Verlag Hermann Bauer, KG, Friburgo, Alemania, 1967.

Ostrander, S., y L. Schroeder, *Handbook of Psychic Discoveries*, Berkley, Nueva York, 1974.

Raudive, Konstantine, *Breakthrough, An Amazing Experiment in Electronic Communication with the Dead*, Taplinger, Nueva York, 1971.

Schaffranke, Rolf, «Spirit Voices Tape-Recorded», *Fate*, julio 1970.

Senkowski, Ernst, *Instrumentelle Tran-Kommunikation: Dialog mit dem Unbekannten*, Mainz, Alemania, 1989.

Smith, L., «The Raudive Voices-Objective or Subjective? A Discussion», *Journal of the American Society for Psychical Research*, enero 1974.

Spirit Summonings, Time-Life Books, Nueva York, 1988.

Welch, William, *Talks With The Dead*, Pinnacle Books, Nueva York, 1975.

CAPÍTULO 24

Recursos

Adventures Unlimited, Box 22, Stelle, IL 60919. (800) 345-7979. Expediciones arqueológicas a civilizaciones antiguas.

A.R.E., Box 595, Virginia Beach, VA 23451. Datos de Cayce sobre civilizaciones antiguas.

Bibliografía

Argüelles, Jose, *The Mayan Factor: Path Beyond Technology*, Bear & Co., Santa Fe, NM, 1987.

–, *Surfers of the Zuvuya*, Bear & Co., Santa Fe, NM, 1988.

Berlitz Charles, *Mysteries from Forgotten Worlds*, Dell, Nueva York, 1972.

–, *The Mystery of Atlantis*, Avon, Nueva York, 1976.

Blavatsky, H. P., *The Secret Doctrine*, Theosophical Publishing, Nueva York, Wheaton, Illinois, 1966.

Cayce, Edgar Evans, *Edgar Cayce on Atlantis*, Paperback Library, Nueva York, 1968.

Childress, D. H., *The Anti-Gravity Handbook*, Publisher's Network/Adventures Unlimited Press, Stelle, Illinois, 1985.

–, *Lost Cities of Ancient Lemuria and the Pacific*, Adventures Unlimited Press, Stelle, Illinois, 1985.

–, *Lost Cities and Ancient Mysteries of South America*, Adventures Unlimited Press, Stelle, Illinois, 1987.

–, *Lost Cities of China, Central Asia and India*, Adventures Unlimited Press, Stelle, Illinois, 1987.

–, *Lost Cities of Africa and Arabia*, Adventures Unlimited Press, Stelle, Illinois, 1987.

–, *Lost Cities of North and Central America*, Adventures Unlimited Press, Stelle, Illinois, 1931.

–, *Anti-Gravity and the World Grid*, Adventures Unlimited, Press, Stelle, Illinois, 1987.

–, Churchward, J., *The Lost Continent of MU*, Paperback Library, Nueva York, 1931.

Devereux, Paul, *Earth Memory*, Llewellyn Press, St. Paul, 1991.

Heinberg, R., *Memories and Visions of Paradise*, Tarcher, Los Angeles, 1989.

Hitching, Francis, *The Mysterious World; At Atlas of the Unexplained*, Holt, Rinehart, Winston, Nueva York, 1978.

Hoagland, R., *The Monuments of Mars: A City On the Edge of Forever*, North Atlantic Books, Berkeley, California, 1987.

Into the Unknown, Reader's Digest, Pleasantville, Nueva York, 1981.

Josyer, G. R., *Vymaanida-Shaastra Aeronautics*, por Maharishi Bharadwaaja, International Academy of Sanskrit Investigation, Mysore, India, 1979.

Kondratov, A., *The Riddles of Three Oceans*, Progress, Moscú, 1974.

Landsberg, A., y S., *In Search of Ancient Mysteries*, Bantam, Nueva York, 1974.

«Mystery Megaliths of North America», *Frontiers of Science*, vol. IV, n.° 2, mayo/junio 1982.

Mystic Places, Time-Life Books, Alexandria, VA, 1987.

Pauwels, L., y J. Bergier, *Morning of the Magicians*, Stein & Day, Nueva York, 1964.

Rho Sigma, *Ether-Technology: A Rational Approach To Gravity-Control*, Rho Sigma, Lakemont, Ga., 1977.

Schwaller de Lubicz, R. A, *Sacred Science: The King of Pharaonic Theocracy*, Inner Traditions International, Nueva York, 1982.

Schwartz, S., *The Alexandria Project*, Delacorte, Nueva York, 1983.

Scurtton, R., *Secrets of Lost Atland*, Sphere, Londres, 1979.

Sitchin, Zecharia, *Genesis Revisited: Is Modern Science Catching Up With Ancient Knowledge?*, Avon, Nueva York, 1990.

–, *The Earth Chronicles* (4 vols.), Avon, Nueva York, 1976.

Steiner, R., *Cosmic Memory*, Harpers, Nueva York, 1959.

Tomas, Andrew, *We Are Not The First*, Bantam Books, Nueva York, 1971.

–, *Atlantis From Legend To Discovery*, Sphere, Londres, 1973.

Índice

Abrezol, Raymond, 24, 36, 60, 83, 91, 103, 145-6, 176-7, 186-7, 227, 233, 428
Accelerative Tutoring & Transformations Institute, 40
Achterberg, Jeanne, 239, 240, 242-3, 246, 255
ACTH (hormona), 138
Active Learning: Rappin' and Rhymin' (Wallace), 103, 436
Acupuncture Foundation of Sri Lanka, The, 166
Ad Herennium, 196, 200
Adamenko, Viktor, 382, 386
Adams, Reba, 157
Addiction Research Center, 96
Adelman, George, 27
Adelphi University, 67
Adey, Ross, 351, 357
Agosti-Gisler, Tam, 175
Agustín (san), 192
Ahmad, Lee, 290
Ahmad, Naseer, 291
Alba, Ray, 34, 35
Albert Einstein Medical College, 129
Aletheia Psycho-Physical Foundation, 86, 258, 399
Alexayev, Vasily, 109
Allen Memorial Institute, 348
Allen, Woody, 52
Alpha-Stim (Estimulador Alpha), 348

Altorfer, Otto, 46
American Academy of Physicians, 154
American Association for Electronic Voice Phenomena (AAEVP), 408, 409
American Health (periódico), 405
American Journal of Acupuncture, The, 311
American Psychology Association, 67
American Technical Institute, 46
Anaklev, Bruce, 178
Anti-Gravity and the World Grid (Childress), 420
Apolonio de Tiana, 209
Aquino, Tomás de (santo), 19, 195, 202, 204
Argüelles, José, 26, 425, 426, 430
Ariam, Sima, 67
Aristóteles, 183, 197, 200
Arms, Suzanne, 137
Arris, J-C, 388
Arruda, Anne, 175
Asai, Kazuhiko, 292, 293, 294, 295
Ashan, Akhter, 189
Association for Research and Enlightenment (A.R.E.), 118, 325
Ata, Alma, 259
AT&T National Product Training Center, 28, 47
Atwater, Phyllis, 369, 370, 373, 377, 428

Audio Cybernetic Learning Systems, 77
Audio-Psicho-Fonología (APP), 124, 163

Baar, Bruce D., 329
Babies Remember Birth (Chamberlain), 19, 133
Bacchus, Cliff, 154
Bad Hersfeld Clinic, 297
Bahr, Patricia, 427
Bailando en la luz (MacLaine), 400
Bailey, Alice, 414
Bain, Donald, 348, 351
Baker, John, 215
Ballentine, Rudolph, 372
Bancroft, Jane, 96, 97, 176
Bander, Peter, 406
Banderet, Louis, 285
Bandler, Richard, 116, 120
Bannister, Roger, 109
Bartus, Raymond, 273
Basset, Nell, 104
Batteau, Dwight Wayne, 79
Bay, Ely, 96
Baylor University Medical Center, 298
Beal, James, 330
Beauport, Elaine de, 92, 93
Beck, Robert (Bob), 312, 314, 331, 333, 359
Becker, Hal, 87
Becker, Robert, 273, 295, 335, 337, 340, 352, 355, 359, 360
Beijing Institute of High Energy Physics, 381
Belling & Lee Ltd., 407
Benedict, Ruth, 113
Bennett, Henry, 71
Bentley, Joe, 156
Bergier, Jacques, 415
Bergson, Henri, 26, 372
Berkowsky, Bruce, 302
Berlitz, Charles, 415
Berman, Morris, 428
Bernstein, Morey, 396
Beth Israel Mind/Body Clinic, 189
Bethesda Naval Hospital, 299
Binaural Phaser, 179

Binet, Alfred, 222
Bingen Technical College, 409
Biological Radio Communication (Kazhinsky), 73
Biologically Closed Electric Circuits: Clinical, Experimental and Theoretical Evidence for an Additional Circulatory System (Nordenstrom), 322
Bio-oxidative Medicine Foundation, 301
Blake, William, 25, 114, 213
Blavatsky, Helena, 421, 422
Body Electric, The (Becker), 335
Body Electric, The (Moss), 335
Bohm, David, 252
Boothby, Albert, 48
Borysenko, Joan, 114, 189
Boston City Hospital, 281
Boston Museum of Fine Arts, 328
Bourne, Lyle, 86
Bowart, W. H., 350
Bower, Gordon, 52, 53
Boyle, Edwin, Jr., 293
Brabyn, Lesley, 135
Bradford Research Institute, 302
Bradford, Robert, 302
Bragg, James, 154
Brain Power (Mark), 306
Brain Research Journal, 129
Braind/Main Bulletin, 235
Braun, Bennet, 228
Breakthrough (Raudive), 406
Breakthrough to Creativity (Karagulla), 257
British Society for Psychical Research, 404
Brott, Boris, 127, 130
Brown, Barbara, 51
Brown, Bernard, 96
Bruno, Giordano, 209, 212, 213
Bruun, Kristian, 44
Bryant-Tuckett, Rose, 66
BT-5+*Brain Tuner*, 310, 313, 315, 334, 378
Burke, Kathleen, 134
Burns, Pat, 98
Burr, Harold Saxton, 295, 336, 337

Burton, Julian, 402
Busca del tiempo perdido, En, (Proust), 26
Butler, Samuel, 426
Buzon, Tony, 109, 434
Byrd, Eldon, 341

Cagnes-sur-Mer, clínica, 139
California Medical School, 190
California School of Herbal Studies, 275
Cameron, Ewan, 348
Camilo, Giullio, 17, 20, 204, 211, 425
Canadian Heath Food Association, 319
Canadian Pacific Corporation, 32
Cancer Ward (Solzhenitsyn), 251
Capel, Ifor, 312, 313
Carlson, Dan, 167, 168
Carousing in the Kitchen (Taylor-Anderson), 155
Carr, Rene Van de, 140
Carroll, Lewis, 192
Case for Reincarnation, The, (Fisher), 396
Castello, Tony, 325
Cats, 248
Caul, David, 224
Cayce, Edgar, 89, 118, 218, 259, 260, 323, 332, 378, 384, 386, 388, 396, 410, 421, 422, 430
Cayce, Hugh Lynn, 332
Caycedo, Alphonso, 38, 107, 248, 249, 259
Cell Biophysics (Popp), 380
Center for Psychoteraphy and Education, 128
César, Julio, 86, 419
CIA and the Cult of Intelligence, The, (Marks, coautor), 349
Cicerón, 200, 201, 205
Ciudades perdidas y antiguos misterios de... (Childress), 420
Clam Plate Orgy, The, (Key), 73
Clark University, 52
Cleckley, Hervey, 222
Clements, Michelle, 129
Clinical Trials Journal, 274

Cohen, Elie, 350
Cohen, Leonard, 430
Columbia College of Physicians y Surgeons, 277
Columbia University School of Medecine, 307
Coming Back to Life (Atwater), 369
Condon, Richard, 348
Cone, Clarence, 321, 337
Cook, Lorne, 44, 45
Cornwell University, 136
Cosmic Memory (Steiner), 385
Cott, Allen, 271
Cott, Jonathan, 396
Coué, Émile, 188
Cousins, Norman, 241
Cousteau, Jacques, 124
Creighton, Maggie, 245
Creighton Health Institute, 245
Cronwell, George, 417
Crook, William, 300
Cross Currents: The Perils of Electropollution-The Promise of Electromedicine (Becker), 338, 359
Croucher, Charles y Hope, 33, 35
Csikszentmihalyi, Mike, 99
Cureton, Thomas, 288, 291
Curtis, Lisa, 104

Chadha, N. K., 395
Chakrabarty, Chinmayee, 316
Chamberlain, David, 19, 133, 135, 138, 140, 148
Chamberlain, Richard, 427
Chardin, Teilhard de, 428
Charkovsky, Igor, 141, 145, 147
Charon, Jean, 383
Charroux, Robert, 392
Chase, Truddi, 58
Cheek, David, 70, 133
Cheung, S. Y. C., 310
Chijevski, Alexander, 355, 358
Children Who Remember Previous Lives (Stevenson), 395
Childress, David, 420, 421
Chizhenkov, R. A., 338
Chopra, Deepak, 80, 237, 253, 254, 262, 327, 380

Dalhousie University, 88
Damadian, Raymond, 354
Dante, 195, 203, 209
Davis, Adelle, 305
Davitashvili, Dzhuna, 218
Deal, Sheldon, 340
Delgado, José, 357
Deming, W. Edwards, 47
Despertares (Sacks), 100
Desrochers, Alain, 181
DETA Factor, The, (Wyllie), 147
Determeyer, Ralf, 410
DeVito, Robert, 227
Devyatkin, Dmitri, 148
Diana, princesa de Gales, 95
Dianetics, 139
Dickens, Charles, 93
Divina Comedia (Dante), 195, 203
Dixon, Norman F., 68, 81
Dlin, Barney, 111
Donsbach, Kurt, 288, 300
Dotto, Gianni, 380, 390
Downing, Jack, 132
Downstate Medical Center, 354
Drown, Ruth, 392
Dubrov, Alexander, 380, 390, 393
Duke University, 356
Dychtwald, Ken, 96

Eady, Dorothy, 395
Ear and Language, The, (Tomatis), 127
East Texas State University, 75
Eastern Illinois University, 366
Eckhart, Meister, 115
Ecstasy in a New Frequency (Griscom), 173, 261
Edelman, Gerald, 83
Edgar Cayce on Reincarnation (Langley), 396
Edison, Thomas, 182, 215, 405, 414
Edrington, Devon, 178, 179
Edson, Elsie, 156
Eisenbeiss, Wolfgang, 404
Eisenberg, Jacques, 286
Eizig, Ben, 31
Electricity and Magnetism (Seki), 42

Electro Medica of Toronto, 166
Eliot, T. S., 107, 248, 249
Elkadi, Ahmed, 247
Emerson, Ralph Waldo, 95, 213
Encyclopedia of Neuroscience (Adelman, ed.), 29
Erickson, Milton, 56, 57, 116, 183, 192, 237, 250
Ernetti, Pellegrino, 392, 393
Esoteric Psychology (Bailey), 414
Estabrooks, George, 347, 350
Estep, Sarah, 408, 409, 410
Etrl, J. P., 317
Etienne, F., 272
Evans, Calton, 71
Evans, Florence, 325
Evans, Frederick, 239
Executive ESP (Ostrander y Schroeder), 87
Exorcista, El, 134
Éxtasis es una nueva frecuencia, El (Griscom), 261
Eyes of Horus, The (Grant), 398

Far Journeys (Monroe), 373
Far Memory (Grant), 398
Farr, Charles, 299, 301
Fehmi, Lester, 104
Felix, Uschi, 98
Ferguson, Marilyn, 235
Fetzer Energy Medicine Research Institute, 329
Fields of Life (Burr), 336
Fiore, Edith, 398
Fisher, Bobby, 359
Fisher, Joe, 396
Flanagan, Patrick, 78, 81, 340, 341
Flinders University, 98
Fodor, Nandor, 134
Forest, Waves, 297, 298
Fortune (periódico), 104
Fox, Matthew, 115
Frank, Anne, 190
Frankel, Victor, 190, 192
Fredericks, Carlton, 279, 288, 291
Frei, Gebhard, 406
Freud, Sigmund, 54, 64, 65, 75
Frey, Allen, 357

Friendship (Ricci), 206
Fritz, Daniel, 146
Fry, Wendy, 341
Fryling, Vera, 190, 191, 192, 212, 245
Furst, Bruno, 23

Gabbard, Glenn, 366
Gallwey, Tim, 99, 215
Garrett, Eileen, 403
Gaunt, Carla, 155
Gawain, Shakti, 190
Gelenberg, Alan, 285
Genesis Revisited (Sitchin), 417
Gerber, Richard, 398, 399
Germanium a New Approach to Immunity (Kamen), 292
Gillin, Christian, 270
Global Brain, The (Russell), 428
Goleman, Daniel, 100
Goodwin, James, 303, 304
Gordon, Z., 338
Gottlieb, Stanley, 353
Grady, Harvey, 329, 330
Graham, David, 317, 319, 321, 333
Graham, Lorna, 157
Grant, Arlene. *Ver* Jones, Candy
Grant, Joan, 398
Greeley, Andrews, 405
Griscom, Chris, 173, 261, 263, 400, 401, 430
Griscom's Light Institute de Gallesteo, 262
Gritton, Charles, 41
Grof, Stan, 131, 132, 139
Grossinger, Richard, 424
Guerra de las galaxias, La (Lucas), 375
Guinness, libro de los récords, 168
Gurvich, Alexander, 336, 379
Guthridge, George, 43, 44

Hallmark, C. L., 47
Halpern, Steven, 172, 180
Hamilton, Brian, 32
Handbook of Psi Discoveries (Ostrander y Schroeder), 408
Harman, Willis, 403

Harsch-Fishbach, Jules y Maggie, 410
Hartley, Robert, 216
Harvard Medical School, 285
Heading Toward Omega: In Search of the Meaning of the Near-Death Experience (Ring), 369
Heinberg, Richard, 415, 416
Heinekin, Heinrich, 21, 147
Heinzerling, Hans, 179
Hemi-Sync, 178, 180, 373
Hibben, Frank C., 416
Hieronymous, T. Galen, 390
Hill, Napoleon, 118
Himalayan Institute, 372
Hitching, Francis, 416
Hoagland, Richard, 424
Hoffa, Jimmy, 346
Hoffer, Abram, 304
Hoffman, Janalea, 175
Holbe, Rainer, 412
Holmes, Ernest, 264
Horney, Karen, 110
House & Garden, 181
Houston, Jean, 91
Hoyle, sir Fred, 358
Hullin, Roy, 302
Huna (sistema), 377, 379, 383
Hung-chang, Hsu, 381
Hunter-Gault, Charlayne, 31
Huntley Hill School, 35
Hutchinson, Michael, 23, 316, 322, 334, 342
Huxley, Aldous, 97
Hypnotism (Eastbrooks), 347

Illuminati (Wilson), 316
Image CA, 243
Imlach, Maureen, 157
In the Rhythm of the Sun (Chijevski), 355
The Incorporated Linguist, 34
Institute of Islamic Medecine for Education and Research, 247
Institute of Noetic Sciences, 246, 403
Institute for Noble Birthing, 140
Instituto Bielorruso de Física, 379
Instituto Uktomski, 389

Instituto de Fisiología Clínica, 337, 355
Instituto de Lenguas Extranjeras Maurice Torez, 215
Instituto de Sugestiología de Sofía, 36
International Association for Near-Death Studies (IANDS), 368
International Bio-oxidative Medicine Foundation, 299
International Imagery Association, 190
International Society for the Study of Subtle Energies and Energy Medecine, 261
Inventione, de (Cicerón), 201
Iowa State University, 41, 173
Irwin, H. C., 403
Ivy, Andrew, 290

Jacobson, Edmund, 103
James, William, 36, 222
Janet, Pierre, 222
Janov, Arthur, 139
Jenkins-Lee, 171
Jensen, Gil (seudónimo), 347
Johns Hopkins University School of Medecine, 282, 357
Johnson, Darrell, 155
Johnson, Tom, 330
Jones, Candy, 345, 348, 350, 351
Joudry, Patricia, 149, 157, 169, 173
Journal of the American Medical Association, 233
Journeys Out of the Body (Monroe), 373
Joy, Brugh, 428
Julliard School of Music, 99
Jung, C. G., 218, 406
Jung Institute, 406
Jurgenson, Friedrich, 405

Kalugin, Sidney, 325
Kamen, Betty, 292, 296
Karagulla, Shafica, 256, 261, 376
Karolinska Institute, 332
Karpov, Anatoly, 359
Kasparov, Gary, 359
Kauffman, Lloyd, 163

Kazhinsky, B. B., 73
Kaznachaev, Vlail, 380
Kelsey, Dennis, 398
Kennedy, John F., 351
Kennedy, Robert, 351
Key, Wilson, 73, 76
Keyes, Daniel, 224
Kilgallen, Dorothy, 346, 351
King, Marilyn, 186, 188
Kirlian, fotografía de, 166, 263
Kirlian, Semvon y Valentina, 336
Kiyota, Matsuaki, 381
Klionova, M., 416
Koening, Otto, 408, 414
Kondratev, Alexander, 421
Korchnoi, Viktor, 404
Korsakoff, síndrome de, 100, 309
Koslov, Sam, 357
Kozyrev, Nikolai, 385, 386
Krone, Julie, 130
Kubitz, Donald, 335
Kübler-Ross, Elisabeth, 368, 373
Kunz, Dora van Gelder, 258

Laird, James, 52
Lancet, 71, 286
Lang, Doe, 89
Langer, Ellen, J., 265
Langley, Noel, 397
Langley-Porter Neuropsychiatric Institute, 86
Larson, Jeannette, 179
Lauretian University, 340
Leboyer, Frederick, 132
LeCron, Leslie, 139
Ledford, Bruce R., 75
Leibniz, barón Gottfried von, 212
Lester, John, 341
Levine, Arlene, 224
Levine, Stephen, 295
Levy, Jerre, 84, 86, 104
Library Journal, 73
Life, 23, 78
Life After Life (Moody), 368
Life Extension (Pearson), 278
Light Beyond, The (Moody), 368
Light Institute, 261, 401
Liley, Albert, 130
Lilly, John, 54, 55

Loach, Etel de, 263
London, John, 400
Lorig, Tyler, 104
Lorrayne, Harry, 23
Lost Americans, The, (Hibben), 416
Lost Cities and Ancient Mysteries series (Childress), 420
Louganis, Greg, 186
Lovely, Richard, 357
Loyola, Ignacio de (san), 202
Lozanov, Georgi, 36, 38, 73, 80, 106, 108, 110, 113
Lozanov Learning Center, 46
Lucas, George, 375
Luria, A. A., 36, 189
Lyons, Marie, 156

Macdonald, Linda, 348
MacLaine, Shirley, 262, 400
MacLean, Paul, 91, 92, 93, 101
MacNeil, Robert, 95
Mahaney, Teri, 118, 120
Maillol, Jacques, 143
Manipulación de Candy Jones, La (Bain), 348
Manning, Carol, 279
Many Lives, Many Masters (Weiss), 398
Marcel, Anthony, 70
Marco, Toni de, 330
Mark, Vernon, 278, 281, 285, 304, 306
Marks, John, 349
Maroczy, Geza, 404
Mason, James, 33
Matter and Memory (Bergson), 372
Mayan Factor, The, (Argüelles), 430
McAuliffe, Kathleen, 358
McCabe, Ed, 299
McClelland, David, 248
McDougal, William, 219
McGarey, William, 172, 331, 399
McLuhan, Marshall, 76, 80
McQuade, Amanda, 275
Mead School, 93
Medizone Company, 299
Mednick, Sarnoff A., 136
Mega Brain Report-the Neurotechnology Newsletter, 342

Megabrain (Hutchison), 23, 316, 322, 334, 342
Memoria:
  bloques, 109, 120
  después de la muerte, 402, 414
  ¿dónde vive?, 259, 261
  e instrumentos para captar la energía, 387, 389
  el antiguo arte de la, 194, 206
  estimulación, 19-20
  multidimensional, 376
  y experiencias de transición a la muerte, 370, 376
  y la teoría esotérica, 376
  y recuerdos reprimidos, 56, 60
  y tiempo, 385, 387
Memoria, pérdida de:
  aliviar, 326, 327
  inversión, 306, 307
Memoria, técnicas de:
  comer para recordar, 266, 307
  memoria automática, 436
  para activar la imaginación curativa, 244, 248
  para recordar hechos, 436
  para recordar listas al azar, 433, 434
  para recordar nombres, 435, 436
  para recordar números, 434
  para recordar números de teléfono, 434, 435
  potencializador de Graham, 315, 321
  relajación, 95, 105
  terapia sonido, 149, 157
Memories and Visions of Paradise (Heinberg), 415
Menjou, Adolphe, 185
Menninger Foundation, 86, 366, 372
Mensajero del miedo, El (Condon), 348
Mental, curación, 233, 265
Mentecuerpo, 102, 234, 242, 250, 372
Menuhin, Yehudi, 130, 156
Mervis, Ronald, 272
Metrodorns de Scepsis, 201

Milligan, Billy, 221, 224, 225
Milne, Courtney, 155
Mindell, Earl, 288, 303, 305
Mindgenic, 344
Minds of Billy Milligan, The, (Keyes), 224
Miracle Cure, Organic Germanium (Asai), 293
Miracle of Suggestion, the Story of Jennifer (Oullette), 118
Miterrand, François, 81
Mnemosina, 20, 23, 25, 27, 91, 171, 194, 195, 197, 203, 210, 213, 214, 401, 415
Mong, Lawrence de, 152, 154
Monroe Institute of Applied Science, 177, 373, 389
Monroe, Robert, 177, 343, 373, 375
Moody, Raymond, 364, 368, 371, 373, 376, 377
Moore, James L., 349, 350
Morgan, Brian, 307
Moss, Thelma, 335
Motoyama, Hiroshi, 381, 388, 389, 408
Munro, Hamish, 268
Myers, F. W. H., 65, 222, 404
Mysterious World, The, (Hitching), 416

NakaMats, Yoshiro, 145
National Educational Association, 49
National Institute of Mental Health, 91, 100, 129, 227, 235, 266, 270
Natural Childbirth Institute, 144
Nature, 58
Neal, Viola, 257
Neurolinguistic Programming (NLP), 116
Neurophone, 78, 79
Neuro-Systems, Inc., 309
New England Journal of Medecine, The, 299
New Frontiers Center, 412
New Jersey Institute of Technology, 72, 87

New School for Social Research, 54
New Scientist, 58
New Vista Academy, 32
New York Post, 75
New York Times, The, 93, 112
Newbold, H. L., 279
Newsweek, 104
NIMH Clinical Center, 271
Nordenstrom, Bjorn, 332
Not an Incurable Illness: The Story of Lee Ahmad (Ahmad), 291
Noval, J. J., 338
Nutrition and Dietary Consultant, The, (Star), 302
Nutrition and the Brain (Wurtman, ed.), 271

Okazawa, Mieko, 294
Olds, James, 334
Olson, Richard, 404
Omni-The New Frontier (programa TV), 147
O'Neil, Michelle, 140
Operation Mind Control (Bowart), 351
O'Reagan, Brendan, 246
Orlidow, David, 348
Orr, Leonard, 139
Oswald, Lee Harvey, 351
Ouellette, Cynthia, 118
Our Town (Wilder), 373
Owens, Jo Dee, 178
Oxygen Therapies-A New Way of Approaching Disease (McCabe), 299

Pablo VI (papa), 405
Packard, Vance, 73
Paivo, Allan, 181
Panigarola, Francesco, 206
Parker, Kenneth, 62, 63, 66, 68
Parkland Memorial Hospital, 242
Parsons-Fine, Jane, 238
Passwater, Richard, 278
Pasternak, Boris, 406
Patterson, Margaret, 308, 310, 311, 314, 333
Patton, George, 396

Pauling, Linus, 307
Pauwels, Louis, 415
Pawelek, Yvonne, 179
Paxton, Suzy, 325
Peale, Norman Vincent, 93
Pearson, Durk, 272, 278, 281, 284, 285, 306
Pell, Claibourne, 403
Penfield, Wilder, 30, 257
Peniel, John, 325
People, 339
Perls, Fritz, 22
Persinger, Michael, 340
Pert, Candace, 234, 237, 255, 403
Pettigrew, T. F., 69
Physical Review Letters, 387
Pictures from the Land of the Dead (Holbe), 412
Pillai, Patrick, 166
Pío XII (papa), 406
Pitágoras, 68, 161, 199
Platón, 68, 107, 195, 197, 199, 200, 204, 209, 213, 265, 396, 417
Platonov, K. I., 72
Plumb, Lois, 158
Poetzel, efecto, 71, 216
Pohl, Herbert, 380
Poincaré, Henri, 65
Popp, Fritz-Albert, 380, 393
Porges, Stephan, 132
Powell, James, 208
Prahl, Helmut, 290, 291
Pravda, 36
Preconscious Processing (Dixon), 68
Prenatal, memoria, 127, 141
Prenatal, universidad, 140
Prescott, James, 137
Presley, Elvis, 111
Prevention (periódico), 303
Prichard, Allyn, 35, 98
Primdahl, Niels, 166, 341
Progressive Awareness Research, Inc., 77
Proust, Marcel, 26, 55
Prudencia, La (Tiziano), 201
Psychic Discoveries Behind the Iron Curtain (Ostrander y Schroeder), 37

Psychobiology of Mind-Body Healing, The, (Rossi), 238
Puharich, Andrei, 341, 359
Purpura, Dominick, 129
Putnam, Frank, 227

Quantum Biology Research Lab, 255
Quantum Healing (Chopra), 253
Queens College, 62
Quinlan, Karen, 289

Racine, Jean, 21
Raikov, Vladimir, 138, 217, 218, 230, 250
Rainbow Dolphin Centre, 147
Ramón y Cajal, centro, 357
Ramón y Cajal, Santiago, 83
Raudive, Konstantine, 406, 408, 411, 412
Ravitz, Leonard, 295, 336
Ray, Sondra, 139
Readings (Cayce), 89, 118, 323, 326, 421
Realm of the Human Unconscious (Grof), 131
Rebirthing in the New Age (Orr y Ray), 139
Reenchantment of the World, The, (Berman), 428
Reflections on Life After Life (Moody), 368
Reich, Robert, 49
Rein, Glen, 255, 256, 435
Reincarnation-an East-West Anthology (Head y Cranston), 396
Relaxation Response Ltd., 96
República (Platón), 209
Rettin, Mary Lou, 185
Reudy, Elizabeth, 54, 102
Rew, Matthew, 46
Ricci, Matteo (jesuita), 199, 206
Riddles of Three Oceans (Kondratev), 421
Ring, Kenneth, 364, 368, 369
Roberts, Jane, 397, 410, 413
Rogers, Lorene, 278
Rohracher, H. Von, 381
Romberg, Louis, 77

Rosary Hill College, 37
Rose, Rollin, 157
Rosenbaum, Michael, 294
Rosenow, Edward, 298, 300
Ross, John, 64
Rossi, Ernest, 57, 89, 237, 238, 250, 258, 426
Rotan, Leo, 111
Routtenberg, Aryeh, 334
Rubinstein, Arthur, 130
Ruby, Jack, 351
Rudolph, Theodor, 406
Ruff, Michael, 236
Rush-Presbyterian-St. Luke's Medical Center, 222
Russell, Peter, 428

Sabom, Michael, 371
Sacks, Oliver, 65, 100
Sacramento Unified School Districts, 48
Salk Institute of Biological Sciences, 88
Salk, Lee, 136, 137
Samuels, Michael, 245
Sanderson, Ivan, 418
Sandman, Curt, 85
Sands, Karen, 47
Sawyer, Tom, 364
Schab, Frank, 41, 55
Schleicher, Carl, 46
Schmid, Leo, 406
Schneider, Alex, 406
Schreiber, Klaus, 411, 412
Schroeder, Carl, 241
Schuster, Donald, 41, 42, 46, 49, 187
Schuster, Margaret, 49
Schwaller, R. A., 420
Schwartz, Stephen, 417
Schwarz, Jack, 86, 258, 343, 372, 380, 387, 399, 401
Science of Mind, 264
Science of Yoga, The, (Taimni), 400
Search for Bridey Murphy, The (Bernstein), 396
Search for Omm Sety, The, (Cott), 396

Seidl, Franz, 407
Seki, Hideo, 42, 43
Selye, Hans, 100, 101, 248
Séneca, 198
Senkowski, Ernst, 409, 412
Senussi, Ahmed el, 399
Segeyev, Genady, 389
Seth Material, The, (Roberts), 410
Sety, Omm, 396
Shakespeare, William, 84
Shannahoff-Khalsa, David, 88
Sharp, J. C., 357
Shaw, Sandy, 272, 281, 306
Shear, Jonathan, 208, 209
Sheldrake, Rupert, 21, 58, 59, 219, 220, 264, 399, 401, 413, 426, 427, 428
Shepanek, Mercedes, 409
Sheppard, Kenneth, 227
Shultz, Johannes, 103
Siegal, Bernie, 247
Silverman, Lloyd, 64, 66, 125
Simónides de Ceos, 193, 194
Simonton, Carl, 246
Simonton, Sthefanie, 246
Singh, Tutu, 395
Sinyukin, A. M., 295
Sirhan, Sirhan, 351
Sirius, R. (seudónimo), 286
Sitaram, Natraj, 271
Sitchin, Zecharia, 417
Smith, Carlyle, 90
Smith, Jayne, 365
Sobre la muerte y los moribundos (Kübler-Ross), 368
Society for Accelerative Learning and Teaching (SALT), 40, 42, 46, 49, 99, 187
Sócrates, 200
Solla Price, Derek de, 418
Sophia Evening News, 35
Sophrologie et Evolution-Demain L'Homme, (Abrezol), 146
Sorbona, universidad de la, 163
Sound Therapy for the Walkman (Joudry), 156, 170
Spassky, Boris, 359
Spino, Dyveke, 187
Spirig, E., 165

Spong, John, 403
Sri Yantra, 233
St. Peter's College, 151, 152
St. Thomas Hospital, 71
Stanislavski, Konstantin, 230
Star, Sonya, 302
Steiner, Rudolf, 385, 415, 421
Steinmetz, Charles, 387
Steinoekel, Walter, 408
Stephenson, Marilyn, 273
Stephenson, sir William, 350
Stevenson, Adlai, 93
Stevenson, Ian, 395
Stevenson, Robert Louis, 222
Stoessel, Walter, 353
Subliminal Seduction (Key), 73
Sun and Us, The, (Chijevski), 355
Superaprendizaje (Ostrander y Schroeder), 38, 41, 47, 103, 432
Superlearning Subliminal Report, 119
Suzuki, David, 322
Swami Akhilananda, 372
Swami Rama, 372
Swan clinic, 340
Swiss Sophrology Association, 103
Syracuse VA Hospital, 273, 352
Szent-Gyorgi, Albert, 295

Tacoma Community College, 178
Taimni, I. K., 400
Tait, Marie, 235
Tao of Symbols, The, (Powell), 208
Tarsis, Valery, 406
Tarusov, Boris, 379
Taylor, Bruce Tickell, 40, 41
Taylor, Eldon, 67, 77, 78, 80, 98
Taylor, Elizabeth, 375
Taylor, Jean, 35, 48
Taylor-Anderson, Linda, 155
Temple, Shirley, 185
Tenhaef, W. H. C., 216, 385
Tennyson, Aldred, 52
TENS (Transcutaneous Electrical Nerve Stimulator), 314, 344
Tharp, Paul, 74

Theory of Formative Causation (Sheldrake), 20
Theosophical Society of America, 258
Thigpen, Corbett, 222
Thomas, Dylan, 414
Thomas, Phil, 326, 329, 330, 333
Thorpe, Jim, 186
Tiempo recordado, El, (Proust), 26
Tiller, William, 331
Time, 75
Tiziano, 201
Tolgskaya, M., 338
Tomatis, Alfred, 123, 127, 149, 153, 159, 166, 167, 169, 173, 175
Tomatis Center, 126
The Toronto Star, 44
Toscanini, Arturo, 21, 24
Townshend, Pete, 308
Transcutaneous Electrical Nerve Stimulator. *Ver* TENS
Trent University, 90
Tres caras de Eva, Las (Thigpen y Cleckley), 222
Trismegistus, Hermes, 204, 211
Tucker, Don, 303
Tufts University, 79
Tulane Medical School, 76
Tung Wa Hospital, 311
Turich, Cynthia, 235
Turning Sound, 176, 177
Twain, Mark, 111

Udintsev, Yuri, 358
Universidad de California en Davis, 71
Universidad de California en San Diego, 88
Universidad de Carolina del Norte, 404
Universidad de Colorado, 86
Universidad de Kazakhstan, 260, 382
Universidad de la Texas Clayton Foundation, 278
Universidad de Michigan, 69
University of Louisiana Medical College, 309

491

University of Western Australia, 64
University of Wisconsin Medical School, 309, 314
Uphoff, Walter, 412
Urbano (papa), 202
U. S. Army Research Institute of Environmental Medicine report, 285
U. S. Food and Drug Administration, 273
U. S. Psychotronic Association, 260, 330
USA Today (periódico), 18
Ustinov, Peter, 147
Utah State Prison System, 77

VA Hospital en San Francisco, 299
Vasiliev, Leonid L., 255, 379
Veniamin, 36, 167, 188, 189, 372
Verdadera historia de Karen Ann Quinlan, La, 289
Vernejoul, P. de, 388
Verny, Thomas, 128, 129, 131, 132, 134, 137, 139
Vibrational Medecine (Gerber), 398
Voices of Eternity (Estep), 409
Vorberg, G., 274

Wade, John, 45
Walker, Barbara, 366, 371
Wall Street Journal, The, 49
Wallace, Rosella, 29, 30, 31, 33, 103, 104, 436
Wambach, Helen, 399
Warburg, Otto, 299
Ward Seven (Tarsis), 406
Warr, George de la, 390, 392
Water-Babies (Charkovsky), 145
Wechsler, Rob, 236

Weill, Kurt, 95
Weinberger, Joel, 67
Weiner, Michael, 303
Weiss, Brian L., 398
Wen, H. L., 310, 312, 333, 335
Wenger, Win, 182, 183
Wenzel, Martin, 411
Westerhof, John, 155
Where Do I Put the Decimal Point? (Reudy), 103
Whitman, Walt, 335
Whole Earth Review, 286
Wilbur, Cornelia, 222, 224, 228
Wilder, Thornton, 374
Williams, Roger, 278, 279, 307
Williamson, Sam, 163
Wilson, Robert Anton, 23, 316, 344, 355
Windsor School District of California, 40
Winters, Wendell, 339
Woden TAFE College, 45
Wordsworth, William, 213, 252
World Health Organization, 339
Wurtman, Judith, 268, 270
Wurtman, Richard, 268, 270, 272
Wyllie, Timothy, 147, 148

Yates, Frances, 194, 203, 210, 214
Yeast Connection, The, (Crook), 300
Yoga and Psychotherapy (Rama y Ballentine), 372
Yoga Sutras (Patanjali), 208
You Have Been Here Before (Fiore), 398
Young, Arthur, 25, 229, 428
Young, Cheryl, 135

Zajone, Robert, 69
Zucarelli, Hugo, 167, 189, 381

Esta obra, publicada por
EDICIONES GRIJALBO, S. A.,
se terminó de imprimir en los talleres
de Libergraf, S. A., de Barcelona,
el día 21 de junio
de 1992